“十三五”职业教育系列教材

建设工程投资控制

主　编　史永红
副主编　雷建平　樊金枝　宋春岩
参　编　郭文娟　陈　红　侯文婷　白　静
　　　　马　悦　刘　伟
主　审　斯　庆

中国电力出版社
CHINA ELECTRIC POWER PRESS

内 容 提 要

本书是“十三五”职业教育系列教材。全书分为8章，主要内容包括建设工程投资构成、建设工程投资确定的依据与方法、建设工程决策阶段的投资控制、建设工程设计阶段的投资控制、建设工程招标阶段的投资控制、建设工程施工阶段的投资控制、建设工程竣工决算阶段的投资控制。全书理论结合实际，案例与习题相结合，并结合注册监理工程师、注册造价工程师、注册一级建造师考试相关内容，适用性强。

本书可作为高职院校工程监理、建筑工程管理、工程造价等专业的教材，也可供相关工程人员参考。

图书在版编目（CIP）数据

建设工程投资控制/史永红主编. —北京：中国电力出版社，2019.4（2024.5重印）

“十三五”职业教育规划教材

ISBN 978-7-5198-0406-0

Ⅰ.①建… Ⅱ.①史… Ⅲ.①基本建设投资-控制-高等职业教育-教材 Ⅳ.①F283

中国版本图书馆CIP数据核字（2019）第031073号

出版发行：中国电力出版社

地　　址：北京市东城区北京站西街19号（邮政编码100005）

网　　址：http://www.cepp.sgcc.com.cn

责任编辑：霍文婵（010-63412545）

责任校对：黄　蓓　闫秀英

装帧设计：赵丽媛

责任印制：吴　迪

印　　刷：北京雁林吉兆印刷有限公司

版　　次：2019年4月第一版

印　　次：2024年5月北京第五次印刷

开　　本：787毫米×1092毫米　16开本

印　　张：16.5

字　　数：396千字

定　　价：45.00元

前 言

为适应职业技术教育的发展需要，结合高职高专建筑工程监理、工程造价相关专业的培养目标，依据建设工程投资控制课程的教学大纲，查阅大量文献，以理论联系实际、提高职业能力为目标编写了本书。

本书按建设工程的基本建设程序，较为系统地讲解了建设工程投资的构成、建设工程投资确定的依据、决策阶段的投资控制、设计阶段的投资控制、招投标阶段的投资控制、施工阶段的投资控制以及竣工验收阶段的投资控制。全书内容全面、完整，以理论知识的讲解为基础，辅以大量案例与习题，理论与实践结合，从全新的角度培养学生掌握相应技能，操作性强，涉及面广，适用于工程监理、建筑工程管理、工程造价等专业。

本书以从事建筑工程监理、工程造价等工作所需的政策、制度和基本知识作为重点，导入了大量的案例，更利于学生对理论知识的掌握，提高实践能力；在编写时考虑到学生考取执业资格证书的需要，结合了注册监理工程师、注册造价工程师、注册一级建造师考试教材的相关内容，使本书具有了更多的适用性。本书列出了每章的学习目标和小结，方便老师和学生对每章内容的掌握；习题的形式包括单选题、多选题、简答题和案例分析题，旨在通过练习加强学生对知识的掌握。

本书在编写时充分考虑了高职高专学生的学习目标，针对性强，侧重技能传授，平衡理论与实践教学内容；采用切合实际的案例，全面具体地阐述各知识点，既符合教师的教学要求，也方便学生的理论实践一体化目标。

本书由内蒙古建筑职业技术学院史永红担任主编，内蒙古建筑职业技术学院雷建平、樊金枝、宋春岩担任副主编。本书具体编写分工如下：史永红编写第 1 章、第 4 章，樊金枝编写第 5 章，宋春岩、雷建平共同编写第 7 章，内蒙古建筑职业技术学院郭文娟、陈红共同编写第 3 章，内蒙古建筑职业技术学院侯文婷编写第 6 章，内蒙古建筑职业技术学院白静编写第 8 章，内蒙古建筑职业技术学院马悦、刘伟共同编写第 2 章，全书由史永红负责统稿。内蒙古建筑职业技术学院斯庆担任主审，对本书进行了审读，并提出诸多宝贵意见，在此表示感谢！

由于作者水平有限，书中存在不足和疏漏之处，敬请各位读者批评指正。

编 者

2019 年 3 月

目　录

第1章 概 述

学习目标

掌握建设工程项目的概念与划分；了解建设项目的特点；熟悉建设工程投资的概念和特点；掌握建设工程投资控制的概念和基本原理。

1.1 建设工程项目的概念与特点

1.1.1 建设工程项目的概念及等级划分

建设工程项目，亦称建设项目（construction project），是指按一个总体设计组织施工，建成后具有完整的系统，可以独立地形成生产能力或者使用价值的建设工程。一般一个企业(或联合企业)、事业单位或独立工程作为一个建设项目。

按照国家主管部门的统一规定，将一项建设工程划分为建设项目、单项工程、单位工程、分部工程和分项工程五个等级。

1. 建设项目

建设项目是指在一个总体设计或初步设计范围内，由一个或几个单项工程组成，在经济上进行统一核算，行政上有独立的组织形式，实行统一管理的建设单位。

一个建设项目也就是一个建设单位。它可以是一个独立的工程，也可能包括较多的工程，一般以一个企业、事业单位或大型独立工程作为一个建设项目。例如，在工业建设中，一座工厂为一个建设项目；在民用建设中，一所学校为一个建设项目；在市政建设中，一条城市道路、一条给水或排水管网、一座立交桥、一座涵洞等均为一个建设项目。

2. 单项工程

单项工程是建设项目的组成部分。指在一个建设单位中，具有独立的设计文件，单独编制综合预算、竣工后可以独立发挥生产能力或使用效益的工程。

一个建设项目可包括许多单项工程，也可以只有一个单项工程。在工业建设中能独立生产的车间，例如一家工厂中的各个主要生产车间、辅助车间、仓库；或非工业建设中能发挥设计规定的主要效益的各个独立工程，例如一所学校中的教学楼、图书馆、住宅等都是单项工程。市政建设中的防洪渠、隧道、地铁售票处等分别各为一个单项工程。单项工程是具有独立存在意义的一个完整工程，也是一个极为复杂的综合体，一般都是由多个单位工程所组成。

3. 单位工程

单位工程是单项工程的组成部分。指具有单独设计的施工图纸和单独编制的施工图预算文件，可以独立施工及独立作为计算成本对象，但建成后不能独立发挥生产能力或使用效益的工程。

通常按照单项工程所包含的不同性质的工程内容，根据能否独立施工的要求，将一个单项工程划分为若干个单位工程。民用建筑的土建、给排水、采暖、通风、照明各为一个单位工程。工业建设的单项工程中的土建（包括建筑物和构筑物）工程、机电设备安装，工艺设备安装，工艺管道安装，给排水、采暖、通风、电气安装，自控仪表安装等，各为一个单位工程。

4. 分部工程

分部工程是单位工程的组成部分。按照单位工程的各个部位、工程结构性质、使用的材料、工程种类、设备的种类和型号等不同来划分。

在每个分部工程中，由于构造、使用材料规格或施工方法等因素的不同，完成同一计量单位的工程所需要消耗的人工、材料、机械台班数量及其价值的差别是很大的。为计算造价的需要，将分部工程进一步地划分。如房屋建筑按其结构可分为土方、基础、地面、墙体、楼板、门窗、屋面、钢筋混凝土、装饰等分部工程；工艺管道安装可分为管道安装、阀门安装、刷油、保温等分部工程；道路工程可以分解为路床（槽）整形、道路基层、道路面层、人行道侧平石及其他分部工程。

5. 分项工程

分项是分部工程的组成部分。它是将分部工程划分为若干个更细的分项工程。分项工程是按照选用的施工方法、所使用的材料、结构构件规格的不同等因素进行划分的，用较为简单的施工过程就能完成，以适当的计量单位就可以计算工程量及其单价的工程产品。如土方工程可分为挖地槽、挖地坑、回填土、运土等分项工程；焊接钢管安装，可按不同管径分为若干个分项工程；也可以按连接方式分为若干个分项工程。

综上所述，一个建设项目是由一个或几个单项工程组成的，一个单项工程是由几个单位工程组成的，一个单位工程又可划分为若干分部工程，一个分部工程又可划分成许多分项工程。基本建设项目划分示意如图 1-1 所示。

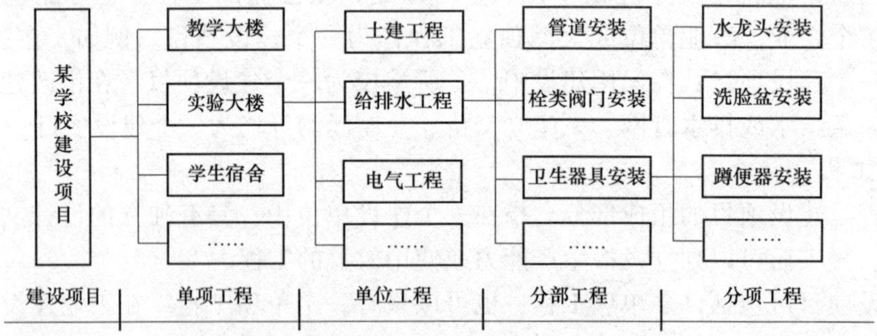

图 1-1 某学校基本建设项目划分示意图

【例 1-1】 在某校新校区建设中，包括两栋教学楼、两栋实验教学楼和四栋宿舍楼的建设，其中 1 号教学楼工程属于（ ）。

A. 分部工程 B. 分项工程 C. 单项工程 D. 单位工程

答案：C。

解析：在建设工程中单项工程是指在建设项目中具有独立设计文件，竣工后可以独立发挥生产能力和工程效益的工程；单位工程是指可以独立施工的工程；分部工程是指不同工人使用不同工具和材料完成的部分；分项工程是指按不同施工方法、构造和规格分解的。

1.1.2 建设工程项目的特点

1. 投资额巨大，建设周期长

由于建设项目规模大、技术复杂、涉及的专业面宽，因此，从项目设想到施工、投入使用，少则需要几年，多则需要十几年。同时，由于投资额巨大，这就要求项目建设只能成功，不能失败，否则将造成严重后果，甚至影响国民经济发展。

2. 整体性强

建设项目是按照一个总体设计建设的，是可以形成生产能力或使用价值的若干单位工程的总体。

3. 具有固定性

建设产品的固定性，使其设计单一，不能成批生产（建设），也给实施带来难度，且受环境影响大，管理复杂。

4. 需要遵循必要的建设程序和特定的建设过程

一个建设项目从提出建设的设想、建议、方案选择、评估、决策、勘察、设计、施工一直到竣工、投入使用，均有一个有序的全过程。

1.2 建设工程投资的概念与特点

1.2.1 建设工程项目投资的概念

建设工程项目总投资是为完成工程项目建设并达到使用要求或生产条件，在建设期内预计或实际投入的全部费用总和。生产性建设项目总投资包括建设投资、建设期利息和流动资金三部分；非生产性建设项目总投资则只包括建设投资和建设期利息两部分。其中建设投资和建设期利息之和对应于固定资产投资，固定资产投资与建设项目的工程造价在量上相等。

特别提示

> 工程造价是指进行某项工程建设预计或实际发生的全部固定资产投资费用。在这个意义上工程造价与固定资产投资的概念一致。因此，讨论固定资产投资时，经常使用工程造价这个概念。在实际应用中工程造价还可指工程价格，即为建成一项工程，预计或实际在土地市场、设备市场、技术劳务市场以及承包市场等交易活动中所形成的建筑安装工程价格和建设工程的总价格。

1.2.2 建设工程项目投资的特点

建设工程投资的特点是由建设工程的特点决定的，主要包括如下几点。

一、建设工程投资数额巨大

建设工程投资数额巨大，对所属地方的国计民生产生重大的影响，从这一点上也说明了建设工程管理的主要意义。

二、建设工程投资差异明显

每个建设工程都有特定的用途、功能、规模，每项工程的结构、空间分割、设备配置和内外装饰都有不同的要求，工程内容和实物形态都有差异性，即同样的工程处于不同的地区在人工、材料、机械消耗上也有差异。

三、建设工程投资需单独计算

每个建设工程都有专门的用途，所以在结构、面积、造型和装饰上也不尽相同，即技术水平、建筑等级和建筑标准也有差别。建设工程还必须在结构、造型等方面适应工程所在地的气候、地质、水文等自然条件。因此，建设工程只能通过特殊的程序（编制估算、概算、预算、合同价、结算价及最后确定竣工决算等），就每项工程单独计算其投资。

四、建设工程投资确定依据复杂

建设工程项目投资的确定依据繁多，关系复杂。在不同的建设阶段有不同的确定依据，且互为基础和指导，相互影响（如图 1-2）。如预算定额是概算定额编制的基础，概算定额也是估算指标编制的基础，反过来，估算指标控制概算定额的水平，概算定额又控制预算定额的水平。

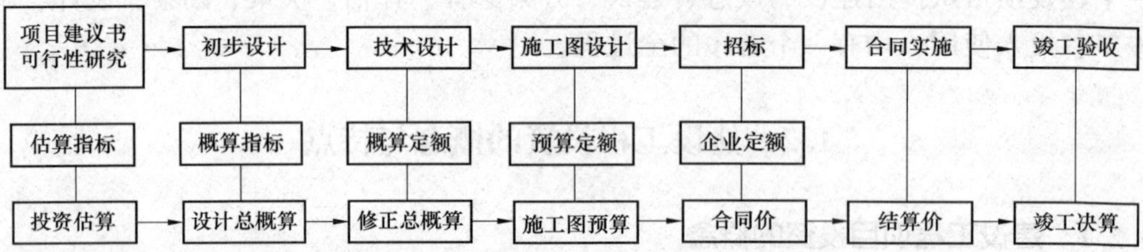

图 1-2 建设工程投资确定示意图

五、建设工程确定层次繁多

凡是按照一个总体设计进行建设的各个单项工程汇集的总体，为一个建设项目，在建设项目中凡是具有独立的设计文件，竣工后可以独立发挥生产能力或工程效益的工程为单项工程，也可将它理解为具有独立存在意义的完整的工程项目。考虑到组成单位工程的各部分是由不同工人用不同工具和材料完成的，又可以把单位工程进一步分解为分部工程等。但需分别计算各个不同阶段和项目的工程投资，最后才形成建设工程投资。可见工程投资的确定层次繁多。

六、建设工程投资需动态跟踪调整

各项建设工程在建设期都会出现一些不可预料的变化因素，如工程设备、材料价格变化、国家利率调整、不可抗力出现或因承包方、发包方原因等，必然会引起建设工程投资的变动。所以，建设工程投资在整个建设期内都需随时进行动态跟踪、调整，直至决算后，才能形成建设工程投资。从以上所列举的建设工程的特点来看，要做好建设工程的投资控制是十分必要的。

1.3 建设工程投资控制的原理

1.3.1 建设工程投资控制的概念

建设工程投资控制，就是在投资决策阶段、设计阶段、招投标阶段、施工阶段以及竣工阶段，把建设工程投资控制在批准的投资限额以内，随时纠正发生的偏差，保证项目投资管理目标的实现，以求在建设工程中能合理使用人力、物力、财力，取得较好的投资效益和社会效益。

1.3.2 合理确定建设工程投资控制目标

建设工程投资控制这一管理手段的运用，是为了确保项目目标的顺利实现。建设工程投资控制的目标，是指通过有效的投资控制工作和具体的投资控制措施，在满足进度和质量要求的前提下，力求使工程实际投资不超过计划投资。“实际投资不超过计划投资”可能表现为以下情况：

(1) 在投资目标分解的各个层次上，实际投资均不超过计划投资。这是最理想的情况，是投资控制追求的最高目标。

(2) 在投资目标分解的较低层次上。实际投资在有些情况下超过计划投资，在大多数情况下不超过计划投资，因而在投资目标分解的较高层次上，实际投资不超过计划投资。

(3) 实际总投资未超过计划总投资，在投资目标分解的各个层次上，都出现实际投资超过计划投资的情况。但在大多数情况下实际投资未超过计划投资。

后两种情况虽然存在局部的超投资现象，但建设工程的实际总投资未超过计划总投资，因而仍然是令人满意的结果。

建设工程投资控制是为确保目标的实现而服务的，一个系统若没有目标，就不需要、也无法进行控制。目标的设置是很严肃的，应该有科学的依据。工程项目建设过程是一个周期长、投入大的生产过程，建设者在一定时间内有的经验知识是有限的，不但常常受到科学条件和技术条件的限制，而且也受到客观过程的发展及其表现程度的限制，因而不可能在工程建设伊始，就设置一个科学的、一成不变的投资控制目标，而只能设置一个大致的投资控制目标，这就是投资估算。随着工程建设实践、认识、再实践、再认识，投资控制目标一步步清晰、准确，这就是设计概算、施工图预算、承包合同价等。即，投资控制目标的设置应是随着工程项目建设实践的不断深入而分阶段设置。有机联系的各个阶段投资目标相互制约，相互补充，前一阶段的结果就是后一阶段的控制目标，前者控制后者，后者补充前者，共同组成建设工程投资控制的目标系统。

特别提示

> 建设工程投资控制目标要既有先进性又有实现的可能性，目标水平要能激发执行者的进取心和充分发挥他们的工作能力，挖掘他们的潜力。若目标水平太低，如对建设工程投资高估冒算，则对建造者缺乏激励性，建造者亦没有发挥潜力的余地，目标形同虚设；若目标水平太高，如在建设工程立项时投资就留有缺口，建造者一再努力也无法达到，则可能产生灰心情绪，使工程投资控制成为一纸空文。

1.3.3 建设工程投资控制动态原理

投资控制是项目控制的主要内容之一。这种控制是动态的（如图1-3），并贯穿于项目建设的始终。

一、投资控制流程

应每2周或一个月循环一次，具体表达的含义如下：

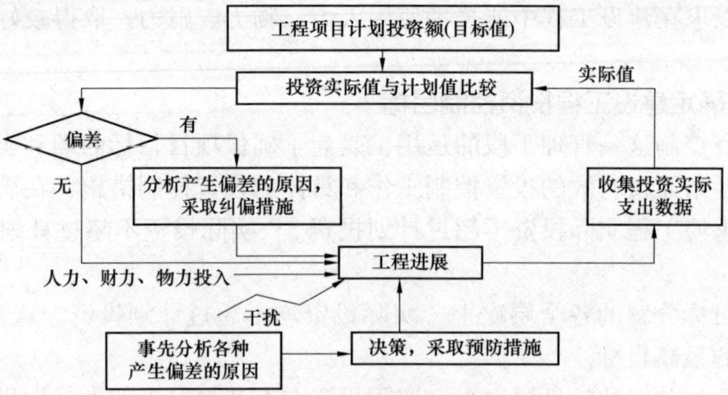

图 1-3 投资控制原理图

(1) 项目投入，即把人力、物力、财力投入到项目实施中。

(2) 在工程进展过程中，必定存在各种各样的干扰，如恶劣天气、设计出图不及时等。

(3) 收集实际数据，即对工程进展情况进行评估。

(4) 把投资目标的计划值与实际值进行比较。

(5) 检查实际值与计划值有无偏差，如果没有偏差，则工程继续进展，继续投入人力、物力和财力等。

(6) 如果有偏差，则需要分析产生偏差的原因，采取控制措施。

二、投资控制过程

在投资控制这一动态控制过程中，应着重做好以下几项工作：

(1) 对计划目标值的论证和分析。

(2) 及时对工程进展做出评估，即收集实际数据。

(3) 进行项目计划值与实际值的比较，以判断是否存在偏差。

(4) 采取控制措施以确保投资控制目标的实现。

投资目标控制同样需要主动控制与被动控制相结合：采取主动预防措施，尽量避免实际投资超过计划投资；若发生偏差，超过计划投资，则要采取被动控制措施，力求偏差额最小，并尽量在后期予以弥补。

1.3.4 以设计阶段为重点进行全过程控制

全过程控制是指在建设程序的各个阶段都要进行控制，投资控制贯穿于项目建设的全过程，这一点是毫无疑义的，但控制哪一阶段可起到事半功倍的效果是十分重要的。从目前我国情况看，影响项目投资最大的阶段是约占工程项目建设周期 1/4 的施工图设计结束前的工作阶段（如图 1-4 所示）。

在初步设计阶段影响项目投资的可能性为 75%~95%；在技术设计阶段影响项目投资的可能性为 35%~75%；在施工图设计阶段影响项目投资的可能性为 5%~35%。从以上分析看，项目投资控制的重点在于施工以前的投资决策和设计阶段，而一旦项目做出决策后，控制项目投资的关键就在于设计，而目前的设计费用一般只占全部工程投资费用的 1%以下，但正是这微不足道的费用却基本决定了几乎全部随后的费用。

由此可见，设计对整个建设工程的效益影响极其重要，正因如此，把握好设计图的实施前阶段是十分必要的。

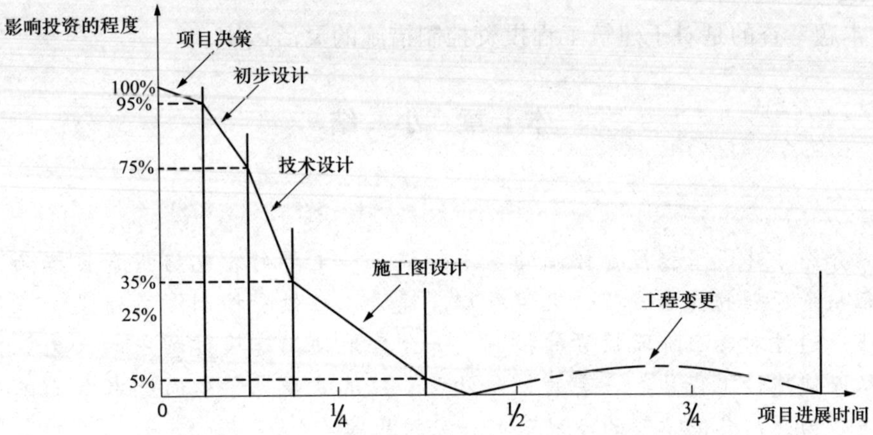

图 1-4 不同建设阶段影响建设项目投资程度的坐标图

1.3.5 建设工程投资系统控制

投资控制是与质量、进度控制同时进行的，在进行投资控制的同时要尽量满足质量、进度目标的要求，尽最大努力使三者相互配合，进而达到统一，要充分协调好“三控制”之间的关系，不能片面强调投资控制而破坏三者之间的统一关系（图 1-5）。即在采取控制措施时要兼顾质量、进度控制，要全面统一考虑、慎重决策。

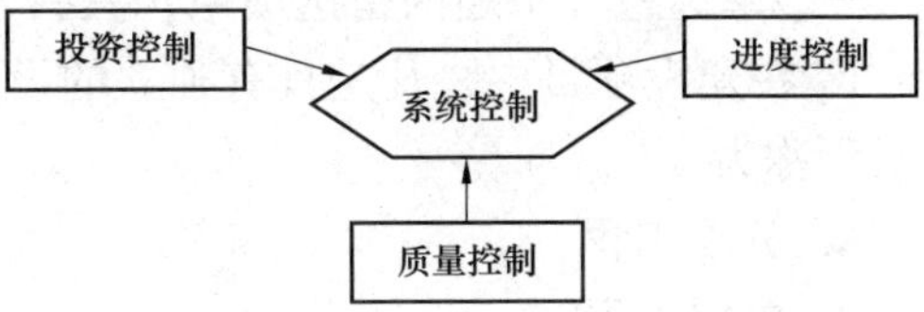

图 1-5 建设工程投资系统控制示意图

1.3.6 建设工程投资控制的措施

要有效地控制项目投资，应从组织、技术、经济、合同与信息管理等多方面采取措施。

一、组织措施

从组织上采取措施，包括明确项目组织结构，明确项目投资控制者及其任务，以使项目投资控制有专人负责，明确管理职能分工。

二、技术措施

从技术上采取措施，包括重视设计多方案选择，严格审查监督初步设计、技术设计、施工图设计、施工组织设计，深入技术领域研究节约投资的可能性。

三、经济措施

从经济上采取措施，包括动态地比较项目投资的实际值和计划值，严格审核各项费用支出，采取节约投资的奖励措施等。

从上述措施可以看到，要想有效地控制建设工程投资，最有效的手段就是技术和经济的有机结合，要通过技术比较和经济分析效果评价，正确处理技术先进和经济合理两者之间对立统一的关系，力求达到技术先进下的经济合理，合理基础上的技术先进。

【例 1-2】 在项目投资控制过程中，动态地比较项目投资的实际值和计划值。这一措施属于（　　）。

A. 技术措施　　B. 经济措施

C. 组织措施　　D. 管理措施

答案：B。

解析：本题考查的是对于建筑工程投资控制措施的灵活运用。

本 章 小 结

本章介绍了建设工程投资控制的基本知识点。主要内容包括投资目标的确定及建设工程投资原理的具体流程情况等知识。建设工程投资控制涉及建设工程周期的各个阶段，通过对各个阶段投资的控制，并合理地使用建设过程中的人力、物力和财力，从而使建设工程具备一定的社会效益和经济效益。学生通过本章基础知识的学习也可以为此后其他章节的学习奠定一定的基础。

习 题

一、单选题（每题的备选项中，只有1为正确选项）

1. 在建设项目中，凡是具有独立的设计文件，竣工后可以独立发挥生产能力或工程效益的工程称为（ ）。

A. 分项工程　　B. 分部工程

C. 单位工程　　D. 单项工程

2. 某办公楼建设的给排水工程属于（ ）。

A. 分项工程　　B. 分部工程

C. 单位工程　　D. 单项工程

3. 建设工程项目总投资是为完成工程项目建设并达到使用要求或生产条件，在（ ）预计或实际投入的全部费用总和。

A. 生产运营期内　　B. 生产准备期间

C. 建设期内　　D. 建设准备期间

4. 在施工图预算阶段，建设工程投资的确定依据是（ ）。

A. 估算指标　　B. 预算定额

C. 企业定额　　D. 概算定额

5.（ ）是指通过有效的投资控制工作和具体的投资控制措施，在满足进度和质量要求的前提下，力求使工程实际投资不超过计划投资。

A. 建设工程投资控制的目标　　B. 建设工程进度控制的目标

C. 建设工程质量控制的目标　　D. 建设工程的目标

6. 项目投资控制的重点在于（ ）。

A. 施工阶段　　B. 招投标阶段

C. 竣工决算　　D. 投资决策和设计阶段

7. 技术设计阶段影响项目投资的可能性为（ ）。

A. 35%~75%　　B. 5%~35%　　C. 75%~95%　　D. 5%~15%

8. 建设工程投资控制发生在（ ）。

A. 设计阶段

B. 准备阶段

C. 所有阶段

D. 项目准备阶段

9. 明确项目投资控制者及其任务属于（ ）。

A. 技术措施

B. 经济措施

C. 组织措施

D. 管理措施

二、多选题（每题的备选项中，有2个或2个以上符合题意，至少有1个错项）

1. 建设工程项目的特点包括（ ）。

A. 投资额巨大，建设周期长

B. 整体性强

C. 具有固定性

D. 具有可移动性

E. 需要遵循必要的建设程序和特定的建设过程

2. 在确定投资目标时，需要对（ ）进行协调平衡。

A. 利润目标

B. 进度目标

C. 质量目标

D. 投资目标

E. 技术目标

3. 建设工程投资控制的措施有（ ）。

A. 组织措施

B. 合同措施

C. 经济措施

D. 技术措施

E. 管理措施

4. 建设工程投资应该分解为（ ）层次含义理解。

A. 建设项目

B. 分部分项工程

C. 单项工程

D. 单位工程

E. 群体工程

5. 建设工程项目投资的特点不包括（ ）。

A. 建设工程投资数额巨大

B. 建设工程投资差异不明显

C. 建设工程投资需单独计算

D. 建设工程投资确定依据简单

E. 建设工程确定层次繁多

6. 在投资控制这一动态控制过程中，应着重做好以下（ ）工作。

A. 对计划目标值的论证和分析

B. 识别真假投资偏差

C. 及时对工程进展做出评估，即收集实际数据

D. 进行项目计划值与实际值的比较，以判断是否存在偏差

E. 采取控制措施以确保投资控制目标的实现

三、简答题

1. 简述建设工程投资控制的具体措施。

2. 简述建设工程投资控制的动态流程。

3. 简述建设工程投资控制的特点。

4. 简述投资控制的重点。

5. 简述投资控制的全过程的含义。

第2章 建设工程投资构成

学习目标

熟悉建设工程投资构成；掌握设备、工器具购置费用的构成和计算；掌握建筑安装工程费用的构成和计算；熟悉工程建设其他费用的构成和计算；掌握预备费和建设期利息的计算。

2.1 建设工程投资构成概述

建设工程项目投资是指进行某项工程建设花费的全部费用。生产性建设项目总投资包括固定资产投资和流动资产投资，非生产性建设项目总投资只包括固定资产投资。如图2-1所示。

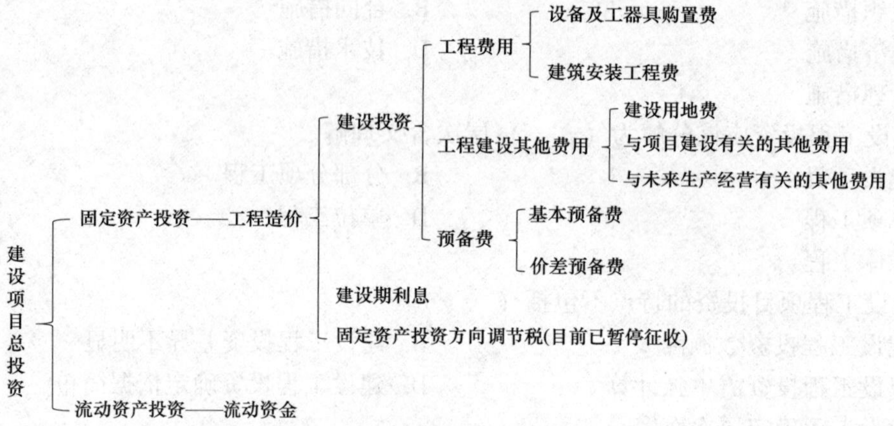

图2-1 我国现行建设项目总投资构成

【例2-1】 在某建设项目投资构成中，设备及工器具购置费为2 000万元，建筑安装工程费为1 000万元，工程建设其他费为500万元，基本预备费为120万元，价差预备费为80万元，建设期贷款1 800万元，应计利息为80万元，流动资金400万元，则该建设项目的建设投资为多少万元？

解：建设投资=设备及工器具购置费+建筑安装工程费+工程建设其他费用+基本预备费+价差预备费

=2 000+1 000+500+120+80=3 700(万元)

该建设项目的建设投资为3 700万元。

固定资产投资由静态投资部分与动态投资部分组成，这两部分投资共同构成完整的固定资产投资。

(1) 静态投资部分。是针对某一基准日期，完成项目建设所需要的投资，其主要包括设备工器具购置费、建筑安装工程费、工程建设其他费用、基本预备费。

（2）动态投资部分。指在建设期内，因建设期利息和国家新批准的税率、汇率、利率变动以及建设期价格变动引起的建设投资增加额，包括价差预备费和建设期利息等。

【例2-2】 某建设工程项目设备工器具购置费为3 500万元，建筑安装工程费为1 500万元，工程建设其他费为700万元，基本预备费为300万元，价差预备费为150万元，建设期贷款利息为125万元，项目流动资金为130万元，分析该项目的静态投资和动态投资部分。

解： 项目静态投资额=设备及工器具购置费+建筑安装工程费+工程建设其他费+基本预备费

=3 500+1 500+700+300=6 000（万元）

动态投资额=价差预备费+建设期贷款利息=150+125=275（万元）

解析： 本题考查的是建设投资静态部分和动态投资部分的组成。项目的静态投资部分为设备工器具购置费、建筑安装工程费、工程建设其他费和基本预备费；项目的动态投资部分为价差预备费和建设期利息。

2.2 建筑安装工程费用构成与计算

2.2.1 建筑安装工程费用内容

建筑安装工程费是指为完成工程项目建造、生产性设备及配套工程安装所需的费用。

一、建筑工程费用内容

（1）各类房屋建筑工程和列入房屋建筑工程预算的供水、供暖、卫生、通风、煤气等设备费用及其装饰、油饰工程的费用，列入建筑工程预算的各种管道、电力、电信和电缆导线敷设工程的费用。

（2）设备基础、支柱、工作台、烟囱、水塔、水池、灰塔等建筑工程以及各种炉窑的砌筑工程和金属结构工程的费用。

（3）为施工而进行的场地平整，工程和水文地质勘察，原有建筑物和障碍物的拆除以及施工临时用水、电、气、路和完工后的场地清理，环境绿化、美化等工作的费用。

（4）矿井开凿、井巷延伸、露天矿剥离，石油、天然气钻井，修建铁路、公路、桥梁、水库、堤坝、灌渠及防洪等工程的费用。

二、安装工程费用内容

（1）生产、动力、起重、运输、传动和医疗、实验等各种需要安装的机械设备的装配费用，与设备相连的工作台、梯子、栏杆等设施的工程费用，附属于被安装设备的管线敷设工程费用，以及被安装设备的绝缘、防腐、保温、油漆等工作的材料费和安装费。

（2）为测定安装工程质量，对单台设备进行单机试运转、对系统设备进行系统联动无负荷试运转工作的调试费。

【例2-3】 根据我国现行建筑安装工程费用构成的相关规定，下列费用中，属于安装工程费用的是（　　）。

A. 设备基础、工作台的砌筑工程费用

B. 房屋建筑工程的供水、供暖等设备费用

C. 对系统设备进行系统联动无负荷试运转工作的调试费

D. 对整个生产线负荷联合试运转所发生的费用

答案：C。

解析：安装工程费用内容包括：①生产、动力、起重、运输、传动和医疗、实验等各种需要安装的机械设备的装配费用，与设备相连的工作台、梯子、栏杆等设施的工程费用，附属于被安装设备的管线敷设工程费用，以及被安装设备的绝缘、防腐、保温、油漆等工作的材料费和安装费；②为测定安装工程质量，对单台设备进行单机试运转、对系统设备进行系统联动无负荷试运转工作的调试费。

根据住房城乡建设部、财政部颁布的“关于印发《建筑安装工程费用项目组成》的通知”（建标〔2013〕44 号），我国现行建筑安装工程费用项目按两种不同的方式划分，即按费用构成要素划分和按造价形成划分（如图 2-2 所示）。

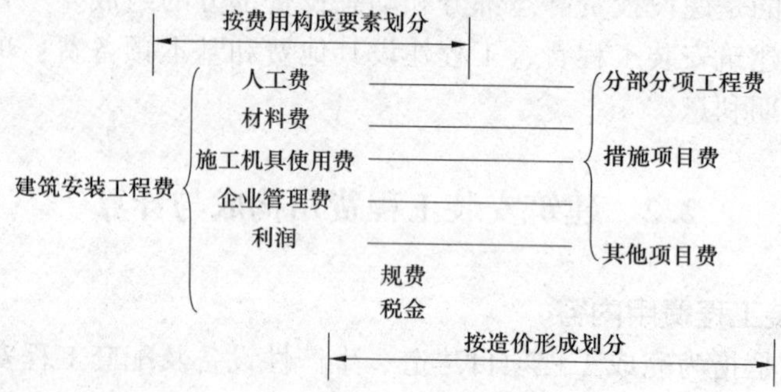

图 2-2 建筑安装工程费用项目构成

2.2.2 按费用构成要素划分的建筑安装工程费用项目构成和计算

根据住房城乡建设部、财政部颁布的“关于印发《建筑安装工程费用项目组成》的通知”（建标〔2013〕44 号），建筑安装工程费按照费用构成要素划分：由人工费、材料（包含工程设备，下同）费、施工机具使用费、企业管理费、利润、规费和税金组成。其中人工费、材料费、施工机具使用费、企业管理费和利润包含在分部分项工程费、措施项目费、其他项目费中，如图 2-3 所示。

一、人工费

人工费是指按工资总额构成规定，支付给从事建筑安装工程施工的生产工人和附属生产单位工人的各项费用。

（一）人工费的组成

（1）计时工资或计件工资。指按计时工资标准和工作时间或对已做工作按计件单价支付给个人的劳动报酬。

（2）奖金。指对超额劳动和增收节支支付给个人的劳动报酬。如节约奖、劳动竞赛奖等。

（3）津贴补贴。指为了补偿职工特殊或额外的劳动消耗和因其他特殊原因支付给个人的津贴，以及为了保证职工工资水平不受物价影响支付给个人的物价补贴。如流动施工津贴、特殊地区施工津贴、高温（寒）作业临时津贴、高空津贴等。

（4）加班加点工资。指按规定支付的在法定节假日工作的加班工资和在法定日工作时间外延时工作的加点工资。

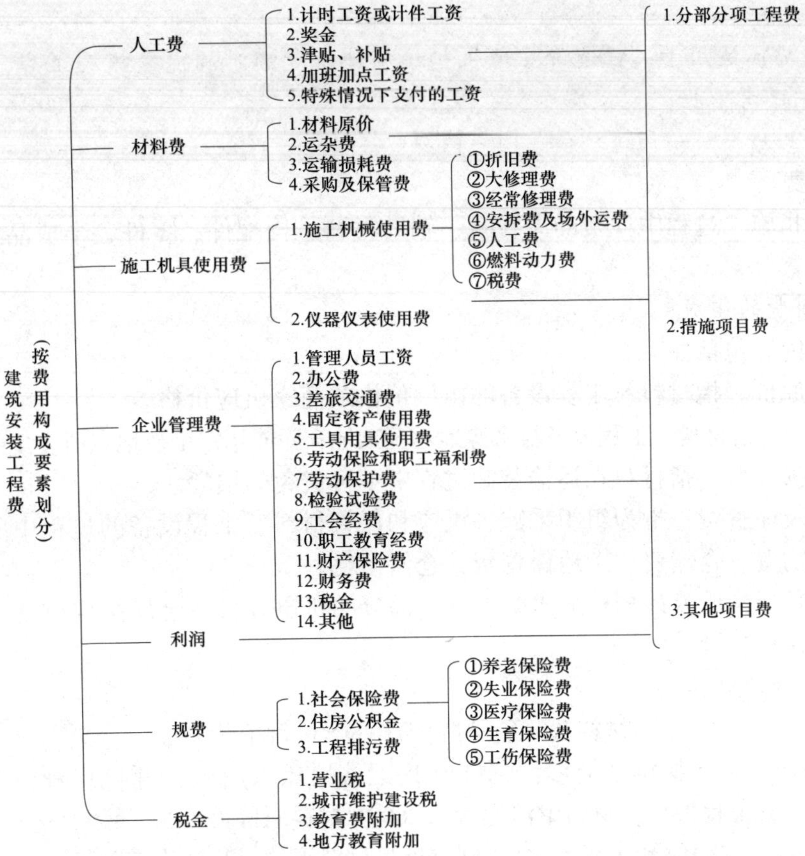

图 2-3 按费用构成要素划分的建筑安装工程费用项目构成

（5）特殊情况下支付的工资。指根据国家法律、法规和政策规定，因病、工伤、产假、计划生育假、婚丧假、事假、探亲假、定期休假、停工学习、执行国家或社会义务等原因按计时工资标准或计时工资标准的一定比例支付的工资。

（二）人工费的计算

$$人工费=\sum(工日消费量\times日工资单价) \tag{2.1}$$

$$日工资单价=\frac{生产工人平均月工资(计时、计价)+平均月(奖金+津贴补贴+特殊情况下支付的工资)}{年平均每月法定工作日} \tag{2.2}$$

日工资单价是指施工企业平均技术熟练程度的生产工人在每工作日（国家法定工作时间内）按规定从事施工作业应得的日工资总额。

$$人工费=\sum(工程工日消费量\times日工资单价) \tag{2.3}$$

特别提示

式（2.1）主要适用于施工企业投标报价时自主确定人工费，也是工程造价管理机构编制计价定额确定定额人工单价或发布人工成本信息的参考依据。

式（2.3）适用于工程造价管理机构编制计价定额时确定定额人工费，施工企业投标报价的参考依据。

二、材料费

材料费是指施工过程中耗费的原材料、辅助材料、构配件、零件、半成品或成品、工程设备的费用。

（一）材料费的组成

材料费的内容包括如下。

（1）材料原价。指材料、工程设备的出厂价格或商家供应价格。

（2）运杂费。指材料、工程设备自来源地运至工地仓库或指定堆放地点所发生的全部费用。

（3）运输损耗费。指材料在运输装卸过程中不可避免的损耗。

（4）采购及保管费。指为组织采购、供应和保管材料、工程设备的过程中所需要的各项费用。包括采购费、仓储费、工地保管费、仓储损耗。

工程设备是指构成或计划构成永久工程一部分的机电设备、金属结构设备、仪器装置及其他类似的设备和装置。

（二）材料费的计算

$$\text{材料费}=\sum(\text{材料消耗量}\times\text{材料单价}) \tag{2.4}$$

$$\text{材料单价}=[(\text{材料原价}+\text{运杂费})\times(1+\text{运输损耗率})]\times(1+\text{采购保管费率}) \tag{2.5}$$

【例 2-4】 某工程项目，材料甲消耗量为200t，材料原价为1 000元/t，运杂费为15元/t，运输损耗率为2%，采购保管费率为1%，则该项目材料甲的材料费为多少元。

解：

$$\begin{aligned}\text{材料单价}&=[(\text{材料原价}+\text{运杂费})\times(1+\text{运输损耗率})]\times(1+\text{采购保管费率})\\&=[(1\ 000+15)\times(1+2\%)]\times(1+1\%)\\&=1\ 045.65(\text{元})\end{aligned}$$

$$\begin{aligned}\text{材料费}&=\sum(\text{材料消耗量}\times\text{材料单价})\\&=200\times1\ 045.65\\&=209\ 130(\text{元})\end{aligned}$$

则该项目材料甲的材料费为209 130元。

三、施工机具使用费

施工机具使用费是指施工作业所发生的施工机械、仪器仪表使用费或其租赁费。

（一）施工机具使用费的组成

施工机具使用费由施工机械使用费和仪器仪表使用费组成。

（1）施工机械使用费。以施工机械台班耗用量乘以施工机械台班单价表示，施工机械台班单价应由下列七项费用组成。

1）折旧费。指施工机械在规定的使用年限内，陆续收回其原值的费用。

2）大修理费。指施工机械按规定的大修理间隔台班进行必要的大修理，以恢复其正常功能所需的费用。

3）经常修理费。指施工机械除大修理以外的各级保养和临时故障排除所需的费用。包括为保障机械正常运转所需替换设备与随机配备工具附具的摊销和维护费用，机械运转中日常保养所需润滑与擦拭的材料费用及机械停滞期间的维护和保养费用等。

4）安拆费及场外运费。安拆费指施工机械（大型机械除外）在现场进行安装与拆卸所需的人工、材料、机械和试运转费用以及机械辅助设施的折旧、搭设、拆除等费用；场外运费指施工机械整体或分体自停放地点运至施工现场或由一施工地点运至另一施工地点的运输、装卸、辅助材料及架线等费用。

5）人工费。指机上司机（司炉）和其他操作人员的人工费。

6）燃料动力费。指施工机械在运转作业中所消耗的各种燃料及水、电等。

7）税费。指施工机械按照国家规定应缴纳的车船使用税、保险费及年检费等。

（2）仪器仪表使用费。是指工程施工所需使用的仪器仪表的摊销及维修费用。

（二）施工机具使用费的计算

（1）施工机械使用费的计算。

$$\text{施工机械使用费}=\sum(\text{施工机械台班消费量}\times\text{机械台班单价}) \tag{2.6}$$

$$\begin{aligned}\text{机械台班单价}=&\text{台班折旧费}+\text{台班大修费}+\text{台班经常修理费}+\text{台班安拆费及场外运费}\\&+\text{台班人工费}+\text{台班燃料动力费}+\text{台班车船税费}\end{aligned} \tag{2.7}$$

1）折旧费的计算。

$$\text{台班折旧费}=\frac{\text{机械预算价格}\times(1-\text{残值率})}{\text{耐用总台班数}} \tag{2.8}$$

$$\text{耐用总台班数}=\text{折旧年限}\times\text{年工作台班} \tag{2.9}$$

【例2-5】 某机械年工作台班为300台班，折旧年限为7年，该机械预算价格为5万元，残值率为2%，问该机械台班折旧费为多少？

解：

$$\begin{aligned}\text{台班折旧费}&=\frac{\text{机械预算价格}\times(1-\text{残值率})}{\text{耐用总台班数}}\\&=\frac{50\ 000\times(1-2\%)}{7\times300}\\&=23.33(\text{元/台班})\end{aligned}$$

则其台班大修理费为23.33元/台班。

2）大修理费的计算。

$$\text{台班大修理费}=\frac{\text{一次大修理费}\times\text{大修次数}}{\text{耐用总台班数}} \tag{2.10}$$

$$\text{耐用总台班数}=\text{大修间隔台班}\times\text{大修周期} \tag{2.11}$$

【例2-6】 某施工机械预计使用9年，使用期内有3个大修理周期，大修间隔台班为800台班，一次大修理费为4 500元，则其台班大修理费为多少？

解： 寿命期内大修理次数=大修周期−1=3−1=2（次）

耐用总台班=大修间隔台班×大修周期=800×3=2 400（台班）

$$\begin{aligned}\text{台班大修理费}&=\frac{\text{一次大修理费}\times\text{大修次数}}{\text{耐用总台班数}}\\&=\frac{4\ 500\times2}{2\ 400}\\&=3.75(\text{元/台班})\end{aligned}$$

则其台班大修理费为3.75元/台班。

特别提示

> 工程造价管理机构在确定计价定额中的施工机械使用费时，应根据《建筑施工机械台班费用计算规则》，结合市场调查编制施工机械单价。施工企业可以参考工程造价管理机构发布的台班单价，自主确定施工机械使用费的报价，如租赁施工机械，公式为：
>
> 施工机械使用费 = ∑(施工机械台班消耗量×机械台班租赁单价)

(2) 仪器仪表使用费的计算。

仪器仪表使用费=工程使用的仪器仪表摊销费+维修费 (2.12)

四、企业管理费

企业管理费是指建筑安装企业组织施工生产和经营管理所需的费用。

(一) 企业管理费的组成

(1) 管理人员工资。指按规定支付给管理人员的计时工资、奖金、津贴补贴、加班加点工资及特殊情况下支付的工资等。

(2) 办公费。指企业管理办公用的文具、纸张、账表、印刷、邮电、书报、办公软件、现场监控、会议、水电、烧水和集体取暖降温（包括现场临时宿舍取暖降温）等费用。

(3) 差旅交通费。指职工因公出差、调动工作的差旅费、住勤补助费，市内交通费和误餐补助费，职工探亲路费，劳动力招募费，职工退休、退职一次性路费，工伤人员就医路费，工地转移费以及管理部门使用的交通工具的油料、燃料等费用。

(4) 固定资产使用费。指管理和试验部门及附属生产单位使用的属于固定资产的房屋、设备、仪器等的折旧、大修、维修或租赁费。

(5) 工具用具使用费。指企业施工生产和管理使用的不属于固定资产的工具、器具、家具、交通工具和检验、试验、测绘、消防用具等的购置、维修和摊销费。

(6) 劳动保险和职工福利费。指由企业支付的职工退职金、按规定支付给离休干部的经费，集体福利费、夏季防暑降温、冬季取暖补贴、上下班交通补贴等。

(7) 劳动保护费。企业按规定发放的劳动保护用品的支出。如工作服、手套、防暑降温饮料以及在有碍身体健康的环境中施工的保健费用等。

(8) 检验试验费。指施工企业按照有关标准规定，对建筑以及材料、构件和建筑安装物进行一般鉴定、检查所发生的费用，包括自设试验室进行试验所耗用的材料等费用。不包括新结构、新材料的试验费，对构件做破坏性试验及其他特殊要求检验试验的费用和建设单位委托检测机构进行检测的费用，对此类检测发生的费用，由建设单位在工程建设其他费用中列支。但对施工企业提供的具有合格证明的材料进行检测不合格的，该检测费用由施工企业支付。

(9) 工会经费。指企业按《工会法》规定的全部职工工资总额比例计提的工会经费。

(10) 职工教育经费。指按职工工资总额的规定比例计提，企业为职工进行专业技术和职业技能培训，专业技术人员继续教育、职工职业技能鉴定、职业资格认定以及根据需要对职工进行各类文化教育所发生的费用。

(11) 财产保险费。指施工管理用财产、车辆等的保险费用。

(12) 财务费。指企业为施工生产筹集资金或提供预付款担保、履约担保、职工工资支付担保等所发生的各种费用。

(13) 税金。指企业按规定缴纳的房产税、车船使用税、土地使用税、印花税等。

(14) 其他。包括技术转让费、技术开发费、投标费、业务招待费、绿化费、广告费、公证费、法律顾问费、审计费、咨询费、保险费等。

(二) 企业管理费费率的计算

(1) 以分部分项工程费为计算基础。

$$企业管理费费率(\%)=\frac{生产工人年平均管理费}{年有效施工天数\times人工单价}\times人工费占分部分项工程费比例(\%) \tag{2.13}$$

(2) 以人工费和机械费合计为计算基础。

$$企业管理费费率(\%)=\frac{生产工人年平均管理费}{年有效施工天数\times(人工单价+每一工日机械使用费)}\times100\% \tag{2.14}$$

(3) 以人工费为计算基础。

$$企业管理费费率(\%)=\frac{生产工人年平均管理费}{年有效施工天数\times人工单价}\times100\% \tag{2.15}$$

五、利润

利润是指施工企业完成所承包工程获得的盈利。

(1) 施工企业根据企业自身需求并结合建筑市场实际自主确定，列入报价中。

(2) 工程造价管理机构在确定计价定额中利润时，应以定额人工费或（定额人工费+定额机械费）作为计算基数，其费率根据历年工程造价积累的资料，并结合建筑市场实际确定，以单位（单项）工程测算，利润在税前建筑安装工程费的比重可按不低于5%且不高于7%的费率计算。利润应列入分部分项工程和措施项目中。

【例2-7】 某土方工程人工费为50万元，机械费为100万元，利润率为7%，以人工费为计算基数时，该工程的利润额为多少万元。

解： 利润＝人工费合计×相应利润率

＝50×7%＝3.50(万元)

则以人工费为计算基数时，该工程的利润额为3.50万元。

六、规费

规费是指按国家法律、法规规定，由省级政府和省级有关权力部门规定必须缴纳或计取的费用。

(一) 规费的组成

(1) 社会保险费。

1) 养老保险费。指企业按照规定标准为职工缴纳的基本养老保险费。

2) 失业保险费。指企业按照规定标准为职工缴纳的失业保险费。

3) 医疗保险费。指企业按照规定标准为职工缴纳的基本医疗保险费。

4) 生育保险费。指企业按照规定标准为职工缴纳的生育保险费。

5）工伤保险费。指企业按照规定标准为职工缴纳的工伤保险费。

（2）住房公积金。指企业按规定标准为职工缴纳的住房公积金。

（3）工程排污费。指按规定缴纳的施工现场工程排污费。其他应列而未列入的规费，按实际发生计取。

（二）规费的计算

1. 社会保险费和住房公积金

社会保险费和住房公积金应以定额人工费为计算基础，根据工程所在地省、自治区、直辖市或行业建设主管部门规定费率计算。

$$\text{社会保险费和住房公积金} = \sum(\text{工程定额人工费} \times \text{社会保险费和住房公积金费率}) \tag{2.16}$$

式（2.16）中，社会保险费和住房公积金费率可以每万元发承包价的生产工人人工费和管理人员工资含量与工程所在地规定的缴纳标准综合分析取定。

2. 工程排污费

工程排污费等其他应列而未列入的规费，应按工程所在地环境保护等部门规定的标准缴纳，按实计取列入。

七、税金

（一）税金的组成

税金是指国家税法规定的应计入建筑安装工程造价内的营业税、城市维护建设税、教育费附加以及地方教育附加。

（二）税金的计算

$$\text{税金} = \text{税前造价} \times \text{综合税率}(\%) \tag{2.17}$$

综合税率计算如下。

（1）纳税地点在市区的综合税率计算。

$$\text{综合税率}(\%) = \frac{1}{1-3\%-(3\%\times7\%)-(3\%\times3\%)-(3\%\times2\%)}-1 \tag{2.18}$$

（2）纳税地点在县城、镇的综合税率计算。

$$\text{综合税率}(\%) = \frac{1}{1-3\%-(3\%\times5\%)-(3\%\times3\%)-(3\%\times2\%)}-1 \tag{2.19}$$

（3）纳税地点不在市区、县城、镇的综合税率计算。

$$\text{综合税率}(\%) = \frac{1}{1-3\%-(3\%\times1\%)-(3\%\times3\%)-(3\%\times2\%)}-1 \tag{2.20}$$

（4）实行营业税改增值税的，按纳税地点现行税率计算。

自 2016 年 5 月 1 日起，我国全面推开营业税改增值税（即营改增）试点，将建筑业、房地产业、金融业、生活服务业纳入试点范围。营改增是指以前缴纳营业税的应税项目改成缴纳增值税，增值税只对产品或者服务的增值部分纳税，减少了重复纳税的环节。

增值税是以单位和个人生产经营过程中取得的增值额为课税对象征收的一种税。

$$\text{销项税额} = \text{应纳税额} \times \text{增值税税率} \tag{2.21}$$

1）应纳税额。应纳税额为当期销项税额抵扣当期进项税额后的余额。应纳税额计算公式：

$$\text{应纳税额} = \text{当期销项税额} - \text{当期进项税额} \tag{2.22}$$

当期销项税额小于当期进项税额不足抵扣时，其不足部分可以结转下期继续抵扣。

2）增值税税率。提供建筑服务，销售不动产、转让土地使用权，增值税税率为10%。

特别提示

> 建设单位和施工企业均应按照省、自治区、直辖市或行业建设主管部门发布的标准计算规费和税金，不得作为竞争性费用。

2.2.3 按造价形成划分的建筑安装工程费用项目构成和计算

根据住房城乡建设部、财政部颁布的“关于印发《建筑安装工程费用项目组成》的通知”（建标〔2013〕44号），建筑安装工程费按照工程造价形成由分部分项工程费、措施项目费、其他项目费、规费、税金组成，分部分项工程费、措施项目费、其他项目费包含人工费、材料费、施工机具使用费、企业管理费和利润，如图2-4所示。

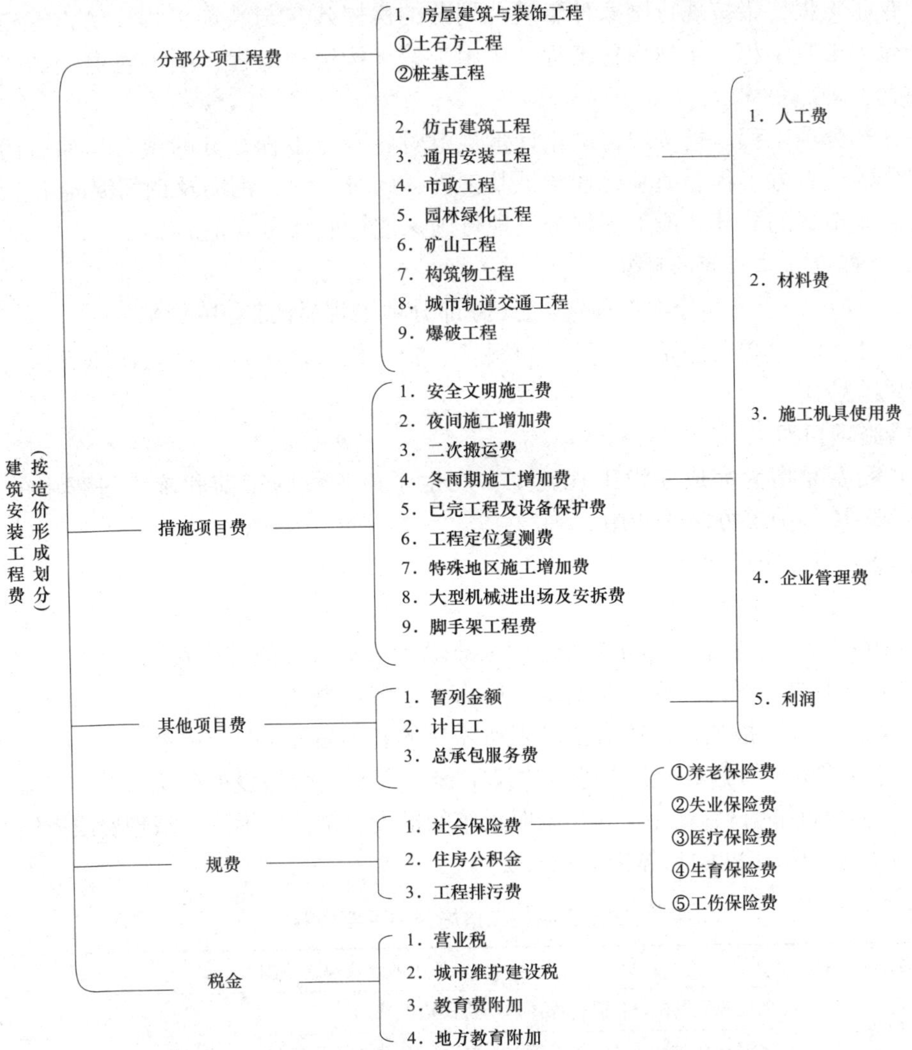

图2-4 按造价形成划分的建筑安装工程费用项目构成

【例 2-8】 根据《建筑安装工程费用项目组成》(建标〔2013〕44 号),按造价形成划分,我国现行建筑安装工程费用项目组成分别为( )。

A. 人工费+材料费+施工机具施工费+利润+税金

B. 人工费+材料费+施工机具施工费+措施项目费+规费+税金

C. 分部分项工程费+措施项目费+其他项目费+规费+税金

D. 人工费+措施项目费+现场经费+企业管理费+利润+税金

答案:C。

解析:本题考查的是按造价形成划分的建筑安装工程费用项目组成。根据建标〔2013〕44 号:建筑安装工程费按照工程造价形成由分部分项工程费、措施项目费、其他项目费、规费、税金组成。

一、分部分项工程费

分部分项工程费是指各专业工程的分部分项工程应予列支的各项费用。

(一)分部分项工程费的组成

(1)专业工程。指按现行国家计量规范划分的房屋建筑与装饰工程、仿古建筑工程、通用安装工程、市政工程、园林绿化工程、矿山工程、构筑物工程、城市轨道交通工程、爆破工程等各类工程。

(2)分部分项工程。指按现行国家计量规范对各专业工程划分的项目。如房屋建筑与装饰工程划分的土石方工程、地基处理与桩基工程、砌筑工程、钢筋及钢筋混凝土工程等。

各类专业工程的分部分项工程划分见现行国家或行业计量规范。

(二)分部分项工程费的计算

$$\text{分部分项工程费}=\sum(\text{分部分项工程量}\times\text{综合单价}) \tag{2.23}$$

式(2.23)中,综合单价包括人工费、材料费、施工机具使用费、企业管理费和利润以及一定范围的风险费用。

二、措施项目费

措施项目费是指为完成建设工程施工,发生于该工程施工前和施工过程中的技术、生活、安全、环境保护等方面的费用。

(一)措施项目费的组成

(1)安全文明施工费。

1)环境保护费。指施工现场为达到环保部门要求所需要的各项费用。

2)文明施工费。指施工现场文明施工所需要的各项费用。

3)安全施工费。指施工现场安全施工所需要的各项费用。

4)临时设施费。指施工企业为进行建设工程施工所必须搭设的生活和生产用的临时建筑物、构筑物和其他临时设施费用。包括临时设施的搭设、维修、拆除、清理费或摊销费等。

各项安全文明施工费的具体内容见表 2-1。

表 2-1 安全文明施工措施费的主要内容

项目名称	工作内容及包含范围
环境保护费	现场施工机械设备降低噪声、防扰民措施费用
	水泥和其他易飞扬细颗粒建筑材料密闭存放或采取覆盖措施等费用

续表

项目名称	工作内容及包含范围
环境保护费	工程防扬尘洒水费用
	土石方、建渣外运车辆防护措施费用
	现场污染源的控制、生活垃圾清理外运、场地排水排污措施费用
	其他环境保护措施费用
文明施工费	“五牌一图”费用
	现场围挡的墙面美化（包括内外粉刷、刷白、标语等)、压顶装饰费用
	现场厕所便槽刷白、贴面砖，水泥砂浆地面或地砖费用，建筑物内临时便溺设施费用
	其他施工现场临时设施的装饰装修、美化措施费用
	现场生活卫生设施费用
	符合卫生要求的饮水设备、淋浴、消毒等设施费用
	生活用洁净燃料费用
	防煤气中毒、防蚊虫叮咬等措施费用
	施工现场操作场地的硬化费用
	现场绿化费用、治安综合治理费用
	现场工人的防暑降温、电风扇、空调等设备及用电费用
	其他文明施工措施费用
安全施工费	安全资料、特殊作业专项方案的编制，安全施工标志的购置及安全宣传费用
	“三宝”（安全帽、安全带、安全网)、“四口”（楼梯口、电梯井口、通道口、预留洞口)、“五临边”（阳台围边、楼板围边、屋面围边、槽坑围边、卸料平台两侧)，水平防护架、垂直防护架、外架封闭等防护费用
	施工安全用电的费用，包括配电箱三级配电、两级保护装置要求、外电防护措施费用
	起重机、塔吊等起重设备（含井架、门架）及外用电梯的安全防护措施（含警示标志）及卸料平台的临边防护、层间安全门、防护棚等设施费用
	建筑工地起重机械的检验检测费用
	施工机具防护棚及其围栏的安全保护设施费用
	施工安全防护通道费用
	工人的安全防护用品、用具购置费用
	消防设施与消防器材的配置费用
	电气保护、安全照明设施费用
	其他安全防护措施费用
临时设施费	施工现场采用彩色、定型钢板，砖、混凝土砌块等围挡的安砌、维修、拆除费用
	施工现场临时建筑物、构筑物的搭设、维修、拆除，如临时宿舍、办公室、食堂、厨房、厕所、诊疗所、临时文化福利用房、临时仓库、加工场、搅拌台、临时简易水塔、水池等费用
	施工现场临时设施的搭设、维修、拆除，如临时供水管道、临时供电管线、小型临时设施等费用
	施工现场规定范围内临时简易道路铺设，临时排水沟、排水设施安砌、维修、拆除费用
	其他临时设施费搭设、维修、拆除费用

（2）夜间施工增加费。指因夜间施工所发生的夜班补助费、夜间施工降效、夜间施工照明设备摊销及照明用电等费用。内容由以下各项组成。

1）夜间固定照明灯具和临时可移动照明灯具的设置、拆除费用。

2）夜间施工时，施工现场交通标志、安全标牌、警示灯的设置、移动、拆除费用。

3）夜间照明设备摊销及照明用电、施工人员夜班补助、夜间施工劳动效率降低等费用。

（3）非夜间施工照明费。指为保证工程施工正常进行，在地下室等特殊施工部位施工时所采用的照明设备的安拆、维护及照明用电等费用。

（4）二次搬运费。指因施工场地条件限制而发生的材料、成品、半成品等一次运输不能到达堆放地点，必须进行二次或多次搬运所发生的费用。

（5）冬雨期施工增加费。指在冬期或雨期施工需增加的临时设施、防滑、排除雨雪，人工及施工机械效率降低等费用。内容由以下各项组成。

1）冬雨（风）期施工时增加的临时设施（防寒保温、防雨、防风设施）的搭设、拆除费用。

2）冬雨（风）期施工时，对砌体、混凝土等采用的特殊加温、保温和养护措施费用。

3）冬雨（风）期施工时，施工现场的防滑处理、对影响施工的雨雪的清除费用。

4）冬雨（风）期施工时增加的临时设施、施工人员的劳动保护用品、冬雨（风）期施工劳动效率降低等费用。

（6）地上、地下设施、建筑物的临时保护设施费。指在工程施工过程中，对已建成的地上、地下设施和建筑物进行的遮盖、封闭、隔离等必要保护措施所发生的费用。

（7）已完工程及设备保护费。指竣工验收前，对已完工程及设备采取的覆盖、包裹、封闭、隔离等必要保护措施所发生的费用。

（8）脚手架工程费。指施工需要的各种脚手架搭、拆、运输费用以及脚手架购置费的摊销（或租赁）费用。通常包括以下内容。

1）施工时可能发生的场内、场外材料搬运费用。

2）搭、拆脚手架、斜道、上料平台费用。

3）安全网的铺设费用。

4）拆除脚手架后材料的堆放费用。

（9）混凝土模板及支架（撑）费。指混凝土施工过程中需要的各种钢模板、木模板、支架等的支拆、运输费用及模板、支架的摊销（或租赁）费用。内容由以下各项组成。

1）混凝土施工过程中需要的各种模板制作费用。

2）模板安装、拆除、整理堆放及场内外运输费用。

3）清理模板黏结物及模内杂物、刷隔离剂等费用。

（10）垂直运输费。指现场所用材料、机具从地面运至相应高度以及职工人员上下工作面等所发生的运输费用。内容由以下各项组成。

1）垂直运输机械的固定装置、基础制作、安装费。

2）行走式垂直运输机械轨道的铺设、拆除、摊销费。

（11）超高施工增加费。当单层建筑物檐口高度超过20m，多层建筑物高度超过6层时，可计算超高施工增加费，内容由以下各项组成。

1）建筑物超高引起的人工工效降低及由于人工工效降低引起的机械降效费。

2）高层施工用水加压水泵的安装、拆除及工作台班费。

3）通信联络设备的使用及摊销费。

（12）大型机械设备进出场及安拆费。指机械整体或分体自停放场地运至施工现场或由一个施工地点运至另一个施工地点，所发生的机械进出场运输及转移费用以及机械在施工现场进行安装、拆卸所需的人工费、材料费、机械费、试运转费和安装所需的辅助设施的费用。内容由安拆费和进出场费组成。

1）安拆费。包括施工机械、设备在现场进行安装拆卸所需人工、材料、机械和试运转费用以及机械辅助设施的折旧、搭设、拆除等费用。

2）进出场费。包括施工机械、设备整体或分体自停放地点运至施工现场或由一施工地点运至另一施工地点所发生的运输、装卸、辅助材料等费用。

（13）施工排水、降水费。指将施工期间有碍施工作业和影响工程质量的水排到施工场地以外，以及防止在地下水位较高的地区开挖深基坑出现基坑浸水，地基承载力下降，在动水压力作用下还可能引起流砂、管涌和边坡失稳等现象而必须采取有效的降水和排水措施费用。该项费用由成井和排水、降水两个独立的费用项目组成。

1）成井。成井的费用主要包括如下。

a. 准备钻孔机械、埋设护筒、钻机就位，泥浆制作、固壁，成孔、出渣、清孔等费用。

b. 对接上、下井管（滤管），焊接，安防，下滤料，成井，连接试抽等费用。

2）排水、降水。排水、降水设备的费用主要包括如下。

a. 管道安装、拆除，场内搬运等费用。

b. 抽水、值班、降水设备维修等费用。

（14）其他。根据项目的专业特点或所在地区不同，可能会出现其他的措施项目。如工程定位复测费和特殊地区施工增加费等。

1）工程定位复测费。是指工程施工过程中进行全部施工测量放线和复测工作的费用。

2）特殊地区施工增加费。指工程在沙漠或其边缘地区、高海拔、高寒、原始森林等特殊地区施工增加的费用。

【例2-9】 根据《建筑安装工程费用项目组成》（建标〔2013〕44号），按造价形成划分，属于措施项目费的有（　　）。

A. 特殊地区施工增加费　　B. 工程定位复测费

C. 安全文明施工费　　D. 仪器仪表使用费

E. 脚手架工程费

答案：ABCE。

解析：本题考查的是按造价形成划分的建筑安装工程费用中措施项目费组成。根据建标〔2013〕44号：措施项目费包括安全文明施工费，夜间施工增加费，非夜间施工照明费，二次搬运费，冬雨期施工增加费，地上地下设施、建筑物的临时保护设施费，已完工程及设备保护费，脚手架工程，混凝土模板及支架（撑）费，垂直运输费，超高施工增加费，大型机械设备进出场及安拆费，施工排水、降水费，工程定位复测费，特殊地区施工增加费等。选项D属于施工机具使用费。

（二）措施项目费的计算

按照有关专业计量规范规定，措施项目分为应予计量的措施项目和不宜计量的措施项目两类。

(1) 国家计量规范规定应予计量的措施项目，基本与分部分项工程费的计算方法相同，其计算公式为：

$$措施项目费=\sum(措施项目工程量\times综合单价) \tag{2.24}$$

(2) 国家计量规范规定不宜计量的措施项目，通常用计算基数乘以费率的方法予以计算，计算方法如下。

1) 安全文明施工费。计算公式为：

$$安全文明施工费=计算基数\times安全文明施工费费率(\%) \tag{2.25}$$

计算基数应为定额基价（定额分部分项工程费+定额中可以计量的措施项目费）、定额人工费或（定额人工费+定额机械费），其费率由工程造价管理机构根据各专业工程的特点综合确定。

2) 其余不宜计量的措施项目。包括夜间施工增加费，非夜间施工照明费，二次搬运费，冬雨季施工增加费，地上、地下设施、建筑物的临时保护设施费，已完工程及设备保护费等。计算公式为：

$$措施项目费=计算基数\times措施项目费费率(\%) \tag{2.26}$$

式（2.26）中措施项目的计费基数应为定额人工费或（定额人工费+定额机械费），其费率由工程造价管理机构根据各专业工程特点和调查资料综合分析后确定。

三、其他项目费

（一）其他项目费的组成

(1) 暂列金额。指建设单位在工程量清单中暂定并包括在工程合同价款中的一笔款项。用于施工合同签订时尚未确定或者不可预见的所需材料、工程设备、服务的采购，施工中可能发生的工程变更、合同约定调整因素出现时的工程价款调整以及发生的索赔、现场签证确认等的费用。

(2) 计日工。指在施工过程中，施工企业完成建设单位提出的施工图纸以外的零星项目或工作所需的费用。

(3) 总承包服务费。指总承包人为配合、协调建设单位进行的专业工程发包，对建设单位自行采购的材料、工程设备等进行保管以及施工现场管理、竣工资料汇总整理等服务所需的费用。

（二）其他项目费的计算

(1) 暂列金额由建设单位根据工程特点，按有关计价规定估算，施工过程中由建设单位掌握使用、扣除合同价款调整后如有余额，归建设单位。

(2) 计日工由建设单位和施工企业按施工过程中的签证计价。

(3) 总承包服务费由建设单位在招标控制价中根据总包服务范围和有关计价规定编制，施工企业投标时自主报价，施工过程中按签约合同价执行。

四、规费和税金

内容与“2.2.2 按费用构成要素划分的建筑安装工程费用项目组成和计算”相同。

2.3 设备及工器具购置费用的构成与计算

设备工器具购置费指按照建设工程设计文件要求，建设单位（或其委托单位）购置或自制达到固定资产标准的设备和新建、扩建项目配置的首套工器具及生产家具所需的费用。

设备、工器具购置费用是由设备购置费用和工具、器具及生产家具购置费用组成。在生产性建设工程项目中，设备工器具投资主要表现为其他部门创造的价值向建设工程项目中的转移，但这部分投资是建设工程投资中的积极部分，占项目投资比重的提高，意味着生产技术的进步和资本有机构成的提高。

具体组成见表2-2。

表2-2　　设备及工、器具购置费用的构成

<table>
<tr><td rowspan="9">设备、工器具购置费</td><td rowspan="8">设备购置费</td><td rowspan="3">设备原价</td><td>国产标准设备原价</td></tr>
<tr><td>国产非标准设备原价</td></tr>
<tr><td>进口设备抵岸价</td></tr>
<tr><td rowspan="5">设备运杂费</td><td>运输费和装卸费</td></tr>
<tr><td>包装费</td></tr>
<tr><td>设备供销部门的手续费</td></tr>
<tr><td>采购与仓库保管费</td></tr>
<tr><td>其他</td></tr>
<tr><td colspan="3">工器具及生产家具购置费</td></tr>
</table>

2.3.1 设备购置费的构成和计算

设备购置费是指为建设项目购置或自制的达到固定资产标准的各种国产或进口设备、工具、器具的购置费用。固定资产的标准是：使用年限超过一个会计年度，单位价值在国家或各个主管部门规定的限额以上。

设备购置费是由设备原价、包装费、从制造厂或交货地点运至建设工地仓库的运输费、供销部门手续费和采购保管费构成。它可按下式计算：

$$\text{设备购置费}=\text{设备原价}+\text{设备运杂费} \tag{2.27}$$

式（2.27）中，设备原价是指国产标准设备、非标准设备和进口设备的原价；设备运杂费指供销部门手续费、设备原价中未包括的包装和包装材料费、运输费、装卸费、采购费及仓库保管费等。如果设备是由设备成套公司供应的，成套公司的服务费也应计入设备运杂费。

一、设备原价的构成与计算

（一）国产设备原价的构成及计算

国产设备原价一般指的是设备制造厂的交货价，或订货合同价。国产设备原价分为国产标准设备原价和国产非标准设备原价。

（1）国产标准设备原价。国产标准设备是指按照主管部门颁布的标准图纸和技术要求，由我国设备生产厂批量生产的，符合国家质量检测标准的设备。国产标准设备原价有两种，即带有备件的原价和不带有备件的原价。

（2）国产非标准设备原价。国产非标准设备是指国家尚无定型标准，各设备生产厂不可能在工艺过程中采用批量生产，只能按一次订货，并根据具体的设计图纸制造的设备。非标准设备原价有多种不同的计算方法，如成本计算估价法、系列设备插入估价法、分部组合估价法、定额估价法等。

按成本计算估价法，非标准设备的原价由以下各项组成。

1）材料费。其计算公式如下：

$$材料费 = 材料净重×(1+加工损耗系数)×每吨材料综合价 \tag{2.28}$$

2）加工费。包括生产工人工资和工资附加费、燃料动力费、设备折旧费、车间经费等。其计算公式如下：

$$加工费=设备总重量(t)×设备每吨加工费 \tag{2.29}$$

3）辅助材料费（简称辅材费）。包括焊条、焊丝、氧气、氩气、氮气、油漆、电石等费用。其计算公式如下：

$$辅助材料费=设备总重量×辅助材料费指标 \tag{2.30}$$

4）专用工具费。按1)~3）项之和乘以一定百分比计算。

5）废品损失费。按1)~4）项之和乘以一定百分比计算。

6）外购配套件费。按设备设计图纸所列的外购配套件的名称、型号、规格、数量、重量，根据相应的价格加运杂费计算。

7）包装费。按1)~6）项之和乘以一定百分比计算。

【例2-10】 某工厂采购一台国产非标准设备，制造厂生产该台设备所用材料费20万元，加工费2万元，辅助材料费4 000元，专用工具费3 000元，废品损失费率10%，外购配套件费5万元，包装费率2%，利润率为7%，材料采购过程中发生增值税进项税额1.8万元，增值税税率17%，非标准设备设计费2万元，该国产非标设备包装费为多少万元？

解：非标设备的包装费=[(20+2+0.4+0.3)×(1+10%)+5]×2%=0.599 4(万元)

则该国产非标设备包装费为0.599 4万元。

解析：单台非标准设备原价中包装费的计算基数包括材料费、加工费、辅助材料费、专用工具费、废品损失费和外购配套件费。

8）利润。可按1)~5）项加第7）项之和乘以一定利润率计算。

9）税金。主要指增值税。计算公式为：

$$增值税=当期销项税额-进项税额 \tag{2.31}$$

$$当期销项税额=销售额×适用增值税率 \tag{2.32}$$

销售额为1)~8）项之和。

10）非标准设备设计费：按国家规定的设计费收费标准计算。

综上所述，单台非标准设备原价可用下面的公式表达：

$$\begin{aligned}单台非标准设备原价=&\{[(材料费+加工费+辅助材料费)×(1+专用工具费率)\\&×(1+废品损失费率)+外购配套件费]×(1+包装费率)\\&-外购配套件费\}×(1+利润率)\\&+销项税金+非标准设备设计费+外购配套件费\end{aligned} \tag{2.33}$$

【例2-11】 某工厂采购一台国产非标准设备，制造厂生产该台设备所用材料费20万元，加工费2万元，辅助材料费4 000元，专用工具费3 000元，废品损失费率10%，外购配套件费5万元，包装费2 000元，利润率为7%，税金4.5万元，非标准设备设计费2万元，求该设备原价。

解：废品损失费=(材料费+加工费+辅助材料费+专用工具费)×废品损失费率

=(20+2+0.4+0.3)×10%=2.27(万元)

利润=(材料费+加工费+辅助材料费+专用工具费+废品损失费+包装费)×利润率

=(20+2+0.4+0.3+2.27+0.2)×7%=1.76(万元)

该国产非标准设备的原价=20+2+0.4+0.3+2.27+5+0.2+1.76+4.5+2=38.43(万元)

(二)进口设备原价的构成及计算

进口设备的原价是指进口设备的抵岸价，即抵达买方边境、港口或边境车站，且交完关税等税费后形成的价格。进口设备抵岸价的构成与进口设备的交货类别有关。

(1)进口设备的交货类别。可分为内陆交货类、目的地交货类、装运港交货类。

1)内陆交货类。即卖方在出口国内陆的某个地点交货。在交货地点，卖方及时提交合同规定的货物和有关凭证，并负担交货前的一切费用和风险；买方按时接受货物，交付货款，负担接货后的一切费用和风险，并自行办理出口手续和装运出口。货物的所有权也在交货后由卖方转移给买方。

2)目的地交货类。即卖方在进口国的港口或内地交货，有目的港船上交货价、目的港船边交货价 *FOS* 和目的港码头交货价（关税已付）及完税后交货价（进口国的指定地点）等几种交货价。它们的特点是：买卖双方承担的责任、费用和风险是以目的地约定交货点为分界线，只有当卖方在交货点将货物置于买方控制下才算交货，才能向买方收取货款。这种交货类别对卖方来说承担的风险较大，在国际贸易中卖方一般不愿采用。

3)装运港交货类。即卖方在出口国装运港交货。主要有装运港船上交货价 *FOB*，习惯称离岸价格，有运费在内价 *CFR* 和运费、保险费在内价 *CIF*，习惯称到岸价格。它们的特点是：卖方按照约定的时间在装运港交货，只要卖方把合同规定的货物装船后提供货运单据便完成交货任务，可凭单据收回货款。

装运港船上交货价 *FOB* 是我国进口设备采用最多的一种货价。采用船上交货价时，卖方的责任是：在规定的期限内，负责在合同规定的装运港口将货物装上买方指定的船只，并及时通知买方；负担货物装船前的一切费用和风险，负责办理出口手续；提供出口国政府或有关方面签发的证件；负责提供有关装运单据。买方的责任是：负责租船或订舱，支付运费，并将船期、船名通知卖方；负担货物装船后的一切费用和风险；负责办理保险及支付保险费，办理在目的港的进口和收货手续；接受卖方提供的有关装运单据，并按合同规定支付货款。

特别提示

> 由于装运港船上交货价 *FOB* 是我国进口设备采用最多的一种货价，因此下述内容均以装运港交货类为交货方式进行阐述。

进口设备的抵岸价通常是由进口设备到岸价 *CIF* 和进口从属费构成。进口设备的到岸价，即抵达买方边境港口或边境车站的价格。在国际贸易中，交易双方所使用的交货类别不同，则交易价格的构成内容也有所差异。进口从属费用包括银行财务费、外贸手续费、进口关税、消费税、进口环节增值税等，进口车辆的还需缴纳车辆购置税。

进口设备原价(抵岸价)=进口设备到岸价 *CIF*+进口从属费

(2)进口设备到岸价的构成及计算。进口设备采用最多的是装运港船上交货价 *FOB*，其到岸价的构成可概括为：

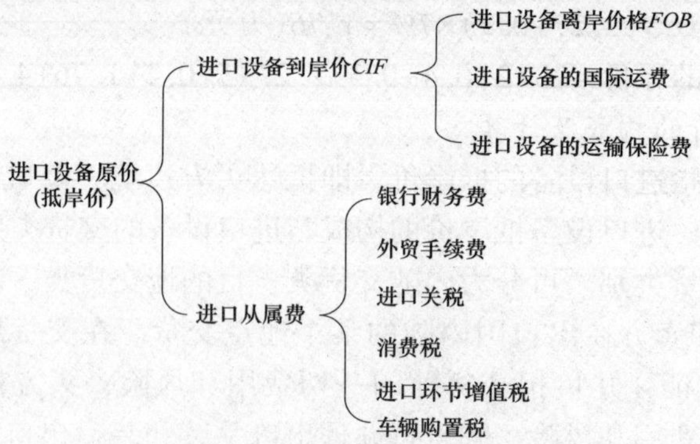

图 2-5　进口设备原价组成

进口设备到岸价 CIF =离岸价格 FOB+国际运费+运输保险费

=运费在内价 CFR+运输保险费　　(2.34)

1）货价。一般指装运港船上交货价（即离岸价 FOB）。设备货价分为原币货价和人民币货价，原币货价一律折算为美元表示，人民币货价按原币货价乘以外汇市场美元兑换人民币中间价确定。进口设备货价按有关生产厂商询价、报价、订货合同价计算。计算进口设备抵岸价时，应将原币货价换算成人民币。

2）国际运费。即从装运港（站）到达我国抵达港（站）的运费。我国进口设备大部分采用海洋运输，小部分采用铁路运输，个别采用航空运输。

进口设备国际运费计算公式为：

$$\text{国际运费(海、陆、空)}=\text{原币货价 }FOB\times\text{人民币外汇汇率}\times\text{运费率} \quad (2.35)$$

或

$$\text{国际运费(海、陆、空)}=\text{运量}\times\text{单位运价} \quad (2.36)$$

式中，运费率或单位运价参照有关部门或进口公司的规定执行。计算进口设备抵岸价时，再将国外运费换算成人民币。

3）运输保险费。对外贸易货物运输保险是由保险人（保险公司）与被保险人（出口人或进口人）订立保险契约，在被保险人交付议定的保险费后，保险人根据保险契约的规定对货物在运输过程中发生的承保责任范围内的损失给予经济上的补偿，这是一种财产保险。计算公式为：

$$\text{运输保险费}=\frac{\text{原币货价 }FOR\times\text{人民币外汇汇率}+\text{国外运费}}{1-\text{运输保险费率}}\times\text{运输保险费率} \quad (2.37)$$

其中，保险费率按保险公司规定的进口货物保险费率计算。

【例 2-12】　某进口设备的原币货价为 30 万美元，国际运费费率为 10%，运输保险费费率为 3‰，银行外汇牌价为 1 美元=6.86 元人民币，则该进口设备到岸价是多少？

解： 进口设备人民币货价=30×6.86=205.8(万元)

进口设备国际运费=30×6.86×10%=20.58(万元)

$$\text{进口设备运输保险费}=\frac{205.8+20.58}{1-3‰}\times 3‰=0.681\text{(万元)}$$

进口设备到岸价 CIF =离岸价格(FOB)+国际运费+运输保险费

=205.8+20.58+0.681=227.061(万元)

（3）进口从属费的构成和计算。

进口从属费=银行财务费+外贸手续费+关税+消费税+进口环节增值税+车辆购置税　（2.38）

1）银行财务费。一般是指银行手续费，可按下式简化计算：

银行财务费=原币货价 *FOB*×人民币外汇汇率×银行财务费率　（2.39）

2）外贸手续费。指按对外经济贸易部规定的外贸手续费率计取的费用，外贸手续费率一般取 1.5%。计算公式为：

外贸手续费=到岸价 *CIF*×外贸手续费率　（2.40）

3）进口关税。由海关对进出国境或关境的货物和物品征收的一种税。计算公式为：

进口关税=到岸价 *CIF*×进口关税税率　（2.41）

到岸价格作为关税的计征基数时，通常又可称为关税完税价格。进口关税税率分为优惠和普通两种。优惠税率适用于与我国签订关税互惠条款的贸易条约或协定的国家的进口设备；普通税率适用于与我国未签订关税互惠条款的贸易条约或协定的国家的进口设备。进口关税税率按我国海关总署发布的进口关税税率计算。

【例 2-13】　某进口设备的人民币货价为 50 万元，国际运费费率为 10%，运输保险费费率为 3‰，进口关税税率为 20%，则该设备应支付关税税额是多少万元？

解：国际运费=50×10%=5(万元)

国际运输保险费=(50+5)/(1-3‰)×3‰=0.165(万元)

到岸价 *CIF*=50+5+0.165=55.165(万元)

进口关税=55.165×20%=11.03(万元)

则该设备应支付关税税额是 11.03 万元。

（4）消费税。仅对部分进口设备（如轿车、摩托车等）征收，一般计算公式为：

$$应纳消费税税额=\frac{到岸价\ CIF+关税}{1-消费税税率}\times 消费税税率 \quad (2.42)$$

其中，消费税税率根据规定的税率计算。

【例 2-14】　某汽车销售企业进口 300 辆小轿车，每辆到岸价是 14.6 万元，关税税率为 20%，消费税税率为 9%，则该企业应缴纳的消费税为多少万元？

解：$应纳消费税税额=\frac{300\times14.6+300\times14.6\times20\%}{1-9\%}\times9\%=519.824(万元)$

则该企业应缴纳的消费税为 519.82 万元。

（5）进口环节增值税。是对从事进口贸易的单位和个人，在进口商品报关进口后征收的税种。我国增值税条例规定，进口应税产品均按组成计税价格和增值税税率直接计算应纳税额，即

进口产品增值税额=组成计税价格×增值税税率　（2.43）

组成计税价格=关税完税价格(到岸价 *CIF*)+关税+消费税　（2.44）

增值税税率根据规定的税率计算。

【例 2-15】　已知某进口工程设备 *FOB* 价为 50 万美元，美元与人民币汇率为 1∶6.85，银行财务费费率为 0.2%，外贸手续费费率为 1.5%，进口关税税率为 10%，增值税税率为 17%。若该进口设备抵岸价为 586.585 万元人民币，则该进口工程设备到岸价为多少万元人民币？

解：进口设备原价(抵岸价)＝进口设备到岸价(CIF)＋进口从属费

进口设备抵岸价＝*CIF* 价＋银行财务费＋外贸手续费＋关税＋增值税

586.585＝*CIF*＋50×6.85×0.2%＋*CIF*×1.5%＋*CIF*×10%＋*CIF*×(1＋10%)×17%

解方程式得：*CIF*＝450 万元

则该进口工程设备到岸价为 450 万元。

【例 2-16】 某进口设备的到岸价为 100 万元，银行财务费 0.5 万元，外贸手续费费率为 1.5%，关税税率为 20%，增值税税率 17%。则该进口设备的抵岸价为多少万元？

解：进口设备抵岸价＝100＋0.5＋100×1.5%＋100×20%＋(100＋100×20%)×17%

＝142.4(万元)

则该进口设备的抵岸价为 142.4 万元。

(6) 车辆购置税。进口车辆需缴进口车辆购置税，其公式如下：

进口车辆购置税＝(关税完税价格＋关税＋消费税)×车辆购置税税率

【例 2-17】 从某国进口设备，质量 1 000t，装运港船上交货价为 400 万美元，工程建设项目位于国内某省会城市。如果国际运费标准为 300 美元/t，运输保险费率为 3‰，银行财务费率为 5‰，外贸手续费率为 1.5%，关税税率为 22%，增值税的税率为 17%，消费税税率 10%，银行外汇牌价为 1 美元＝6.8 元人民币，对该设备的抵岸价进行估算。

解：进口设备人民币货价＝400×6.8＝2 720(万元)

国际运费＝300×1 000×6.8＝204(万元)

运输保险费＝(2 720＋204)/(1－3‰)×3‰＝8.80(万元)

CIF＝2 720＋204＋8.80＝2 932.8(万元)

银行财务费＝2 720×5‰＝13.6(万元)

外贸手续费＝2 932.8×1.5%＝43.99(万元)

进口关税＝2 932.8×22%＝645.22(万元)

消费税＝(2 932.8＋645.22)/(1－10%)×10%＝397.56(万元)

增值税＝(2 932.8＋645.22＋397.56)×17%＝675.85(万元)

进口从属费＝13.6＋43.99＋645.22＋397.56＋675.85＝1 776.22(万元)

进口设备抵岸价＝2 932.8＋1 776.22＝4 709.02(万元)

则该设备的进口抵岸价为 4 709.02 万元。

二、设备运杂费的构成及计算

(一) 设备运杂费的构成

设备运杂费通常由下列各项构成。

(1) 运费和装卸费。国产设备由设备制造厂交货地点起至工地仓库（或施工组织设计指定的需要安装设备的堆放地点）止所发生的运费和装卸费；进口设备则由我国到岸港口或边境车站起至工地仓库（或施工组织设计指定的需安装设备的堆放地点）止所发生的运费和装卸费。

(2) 包装费。在设备原价中没有包含的，为运输而进行的包装支出的各种费用。

(3) 设备供销部门的手续费。按有关部门规定的统一费率计算。

(4) 采购与仓库保管费。指采购、验收、保管和收发设备所发生的各种费用，包括设备采购人员、保管人员和管理人员的工资、工资附加费、办公费、差旅交通费，设备供应部门办公和仓库所占固定资产使用费、工具用具使用费、劳动保护费、检验试验费等。这些费用可按主管部门规定的采购与保管费费率计算。

（二）设备运杂费的计算

设备运杂费按设备原价乘以设备运杂费率计算，其公式为：

$$设备运杂费=设备原价×设备运杂费率 \tag{2.45}$$

其中，设备运杂费率按各部门及省、市等的规定计取。

【例 2-18】 某企业在当地购买了一台国产设备，原价是 20 万元，其设备运杂费率为 1.2%，则该设备的运杂费为多少？

解： 设备运杂费=设备原价×设备运杂费率=200 000×1.2%=2 400(元)

则该设备的运杂费为 2 400 元。

2.3.2　工具、器具及生产家具购置费的构成及计算

工具、器具及生产家具购置费，指新建或扩建项目初步设计规定的，保证初期正常生产必须购置的没有达到固定资产标准的设备、仪器、工卡模具、器具、生产家具和备品备件等的购置费用。计算公式为：

$$工具、器具及生产家具购置费=设备购置费×定额费率 \tag{2.46}$$

2.4　工程建设其他费用的构成和计算

工程建设其他费用，是指从工程筹建起到工程竣工验收交付使用止的整个建设期间，除建筑安装工程费用和设备及工器具购置费用以外的，为保证工程建设顺利完成和交付使用后能够正常发挥效用而发生的各项费用。工程建设其他费用主要包括建设用地费、与项目建设有关的其他费用和与未来生产经营有关的其他费用，如图 2-6 所示。

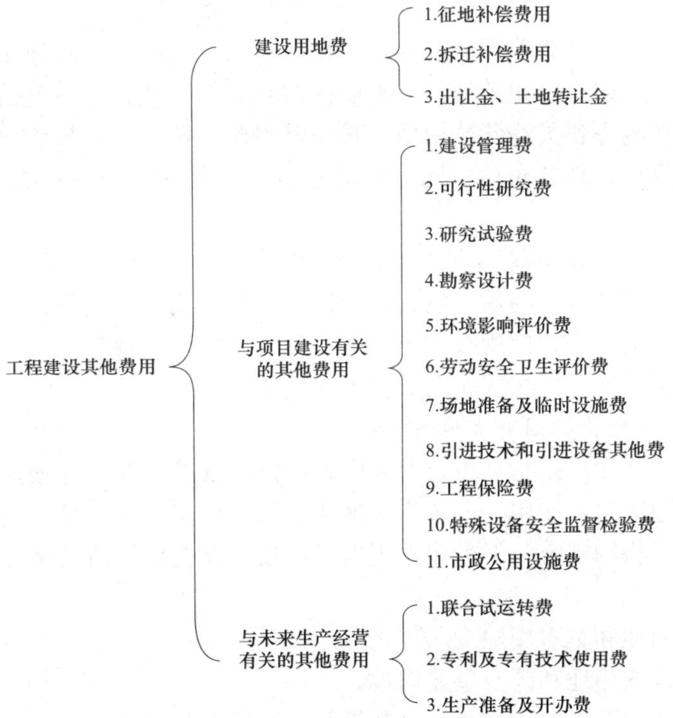

图 2-6　工程建设其他费用构成

2.4.1 建设用地费

任何一个建设项目都固定于一定地点与地面相连接，必须占用一定量的土地，也就必然要发生为获得建设用地而支付的费用，这就是建设用地费。它是指为获得工程项目建设土地的使用权而在建设期内发生的各项费用，包括通过划拨方式取得土地使用权而支付的土地征用及迁移补偿费，或者通过土地使用权出让方式取得土地使用权而支付的土地使用权出让金。

一、建设用地取得的基本方式

建设用地的取得，实质是依法获取国有土地的使用权。根据我国《房地产管理法》规定，获取国有土地使用权的基本方式有两种：一是出让方式；二是划拨方式。建设土地取得的其他方式还包括租赁和转让方式。

（一）通过出让方式获取国有土地使用权

国有土地使用权出让，是指国家将国有土地使用权在一定年限内出让给土地使用者，由土地使用者向国家支付土地使用权出让金的行为。土地使用权出让最高年限按下列用途确定。

（1）居住用地70年。

（2）工业用地50年。

（3）教育、科技、文化、卫生、体育用地50年。

（4）商业、旅游、娱乐用地40年。

（5）综合或者其他用地50年。

通过出让方式获取国有土地使用权又可以分成两种具体方式：一是通过招标、拍卖、挂牌等竞争出让方式获取国有土地使用权；二是通过协议出让方式获取国有土地使用权。

（1）通过竞争出让方式获取国有土地使用权。采用竞争出让方式应坚持公开、公平、公正和诚实信用原则。按照国家相关规定，工业（包括仓储用地，但不包括采矿用地）、商业、旅游、娱乐和商品住宅等各类经营性用地，必须以招标、拍卖或者挂牌方式出让；上述规定以外用途的土地的供地计划公布后，同一宗地有两个以上意向用地者的，也应当采用招标、拍卖或者挂牌方式出让。

（2）通过协议出让方式获取国有土地使用权。按照国家相关规定，出让国有土地使用权，除依照法律、法规和规章的规定应当采用招标、拍卖或者挂牌方式外，方可采取协议方式。以协议方式出让国有土地使用权的出让金不得低于按国家规定所确定的最低价。协议出让底价不得低于拟出让地块所在区域的协议出让最低价。

（二）通过划拨方式获取国有土地使用权

国有土地使用权划拨，是指县级以上人民政府依法批准，在土地使用者缴纳补偿、安置等费用后将该幅土地交付其使用，或者将土地使用权无偿交付给土地使用者使用的行为。国家对划拨用地有着严格的规定，下列建设用地，经县级以上人民政府依法批准，可以以划拨方式取得：

（1）国家机关用地和军事用地。

（2）城市基础设施用地和公益事业用地。

（3）国家重点扶持的能源、交通、水利等基础设施用地。

(4) 法律、行政法规规定的其他用地。

依法以划拨方式取得土地使用权的，除法律、行政法规另有规定外，没有使用期限的限制。因企业改制、土地使用权转让或者改变土地用途等不再符合本目的，应当实行有偿使用。

二、建设用地取得的费用

建设用地如通过行政划拨方式取得，则须承担征地补偿费用或对原用地单位或个人的拆迁补偿费用；若通过市场机制取得，则不但承担以上费用，还须向土地所有者支付有偿使用费，即土地出让金。

(一) 征地补偿费用

建设征用土地费用由以下几个部分构成。

(1) 土地补偿费。是对农村集体经济组织因土地被征用而造成的经济损失的一种补偿。征用耕地的补偿标准，为该耕地被征用前3年平均年产值的6~10倍。征用其他土地的补偿费标准，由省、自治区、直辖市参照征用耕地的补偿费标准规定。土地补偿费归农村集体经济组织所有。土地补偿费可按下式计算：

$$土地补偿费=被征地亩数\times年产值\times补偿倍数 \tag{2.47}$$

(2) 青苗补偿费和地上附着物补偿费。青苗补偿费是因征地时对其正在生长的农作物受到损害而作出的一种赔偿。在农村实行承包责任制后，农民自行承包土地的青苗补偿费应付给本人，属于集体种植的青苗补偿费可纳入当年集体收益。凡在协商征地方案后抢种的农作物、树木等，一律不予补偿。地上附着物是指房屋、水井、树木、涵洞、桥梁、公路、水利设施、林木等地面建筑物、构筑物、附着物等。视协商征地方案前地上附着物价值与折旧情况确定，应根据“拆什么，补什么；拆多少，补多少，不低于原来水平”的原则确定。如附着物产权属个人，则该项补助费给个人。地上附着物的补偿标准，由省、自治区、直辖市规定。

(3) 安置补助费。应支付给被征地单位和安置劳动力的单位，作为劳动力安置与培训的支出，以及作为不能就业人员的生活补助。征收耕地的安置补助费，按照需要安置的农业人口数计算。需要安置的农业人口数，按照被征收的耕地数量除以征地前被征收单位平均每人占有耕地的数量计算。每一个需要安置的农业人口的安置补助费标准，为该耕地被征用前3年平均年产值的4~6倍。但是，每公顷被征用耕地的安置补助费，最高不得超过被征用前3年平均年产值的15倍。土地补偿费和安置补助费，尚不能使需要安置的农民保持原有生活水平的，经省、自治区、直辖市人民政府批准，可以增加安置补助费。但是，土地补偿费和安置补助费的总和不得超过土地被征收前3年平均年产值的30倍。安置补助费费可按下式计算：

$$安置补助费=需要安置的人数\times年产值\times补偿倍数 \tag{2.48}$$

式中：

$$需要安置的人数=\frac{被征地数}{征地前人均分配耕地数} \tag{2.49}$$

【例2-19】 某市建设博物馆需要征收土地120亩，该耕地平均年产值为5 000元/亩，补偿方案批准补偿倍数为：土地补偿费10倍；安置补助费为10倍，该村人均耕地为0.8亩，问该村应获得多少土地补偿费和安置补助费？

解：土地补偿费 = 120×5 000×10 = 6 000 000.00(元)（每亩为 50 000 元）

安置补助费 = (120/0.8)×5 000×10 = 7 500 000.00(元)（每口人为 50 000.00 元）

则土地补偿费与安置补助费总计为：13 500 000.00 元。

（4）新菜地开发建设基金。指征用城市郊区商品菜地时支付的费用。这项费用交给地方财政，作为开发建设新菜地的投资。菜地是指城市（不含县城、建制镇的工矿区）郊区，为供应城市居民吃菜，连续 3 年以上常年种菜或者养殖鱼、虾的商品菜地和精养鱼塘。一年只种一茬或因调整茬口安排种植蔬菜的，均不作为需要收取开发基金的菜地。征用尚未开发的规划菜地，不缴纳新菜地开发建设基金。在蔬菜产销放开后，能够满足供应，不再需要开发新菜地的城市，不收取新菜地开发基金。

（5）耕地占用税。是国家对占用耕地建房或者从事其他非农业建设的单位和个人，依据实际占用耕地面积、按照规定税额一次性征收的一种税，目的是合理利用土地资源、节约用地，保护农用耕地。

耕地占用税征税范围包括种植农作物耕地（占用前 3 年曾用于种植农作物的耕地）、鱼塘、园地、菜地和其他农业用地，如人工种植草场和已开发种植农作物或从事水产养殖的滩涂等。耕地占用税以占用耕地建房和从事非农业建设的单位和个人为纳税人，采取地区差别税率。全国按人均占有耕地多少划分为四类地区，并按占用耕地的不同用途确定不同税额。对经济特区、经济技术开发区和经济发达、人均占有耕地特别少的地区，可按规定的税额适当提高，但最高不得高于 50%。具体适用税额，由各地在规定的税额幅度内自行确定。对获准占用的耕地，超过 2 年不使用的单位和个人，加征 2 倍以下的税金。

（6）土地管理费。主要作为征地工作中所发生的办公、会议、培训、宣传、差旅、借用人员工资等必要的费用。土地管理费的收取标准，一般是在土地补偿费、青苗费、地面附着物补偿费、安置补助费四项费用之和的基础上提取 2%～4%。如果是征地包干，还应在四项费用之和后再加上粮食价差、副食补贴、不可预见费等费用，在此基础上提取 2%～4%作为土地管理费。

（二）拆迁补偿费用

在城市规划区内国有土地上实施房屋拆迁，拆迁人应当对被拆迁人给予补偿、安置。

（1）拆迁补偿。该方式可以实行货币补偿，也可以实行房屋产权调换。

货币补偿的金额，根据被拆迁房屋的区位、用途、建筑面积等因素，以房地产市场评估价格确定。具体办法由省、自治区、直辖市人民政府制定。

实行房屋产权调换的，拆迁人与被拆迁人按照计算得到的被拆迁房屋的补偿金额和所调换房屋的价格，结清产权调换的差价。

（2）搬迁、安置补助费。拆迁人应当对被拆迁人或者房屋承租人支付搬迁补助费，对于在规定的搬迁期限届满前搬迁的，拆迁人可以付给提前搬家奖励费；在过渡期限内，被拆迁人或者房屋承租人自行安排住处的，拆迁人应当支付临时安置补助费；被拆迁人或者房屋承租人使用拆迁人提供的周转房的，拆迁人不支付临时安置补助费。

搬迁补助费和临时安置补助费的标准，由省、自治区、直辖市人民政府规定。有些地区规定，拆除非住宅房屋，造成停产、停业引起经济损失的，拆迁人可以根据被拆除房屋的区位和使用性质，按照一定标准给予一次性停产停业综合补助费。

（三）出让金、土地转让金

土地使用权出让金为用地单位向国家支付的土地所有权收益，出让金标准一般参考城市基准地价并结合其他因素制定。基准地价由市土地管理局会同市物价局、市国有资产管理局、市房地产管理局等部门综合平衡后报市级人民政府审定通过，它以城市土地综合定级为基础，用某一地价或地价幅度表示某一类别用地在某一土地级别范围的地价，以此作为土地使用权出让价格的基础。有偿出让和转让使用权，要向土地受让者征收契税；转让土地如有增值，要向转让者征收土地增值税；土地使用者每年应按规定的标准缴纳土地使用费。

2.4.2 与项目建设有关的其他费用

一、建设管理费

建设管理费是指建设单位为组织完成工程项目建设，在建设期内发生的各类管理性费用。

（一）建设管理费的内容

（1）建设单位管理费。是指建设单位发生的管理性质的开支。包括：工作人员工资、工资性补贴、施工现场津贴、职工福利费、住房基金、基本养老保险费、基本医疗保险费、失业保险费、工伤保险费，办公费、差旅交通费、劳动保护费、工具用具使用费、固定资产使用费、必要的办公及生活用品购置费、必要的通信设备及交通工具购置费、零星固定资产购置费、招募生产工人费、技术图书资料费、业务招待费、设计审查费、工程招标费、合同契约公证费、法律顾问费、咨询费、完工清理费、竣工验收费、印花税和其他管理性质开支。

（2）工程监理费。是指建设单位委托工程监理单位实施工程监理的费用。此项费用应按国家发改委与建设部联合发布的《建设工程监理与相关服务收费管理规定》（发改价格〔2007〕670号）计算。依法必须实行监理的建设工程施工阶段的监理收费实行政府指导价；其他建设工程施工阶段的监理收费和其他阶段的监理与相关服务收费实行市场调节价。

（二）建设单位管理费的计算

建设单位管理费按照工程费用之和作为计算基数，乘以建设单位管理费费率（按不同投资规定，分别制定不同的管理费率）计算。

$$\text{建设单位管理费}=\text{工程费用}\times\text{建设单位管理费费率} \tag{2.50}$$

式（2.50）中的工程费用为建筑安装工程费与设备及工器具购置费用之和。

建设单位管理费费率按照建设项目的不同性质、不同规模确定。有的建设项目按照建设工期和规定的金额计算建设单位管理费。如采用监理，建设单位部分管理工作量转移至监理单位。监理费应根据委托的监理工作范围和监理深度在监理合同中商定或按当地或所属行业部门有关规定计算；如建设单位采用工程总承包方式，其总包管理费由建设单位与总包单位根据总包工作范围在合同中商定，从建设管理费中支出。

二、可行性研究费

可行性研究费是指在工程项目投资决策阶段，依据调研报告对有关建设方案、技术方案或生产经营方案进行的技术经济论证，以及编制、评审可行性研究报告所需的费用。此项费用应依据前期研究委托合同计列，或参照《国家计委关于印发〈建设项目前期工作咨询收费暂行规定〉的通知》（计投资〔1999〕1283号）规定计算。

三、研究试验费

研究试验费是指为建设项目提供或验证设计数据、资料等进行必要的研究试验及按照相关规定在建设过程中必须进行试验、验证所需的费用。包括自行或委托其他部门研究试验所需人工费、材料费、试验设备及仪器使用费等。这项费用按照设计单位根据本工程项目的需要提出的研究试验内容和要求计算。在计算时要注意不应包括以下项目。

(1) 应由科技三项费用（即新产品试制费、中间试验费和重要科学研究补助费）开支的项目。

(2) 应在建筑安装费用中列支的施工企业对建筑材料、构件和建筑物进行一般鉴定、检查所发生的费用及技术革新的研究试验费。

(3) 应由勘察设计费或工程费用中开支的项目。

四、勘察设计费

勘察设计费是指对工程项目进行工程水文地质勘察、工程设计所发生的费用。包括：工程勘察费、初步设计费（基础设计费）、施工图设计费（详细设计费）、设计模型制作费。此项费用应按《关于发布〈工程勘察设计收费管理规定〉的通知》（计价格〔2002〕10号）的规定计算。

特别提示

《关于发布〈工程勘察设计收费管理规定〉的通知》（计价格〔2002〕10号）中规定：工程勘察和工程设计收费根据建设项目投资额的不同情况，分别实行政府指导价和市场调节价。建设项目总投资估算额500万元以上的工程勘察和工程设计收费实行政府指导价；建设项目总投资估算额500万元以下的工程勘察和工程设计收费实行市场调节价。

五、环境影响评价费

环境影响评价费是指按照《中华人民共和国环境保护法》《中华人民共和国环境影响评价法》等规定，在工程项目投资决策过程中，对其进行环境污染或影响评价所需的费用。包括编制环境影响报告书（含大纲）、环境影响报告表以及对环境影响报告书（含大纲）、环境影响报告表进行评估等所需的费用。此项费用可参照《关于规范环境影响咨询收费有关问题的通知》（计价格〔2002〕125号）规定计算。

六、劳动安全卫生评价费

劳动安全卫生评价费是指按照劳动部《建设项目（工程）劳动安全卫生监察规定》和《建设项目（工程）劳动安全卫生预评价管理办法》的规定，在工程项目投资决策过程中，为编制劳动安全卫生评价报告所需的费用。包括编制建设项目劳动安全卫生预评价大纲和劳动安全卫生预评价报告书以及为编制上述文件所进行的工程分析和环境现状调查等所需费用。必须进行劳动安全卫生预评价的项目包括如下。

(1) 属于《国家计划委员会、国家基本建设委员会、财政部关于基本建设项目和大中型划分标准的规定》中规定的大中型建设项目。

(2) 属于《建筑设计防火规范》GB 50016 中规定的火灾危险性生产类别为甲类的建设

项目。

(3) 属于劳动部颁布的《爆炸危险场所安全规定》中规定的爆炸危险场所等级为特别危险场所和高度危险场所的建设项目。

(4) 大量生产或使用《职业性接触毒物危害程度分级》GBZ 230 规定的Ⅰ级、Ⅱ级危害程度的职业性接触毒物的建设项目。

(5) 大量生产或使用石棉粉料或含有10%以上的游离二氧化硅粉料的建设项目。

(6) 其他由劳动行政部门确认的危险、危害因素大的建设项目。

七、场地准备及临时设施费

(1) 场地准备及临时设施费的内容。

1) 建设项目场地准备费。指为使工程项目的建设场地达到开工条件，由建设单位组织进行的场地平整等准备工作而发生的费用。

2) 建设单位临时设施费。指建设单位为满足工程项目建设、生活、办公的需要，用于临时设施建设、维修、租赁、使用所发生或摊销的费用。

(2) 场地准备及临时设施费的计算。

1) 场地准备及临时设施应尽量与永久性工程统一考虑。建设场地的大型土石方工程应进入工程费用中的总图运输费用中。

2) 新建项目的场地准备和临时设施费应根据实际工程量估算，或按工程费用的比例计算。改扩建项目一般只计拆除清理费。

$$场地准备和临时设施费=工程费用\times费率+拆除清理费 \tag{2.51}$$

3) 发生拆除清理费时可按新建同类工程造价或主材费、设备费的比例计算。凡可回收材料的拆除工程采用以料抵工方式冲抵拆除清理费。

4) 此项费用不包括已列入建筑安装工程费用中的施工单位临时设施费用。

八、引进技术和引进设备其他费

引进技术和引进设备其他费是指引进技术和设备发生的但未计入设备购置费中的费用。

(1) 引进项目图纸资料翻译复制费、备品备件测绘费。可根据引进项目的具体情况计列或按引进货价 *FOB* 的比例估列；引进项目发生备品备件测绘费时按具体情况估列。

(2) 出国人员费用。包括买方人员出国设计联络、出国考察、联合设计、监造、培训等所发生的差旅费、生活费等。依据合同或协议规定的出国人次、期限以及相应的费用标准计算。生活费按照财政部、外交部规定的现行标准计算，差旅费按中国民航公布的票价计算。

(3) 来华人员费用。包括卖方来华工程技术人员的现场办公费用、往返现场交通费用、接待费用等。依据引进合同或协议有关条款及来华技术人员派遣计划进行计算。来华人员接待费用可按每人次费用指标计算。引进合同价款中已包括的费用内容不得重复计算。

(4) 银行担保及承诺费。指引进项目由国内外金融机构出面承担风险和责任担保所发生的费用，以及支付贷款机构的承诺费用。应按担保或承诺协议计取，投资估算和概算编制时可以担保金额或承诺金额为基数乘以费率计算。

九、工程保险费

工程保险费是指为转移工程项目建设的意外风险，在建设期内对建筑工程、安装工程、机械设备和人身安全进行投保而发生的费用。包括建筑安装工程一切险、引进设备财产保险和人身意外伤害险等。

根据不同的工程类别，分别以其建筑、安装工程费乘以建筑、安装工程保险费率计算。民用建筑（住宅楼、综合性大楼、商场、旅馆、医院、学校）占建筑工程费的2‰~4‰；其他建筑（工业厂房、仓库、道路、码头、水坝、隧道、桥梁、管道等）占建筑工程费的3‰~6‰；安装工程（农业、工业、机械、电子、电器、纺织、矿山、石油、化学及钢铁工业、钢结构桥梁）占建筑工程费的3‰~6‰。

十、特殊设备安全监督检验费

特殊设备安全监督检验费是指安全监察部门对在施工现场组装的锅炉及压力容器、压力管道、消防设备、燃气设备、电梯等特殊设备和设施安全检验收取的费用。此项费用按照建设项目所在省（市、自治区）安全监察部门的规定标准计算。无具体规定的，在编制投资估算和概算时可按受检设备现场安装费的比例估算。

十一、市政公用设施费

市政公用设施费是指使用市政公用设施的工程项目，按照项目所在地省级人民政府有关规定建设或缴纳的市政公用设施建设配套费用，以及绿化工程补偿费用。此项费用按工程所在地人民政府规定标准计列。

2.4.3 与未来生产经营有关的其他费用

一、联合试运转费

联合试运转费是指新建或新增加生产能力的工程项目，在交付生产前按照设计文件规定的工程质量标准和技术要求，对整个生产线或装置进行负荷联合试运转所发生的费用净支出（试运转支出大于收入的差额部分费用）。试运转支出包括试运转所需原材料、燃料及动力消耗、低值易耗品、其他物料消耗、工具用具使用费、机械使用费、保险金、施工单位参加试运转人员工资以及专家指导费等；试运转收入包括试运转期间的产品销售收入和其他收入。联合试运转费不包括应由设备安装工程费用开支的调试及试车费用，以及在试运转中暴露出来的因施工原因或设备缺陷等发生的处理费用。

二、专利及专有技术使用费

（1）专利及专有技术使用费的主要内容。

1）国外设计及技术资料费、引进有效专利、专有技术使用费和技术保密费。

2）国内有效专利、专有技术使用费。

3）商标权、商誉和特许经营权费等。

（2）专利及专有技术使用费的计算。在专利及专有技术使用费计算时应注意以下问题。

1）按专利使用许可协议和专有技术使用合同的规定计列。

2）专有技术的界定应以省、部级鉴定批准为依据。

3）项目投资中只计算需在建设期支付的专利及专有技术使用费。协议或合同规定在生产期支付的使用费应在生产成本中核算。

4）一次性支付的商标权、商誉及特许经营权费按协议或合同规定计列。协议或合同规定在生产期支付的商标权或特许经营权费应在生产成本中核算。

5）为项目配套的专用设施投资，包括专用铁路线、专用公路、专用通信设施、送变电站、地下管道、专用码头等，如由项目建设单位负责投资但产权不归属本单位的，应作无形资产处理。

三、生产准备及开办费

(1) 生产准备及开办费的内容。在建设期内，建设单位为保证项目正常生产而发生的人员培训费、提前进厂费以及投产使用必备的办公、生活家具用具及工器具等的购置费用。包括：

1) 人员培训费及提前进厂费。包括自行组织培训或委托其他单位培训的人员工资、工资性补贴、职工福利费、差旅交通费、劳动保护费、学习资料费等。

2) 为保证初期正常生产（或营业、使用）所必需的生产办公、生活家具用具购置费。

3) 为保证初期正常生产（或营业、使用）必需的第一套不够固定资产标准的生产工具、器具、用具购置费。不包括备品备件费。

(2) 生产准备及开办费的计算。

1) 新建项目按设计定员为基数计算，改扩建项目按新增设计定员为基数计算：

$$\text{生产准备费}=\text{设计定员}\times\text{生产准备费指标(元/人)} \tag{2.52}$$

2) 可采用综合的生产准备费指标进行计算，也可以按费用内容的分类指标计算。

2.5 预备费和建设期利息的计算

2.5.1 预备费

按我国现行规定，预备费包括基本预备费和价差预备费。

一、基本预备费

(1) 基本预备费的内容。基本预备费是指在初步设计及概算内难以预料的工程费用，费用内容包括如下。

1) 在批准的初步设计范围内，技术设计、施工图设计及施工过程中所增加的工程费用；设计变更、局部地基处理等增加的费用。

2) 一般自然灾害造成的损失和预防自然灾害所采取的措施费用。实行工程保险的工程项目费用应适当降低。

3) 竣工验收时为鉴定工程质量对隐蔽工程进行必要的挖掘和修复费用。

4) 超规超限设备运输增加的费用。

(2) 基本预备费的计算。基本预备费是按工程费用和工程建设其他费用之和为计取基础，乘以基本预备费率进行计算。

$$\text{基本预备费}=(\text{工程费用}+\text{工程建设其他费用})\times\text{基本预备费费率} \tag{2.53}$$

其中，基本预备费费率的取值应执行国家及部门的有关规定。

二、价差预备费

(1) 价差预备费的内容。价差预备费是指为在建设期内利率、汇率或价格等因素的变化而预留的可能增加的费用，亦称为涨价预备费，为可预见费。价差预备费的内容包括：人工、设备、材料、施工机械的价差费，建筑安装工程费及工程建设其他费用调整，利率、汇率调整等增加的费用。

(2) 价差预备费的测算方法。价差预备费一般根据国家规定的投资综合价格指数，按估算年份价格水平的投资额为基数，采用复利方法计算。计算公式为：

$$PF = \sum_{t=1}^{n} I_t[(1+f)^m(1+f)^{0.5}(1+f)^{t-1} - 1] \tag{2.54}$$

式中 PF——价差预备费；

n——建设期年份数；

I_t——建设期中第 t 年的投资计划额，包括工程费用、工程建设其他费用及基本预备费，即第 t 年的静态投资计划额；

f——年涨价率；

m——建设前期年限（从编制估算到开工建设）。

【例 2-20】 某建设项目建安工程费 5 000 万元，设备购置费 3 000 万元，工程建设其他费用 2 000 万元。已知基本预备费率 5%，项目建设前期年限为 1 年，建设期为 3 年，各年投资计划额如下，第一年完成投资 20%，第二年完成投资 60%，第三年完成投资 20%，年均投资价格上涨率为 6%。求建设项目建设期间价差预备费。

解：基本预备费 = (5 000+3 000+2 000)×5% = 500(万元)

静态投资 = 5 000+3 000+2 000+500 = 10 500(万元)

建设期第一年完成投资 = 10 500×20% = 2 100(万元)

第一年价差预备费为：$PF_1 = I_1[(1+f)(1+f)^{0.5}-1] = 191.8$(万元)

建设期第二年完成投资 = 10 500×60% = 6 300(万元)

第二年价差预备费为：$PF_2 = I_2[(1+f)(1+f)^{0.5}(1+f)-1] = 987.9$(万元)

建设期第三年完成投资 = 10 500×20% = 2 100(万元)

第三年价差预备费为：$PF_3 = I_3[(1+f)(1+f)^{0.5}(1+f)^2-1] = 475.1$(万元)

所以，建设期的价差预备费为：

$$PF = 191.8+987.9+475.1 = 1\ 654.8(\text{万元})$$

2.5.2 建设期贷款利息

建设期贷款利息包括向国内银行和其他非银行金融机构贷款、出口信贷、外国政府贷款、国际商业银行贷款以及在境内外发行的债券等在建设期间内应偿还的贷款利息。

当总贷款是分年均额发放时，建设期利息的计算可按当年借款在年中支用考虑，即当年贷款按半年计息，上年贷款按全年计息。计算公式为：

$$q_j = \left(P_{j-1} + \frac{1}{2}A_j\right) \times i \tag{2.55}$$

式中 q_j——建设期第 j 年应计利息；

P_{j-1}——建设期第（j-1）年末贷款累计金额与利息累计金额之和；

A_j——建设期第 j 年贷款金额；

i——年利率。

【例 2-21】 某新建项目，建设期为 3 年，分年均衡进行贷款，第一年贷款 300 万元，第二年 600 万元，第三年 400 万元，年利率为 12%，建设期内利息只计息不支付。计算建设期贷款利息。

解：在建设期，各年利息计算如下：

$q_1 = \frac{1}{2}A_1 \times i = \frac{1}{2} \times 300 \times 12\% = 18$(万元)

$$q_2=\left(P_1+\frac{1}{2}A_2\right)\times i=\left(300+18+\frac{1}{2}\times 600\right)\times 12\%=74.16(\text{万元})$$

$$q_3=\left(P_2+\frac{1}{2}A_3\right)\times i=\left(318+600+74.16+\frac{1}{2}\times 400\right)\times 12\%=143.06(\text{万元})$$

$$q=q_1+q_2+q_3=18+74.16+143.06=235.22(\text{万元})$$

则建设期贷款利息为 235.22 万元。

本 章 小 结

本章介绍了建设工程投资构成以及各项费用的计算。建设工程投资构成可分为设备及工、器具购置费，建筑安装工程费用，工程建设其他费用，预备费，流动资产投资，建设期贷款利息和铺底流动资金。由于项目自身的特点，不论是什么角色，都希望投资少、质量好、利润高，所以必须要先了解整个项目的投资构成，做到心中有数。

习 题

一、单选题（每题的备选项中，只有 1 为正确选项）

1. 某建设工程项目建筑安装工程费为 2 300 万元，设备工器具购置费为 4 600 万元，工程建设其他费为 1 100 万元，基本预备费为 400 万元，价差预备费为 280 万元，建设期贷款利息为 130 万元，流动资金为 180 万元，该项目的静态投资为（　　）万元。

A. 8 680　　B. 8 400　　C. 8 810　　D. 8 000

2. 根据我国现行《建筑安装工程费用项目组成》的规定，检验试验费应计入（　　）。

A. 材料费　　B. 规费

C. 措施费　　D. 企业管理费

3. 工程招标费应计入（　　）。

A. 建设管理费　　B. 工程保险费

C. 勘察设计费　　D. 可行性研究费

4. 施工单位生产工人劳动奖金属于（　　）。

A. 人工费　　B. 措施费

C. 企业管理费中　　D. 社会保险费

5. 通过划拨方式取得土地使用权支付的土地使用费是（　　）。

A. 土地开发成本+利润　　B. 土地转让金

C. 土地征用及迁移补偿费　　D. 土地使用权出让金

6. 某施工机械年工作台班为 1 000 台班，折旧年限为 10 年，该机械预算价格为 35 万元，残值率为 4%，问该机械台班折旧费为（　　）元/台班。

A. 34.30　　B. 49.00　　C. 33.60　　D. 35.64

7. 下列费用中，（　　）属于研究试验费。

A. 新产品试制费　　B. 中间试验费

C. 重要科学研究补助费　　D. 委托其他部门研究试验所需的材料费

8. 进口设备原价指进口设备的（　　）。

A. 离岸价　　B. 到岸价　　C. 抵岸价　　D. 运费在内价

9. 下列费用中不属于安全文明施工费的是（　　）。

A. 夜间施工增加费　　B. 环境保护费

C. 临时设施费　　D. 安全施工费

10. 建设单位管理人员工资应计入（　　）。

A. 预备费　　B. 建设管理费

C. 人工费　　D. 企业管理费

11. 进口设备关税的计算公式为：进口关税=（　　）×进口关税率

A. 离岸价　　B. 到岸价

C. 离岸价+国外运费　　D. 离岸价+国外运输保险费

12. 某进口设备，到岸价为5 600万元，进口关税税率为21%，增值税税率为17%，无消费税，则该进口设备应缴纳的增值税为（　　）万元。

A. 2 128.00　　B. 1 151.92　　C. 952.00　　D. 752.08

13. 某新建项目，建设期为3年，共向银行贷款1 200万元。其中：第1年400万元，第2年500万元，第3年300万元，年利率为5%，则该项目的建设期利息为（　　）万元。

A. 54.65　　B. 60.00　　C. 97.65　　D. 189.15

14. 进口设备银行财务费的计算公式为：银行财务费=（　　）×人民币外汇汇率×银行财务费率。

A. 离岸价　　B. 到岸价

C. 离岸价+国外运费　　D. 到岸价+外贸手续费

15. 国产非标准设备原价的确定可采用（　　）等方法。

A. 成本计算估价法和系列设备插入估价法

B. 成本计算估价法和概算指标法

C. 分部组合估价法和百分比法

D. 概算指标法和定额估价法

16. 某施工企业为了提高混凝土强度并加快模板的周转速度，在混凝土中加入了经试验后的满足上述要求的一种外加剂，该外加剂的费用属于（　　）。

A. 措施费　　B. 材料费

C. 检验试验费　　D. 研究试验费

17. 关于进口设备交货类别中，买卖双方应承担的风险表述正确的是（　　）。

A. 内陆交货类对买方风险小而对卖方风险大

B. 目的地交货类对买卖双方的风险做了合理的均摊

C. 装运船上交货价是由买方承担海运风险

D. 采用装运港船上交货价时，由卖方承担货物装船后的一切风险

18. 某工程的设备及工器具购置费为1 000万元，建筑安装工程费为1 300万元，工程建

设其他费为600万元，基本预备费率为5%，该项目的基本预备费为（　　）万元。

A. 80　　B. 95　　C. 115　　D. 145

二、多选题（每题的备选项中，有2个或2个以上符合题意，至少有1个错项）

1. 建设投资包括（　　）。

A. 设备工器具购置费　　B. 建筑安装工程费

C. 工程建设工其他费　　D. 预备费

E. 流动资金

2. 按费用构成要素划分的建筑安装工程费包括（　　）。

A. 人工费　　B. 材料费

C. 分部分项工程费　　D. 施工机具使用费

E. 企业管理费

3. 在下列费用中，（　　）属于与未来企业生产经营有关的其他费用。

A. 联合试运转费　　B. 环境影响评价费

C. 专利及专有技术使用费　　D. 生产准备及开办费

E. 工程保险费

4. 基本预备费等于（　　）之和乘以基本预备费费率。

A. 设备及工器具购置费　　B. 建筑安装工程费

C. 建设期贷款利息　　D. 工程建设其他费用

E. 流动资金

5. 在下列费用中，（　　）属于进口设备原价中的进口从属费。

A. 银行财务费　　B. 外贸手续费

C. 进口关税　　D. 国际运费

E. 消费税

6. 以下（　　）属于施工机械台班单价组成内容。

A. 折旧费　　B. 台班租赁费

C. 场外运输费　　D. 安拆费

E. 大型机械设备进出场费

7. 下列费用中，（　　）属于建设用地费。

A. 建设管理费　　B. 征地补偿费用

C. 拆迁补偿费用　　D. 出让金、土地转让金

E. 勘察设计费

8. 建设项目投资构成中的基本预备费指（　　）。

A. 在初步设计中难以预料的工程和费用增加

B. 预防自然灾害采取的措施费

C. 由于一般自然灾害造成的损失

D. 由于物价变化引起的费用

E. 超规超限设备运输增加的费用

三、简答题

1. 简述我国现行建设工程投资构成。

2. 简述设备及工器具购置费用的构成。

3. 简述建筑安装工程费用的构成。

4. 简述工程建设其他费用的构成。

四、案例分析

1. 某国产非标准设备原价采用成本计算估价法计算，已知材料费 17 万元，加工费 2 万元，辅助材料费 1 万元，外购配套件费 5 万元，专用工具费率 2%，废品损失费率 5%，包装费 0.1 万元，利润率 10%，税金为 3 万元，非标准设备设计费 2 万元，求该设备原价。

2. 从某国进口设备，重量 1 800t，装运港船上交货价为 700 万美元，国际运费标准为 350 美元/t，海上运输保险费率为 3‰，银行财务费率为 5‰，外贸手续费率为 1.5%，关税税率为 10%，增值税的税率为 17%，消费税税率 10%，银行外汇牌价为 1 美元=7.0 元人民币，对该设备的原价进行估算。

3. 某工程静态投资为 500 万元，建设期前期年限为 1 年，建设期 2 年，第一年投资 40%，第二年投资 60%，2 年内平均涨价率预期为 5%，计算该项目建设期的价差预备费。

4. 某工程建设期为 3 年，第一年贷款 300 万元，第二年贷款 500 万元，第三年贷款 600 万元，年利率为 10%，建设期内利息只计息不支付，计算建设期利息。

第3章　建设工程投资确定的依据与方法

学习目标

掌握建设工程定额的概念与划分；了解工程定额的作用与特点；熟悉工程量清单计价的方法和程序；了解建设工程投资确定的其他依据。

3.1　建设工程定额

3.1.1　建设工程定额的概念

定额即规定的额度，是人们根据不同的需要，对一事物规定的数量标准。建设工程定额，即规定的消耗量标准，是指按照国家有关规定的产品标准，设计规范和施工验收规范，质量评定标准，并参考行业、地方标准，以及有代表性的工程设计、施工资料确定的工程建设过程中完成规定计量单位产品所消耗的人工、材料、机械等消耗量的标准。这种规定的额度所反映的是在一定的社会生产力发展水平下，完成某项工程建设产品与各种生产消耗之间的特定的数量关系，考虑的是正常的施工条件，大多数施工企业的技术装备程度，施工工艺和劳动组织，反映的是一种社会平均消耗水平。

3.1.2　建设工程定额的分类

一、按生产要素内容分类

建设工程定额按生产要素分类可分为劳动消耗定额、材料消耗定额和机械消耗定额三类，如图3-1所示。劳动定额、材料消耗定额、机械消耗定额反映了社会平均必需消耗的水平，它是制定各种实用性定额的基础，因此也称为基础定额。

（一）劳动消耗定额

（1）劳动消耗定额的概念。劳动消耗定额简称劳动定额（或人工定额），是指在正常的生产技术和生产组织条件下，完成单位合格产品所规定的劳动消耗量标准。劳动定额有两种表现形式：时间定额和产量定额。

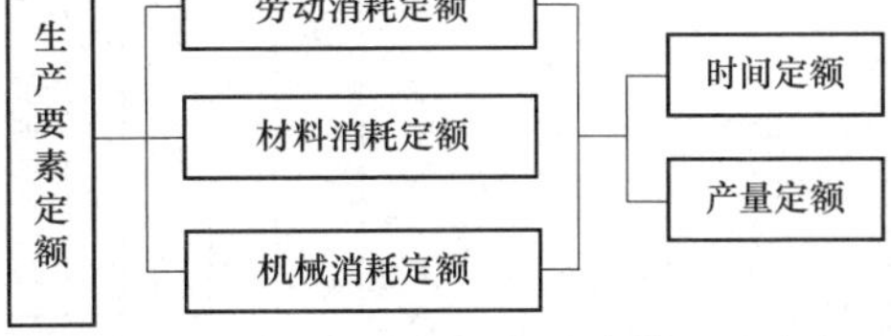

图3-1　按生产要素划分的建设工程定额

1）时间定额。是指在技术条件正常、生产工具使用合理和劳动组织正确的条件下，工人为生产单位合格产品所消耗的劳动时间。包括基本生产时间、辅助生产时间、准备与结束的时间、不可避免的中断时间以及工人必须休息的时间。时间定额以工日为单位，1个工日相当于1个工人工作1天（8h）的劳动量，其计量单位为工日/t、工日/m^3、工日/m^2等。其计算方法如下：

$$单位产品的时间定额=\frac{消耗的总工日数}{产品数量} \tag{3.1}$$

2）产量定额。是指在技术条件正常，生产工具使用合理和劳动组织正确的条件下，工人在单位时间内完成合格产品的数量，其计量单位为 t/工日、m^3/工日、m^2/工日等。

$$\text{每一个工日的产量定额} = \frac{\text{产品数量}}{\text{消耗的总工日数}} \tag{3.2}$$

特别提示

时间定额和产量定额互为倒数，时间定额越低，产量定额就越高，反之，时间定额越高，产量定额就越低。

即：时间定额×产量定额＝1

（2）工人工作时间消耗的分类。工人在工作班延续时间内消耗的工作时间按其消耗的性质分为两大类：必需消耗的时间；损失时间。工人工作时间的分类一般如图 3-2 所示。

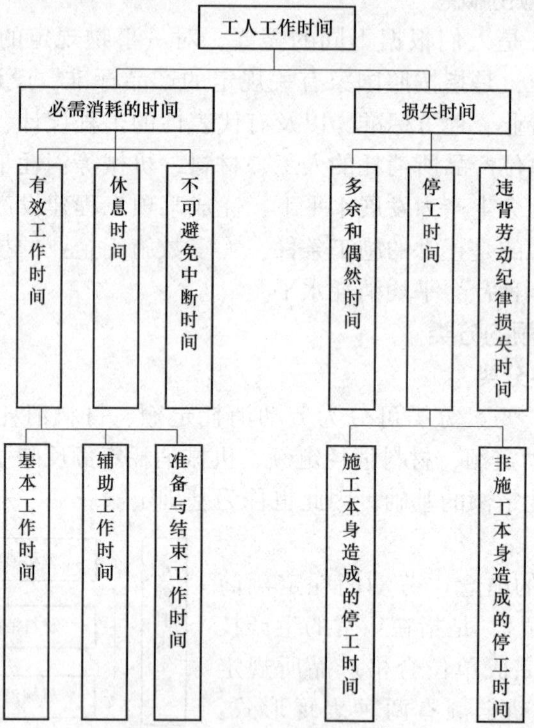

图 3-2　工人工作时间分类图

1）必需消耗的工作时间。必需消耗的时间是工人在正常施工条件下，为完成一定数量合格产品所必需消耗的时间。它是制定定额的主要根据。必需消耗的工作时间包括有效工作时间、休息时间和不可避免的中断时间。

a. 有效工作时间是从生产效果来看与产品生产直接有关的时间消耗。其中包括基本工作时间、辅助工作时间、准备与结束工作时间的消耗。

（a）基本工作时间。是工人完成基本工作所消耗的时间，是完成一定产品的施工工艺过程所消耗的时间。基本工作时间所包括的内容依工作性质而各不相同。例如，砖瓦工的基本工作时间包括：砌砖拉线时间、铲灰浆时间、砌砖时间、校验时间；抹灰工的基本工作时间包括：基层清理时间、润湿表面时间、抹灰时间、抹平抹光时间。工人操纵机械的时间也属基本工作时间。基本工作时间的长短和工作量大小成正比。

（b）辅助工作时间。是为保证基本工作能顺利完成所做的辅助性工作所消耗的时间。在辅助工作时间里，不能使产品的形状大小、性质或位置发生变化。例如：施工过程中工具的校正和小修，机械的调整、搭设小型脚手架等所消耗的工作时间等。辅助工作时间的结束，往往是基本工作时间的开始。辅助工作一般是手工操作。但在半机械化的情况下，辅助工作是在机械运转过程中进行的，这时不应再计辅助工作时间的消耗。辅助工作时间的长短与工作量大小有关。

（c）准备与结束工作时间。是执行任务前或任务完成后所消耗的工作时间。例如：工作地点、劳动工具和劳动对象的准备工作时间；工作结束后的整理工作时间等。准备和结束工作时间的长短与所担负的工作量大小无关，但往往和工作内容有关，所以，这项时间消耗又分为班内的准备与结束工作时间和任务的准备与结束工作时间。班内的准备与结束工作时间包括：工人每天从工地仓库领取工具、检查机械、准备和清理工作地点的时间；准备安装设备的时间；机器开动前的观察和试车的时间；交接班时间等。任务的准备与结束工作时间与每个工作日交替无关，但与具体任务有关。例如：接受施工任务书，研究施工详图，接受技术交底，领取完成该任务所需的工具和设备，以及验收交工等工作所消耗的时间。

b. 休息时间是工人在施工过程中为恢复体力所必需的短暂休息和生理需要的时间消耗。这种时间是为了保证工人精力充沛地进行工作，应作为必需消耗的时间。休息时间的长短和劳动条件有关。劳动繁重紧张、劳动条件差（高温），休息时间需要长一些。

c. 不可避免的中断时间是由于施工工艺特点所引起的工作中断所消耗的时间。例如：汽车司机在等待汽车装、卸货时消耗的时间；安装工等待起重机吊预制构件的时间。与施工过程工艺特点有关的工作中断时间应作为必需消耗的时间，但应尽量缩短此项时间消耗。与工艺特点无关的工作中断时间是由于劳动组织不合理引起的，属于损失时间。

2）损失时间。损失时间是与产品生产无关，但与施工组织和技术上的缺点有关，与工人或机械在施工过程的个人过失或某些偶然因素有关的时间消耗。损失时间一般不能作为正常的时间消耗因素，在制定定额时一般不加以考虑。损失时间包括多余和偶然工作、停工、违背劳动纪律所引起的时间损失。

a. 多余和偶然工作的时间损失。包括多余工作引起的时间损失和偶然工作引起的时间损失两种情况。

（a）多余工作引起的时间损失。多余工作是工人进行了任务以外的而又不能增加产品数量的工作。如对质量不合格的墙体返工重砌，对已磨光的水磨石进行多余的磨光等。多余工作的时间损失，一般都是由于工程技术人员和工人的差错而引起的修补废品和多余加工造成的，不是必需消耗的时间。

（b）偶然工作引起的时间损失。偶然工作是工人在任务外进行的工作，但能够获得一定产品的工作。如抹灰工不得不补上偶然遗留的墙洞等。从偶然工作的性质看，不应考虑它是必需消耗的时间，但由于偶然工作能获得一定产品，拟定定额时可适当考虑。

b. 停工时间。是工作班内停止工作造成的时间损失。停工时间按其性质可分为施工本身造成的停工时间和非施工本身造成的停工时间两种。

(a）施工本身造成的停工时间。是由于施工组织不善、材料供应不及时、工作面准备工作做得不好、工作地点组织不良等情况引起的停工时间。

(b）非施工本身造成的停工时间。是由于气候条件以及水源、电源中断引起的停工时间。

施工本身造成的停工时间在拟定定额时不应计算，非施工本身造成的停工时间应给予合理的考虑。

c. 违背劳动纪律造成的工作时间损失。是指工人在工作班内的迟到早退、擅自离开工作岗位、工作时间内聊天或办私事等造成的时间损失。由于个别工人违反劳动纪律而影响其他工人无法工作的时间损失，也包括在内。此项时间损失不应允许存在，定额中不能考虑。

(3）确定劳动定额消耗量的基本方法。时间定额是在拟定基本工作时间、辅助工作时间、不可避免中断时间、准备与结束的工作时间，以及休息时间的基础上制定的。

1）拟定基本工作时间；

2）拟定辅助工作时间和准备与结束的工作时间；

3）拟定不可避免中断时间；

4）拟定休息时间；

5）拟定定额时间。

基本工作时间消耗一般应根据计时观察资料来确定，辅助工作和准备与结束工作时间的确定方法与基本工作时间相同。

利用工时规范计算时间定额用下列公式：

$$\text{工序作业时间}=\text{基本工作时间}+\text{辅助工作时间} \tag{3.3}$$

$$\text{规范时间}=\text{准备与结束工作时间}+\text{不可避免的中断时间}+\text{休息时间} \tag{3.4}$$

$$\text{工序作业时间}=\text{基本工作时间}+\text{辅助工作时间}=\frac{\text{基本工作时间}}{1-\text{辅助时间}\%} \tag{3.5}$$

$$\text{时间定额}=\frac{\text{工序作业时间}}{1-\text{规范时间}\%} \tag{3.6}$$

【例 3-1】 现测定一砖基础墙的时间定额，已知每 $1m^3$ 砌体的基本工作时间为 140min，准备与结束时间、休息时间、不可避免的中断时间占时间定额的百分比分别为：5.45%、5.84%、2.49%，辅助工作时间不计，试确定其时间定额和产量定额。

解： $\text{工序作业时间}=140\text{min}=\frac{140}{8\times60}\text{工日}=0.29\ \text{工日}$

$$\text{时间定额}=\frac{0.29}{1-5.45\%-5.84\%-2.49\%}=0.34(\text{工日}/m^3)$$

$$\text{产量定额}=\frac{1}{0.34}=2.94(m^3/\text{工日})$$

(二）材料消耗定额

(1）材料消耗定额的概念。材料消耗定额是指在正常的施工（生产）条件下，在节约和合理使用材料的情况下，生产单位合格产品所必须消耗的一定品种和规格的材料、半成品、配件等的数量标准。

材料消耗定额是编制材料需要量计划、运输计划、供应计划，计算仓库面积，签发限额领料单和经济核算的根据。制定合理的材料消耗定额是组织材料的正常供应，保证生产顺利进行以及合理利用资源，减少积压、浪费的必要前提。

（2）材料的分类。

1）根据材料消耗的性质划分。施工中材料的消耗可分为必需消耗的材料和损失的材料两类性质。

必需消耗的材料，是指在合理用料的条件下，生产合格产品所需消耗的材料。它包括：直接用于建筑和安装工程的材料；不可避免的施工废料；不可避免的材料损耗。必需消耗的材料属于施工正常消耗，是确定材料消耗定额的基本数据。其中，直接用于建筑和安装工程的材料，编制材料净用量定额；不可避免的施工废料和材料损耗，编制材料损耗定额。

2）根据材料消耗与工程实体的关系划分。施工中的材料可分为实体材料和非实体材料两类。

a. 实体材料，是指直接构成工程实体的材料。它包括工程直接性材料和辅助材料。

工程直接性材料主要是指一次性消耗、直接用于工程上构成建筑物或结构本体的材料，如钢筋混凝土柱中的钢筋、水泥、砂、碎石等；辅助性材料主要是指虽也是施工过程中所必需，却并不构成建筑物或结构本体的材料。如土石方爆破工程中所需的炸药、引信、雷管等。主要材料用量大，辅助材料用量少。

b. 非实体材料，是指在施工中必须使用但又不能构成工程实体的施工措施性材料。非实体材料主要是指周转性材料，如模板、脚手架等。

（3）确定材料消耗量的基本方法。

常用的确定材料消耗量的基本方法有：观测法、试验法、统计法和计算法。

1）观测法。是对施工过程中实际完成产品的数量进行现场观察、测定，再通过分析整理和计算确定建筑材料消耗定额的一种方法。这种方法最适宜制定材料的损耗定额。因为只有通过现场观察、测定，才能正确区别哪些属于不可避免的损耗；哪些属于可以避免的损耗。

特别提示

> 用观测法制定材料的消耗定额时，所选用的观测对象应符合下列要求：
> （1）建筑物应具有代表性；
> （2）施工方法符合操作规范的要求；
> （3）建筑材料的品种、规格、质量符合技术、设计的要求；
> （4）被观测对象在节约材料和保证产品质量等方面有较好的成绩。

2）试验法。是通过专门的仪器和设备在试验室内确定材料消耗定额的一种方法。这种方法适用于能在试验室条件下进行测定的塑性材料和液体材料（如混凝土、砂浆、沥青玛蹄脂、油漆涂料及防腐等）。

例如：可测定出混凝土的配合比，然后计算出每 $1m^3$ 混凝土中的水泥、砂、石、水的消耗量。由于在实验室内比施工现场具有更好的工作条件，所以能更深入、详细地研究各种因素对材料消耗的影响，从中得到比较准确的数据。但是，在实验室中无法充分估计到施工现场中某些外界因素对材料消耗的影响。因此，要求实验室条件尽量与施工过程中的正常施工条件一致，同时在测定后用观察法进行审核和修正。

3）统计法。指在施工过程中，对分部分项工程所拨发的各种材料数量、完成的产品数量和竣工后的材料剩余数量，进行统计、分析、计算，来确定材料消耗定额的方法。

这种方法简便易行，不需组织专人观测和试验。但应注意统计资料的真实性和系统性，要有准确的领退料统计数字和完成工程量的统计资料。统计对象也应加以认真选择，并注意和其他方法结合使用，以提高所拟定额的准确程度。

4）计算法。根据施工图纸和其他技术资料，用理论公式计算出产品的材料净用量，从而制定出材料的消耗定额。这种方法主要适用于块状、板状和卷筒状产品（如砖、钢材、玻璃、油毡等）的材料消耗定额。

定额材料消耗量，既包括构成产品实体净用量的材料数量，又包括施工场内运输及操作过程不可避免的损耗量，计算公式如下：

$$\text{总消耗量}=\text{净用量}+\text{损耗量} \tag{3.7}$$

$$\text{损耗率}=\frac{\text{损耗量}}{\text{总消耗量}}\times 100\% \tag{3.8}$$

$$\text{总消耗量}=\frac{\text{净用量}}{1-\text{损耗率}} \tag{3.9}$$

为了简化计算，预算定额中采用如下公式：

$$\text{损耗率}=\frac{\text{损耗量}}{\text{净用量}}\times 100\% \tag{3.10}$$

$$\text{总消耗量}=\text{净用量}\times(1+\text{损耗率}) \tag{3.11}$$

所以，制定材料消耗定额，关键是确定净用量和损耗率。

a. 标准砖用量的计算。如每立方米砖墙的用砖数和砌筑砂浆的用量，可用下列理论计算公式计算各自的净用量。

用砖数：

$$A=\frac{1}{\text{墙厚}\times(\text{砖长}+\text{灰缝})\times(\text{砖厚}+\text{灰缝})}\times k \tag{3.12}$$

式中　k——墙厚的砖数×2。

砂浆用量：

$$B=1-\text{砖数}\times\text{砖块体积} \tag{3.13}$$

【例 3-2】　计算 1m^3 标准砖一砖外墙砌体砖数和砂浆的净用量。

解： 砖净用量 $=\dfrac{1}{0.24\times(0.24+0.01)\times(0.053+0.01)}\times 1\times 2=529$（块）

砂浆净用量 $=1-529\times(0.24\times 0.115\times 0.053)=0.226(\text{m}^3)$

b. 块料面层的材料用量计算。每 100m^2 面层块料数量、灰缝及结合层材料用量公式如下：

$$100\text{m}^2\ \text{块料净用量}=\frac{100}{(\text{块料长}+\text{灰缝宽})\times(\text{块料宽}+\text{灰缝宽})} \tag{3.14}$$

$$100m^2\text{ 灰缝材料净用量}=[100-(\text{块料长}\times\text{块料宽}\times 100m^2\text{ 块料用量})]\times\text{灰缝深} \quad (3.15)$$

$$\text{结合层材料用量}=100m^2\times\text{结合层厚度} \quad (3.16)$$

【例 3-3】 用 1∶1 水泥砂浆贴 200mm×200mm×10mm 瓷砖墙面（灰缝宽为 2mm），结合层厚度为 25mm，假设瓷砖损耗率为 1.5%，砂浆损耗率为 2%，试计算每 $100m^2$ 瓷砖墙面中瓷砖和砂浆的消耗量。

解： 每 $100m^2$ 瓷砖墙面中瓷砖的净用量 $=\dfrac{100}{(0.20+0.002)\times(0.20+0.002)}=2\,450.74$（块）

每 $100m^2$ 瓷砖墙面中瓷砖的总消耗量 $=2\,450.74\times(1+1.5\%)=2\,487.50$（块）

每 $100m^2$ 瓷砖墙面中结合层砂浆净用量 $=100\times0.025=2.5(m^3)$

每 $100m^2$ 瓷砖墙面中灰缝砂浆净用量 $=[100-(2\,450.74\times0.20\times0.20)]\times0.01=0.02(m^3)$

每 $100m^2$ 瓷砖墙面中水泥砂浆总消耗量 $=(2.5+0.02)\times(1+2\%)=2.57(m^3)$

（三）机械消耗定额

（1）机械消耗定额的概念。机械消耗定额简称机械定额，是规定了在正常施工条件下，合理地组织生产与合理地利用某种机械完成单位合格产品所必需的机械台班消耗标准，或在单位时间内机械完成的产品数量。由于我国机械消耗定额是以一台机械一个工作班为计量单位，所以又称为机械台班定额。机械消耗定额有两种表现形式：机械时间定额和机械产量定额，二者互为倒数。

1）机械时间定额。是指在合理劳动组织与合理使用机械的条件下，完成单位合格产品必须消耗的时间。机械时间定额以台班/t、台班/m^3、台班/m^2 等为计量单位。

2）机械产量定额。是指在合理劳动组织和合理使用机械的条件下，某种机械在一个台班的时间内，所必须完成的合格产品的数量。机械产量定额以 t/台班、m^3/台班 、m^2/台班等为计量单位。

机械时间定额和机械常量定额之间是互为倒数的关系，即：

$$\text{机械时间定额}\times\text{机械产量定额}=1 \quad (3.17)$$

（2）机器工作时间消耗的分类。机械工作时间的消耗也分为必需消耗的时间和损失时间，如图 3-3 所示。

1）机械必须消耗的工作时间。机械必需消耗的工作时间，包括有效工作、不可避免的无负荷工作和不可避免的中断三项时间消耗。

a. 有效工作时间，包括正常负荷下和有根据地降低负荷下的工作时间。

正常负荷下的工作时间，是机械在与机械说明书规定的计算负荷相符的情况下进行工作的时间。

有根据地降低负荷下的工作时间，是在个别情况下机械由于技术上的原因在低于其计算负荷下工作的时间。例如，汽车运输重量轻而体积大的货物时，不能充分利用汽车的载重吨位；起重机吊装轻型结构时，不能充分利用其起重能力，因而低于其计算负荷。

b. 不可避免的无负荷工作时间，是由施工过程的特点和机械结构的特点造成的机械无负荷工作时间。例如，载重汽车在工作班时间的单程“放空车”；筑路机在工作区末端调头等。

c. 不可避免的中断时间，是与工艺过程的特点、机械的使用和保养、工人休息有关的不可避免的中断时间。

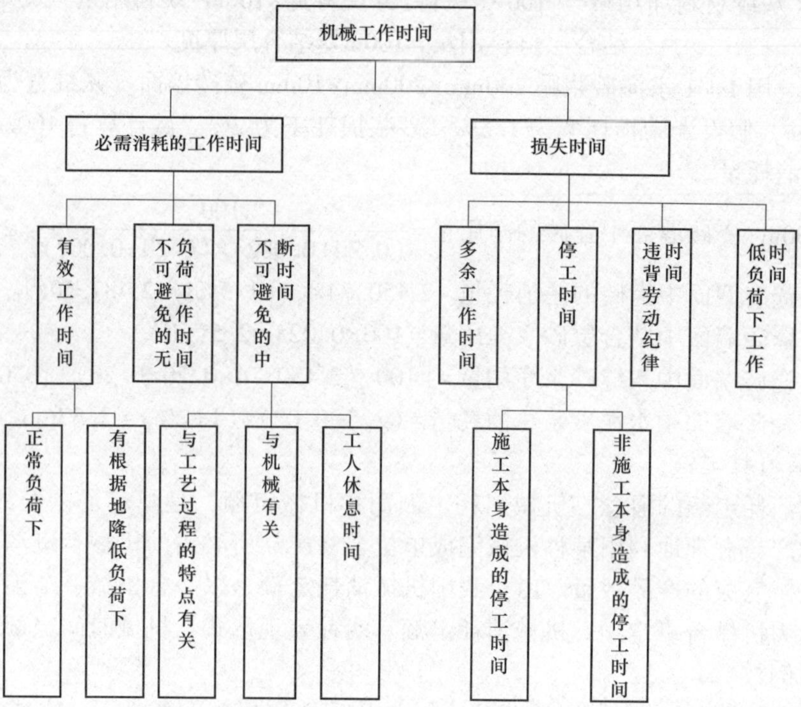

图 3-3　机械工作时间分类图

与工艺过程的特点有关的不可避免中断工作时间，有循环的和定期的两种。循环的不可避免中断，是在机械工作的每一个循环中重复一次，如汽车装货和卸货时的停车；定期的不可避免中断，是经过一定时期重复一次，如把灰浆泵由一个工作地点转移到另一工作地点时的工作中断。

与机械有关的不可避免中断工作时间，是由于工人进行准备与结束工作或辅助工作时，机械停止工作而引起的中断工作时间。它是与机械的使用与保养有关的不可避免中断时间。

工人休息时间。要注意的是，应尽量利用与工艺过程有关的和与机械有关的不可避免中断时间进行休息，以充分利用工作时间。

2）损失的工作时间。包括多余工作、停工和违反劳动纪律所消耗的工作时间。

机械的多余工作时间，是机械进行任务内和工艺过程内未包括的工作而延续的时间。如搅拌机搅拌灰浆超过规定而多延续的时间；工人没有及时供料而使机械空运转的时间。

机械的停工时间，按其性质也可分为施工本身造成和非施工本身造成的停工。前者是由于施工组织的不好而引起的停工现象，如由于未及时供给机器水、电、燃料而引起的停工。后者是由于气候条件所引起的停工现象，如暴雨时压路机的停工。

违反劳动纪律引起的机械时间损失，是指由于工人迟到早退或擅离岗位等原因引起的机械停工时间。

低负荷下的工作时间，是由于工人或技术人员的过错所造成的施工机械在降低负荷的情况下工作的时间。例如，工人装车的砂石数量不足、工人装入碎石机轧料口中的石块数量不够引起的汽车和碎石机在降低负荷的情况下工作所延续的时间。此项工作时间不能完全作为必需消耗时间。

（3）确定机械台班定额消耗量的基本方法。

1）确定机械 1h 纯工作正常生产率。机械纯工作时间，就是指机械的必需消耗时间。机械 1h 纯工作正常生产率，就是在正常施工组织条件下，具有必需的知识和技能的技术工人操纵机械 1h 的生产率。

根据机械工作特点的不同，机械 1h 纯工作正常生产率的确定方法，也有所不同。

a. 对于循环动作机械，确定机械纯工作 1h 正常生产率的计算公式如下：

$$\text{机械一次循环的正常延续时间} = \sum\left(\begin{matrix}\text{循环各组成部分}\\\text{正常延续时间}\end{matrix}\right) - \text{交叠时间} \tag{3.18}$$

$$\text{机械纯工作 1h 循环次数} = \frac{60\times60(\mathrm{s})}{\text{一次循环的正常延续时间（s）}} \tag{3.19}$$

$$\begin{matrix}\text{机械纯工作 1h}\\\text{正常生产率}\end{matrix} = \begin{matrix}\text{机械纯工作 1h}\\\text{正常循环次数}\end{matrix} \times \begin{matrix}\text{一次循环生产}\\\text{的产品数量}\end{matrix} \tag{3.20}$$

b. 对于连续动作机械，确定机械纯工作 1h 正常生产率要根据机械的类型和结构特征，以及工作过程的特点来进行。计算公式如下：

$$\text{连续动作机械纯工作 1h 正常生产率} = \frac{\text{工作时间内生产的产品数量}}{\text{工作时间(h)}} \tag{3.21}$$

工作时间内的产品数量和工作时间的消耗，要通过多次现场观察和机械说明书来取得数据。

2）确定施工机械的正常利用系数。是指机械在工作班内对工作时间的利用率。机械的利用系数和机械在工作班内的工作状况有着密切的关系。所以，要确定机械的正常利用系数。首先要拟定机械工作班的正常工作状况，保证合理利用工时。机械正常利用系数的计算公式如下：

$$\text{机械正常利用系数} = \frac{\text{机械在一个工作班内纯工作时间}}{\text{一个工作班延续时间(8h)}} \tag{3.22}$$

3）计算施工机械台班产量定额。是编制机械定额工作的最后一步。在确定了机械工作正常条件、机械 1h 纯工作正常生产率和机械正常利用系数之后，采用下列公式计算施工机械台班产量定额：

$$\text{施工机械台班产量定额} = \begin{matrix}\text{机械 1h 纯工作}\\\text{正常生产率}\end{matrix} \times \begin{matrix}\text{工作班纯}\\\text{工作时间}\end{matrix} \tag{3.23}$$

或

$$\begin{matrix}\text{施工机械台班}\\\text{产量定额}\end{matrix} = \begin{matrix}\text{机械 1h 纯工作}\\\text{正常生产率}\end{matrix} \times \begin{matrix}\text{工作班}\\\text{延续时间}\end{matrix} \times \begin{matrix}\text{机械正常}\\\text{利用系数}\end{matrix} \tag{3.24}$$

施工机械时间定额和施工机械台班产量定额互为倒数，即

$$\text{施工机械时间定额} = \frac{1}{\text{施工机械台班产量定额}} \tag{3.25}$$

【例 3-4】 某工程现场采用出料容量 500L 的混凝土搅拌机，每一次循环中，装料、搅拌、卸料、中断需要的时间分别为 1min、3min、1min、1min，机械正常利用系数为 0.9，求该机械的台班产量定额。

解： 该搅拌机一次循环的正常延续时间 = 1+3+1+1 = 6(min) = 360(s)

该搅拌机纯工作 1h 循环次数 $=\frac{60\times60}{360}=10$(次)

该搅拌机纯工作 1h 正常生产率 $=10\times500=5\,000(L)=5(m^3)$

该搅拌机台班产量定额 $=5\times8\times0.9=36(m^3/$台班$)$

二、按编制程序和用途分类

按定额的编制程序和用途可以把工程定额分为施工定额、预算定额、概算定额、概算指标、投资估算指标五种。

(1) 施工定额。是以同一性质的施工过程——工序，作为研究对象，表示生产产品数量与生产要素消耗综合关系编制的定额。施工定额是施工企业（建筑安装企业）组织生产和加强管理在企业内部使用的一种定额，属于企业定额的性质。为了适应组织生产和管理的需要，施工定额的项目划分很细，是工程建设定额中分项最细、定额子目最多的一种定额，也是工程建设定额中的基础性定额。

施工定额本身由劳动定额、机械定额和材料定额三个相对独立的部分组成，主要用于工程的直接施工管理，以及作为编制工程施工设计、施工预算、施工作业计划、签发施工任务单、限额领料卡及结算计件工资或计量奖励工资的依据，它同时是编预算定额基础。

(2) 预算定额。是以分项工程和结构构件为对象编制的定额。其内容包括劳动定额、机械台班定额、材料消耗定额三个基本部分，是一种计价性定额。从编制程序上看，预算定额是以施工定额为基础综合扩大编制的，同时它也是编制概算定额的基础。

预算定额是在编制施工图预算阶段，计算工程造价和计算工程中的劳动、机械台班、材料需要量时使用，它是调整工程预算和工程造价的重要基础，也可以作为编制施工组织设计、施工技术财务计划的参考。

(3) 概算定额。是以扩大分项工程或扩大结构构件为对象编制的，计算和确定劳动、机械台班、材料消耗量所使用的定额，也是一种计价定额。概算定额是编制扩大初步设计概算、确定建设项目投资额的依据。概算定额的项目划分粗细，与扩大初步设计的深度相适应，一般是在预算定额的基础上综合扩大而成的，每一综合分项概算定额都包含了数项预算定额。

(4) 概算指标。是概算定额的扩大与合并，它是以整个建筑物和构筑物为对象，以更为扩大的计量单位来编制的。概算指标的内容包括劳动、机械台班、材料定额三个基本部分，同时还列出了各结构分部的工程量及单位建筑工程（以体积计或面积计）的造价，是一种计价定额。为了增加概算指标的适用性，也以房屋或构筑物的扩大的分部工程或结构构件为对象编制，称为扩大结构定额。

由于各种性质的工程定额所需要的劳动力、材料和机械台班数量不一样，概算指标通常按工业建筑和民用建筑分别编制。工业建筑中又按各工业部门类别、企业大小、车间结构编制，民用建筑按照用途性质、建筑层高、结构类别编制。

概算指标的设定和初步设计的深度相适应，一般是在概算定额和预算定额的基础上编制，比概算定额更加综合扩大。它是设计单位编制工程概算或建设单位编制年度任务计划、施工准备期间编制材料和机械设备供应计划的依据，也可供国家编制年度建设计划参考。

(5) 投资估算指标。是在项目建议书和可行性研究阶段编制投资估算、计算投资需要时使用的一种定额。它非常概略，往往以独立的单项工程或完整的工程项目为计算对象，编制内容是所有项目费用之和。它的概略程度与可行性研究阶段相适应。投资估算指标往往根据历史的预、决算资料和价格变动等资料编制，但其编制基础仍然离不开预算定额、概算定额。

上述各种定额的相互联系可参见表3-1。

表3-1 各种定额间的关系比较

定额分类	施工定额	预算定额	概算定额	概算指标	投资估算指标
对象	工序	分项工程	扩大的分项工程	整个建筑物或构筑物	独立的单项工程或完整的工程项目
用途	编制施工预算	编制施工图预算	编制扩大初步设计概算	编制初步设计概算	编制投资估算
项目划分	最细	细	较粗	粗	很粗
定额水平	平均先进	平均	平均	平均	平均
定额性质	生产性定额	计价性定额			

三、按定额的适用范围分类

（1）全国统一定额。是由国家建设行政主管部门综合全国工程建设中技术和施工组织管理的情况编制，并在全国范围内执行的定额。

（2）地区统一定额。主要是考虑地区性的特点和全国统一定额水平作适当调整和补充编制的一类定额，它包括省、自治区、直辖市定额。

（3）行业统一定额。是考虑到各行业部门专业工程技术特点，以及施工生产和管理水平编制的，一般是只在本行业和相同专业性质的范围内使用的一类定额。

（4）企业定额。是由施工企业考虑本企业具体情况，参照国家、部门或地区定额的水平制定的定额。企业定额只在企业内部使用，是企业素质的一个标志。企业定额水平一般应高于国家现行定额，才能满足生产技术发展、企业管理和市场竞争的需要。在工程量清单方式下，企业定额正发挥着越来越大的作用。

四、按投资的费用性质分类

按投资的费用性质，可将工程定额分为建筑工程定额、设备安装工程定额、建筑安装工程费用定额、工器具定额以及工程建设其他费用定额等。

（1）建筑工程定额。是建筑工程的施工定额、预算定额、概算定额和概算指标的统称。建筑工程一般理解为房屋构筑物工程。建筑工程定额在整个建设工程定额中占有突出的地位。

（2）设备安装工程定额。是设备安装工程的施工定额、预算定额、概算定额和概算指标的统称。设备安装工程一般是指对需要安装的设备进行定位、组合、校正、调试等工作的工程。在通用定额中有时把建筑工程定额和安装定额合二为一，称为建筑安装工程定额。建筑安装工程定额，是指在正常生产条件下为完成单位合格建筑安装产品所消耗的人工、材料、机械设备台班的数量标准。

（3）建筑安装工程费用定额。一般包括两部分内容：措施费定额和间接费定额。

（4）工具、器具定额。是为新建或扩建项目投产运转首次配置的工具、器具数量标准。工具和器具是指按照有关规定不够固定资产标准而起劳动手段作用的工具、器具和生产用家具。

(5) 工程建设其他费用定额。是独立于建筑安装工程定额、设备和工器具购置之外的其他费用开支的标准。其他费用定额是按各项独立费用分别编制的，以便合理控制这些费用的开支。

3.1.3 建设工程定额的作用与特点

一、建设工程定额的作用

(1) 是编制施工图预算、确定和控制建筑安装工程造价的基本依据。

(2) 是施工企业编制人工、材料和机械台班需要量计划，统计完成工程量，考核工程成本，实行经济核算的依据。

(3) 是对设计方案进行技术经济比较，对新结构、新材料进行技术经济分析的依据。

(4) 是合理编制招标控制价、投标报价的依据。

(5) 是建设单位和银行拨付工程价款、建设资金贷款和竣工结（决）算的依据。

(6) 是编制地区单位估价表、概算定额和概算指标的基础资料。

二、建设工程定额的特点

(一) 科学性

工程定额的科学性包括两重含义：一重含义是指工程定额和生产力发展水平相适应，反映出工程中生产消费的客观规律；另一重含义是指工程定额管理在理论、方法和手段上适应现代科学技术和信息社会发展的需要。

工程定额的科学性，首先表现在用科学的态度制定定额，尊重客观实际，力求定额水平合理；其次表现在制定定额的技术方法上，利用现代科学管理成就，形成一套系统的、完整的、在实践中行之有效的方法；最后，表现在定额制定和贯彻的一体化。制定是为了提供贯彻的依据，贯彻是为了实现管理的目标，也是对定额的信息反馈。

(二) 系统性

工程定额是相对独立的系统。它是由多种定额结合而成的有机整体。它的结构复杂、层次鲜明、目标明确。

工程定额的系统性是由工程建设的特点决定的。按照系统论的观点，工程就是庞大的实体系统。工程定额是为这个实体系统服务的。因而工程本身的多种类、多层次决定了以它为服务对象的工程定额的多种类、多层次。从整个国民经济来看，进行固定资产生产和再生产的工程，是一个有多项工程集合体的整体，其中包括农林水利、轻纺、机械、煤炭、电力、石油、冶金、化工、建材工业、交通运输、邮电工程，以及商业物资、科学教育文化、卫生体育、社会福利和住宅工程等。这些工程的建设又有严格的项目划分，如建设项目、单项工程、单位工程、分部分项工程；在计划和实施过程中有严密的逻辑阶段，如规划、可行性研究、设计、施工、竣工交付使用，以及投入使用后的维修。与此相适应必然形成工程定额的多种类、多层次。

(三) 统一性

工程定额的统一性，主要是由国家对经济发展的有计划的宏观调控职能决定的。为了使国民经济按照既定的目标发展，就需要借助于某些标准、定额、参数等，对工程进行规划、组织、调节、控制。

工程定额的统一性按照其影响力和执行范围来看，有全国统一定额、地区统一定额和行业统一定额等；按照定额的制定、颁布和贯彻使用来看，有统一的程序、统一的原则、统一的要求和统一的用途。

我国工程定额的统一性与工程本身的巨大投入和巨大产出有关。它对国民经济的影响不仅表现在投资的总规模和全部建设项目的投资效益方面，还表现在具体建设项目的投资数额及其投资效益方面。

（四）指导性

随着我国建设市场的不断成熟和规范，工程定额尤其是统一定额原具备的法令性特点逐渐弱化，转而成为对整个建设市场的具体建设产品交易的指导作用。

工程定额的指导性的客观基础是定额的科学性。只有科学的定额才能正确地指导客观的交易行为。工程定额的指导性体现在两个方面：一方面，工程定额作为国家各地区和行业颁布的指导性依据，可以规范建设市场的交易行为，在具体的建设产品定价过程中也可以起到相应的参考性作用，同时统一定额还可以作为政府投资项目定价以及造价控制的重要依据；另一方面，在现行的工程量清单计价方式下，体现交易双方自主定价的特点，承包商报价的主要依据是企业定额，但企业定额的编制和完善仍然离不开统一定额的指导。

（五）稳定性与时效性

工程定额中的任何一种都是一定时期技术发展和管理水平的反映，因而在一段时间内都表现出稳定的状态。稳定的时间有长有短，一般在 5~10 年。保持定额的稳定性是维护定额的指导性所必需的，更是有效地贯彻定额所必需的。如果某种定额处于经常修改变动之中，那么必然造成执行中的困难和混乱，使人们感到没有必要去认真对待它，很容易导致定额指导性的丧失。工程定额的不稳定性也会给定额的编制工作带来极大的困难。

但是工程定额的稳定性是相对的。当生产力向前发展时，定额就会与生产力不相适应。这样，它原有的作用就会逐步减弱以至消失，需要重新编制或修订。

3.1.4　定额计价程序

编制建设工程造价最基本的过程有两个：工程量计算和工程计价。为统一口径，工程量的计算均按照统一的项目划分和工程量计算规则计算。工程量确定以后，就可以按照一定的方法确定工程的成本及盈利，最终就可以确定工程造价。定额计价方法的特点就是量与价的结合，单位工程造价的形成过程，就是依据工程定额所确定的消耗量乘以定额单价或市场价，经过不同层次的计算达到量与价的最优结合过程，计算过程如表 3-2 所示。

表 3-2　定额计价单位工程造价计价程序表

序号	费用名称	计算方法
（一）	人、材、机费	按计价定额实体项目计算的基价之和
（A）	其中：计费人工费	Σ工日消耗量×人工单价
（二）	措施项目费	（1）＋（2）
（1）	单价措施项目费	按计价定额措施项目计算的基价之和
（B）	其中：计费人工费	Σ工日消耗量×人工单价
（2）	总价措施项目费	①+②+③+④
①	安全文明施工费	计算基础×费率
②	夜间施工增加费	计算基础×费率
③	二次搬运费	计算基础×费率

续表

序号	费用名称	计算方法
④	冬雨期施工增加费	计算基础×费率
(三)	企业管理费	计算基础×费率
(四)	利润	计算基础×费率
(五)	其他项目费	(3)+(4)+(5)+(6)+(7)+(8)+(9)
(3)	暂列金额	[(一)-工程设备金额]×费率(投标报价时按招标工程量清单中列出的金额填写)
(4)	专业工程暂估价	根据工程情况确定（投标报价时按招标工程量清单中列出的金额填写)
(5)	计日工	根据工程情况确定
(6)	总承包服务费	供应材料费用、设备安装费用或发包人发包的专业工程的(分部分项工程费+措施项目费+企业管理费+利润)×费率
(7)	人工费价差	合同约定或[省建设行政主管部门发布的人工单价-人工单价]×Σ工日消耗量
(8)	材料费价差	Σ[材料实际价格(或信息价格、价差系数)与计价定额中材料价格的(±)差价×材料消耗量]
(9)	机械费价差	Σ[建设行政主管部门发布的机械费价格与计价定额中机械费的(±)差价×机械消耗量]
(六)	规费	计算基础×费率
(七)	税金（扣除不列入计税范围的工程设备金额)	[(一)+(二)+(三)+(四)+(五)+(六)]×费率
(八)	单位工程造价	(一)+(二)+(三)+(四)+(五)+(六)+(七)

单位工程造价计算完成后，可汇总计算单项工程造价和建设投资，计算公式如下：

$$单项工程造价=\sum 单位工程造价+设备、工器具购置费 \tag{3.26}$$

$$建设投资=\sum 单项工程造价+预备费+有关的其他费用 \tag{3.27}$$

3.2 工程量清单计价与计量规范

3.2.1 工程量清单概述

一、工程量清单的概念

工程量清单是载明建设工程的分部分项工程项目、措施项目和其他项目的名称和相应数量以及规费和税金等内容的明细清单。其中由招标人根据国家标准、招标文件、设计文件，以及施工现场实际情况编制的称为招标工程量清单，而作为投标文件组成部分的已标明价格并经承包人确认的称为已标价工程量清单。招标工程量清单应由具有编制能力的招标人或受其委托，具有相应资质的工程造价咨询人或招标代理人编制。采用工程量清单方式招标，招标工程量清单必须作为招标文件的组成部分，其准确性和完整性由招标人负责。招标工程量清单应以单位（项）工程为单位编制，由分部分项工程量清单，措施项目清单，其他项目清单，规费项目、税金项目清单组成。

二、工程量清单计价与计量规范的组成

工程量清单计价与计量规范由《建设工程工程量清单计价规范》GB 50500、《房屋建筑与装饰工程工程量计算规范》GB 50854、《仿古建筑工程工程量计算规范》GB 50855、《通用安装工程工程量计算规范》GB 50856、《市政工程工程量计算规范》GB 50857、《园林绿化工程工程量计算规范》CB 50858、《矿山工程工程量计算规范》GB 50859、《构筑物工程工程量计算规范》GB 50860、《城市轨道交通工程工程量计算规范》GB 50861、《爆破工程工程量计算规范》GB 50862 组成。《建设工程工程量清单计价规范》GB 50500（以下简称《计价规范》）包括总则、术语、一般规定、工程量清单编制、招标控制价、投标报价、合同价款约定、工程计量、合同价款调整、合同价款期中支付、竣工结算与支付、合同解除的价款结算与支付、合同价款争议的解决、工程造价鉴定、工程计价资料与档案、工程计价表格及 11 个附录。各专业工程量计量规范包括总则、术语、工程计量、工程量清单编制、附录。

三、工程量清单计价的作用

(一) 提供一个平等的竞争条件

工程量清单计价为投标者提供一个平等竞争的条件。由于设计图纸的缺陷，不同施工企业的人员理解不一，计算出的工程量也不同，报价就更相去甚远，也容易产生纠纷。而工程量清单报价就为投标者提供了一个平等竞争的条件，相同的工程量，由企业根据自身的实力来填不同的单价。投标人的这种自主报价，使得企业的优势体现到投标报价中，可在一定程度上规范建筑市场秩序，确保工程质量。

(二) 满足市场经济条件下竞争的需要

招投标过程就是竞争的过程，招标人提供工程量清单，投标人根据自身情况确定综合单价，利用单价与工程量逐项计算每个项目的合价，再分别填入工程量清单表内，计算出投标总价。单价成了决定性的因素，定高了不能中标，定低了又要承担过大的风险。单价的高低直接取决于企业管理水平和技术水平的高低，这种局面促成了企业整体实力的竞争，有利于我国建设市场的快速发展。

(三) 有利于提高工程计价效率，能真正实现快速报价

采用工程量清单计价方式，避免了传统计价方式下招标人与投标人在工程量计算上的重复工作，各投标人以招标人提供的工程量清单为统一平台，结合自身的管理水平和施工方案进行报价，促进了各投标人企业定额的完善和工程造价信息的积累和整理，体现了现代工程建设中快速报价的要求。

(四) 有利于工程款的拨付和工程造价的最终结算

中标后，业主要与中标单位签订施工合同，中标价就是确定合同价的基础，投标清单上的单价就成了拨付工程款的依据。业主根据施工企业完成的工程量，可以很容易地确定进度款的拨付额。工程竣工后，根据设计变更、工程量增减等，业主也很容易确定工程的最终造价，可在某种程度上减少业主与施工单位之间的纠纷。

(五) 有利于业主对投资的控制

采用现在的施工图预算形式，业主对因设计变更、工程量的增减所引起的工程造价变化不敏感，往往等到竣工结算时才知道这些变更对项目投资的影响有多大，但此时常常是为时已晚。而采用工程量清单报价的方式则可对投资变化一目了然，在要进行设计变更时，能马

上知道它对工程造价的影响，业主就能根据投资情况来决定是否变更或进行方案比较，以决定最恰当的处理方法。

四、工程量清单计价的适用范围

计价规范适用于建设工程发承包及其实施阶段的计价活动。使用国有资金投资的建设工程发承包，必须采用工程量清单计价；非国有资金投资的建设工程，宜采用工程量清单计价；不采用工程量清单计价的建设工程，应执行计价规范中除工程量清单等专门性规定外的其他规定。

国有资金投资的项目包括全部使用国有资金（含国家融资资金）投资或国有资金投资为主的工程建设项目。

(1) 国有资金投资的工程建设项目包括如下。

1）使用各级财政预算资金的项目。

2）使用纳入财政管理的各种政府性专项建设资金的项目。

3）使用国有企事业单位自有资金，并且国有资产投资者实际拥有控制权的项目。

(2) 国家融资资金投资的工程建设项目包括如下。

1）使用国家发行债券所筹资金的项目。

2）使用国家对外借款或者担保所筹资金的项目。

3）使用国家政策性贷款的项目。

4）国家授权投资主体融资的项目。

5）国家特许的融资项目。

(3) 国有资金（含国家融资资金）为主的工程建设项目是指国有资金占投资总额50%以上，或虽不足50%但国有投资者实质上拥有控股权的工程建设项目。

特别提示

工程量清单计价活动涵盖施工招标、合同管理，以及竣工交付全过程，主要包括：编制招标工程量清单、招标控制价、投标报价，确定合同价，进行工程计量与价款支付、合同价款的调整、工程结算和工程计价纠纷处理等活动。

3.2.2 工程量清单的编制方法

一、分部分项工程项目清单

分部分项工程是“分部工程”和“分项工程”的总称。“分部工程”是单位工程的组成部分，系按结构部位、路段长短和施工特点或施工任务将单位工程划分为若干分部工程。例如：房屋建筑与装饰工程分为土石方工程、桩基工程、砌筑工程、混凝土及钢筋混凝土工程、楼地面装饰工程、天棚工程等。分项工程是分部工程的组成部分，系按不同施工方法、材料、工序及路段长短等分部工程划分为若干个分项工程。例如：现浇混凝土基础分为带型基础、独立基础、满堂基础、桩承台基础、设备基础等。

分部分项工程项目清单必须载明项目编码、项目名称、项目特征、计量单位和工程量。分部分项工程项目清单必须根据相关工程现行国家计算规范规定的项目编码、项目名称、项目特征、计量单位和工程量计算规则进行编制。其格式如表3-3所示，在分部分项工程量清单的编制过程中，由招标人负责的六项内容填列，金额部分在编制招标控制价或投标报价填列。

表 3-3　　分部分项工程和单价措施项目清单与计价表

工程名称：　　　　　　　　　　　标段：　　　　　　　　　　　第　页　共　页

序号	项目编码	项目名称	项目特征描述	计量单位	工程量	金额（元）		
						综合单价	合价	其中：暂估价
本页小计								
合计								

注　为计取规费等的使用，可增设其中："定额人工费"。

（一）项目编码

项目编码是分部分项工程量清单项目名称的数字标识。分部分项工程量清单项目编码以五级编码设置，采用十二位阿拉伯数字表示。一至九位应按各专业工程计量规范的规定统一设置，十至十二位应根据拟建工程的工程量清单项目名称设置，同一招标工程的项目编码不得有重码。各级编码代表的含义如下。

（1）第一级表示专业工程代码（分二位）。房屋建筑与装饰工程为01、仿古建筑工程为02、通用安装工程为03、市政工程为04、园林绿化工程为05、矿山工程06、构筑物工程为07、城市轨道交通工程为08、爆破工程为09。

（2）第二级表示专业工程附录分类顺序码（分二位）。

（3）第三级表示分部工程顺序码（分二位）。

（4）第四级表示分项工程项目名称顺序码（分三位）。

（5）第五级表示工程量清单项目名称顺序码（分三位）。

项目编码结构如图3-4所示（以房屋建筑与装饰工程为例）。

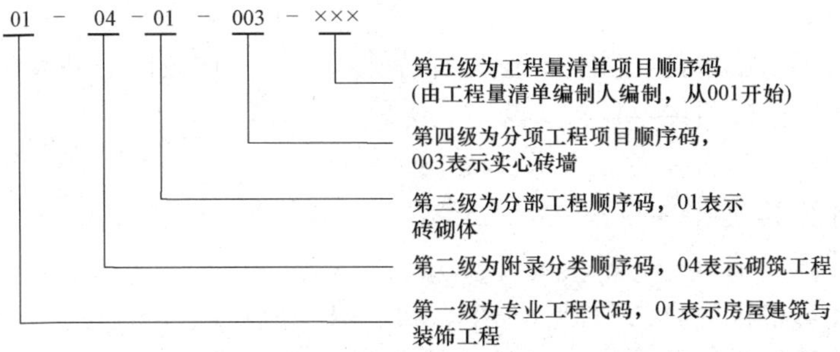

图3-4　工程量清单项目编码结构图

当同一标段（或合同段）的一份工程量清单中含有多个单位工程，且工程量清单是以单位工程为编制对象时，在编制工程量清单时应特别注意对项目编码十至十二位的设置不得有重码的规定。例如，一个标段（或合同段）的工程量清单中含有三个单位工程，每一个单位工程中都有特征相同的实心砖墙砌体，在工程量清单中又需反映三个不同单位工程的实心砖墙砌体工程量时，则第一个单位工程的实心砖墙的项目编码应为010401003001，第二个单位工程的实心砖墙的项目编码应为010401003002，第三个单位工程的实心砖墙的项目编码应为010401003003，并分别列出各单位工程实心砖墙的工程量。

（二）项目名称

分部分项工程量清单的项目名称应按各专业工程计量规范附录的项目名称，结合拟建工程的实际确定。附录表中的“项目名称”为分项工程项目名称，是形成分部分项工程量清单项目名称的基础。即在编制分部分项工程量清单时，以附录中的分项工程项目名称为基础，考虑该项目的规格、型号、材质等特征要求，结合拟建工程的实际情况，使其工程量清单项目名称具体化、细化，以反映影响工程造价的主要因素。

特别提示

清单项目名称应表达详细、准确，各专业工程计量规范中的分项工程项目名称如有缺陷，招标人可作补充，并报当地工程造价管理机构（省级）备案。

（三）项目特征

项目特征是构成分部分项工程项目、措施项目自身价值的本质特征。项目特征是对项目的准确描述，是确定一个清单项目综合单价不可缺少的重要依据，是区分清单项目的依据，是履行合同义务的基础。分部分项工程量清单的项目特征应按各专业工程计量规范附录中规定的项目特征，结合技术规范、标准图集、施工图纸、按照工程结构、使用材质及规格或安装位置等，予以详细而准确的表述和说明。凡项目特征中未描述到的其他独有特征，由清单编制人视项目具体情况确定，以准确描述清单项目为准。

在各专业工程计量规范附录中还有关于各清单项目“工作内容”的描述。工作内容是指完成清单项目可能发生的具体工作和操作程序，但应注意的是，在编制分部分项工程量清单时，工作内容通常无须描述，因为在计价规范中，工程量清单项目与工程量计算规则、工作内容有一一对应关系，当采用计价规范这一标准时，工作内容均有规定。

（四）计量单位

计量单位应采用基本单位，除各专业另有特殊规定外，均按以下基本单位计量：

（1）以重量计算的项目——吨或千克（t或kg）；

（2）以体积计算的项目——立方米（m^3）；

（3）以面积计算的项目——平方米（m^2）；

（4）以长度计算的项目——米（m）；

（5）以自然计量单位计算的项目——个、套、块、组、台……

（6）没有具体计量单位的项目——宗、项……

以“吨”为计量单位的应保留小数点三位，第四位小数四舍五入；以“立方米”“平方米”“米”“千克”为计量单位的应保留小数点二位，第三位小数四舍五入；以“项”“个”等为计量单位的应取整数。

各专业有特殊计量单位的，另外加以说明，当计量单位有两个或两个以上时，应根据所编工程量清单项目的特征要求，选择最适宜表述该项目特征并方便计量的单位。

（五）工程数量的计算

工程数量主要通过工程量计算规则计算得到。工程量计算规则是指对清单项目工程量的计算规定。除另有说明外，所有清单项目的工程量应以实体工程量为准，并以完成后的净值计算；投标人投标报价时，应在单价中考虑施工中的各种损耗和需要增加的工程量。

随着工程建设中新材料、新技术、新工艺等的不断涌现，计量规范附录所列的工程量清单项目不可能包含所有项目。编制工程量清单，如果出现规范附录中未包括的清单项目，编制人应作补充，并报省级或行业工程造价管理机构备案。补充项目的编码由计量规范的代码与B和三位阿拉伯数字组成，并应从×B001起顺序编制，例如房屋建筑与装饰工程如需补充项目，则其编码应从01B001开始起顺序编制，同一招标工程的项目不得重码。工程量清单中需附有补充项目的名称、项目特征、计量单位、工程量计算规则和工程内容。

（六）分部分项工程量清单的编制程序

在进行分部分项工程量清单编制时，其编制程序如图3-5所示。

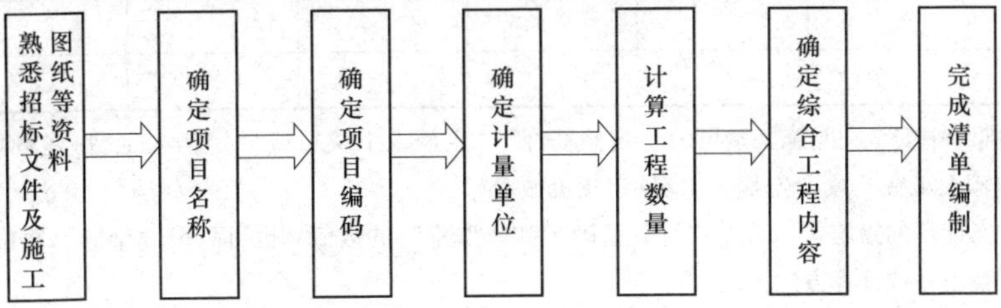

图3-5　分部分项工程量清单的编制程序示意图

二、措施项目清单

（一）措施项目列项

措施项目清单指为完成工程项目施工，发生于该工程施工准备和施工过程中的技术、生活、安全、环境保护等方面的项目清单。措施项目清单应根据相关工程现行国家计量规范的规定编制，并应根据拟建工程的实际情况列项。例如，《房屋建筑与装饰工程工程量计算规范》GB 50854中规定的措施项目，包括脚手架工程，混凝土模板及支架（撑），垂直运输，超高施工增加，大型机械设备进出场及安拆，施工排水、降水，安全文明施工及其他措施项目。措施项目清单的编制需考虑多种因素，除工程本身的因素外，还涉及水文、气象、环境、安全等因素。措施项目清单应根据拟建工程的实际情况列项，若出现《计价规范》中未列的项目，可根据工程实际情况补充。项目清单的设置要考虑拟建工程的施工组织设计，施工技术方案，相关的施工规范与施工验收规范，招标文件中提出的某些必须通过一定的技术措施才能实现的要求，设计文件中一些不足以写进技术方案的但是要通过一定的技术措施才能实现的内容。

（二）措施项目清单的类别

措施项目费用的发生与使用时间、施工方法或者两个以上的工序相关，如安全文明施工费，夜间施工，非夜间施工照明，二次搬运，冬雨期施工，建筑物的临时保护设施，已完工程及设备保护等。

措施项目分单价措施项目和总价措施项目，单价措施项目是可以计算工程量的项目，如脚手架工程，混凝土模板及支架（撑），垂直运输、超高施工增加，大型机械设备进出场及安拆，施工排水、降水等，这类措施项目按照分部分项工程量清单的方式采用综合单价计价，更有利于措施费的确定和调整，因此单价措施项目清单宜采用分部分项工程量清单的方式编制，列出项目编码、项目名称、项目特征、计量单位和工程量计算规则，如表 3-3 所示；总价措施项目是不能计算工程量的项目清单，如安全文明施工费，夜间施工增加费，二次搬运费，冬雨期施工增加费，已完工程及设备保护费等，以“项”为计量单位进行编制，如表 3-4 所示。

表 3-4　　总价措施项目清单与计价表

工程名称：　　标段：　　第　页 共　页

序号	项目编码	项目名称	计算基础	费率（%）	金额（元）	调整费率（%）	调整后金额（元）	备注
合计								

注　1.“计算基础”中安全文明施工费可为“定额基价”“定额人工费”或“定额人工费+定额机械费”，其他项目可为“定额人工费”或“定额人工费+定额机械费”。

2. 按施工方案计算的措施费，若无“计算基础”和“费率”的数值，也可只填“金额”数值，但应在备注栏说明施工方案出处或计算方法。

三、其他项目清单

其他项目清单是指分部分项工程量清单、措施项目清单所包含的内容以外，因招标人的特殊要求而发生的与拟建工程有关的其他费用项目和相应数量的清单。工程建设标准的高低、工程的复杂程度、工程的工期长短、工程的组成内容、发包人对工程管理要求等都直接影响其他项目清单的具体内容，其他项目清单包括暂列金额；暂估价（包括材料暂估价、工程设备暂估单价、专业工程暂估价）；计日工；总承包服务费。其他项目清单应按照表 3-5 的格式编制，出现未包含在表格中内容的项目，可根据工程实际情况补充。

表 3-5　　其他项目清单与计价汇总表

工程名称：　　标段：　　第　页 共　页

序号	项目名称	金额（元）	结算金额（元）	备注
1	暂列金额			明细详见表 3-6
2	暂估价			
2.1	材料（工程设备）暂估价/结算价			明细详见表 3-7
2.2	专业工程暂估价/结算价			明细详见表 3-8
3	计日工			明细详见表 3-9
4	总承包服务费			明细详见表 3-10
5	索赔与现场签证			
	合计			

注　材料（工程设备）暂估价进入清单项目综合单价，此处不汇总。

（一）暂列金额

暂列金额是指招标人在工程量清单中暂定并包括在合同价款中的一笔款项。用于施工合同签订时尚未确定或者不可预见的所需材料、设备、服务的采购，施工中可能发生的工程变更、合同约定调整因素出现时的工程价款调整以及发生的索赔、现场签证确认等的费用。

暂列金额是预留的一笔机动资金，工程结算时，暂列金额应予取消，另根据工程实际发生项目增加费用。暂列金额是业主方的备用金，这是由业主的咨询工程师事先确定并填入招标文件中的金额。暂列金额应由监理人报发包人批准后指令全部或部分地使用，或者根本不予使用。

暂列金额应根据工程的特点，按有关计价规定估算。暂列金额可按照表3-6的格式列示。

表3-6　　暂列金额明细表

工程名称：　　　　标段：　　　　第　页　共　页

序号	项目名称	计量单位	暂定金额（元）	备注
合计				

注　此表由招标人填写，如不能详列，也可只列暂定金额总额，投标人应将上述暂列金额计入投标总价中。

（二）暂估价

暂估价指发包人在工程量清单或预算书中提供的用于支付必然发生但暂时不能确定价格的材料、工程设备的单价、专业工程以及服务工作的金额。包括材料暂估单价、工程设备暂估单价和专业工程暂估价。暂估价是在招投标阶段预见肯定要发生，只是因为标准不明确或者需要由专业承包人完成，暂时无法确定价格。暂估价数量和拟用项目应当结合工程量清单中的“暂估价表”予以补充说明。为方便合同管理，需要纳入分部分项工程量清单项目综合单价中的暂估价应只是材料、工程设备暂估单价，以方便投标人组价。

专业工程的暂估价一般应是综合暂估价，同样包括人工费、材料费、施工机具使用费、企业管理费和利润，不包括规费和税金。暂估价中的材料、工程设备暂估单价应根据工程造价信息或参照市场价格，列出明细表；专业工程暂估价应分不同专业，按有关计价规定估算，列出明细表。暂估价可按照表3-7、表3-8的格式列示。

表3-7　　材料（工程设备）暂估单价及调整表

工程名称：　　　　标段：　　　　第　页　共　页

序号	材料（工程设备）名称、规格、型号	计量单位	数量		暂估（元）		确认（元）		差额±（元）		备注
			暂估	确认	单价	合价	单价	合价	单价	合价	
合计											

注　此表由招标人填写“暂估单价”，并在备注栏说明暂估价的材料、工程设备拟用在哪些清单项目上，投标人应将上述材料、工程设备暂估价计入工程量清单综合单价报价中。

表 3-8 专业工程暂估价及结算价表

工程名称： 标段： 第 页 共 页

序号	工程名称	工程内容	暂估金额（元）	结算金额（元）	差额±（元）	备注
合计						

注 此表“暂估金额”由招标人填写，投标人应将“暂估金额”计入投标总价中。结算时按合同约定结算金额填写。

特别提示

暂列金额与暂估价的区别

（1）暂列金额是招标人在工程量清单中暂定并包括在合同价款中的一笔款项。用于施工合同签订时尚未确定或者不可预见的所需材料、工程设备、服务的采购，施工中可能发生的工程变更、合同约定调整因素出现时的工程价款调整以及发生的索赔、现场签证确认等的费用。

（2）暂估价是指招标阶段直至签订合同协议时，招标人在招标文件中提供的用于支付必然要发生但暂时不能确定价格的材料、工程设备以及需另行发包的专业工程金额。

暂列金额和暂估价是不同的，暂估价是必然发生的，而暂列金额不一定会发生。

（三）计日工

在施工过程中，承包人完成发包人提出的工程合同范围以外的零星项目或工作，按合同中约定的单价计价的一种方式。计日工是为了解决现场发生的零星工作的计价而设立的。计日工对完成零星工作所消耗的人工工时、材料数量、施工机械台班进行计量，并按照计日工表中填报的适用项目的单价进行计价支付。计日工适用的所谓零星项目或工作一般是指合同约定之外的或者因变更而产生的、工程量清单中没有相应项目的额外工作，尤其是那些难以事先商定价格的额外工作。

计日工应列出项目名称、计量单位和暂估数量。计日工可按表 3-9 的格式列示。

表 3-9 计 日 工 表

工程名称： 标段： 第 页 共 页

编号	项目名称	单位	暂定数量	实际数量	综合单价（元）	合价（元）	
						暂定	实际
一	人工						
1							
2							
…							
人工小计							
二	材料						

续表

编号	项目名称	单位	暂定数量	实际数量	综合单价（元）	合价（元）	
						暂定	实际
1							
2							
…							
材料小计							
三	施工机械						
1							
2							
…							
施工机械小计							
四、企业管理费和利润							
总计							

注 此表项目名称、暂定数量由招标人填写，编制招标控制价时，单价由招标人按有关计价规定确定；投标时，单价由投标人自主报价，按暂定数量计算合价计入投标总价中。结算时，按发承包双方确认的实际数量计算合价。

（四）总承包服务费

总承包服务费是指总承包人为配合、协调发包人进行的专业工程发包，对发包人自行采购的材料、工程设备等进行保管以及施工现场管理、竣工资料汇总整理等服务所需的费用。招标人应预计该项费用并按投标人的投标报价向投标人支付该项费用。

总承包服务费应列出服务项目及其内容等。总承包服务费按照表 3-10 的格式列示。

表 3-10　总承包服务费计价表

工程名称：　　　　标段：　　　　第　页　共　页

序号	项目名称	项目价值（元）	服务内容	计算基础	费率（%）	金额（元）
1	发包人发包专业工程					
2	发包人提供材料					
合计						

注 项目名称、服务内容由招标人填写，编制招标控制价时，费率及金额由招标人按有关计价规定确定；投标时，费率及金额由投标人自主报价，计入投标总价中。

四、规费、税金项目清单

规费项目清单应按下列内容列项：社会保险费：包括养老保险费、失业保险费、医疗保险费、工伤保险费、生育保险费；住房公积金；工程排污费。出现未包含在上述规范中的项目，应根据省级政府或省级有关权力部门的规定列项。

税金项目清单应包括下列内容：营业税；城市建设维护税；教育费附加；地方教育费附加。出现计价规范未列的项目，应根据税务部门的规定列项。

规费、税金项目计价表如表 3-11 所示。

表 3-11 规费、税金项目计价表

工程名称: 标段: 第 页 共 页

序号	项目名称	计算基础	计算基数	计算费率（%）	金额（元）
1	规费	定额人工费			
1.1	社会保险费	定额人工费			
(1)	养老保险费	定额人工费			
(2)	失业保险费	定额人工费			
(3)	医疗保险费	定额人工费			
(4)	工伤保险费	定额人工费			
(5)	生育保险费	定额人工费			
1.2	住房公积金	定额人工费			
1.3	工程排污费	按工程所在地环境保护部门收取标准，按实计入			
2	税金	分部分项工程费+措施项目费+其他项目费+规费			
合计					

注 所列税金为营业税、城市建设维护税、教育费附加和地方教育费的计算，实行营改增的按增值税的计税规则进行计算。

3.2.3 工程量清单计价程序

工程量清单计价的程序可以描述为：按照工程量清单计价规范规定，在各相应专业工程计量规范规定的工程量清单项目设置和工程量计算规则基础上，针对具体工程的施工图纸和施工组织设计计算出各个清单项目的工程量，计算各清单合价，汇总得出工程总价。工程量清单单位工程计价程序如表 3-12 所示。

表 3-12 工程量清单计价单位工程造价计价程序表

序号	费用名称	计算方法
(一)	分部分项工程和单价措施项目费	(1)+(2)
(1)	分部分项工程费	Σ（分部分项工程量×相应综合单价）
(A)	其中：人工费	Σ工日消耗量×人工单价
(2)	单价措施项目费	Σ（措施项目工程量×相应综合单价）
(B)	其中：人工费	Σ工日消耗量×人工单价
(二)	总价措施项目费	(1)+(2)+(3)+(4)+(5)
(1)	安全文明施工费	计算基础×费率
(2)	夜间施工增加费	计算基础×费率
(3)	二次搬运费	计算基础×费率
(4)	冬雨季施工增加费	计算基础×费率
(5)	其他	按规定计算
(三)	其他项目费	(6)+(7)+(8)+(9)

续表

序号	费用名称	计算方法
(6)	暂列金额	[(1)-工程设备金额]×费率(投标报价时按招标工程量清单中列出的金额填写)
(7)	专业工程暂估价	根据工程情况确定（投标报价时按招标工程量清单中列出的金额填写）
(8)	计日工	根据工程情况确定
(9)	总承包服务费	供应材料费用、设备安装费用或发包人发包的专业工程的(分部分项工程费+措施项目费)×费率
(四)	规费	计算基础×费率
(五)	税金（扣除不列入计税范围的工程设备金额）	[(一)+(二)+(三)+(四)]×税率
(六)	单位工程造价	(一)+(二)+(三)+(四)+(五)

单位工程造价计算完成后，可汇总计算单项工程造价和建设投资，计算公式同式(3.26)和式(3.27)。

【例 3-5】 某工程采用工程量清单招标。按工程所在地的计价依据规定，措施费和规费均以分部分项工程费（已包含管理费和利润）中人工费为计算基础，经计算该工程分部分项工程费总计为 6 300 000 元，其中人工费为 1 260 000 元。其他有关工程造价方面的背景材料如下。

(1) 条形砖基础工程量 160m^3，基础深 3m，采用 M5 水泥砂浆砌筑，多孔砖的规格为 240mm×115mm×90mm。实心砖内墙工程量 1 200m^3，采用 M5 混合砂浆砌筑，蒸压灰砂砖规格为 240mm×115mm×53mm，墙厚 240mm。

现浇钢筋混凝土矩形梁模板及支架工程量 420m^2，支模高度 2.6m。现浇钢筋混凝土有梁板模板及支架工程量 800m^2，梁截面为 250mm×400mm，梁底支模高度 2.6m，板底支模高度 3m。

(2) 安全文明施工费费率为 25%，夜间施工费费率为 2%，二次搬运费费率为 1.5%，冬雨期施工费费率为 1%。

按合理的施工组织设计，该工程需大型机械进出场及安拆费 26 000 元，工程定位复测费 2 400 元，已完工程及设备保护费 22 000 元，特殊地区施工增加费 120 000 元，脚手架费 166 000 元。以上各项费用中已包含管理费和利润。

(3) 招标文件中载明，该工程暂列金额 330 000 元，材料暂估价 100 000 元，计日工费用 20 000 元，总承包服务费 20 000 元。

(4) 社会保险费中养老保险费费率为 20%，失业保险费费率为 2%，医疗保险费费率为 7.5%；工伤保险费费率为 1%，生育保险费费率为 0.6%，住房公积金费率为 8%。税金费率为 3.41%。

问题：依据《建设工程工程量清单计价规范》的规定，结合工程背景材料及所在地计价依据的规定，编制招标控制价。(计算结果均保留两位小数)

(1) 编制砖基础和实心砖内墙的分部分项清单及计价，填入表 3-13。项目编码：砖基础

010401001，实心砖墙 010401003；综合单价：砖基础 240.18 元/m^3，实心砖内墙 249.11 元/m^3。

表 3-13　　分部分项工程和单价措施项目清单与计价表

工程名称：　　标段：　　第　页　共　页

序号	项目编码	项目名称	项目特征描述	计量单位	工程量	金额（元）		
						综合单价	合价	其中：暂估价
1	010401001001	砖基础						
2	010401003001	实心砖内墙						
小计		小计						
1	011702006001	现浇钢筋混凝土矩形梁模板及支架						
2	011702014001	现浇钢筋混凝土有梁板模板及支架						
		小计						
		合计						

注　表中综合单价是指完成一个规定清单项目所需的人工费、材料费、施工机具使用费和企业管理费、利润，以及一定范围内的风险费用。风险费用是隐含于已标价工程量清单综合单价中，用于化解发承包双方在工程合同中约定内容和范围内的市场价格波动风险的费用。

（2）编制工程措施项目清单及计价，填入表 3-13 和表 3-14 中。补充的总价措施项目编码：工程定位复测费 01B001，特殊地区施工增加费 01B002；综合单价：梁模板及支架 25.60 元/m^2，有梁板模板及支架 23.20 元/m^2。

表 3-14　　总价措施项目清单与计价表

工程名称：　　标段：　　第　页　共　页

序号	项目编码	项目名称	计算基础	费率（%）	金额（元）	调整费率（%）	调整后金额（元）	备注
1	011707001001	安全文明施工费						
2	011707002001	夜间施工费						
3	011707004001	二次搬运费						
4	011707005001	冬、雨期施工费						
5	011705001001	大型机械进出场及安拆费						
6	01B001	工程定位复测费						
7	011707007001	已完工程及设备保护费						
8	01B002	特殊地区施工增加费						
9	011701001001	脚手架费						
		合计						

（3）编制工程其他项目清单与计价，填入表 3-15 中。

表 3-15 其他项目清单与计价汇总表

工程名称： 标段： 第 页 共 页

序号	项目名称	金额（元）	结算金额（元）	备注
	合计			

（4）编制工程规费（不计工程排污费）和税金项目清单与计价，填入表3-16中。

表 3-16 规费、税金项目计价表

工程名称： 标段： 第 页 共 页

序号	项目名称	计算基础	计算基数（元）	计算费率（%）	金额（元）
1	规费	定额人工费			
1.1	社会保险费	定额人工费			
(1)	养老保险费	定额人工费			
(2)	失业保险费	定额人工费			
(3)	医疗保险费	定额人工费			
(4)	工伤保险费	定额人工费			
(5)	生育保险费	定额人工费			
1.2	住房公积金	定额人工费			
1.3	工程排污费	按工程所在地环境保护部门收取标准，按实计入			
2	税金	分部分项工程费+措施项目费+其他项目费+规费			
		合计			

（5）编制工程招标控制价汇总表与计价，根据以上计算结果，计算该工程的招标控制价，填入表3-17中。

表 3-17 单位工程招标控制价汇总表

工程名称： 标段： 第 页 共 页

序号	汇总内容	金额（元）
	招标控制价合计	

答：根据已知条件和所给表格，计算过程如下：

表 3-18 **分部分项工程和单价措施项目清单与计价表**

工程名称： 标段： 第 页 共 页

序号	项目编码	项目名称	项目特征描述	计量单位	工程量	金额（元）		
						综合单价	合价	其中：暂估价
1	010401001001	砖基础	采用 M5 水泥砂浆砌筑多孔砖条形砖基础，砖规格为 240mm×115mm×90mm，基础深 3m	m^3	160	240.18	38 428.80	
2	010401003001	实心砖内墙	采用 M5 混合砂浆砌筑蒸压灰砂砖内墙，砖规格为 240mm×115mm×53mm，墙厚 240mm	m^3	1200	249.11	298 932.00	
			小计				337 360.80	
3	011702006001	现浇钢筋混凝土矩形梁模板及支架	矩形梁，支模高度 2.6m	m^2	420	25.6	10 752.00	
4	011702014001	现浇钢筋混凝土有梁板模板及支架	矩形梁，梁截面为 250mm×400mm，梁底支模高度 2.6m，板底支模高 3m	m^2	800	23.2	18 560.00	
			小计				29 312.00	
			合计				366 672.80	

表 3-19 **总价措施项目清单与计价表**

工程名称： 标段： 第 页 共 页

序号	项目编码	项目名称	计算基础	费率（%）	金额（元）	调整费率（%）	调整后金额（元）	备注
1	011707001001	安全文明施工费	1 260 000	25	315 000.00			
2	011707002001	夜间施工费	1 260 000	2	25 200.00			
3	011707004001	二次搬运费	1 260 000	1.5	18 900.00			
4	011707005001	冬、雨期施工费	1 260 000	1	12 600.00			
5	011705001001	大型机械进出场及安拆费			26 000.00			
6	01B001	工程定位复测费			2 400.00			
7	011707007001	已完工程及设备保护费			22 000.00			
8	01B002	特殊地区施工增加费			120 000.00			
9	011701001001	脚手架费			166 000.00			
		合计			708 100.00			

表 3-20　**其他项目清单与计价汇总表**

工程名称：　　标段：　　第　页　共　页

序号	项目名称	金额（元）	结算金额（元）	备注
1	暂列金额	330 000. 00		
2	材料暂估价	—		
3	计日工	20 000. 00		
4	总承包服务费	20 000. 00		
合计		370 000. 00		

表 3-21　**规费、税金项目计价表**

工程名称：　　标段：　　第　页　共　页

序号	项目名称	计算基础	计算基数（元）	计算费率（%）	金额（元）
1	规费	定额人工费（或）	1 260 000		492 660. 00
1. 1	社会保险费	定额人工费	1 260 000		391 860. 00
(1)	养老保险费	定额人工费	1 260 000	20	252 000. 00
(2)	失业保险费	定额人工费	1 260 000	2	25 200. 00
(3)	医疗保险费	定额人工费	1 260 000	7. 5	94 500. 00
(4)	工伤保险费	定额人工费	1 260 000	1	12 600. 00
(5)	生育保险费	定额人工费	1 260 000	0. 6	7560. 00
1. 2	住房公积金	定额人工费	1 260 000	8	100 800. 00
1. 3	工程排污费	按工程所在地环境保护部门收取标准，按实计入			
2	税金	分部分项工程费+措施项目费+其他项目费+规费	6 300 000. 00+29 312. 00+708 100. 00+370 000. 00+492 660. 00=7 900 072	3. 41	269 392. 46
合计					762 052. 46

表 3-22　**单位工程招标控制价汇总表**

工程名称：　　标段：　　第　页　共　页

序号	汇总内容	金额（元）
1	分部分项工程	6 300 000. 00
2	措施项目	737 412. 00
2. 1	单价措施项目	29 312. 00
2. 2	总价措施项目	708 100. 00
3	其他项目	370 000. 00
4	规费	492 660. 00
5	税金	269 392. 46
招标控制价合计		8 169 464. 46

3.3 其他确定依据

3.3.1 工程技术文件

工程技术文件是反映建设工程项目的规模、内容、标准、功能等的文件。只有根据工程技术文件，才能对工程的分部组合即工程结构做出分解，得到计算的基本子项。只有依据工程技术文件及其反映的工程内容和尺寸，才能测算或计算出工程实物量，得到分部分项工程的实物数量。因此，工程技术文件是建设工程投资确定的重要依据。

在工程建设的不同阶段所产生的工程技术文件是不同的。

(1) 在项目决策阶段，包括项目意向、项目建议书、可行性研究等阶段，工程技术文件表现为项目策划文件、功能描述书、项目建议书或可行性研究报告等。投资估算的编制依据，主要就是上述的工程技术文件。

(2) 在初步设计阶段，工程技术文件主要表现为初步设计所产生的初步设计图纸及有关设计资料。设计概算的编制，主要是以初步设计图纸等有关设计资料作为依据。

(3) 随着工程设计的深入，进入详细设计即施工图设计阶段，工程技术文件又表现为施工图设计资料，包括建筑施工图纸、结构施工图纸、设备施工图纸、其他施工图纸和设计资料。施工图预算的编制必须以施工图纸等有关工程技术文件为依据。

(4) 在工程招标阶段，工程技术文件主要是以招标文件、建设单位的特殊要求、相应的工程设计文件等来体现。

工程建设各个阶段对应的建设工程投资的差异，是因为人们的认识不能超越客观条件。在建设前期工作中，特别是项目决策阶段，人们对拟建项目的筹划难以详尽、具体，因而对建设工程投资的确定也不可能很精确；随着工程建设各个阶段工作的深化且越接近后期，掌握的资料越多，人们对工程建设的认识就越接近实际，建设工程投资的确定也就越接近实际投资。由此可见，建设工程投资确定的准确性，影响因素之一是人们掌握工程技术文件的深度、完整性和可靠性。

3.3.2 要素市场价格信息

构成建设工程投资的要素包括人工、材料、施工机械等，要素价格是影响建设工程投资的关键因素。要素价格是由市场形成的。建设工程投资采用的基本子项所需资源的价格来自市场，随着市场的变化，要素价格亦随之发生变化。因此，建设工程投资必须随时掌握市场价格信息，了解市场价格行情，熟悉市场上各类资源的供求变化及价格动态。这样，得到的建设工程投资才能反映市场，反映工程建造所需的真实费用。

3.3.3 建设工程环境条件

建设工程所处的环境和条件，也是影响建设工程投资的重要因素。环境和条件的差异或变化，会导致建设工程投资大小的变化。工程的环境和条件，包括工程地质条件、气象条件、现场环境与周边条件，也包括工程建设的实施方案、组织方案、技术方案等。例如国际工程承包，承包商在进行投资报价时，需通过充分的现场环境和条件调查，了解和掌握对工程价格产生影响的内容和方面，包括工程所在国的政治情况、经济情况、法律情况，交通、运输、通讯情况，生产要素市场情况，历史、文化、宗教情况；气象资料、水文资料、地质资料等自然条件，工程现场地形地貌、周围道路、临近建筑物、市政设施等施工条件，其他条件等；工程业主情况、设计单位情况、咨询单位情况、竞争对手情况等。只有在掌握了工程的环境和条件后，才能做出准确的报价。

3.3.4　其他

按国家对建设工程费用计算的有关规定和国家税法规定须计取的相关税费等构成了建设工程造价确定的依据。

本 章 小 结

本章介绍了建设工程投资确定的依据。由于建设工程投资的计算方法和表现形式不同，因此所需的确定依据也就有所不同，本章主要介绍了工程定额、工程量清单及其他的一些依据。

习　题

一、单选题（每题的备选项中，只有 1 个为正确选项）

1. 下列按平均先进原则编制的定额是（　　）。

A. 预算定额　B. 施工定额　C. 概算定额　D. 概算指标

2. 时间定额和产量定额的关系是（　　）。

A. 互为倒数　B. 独立关系　C. 正比关系　D. 相关关系

3. 概算定额与预算定额的不同之处主要在于（　　）。

A. 表达的主要内容　B. 表达的主要方式

C. 基本使用方法　D. 项目划分和综合扩大程度

4. 编制预算定额的基础是（　　）。

A. 投资估算指标　B. 概算指标

C. 概算定额　D. 施工定额

5. 预算定额是按照（　　）编制的。

A. 行业平均水平　B. 社会平均水平

C. 行业平均先进水平　D. 社会平均先进水平

6. 工程建设定额按其反映的生产要素消耗内容可分为（　　）。

A. 施工定额、预算定额、概算定额

B. 建筑工程定额、设备安装工程定额、建筑安装工程费用定额

C. 劳动消耗定额、机械消耗定额、材料消耗定额

D. 概算指标、投资估算指标、概算定额

7. 分部分项工程量清单的编制中，项目编码以五级编码设置，采用阿拉伯数字表示，其位数是（　　）。

A. 8 位　B. 10 位　C. 12 位　D. 15 位

8. 在工程量清单计价模式下，已知某多层砖混住宅土方工程的清单工程量为 2 634m^3，

完成该分项工程所需的人工费、材料费和施工机具使用费之和为 76 843.51 元，管理费为 26 126.79 元，利润为 6 147.48 元，不考虑风险费，则该分项工程的综合单价为（　　）。

A. 29.17 元/m^3　B. 41.43 元/m^3　C. 19.25 元/m^3　D. 94.48 元/m^3

9. 工程量清单计价模式所采用的综合单价不含（　　）。

A. 管理费　B. 利润　C. 措施费　D. 风险费

10. 在措施项目清单中，采用分部分项工程量清单的方式编制的是（　　）。

A. 夜间施工增加费　B. 安全文明施工

C. 混凝土模板工程费　D. 二次搬运费

11. 暂列金额是指招标人在工程量清单中暂定（　　）的一笔款项。

A. 将来一定会支付　B. 并不包括在合同价款中

C. 将来一定不会支付　D. 并包括在合同价款中

12. 计日工是为了解决现场发生的零星工作的计价而设立的，下列不包含在计日工之中的是（　　）。

A. 合同约定之外的额外工作　B. 变更而产生的额外工作

C. 工程量清单中有相应项目的工作　D. 未事先商定价格的额外工作

13. 根据《建设工程工程量清单计价规范》（GB 50500—2013）的规定，（　　）不包括在分部分项工程量清单中。

A. 项目编码　B. 项目名称

C. 工程数量　D. 综合单价

14. 某招标工程编制工程量清单，其中分部分项工程量清单的项目编码十至十二位应（　　）。

A. 按附录的规定设置　B. 按规定的统一项目编码编制

C. 由清单编制人设置　D. 由投标人自 001 起顺序编制

15. 某施工企业定额水平高于当地现行的预算定额水平，这说明该企业的（　　）。

A. 市场竞争力较强　B. 市场竞争力较弱

C. 生产要素价格较高　D. 生产要素成本较高

二、多选题（每题的备选项中，有 2 个或 2 个以上符合题意，至少有 1 个错项）

1. 下列阐述正确的是（　　）。

A. 施工定额是以同一性质的施工过程——工序为研究对象

B. 预算定额是在编制施工图预算阶段，以工程中的分项工程和结构构件作为对象编制

C. 概算定额是一种生产性定额

D. 投资估算指标是编制投资估算、计算投资需要量时使用的一种定额

E. 预算定额的项目划分很细，是工程定额中分项最细，定额子目最多的一种定额

2. 下列工人工作时间中，虽属于损失时间，但在拟定定额时又要适度考虑其影响的是（　　）。

A. 施工本身导致的停工时间　B. 非施工本身导致的停工时间

C. 不可避免的中断时间　D. 多余工作时间

E. 偶然工作时间

3. 分部分项工程量清单的编制应注意的问题有（　　）。

A. 分部分项工程量清单的项目编码，应采用九位阿拉伯数字表示

B. 分部分项工程量清单编制时，以附录中的分项工程项目名称为基础

C. 计量单位如以“吨”为单位，应保留三位小数，第四位小数四舍五入

D. 编制工程量清单出现附录中未包括的项目，编制人不应作补充

E. 对现浇混凝土柱的高度，断面大小等特征可以不描述

4. 编制分部分项工程量清单时应依据（　　）。

A. 建设工程工程量清单计价规范　　B. 建设项目可行性研究报告

C. 建设项目设计文件　　D. 建设项目招标文件

E. 拟采用的施工组织设计和施工技术方案

5. 编制措施项目清单时应依据（　　）。

A. 建设项目可行性研究报告

B. 建设项目设计文件

C. 拟建工程施工组织设计和施工技术方案

D. 建设项目招标文件

E. 拟建工程的具体情况

6. 暂列金额是用于（　　）的费用。

A. 现场签证确认

B. 施工中可能发生的工程变更

C. 合同约定调整因素出现时的合同价款调整

D. 工程合同签订时尚未确定或者不可预见的所需材料

E. 发包人自行采购的材料、工程设备等进行保管以及施工现场管理

三、简答题

1. 简述建设工程投资确定的依据。
2. 简述工程定额所包括内容。
3. 简述工程量清单的编制方法。
4. 工程量清单的计价程序是什么?

四、案例分析

已知某土方工程，挖方工程量为200m^3，综合单价为5 200元/m^3，其中人工费为530元/m^3，措施费和规费均以分部分项工程费中人工费为计算基础，安全文明施工费费率为25%，夜间施工费费率为2%，二次搬运费费率为1.5%，冬雨期施工费费率为1%。按合理的施工组织设计，该工程需大型机械进出场及安拆费6 000元，费用中已包含管理费和利润。招标文件中载明，该工程暂列金额3 000元，计日工费用1 500元。社会保险费中养老保险费费率为20%，失业保险费费率为2%，医疗保险费费率为7.5%；工伤保险费费率为1%，生育保险费费率为0.6%，住房公积金费率为6%。税金费率为3.41%。

问题：

依据《建设工程工程量清单计价规范》的规定，结合工程背景材料及所在地计价依据的规定，编制招标控制价。(计算结果均保留两位小数)

第4章　建设工程决策阶段的投资控制

学习目标

掌握建设投资估算的方法；熟悉现金流量的意义和利息的计算，掌握资金等值计算的方法，熟悉名义利率与实际利率的概念及计算；了解投资项目的财务评价的指标体系，熟悉静态评价指标的计算，掌握动态评价指标的含义和计算方法；掌握盈亏平衡分析的含义和计算，熟悉敏感性分析的意义和计算过程。

4.1　建设工程投资估算的编制

4.1.1　项目决策的概念

项目决策是指投资者在调查分析、研究的基础上，选择和决定投资行动方案的过程，是对拟建项目的必要性和可行性进行技术经济论证，对不同建设方案进行技术经济比较并作出判断和决定的过程。项目决策的正确与否，直接关系到项目建设的成败，关系到建设投资的高低及投资效果的好坏。总之，项目投资决策是投资行动的准则，正确的项目投资行动来源于正确的项目投资决策，正确的决策是正确估算和有效控制建设投资的前提。

4.1.2　建设工程投资估算概述

一、建设工程投资估算的概念

投资估算是在对项目的建设规模、产品方案、工艺技术及设备方案、工程方案及项目实施进度等进行研究并基本确定的基础上，估算项目所需资金总额，并测算建设期各年资金使用计划的过程。投资估算是项目建设前期编制项目建议书和可行性研究报告的重要组成部分，是项目决策的重要依据之一。

二、建设工程投资估算的作用

(1) 项目建议书阶段的投资估算，是项目主管部门审批项目建议书的依据之一，并对项目的规划、规模起参考作用。

(2) 项目可行性研究阶段的投资估算，是项目投资决策的重要依据，也是研究、分析、计算项目投资经济效果的重要条件。

(3) 建设工程投资估算是方案选择的重要依据，是项目投资决策的重要依据，是确定项目投资水平的依据。

(4) 项目投资估算可作为项目资金筹措及制订建设贷款计划的依据，建设单位可根据批准的项目投资估算额，进行资金筹措和向银行申请贷款。

(5) 项目投资估算是核算建设项目固定资产投资需要额和编制固定资产投资计划的重要依据。

(6) 项目投资估算对工程设计概算起控制作用。也就是可行性研究报告被批准之后，其投资估算额作为设计任务书中下达的投资限额，即作为建设项目投资的最高限额，一般不得随意突破。设计概算不得突破批准的投资估算额，应控制在批准的投资估算额度以内。要求设计者在投资估算额范围内确定设计方案，以便控制项目建设的各项标准。

特别提示

在项目决策阶段，影响建设工程投资的主要因素包括：建设规模、建设地区及建设地点（厂址）、技术方案、设备方案、工程方案、环境保护措施等。

三、建设工程投资估算阶段划分与精度要求

投资估算的准确性不仅影响可行性研究工作的质量和经济评价结果，还直接关系到下一阶段设计概算和施工图预算的编制。因此，应全面准确地对建设项目总投资进行投资估算，我国建设项目的投资估算分为以下几个阶段。

（1）项目规划阶段的投资估算。建设项目规划阶段是指有关部门根据国民经济发展规划、地区发展规划和行业发展规划的要求，编制一个建设项目的建设规划。此阶段是按项目规划的要求和内容，粗略地估算建设项目所需要的投资额，其对投资估算精度的要求为允许误差大于±30%。

（2）项目建议书阶段的投资估算。在建设项目建议书阶段，是按项目建议书中的产品方案、项目建设规模、产品主要生产工艺、企业车间组成、初选建厂地点等，估算建设项目所需要的投资额。其对投资估算精度的要求为误差控制在±30%以内。

（3）初步可行性研究阶段的投资估算。初步可行性研究阶段，是在掌握了更详细、更深入的资料的条件下，估算建设项目所需的投资额。其对投资估算精度的要求为误差控制在±20%以内。

（4）详细可行性研究阶段的投资估算。详细可行性研究阶段的投资估算至关重要，因为这个阶段的投资估算经审查批准之后，便是工程设计任务书中规定的项目投资限额，并可据此列入项目年度基本建设计划。其对投资估算精度的要求为误差控制在±10%以内。

四、建设工程投资估算的内容

建设项目投资的估算包括建设投资、建设期利息和流动资金。

五、建设工程投资估算的步骤

建设工程投资估算可按下列步骤进行。

（1）分别估算各单项工程所需的建筑工程费、设备及工器具购置费、安装工程费。

（2）在汇总各单项工程费用的基础上，估算工程建设其他费用和基本预备费。

（3）估算价差预备费。

（4）估算建设期利息。

（5）估算流动资金。

4.1.3　建设工程投资估算方法

一、建设投资估算

（一）单位生产能力估算法

单位生产能力估算法也称生产能力指数法，这种方法根据已建成的类似项目生产能力和投资额来粗略估算拟建项目建设投资额，计算公式为：

$$C_2 = C_1 \times \left(\frac{Q_2}{Q_1}\right)^n \times f \tag{4.1}$$

式中 C_1——已建类似项目或装置的静态投资额；

C_2——拟建类似项目或装置的静态投资额；

Q_1——已建类似项目的生产能力；

Q_2——拟建类似项目的生产能力；

n——生产能力指数；

f——价格调整系数。

式（4.1）表明项目的投资额与生产能力呈非线性关系，且单位投资额随工程生产能力的增大而减小。

特别提示

式（4.1）中的 n 是一个关键因素，不同项目应取不同的指数值，其选取的原则为：靠增加设备、装置的数量，以及靠增大生产场所扩大生产规模时，n 取 0.8~0.9；靠提高设备、装置的功能和效率扩大生产规模时，n 取 0.6~0.7。通常情况下 $\frac{Q_2}{Q_1}$ 不能超过 50 倍，而在 10 倍以内应用生产能力指数法的计算效果较好。

【例 4-1】 2008 年已建成年产 50 万 t 的某钢厂，其静态投资额为 5 500 万元，已知 2008 年到 2011 年每年价格平均上涨 3%，试估算 2011 年拟建年产 100 万 t 的钢厂项目的静态投资额。（n 取 0.8）

解： 采用生产能力指数法估算项目建设投资额，已知 2008 年到 2011 年三年中每年价格平均上涨 3%，则

$$f = (1 + 3\%)^3 = 1.09$$

根据式（4.1）得：

$$C_2 = C_1 \times \left(\frac{Q_2}{Q_1}\right)^n \times f$$

$$= 5\,500 \times \left(\frac{100}{50}\right)^{0.8} \times 1.09 = 10\,438 \text{（万元）}$$

即估算拟建项目的静态投资额为 10 438 万元。

（二）比例估算法

（1）设备系数法。以拟建项目或装置的设备费为基数，根据已建成的同类项目的建筑安装工程费和其他费用等占设备价值的百分比，求出拟建项目建筑安装工程及其他有关费用，进而求出项目的静态投资，计算公式为：

$$C = E\left(1 + \sum_{i=1}^{n} f_i P_i\right) + I \tag{4.2}$$

式中 C——拟建项目的静态投资；

E——拟建项目按当时当地价格计算的各种设备购置费的总和；

P_i——已建项目的建筑、安装工程费及其他工程费等与设备购置费的比例；

f_i——由于时间因素引起的定额、价格、费用标准等变化的综合调整系数；

I——拟建项目的其他费用。

【例 4-2】 某拟建项目设备购置费为 16 000 万元，根据已建同类项目统计资料，建筑工程费占设备购置费的 23%，安装工程费占设备购置费的 8%，其他工程费用占设备购置费的 12%，调整系数 f_i 均为 1.2，该拟建项目的其他有关费用估计为 3 200 万元，试估算该项目的静态投资。

解：采用设备系数法估算项目的静态投资，根据式（4.2）得：

$$C = E\left(1 + \sum_{i=1}^{n} f_i P_i\right) + I$$

$$= 16\,000(1 + 1.2 \times 23\% + 1.2 \times 8\% + 1.2 \times 12\%) + 3\,200 = 27\,456\ (万元)$$

即估算拟建项目的静态投资为 27 456 万元。

（2）主体专业系数法。以拟建项目中投资比重较大，并与生产能力直接相关的工艺设备投资为基数，根据已建同类项目的有关统计资料，计算出拟建项目各专业工程与工艺设备投资的百分比，据以求出拟建项目各专业投资，然后加总得到拟建项目的建设投资。

$$C = E \times \left(1 + \sum_{i=1}^{n} f_i P'_i\right) + I \tag{4.3}$$

式中　P'_i——已建项目各专业工程费用与工艺设备投资的比例。

（三）综合指标投资估算法

该方法是把建设项目以单项工程或单位工程，将费用划分为设备及工器具的购置费、建筑工程费、安装工程费、工程建设其他费及预备费等，根据各种具体的投资估算指标，进行各单位工程或单项工程投资的估算，在此基础上进行汇集编制拟建项目的各个单项工程费用和拟建项目的工程费用投资估算。

二、建设期利息与流动资金估算

建设期利息的估算方法详见 2.5 节，这里主要介绍流动资金的估算。

流动资金是指企业全部的流动资产，也称为营业周转资金，即企业投产后，为进行正常的生产运营而需要的购买原材料、燃料及支付工资等的费用。流动资金的估算可采用分项详细估算法和扩大指标法估算。

（一）分项详细估算法

分项详细估算法是根据周转额与周转速度之间的关系，对构成流动资金的各项流动资产和流动负债分别进行估算。计算公式为：

$$流动资金 = 流动资产 - 流动负债 \tag{4.4}$$

流动资产＝应收账款＋预付账款＋存货＋现金

流动负债＝应付账款＋预收账款

（二）扩大指标估算法

扩大指标估算法是根据现有企业的实际资料，求得各种流动资金率指标，将各类流动资金率乘以相应的费用基数来估算流动资金。计算公式为：

$$年流动资金额 = 年费用基数 \times 各类流动资金率 \tag{4.5}$$

4.2 资金的时间价值

资金的时间价值是指货币随着时间的推移而发生的增值，是资金周转使用后的增值额。指当前所持有的一定量货币比未来获得的等量货币具有更高的价值。

从经济学的角度而言，现在的一单位货币与未来的一单位货币的购买力之所以不同，是因为要节省现在的一单位货币不消费而改在未来消费，则在未来消费时必须有大于一单位的货币可供消费，作为弥补延迟消费的贴水。根据资金的时间价值理论，等额的货币随着时间的推移购买力会下降，就是贬值。

4.2.1 现金流量

一、相关概念

（一）现金流量

现金流量是指建设项目在整个计算期内或运营中，在各个时点上实际发生的现金流入与现金流出的总称。对于一个经济系统而言，在某一时间点上流出系统的货币量称为现金流出，用（CO）$_t$ 表示；流入系统的货币量称为现金流入，用（CI）$_t$ 表示；在同一时间点上的现金流入减去现金流出的值称为净现金流量，用（CI−CO）$_t$ 表示。由于在项目的寿命期内，各种现金流量发生的时间不尽相同，为了便于分析，资金的时间价值计算中均假设现金流量发生在各计息期的期末。

（二）建设项目计算期

建设项目的计算期也称为项目的经济寿命，一般可分为两个阶段：拟建项目的建设期和生产运营期。

建设期指建设项目从决策、施工建设直到全部建成、竣工验收所花费的全部时间。生产运营期指项目从建成投产直到主要固定资产报废所经历的时间。

二、现金流量的表示方法

（一）现金流量表

现金流量表是显示一定时间内项目的现金流入、现金流出及净现金流量的表格。如表 4−1 所示。

表 4−1　　现金流量表

万元

年　　末	1	2	3	4	5	6	7	…	n
现金流入（CI）$_t$	0	0	0	400	500	900	900	…	900
现金流出（CO）$_t$	1 200	800	500	120	150	200	200	…	200
净现金流量（CI−CO）$_t$	−1 200	−800	−500	+280	350	700	700	…	700

（二）现金流量图

现金流量图是以数轴的图形直观表示资金在不同时间点的现金流入和现金流出的情况。现金流量图包括三大要素：大小、流向和时间点。可将表 4.1 中的数据用现金流量图的形式表示，如图 4−1 所示。

图 4−1 中横轴为时间轴，每一个刻度为一个计息期，0 为时间序列的起点，也是第一个计息期的起点，从 1～n 分别代表各计息期的终点，前一个计息期的终点同时也是下一个计息

期的起点，n 为经济系统的经济寿命。箭线为现金流量，向上的箭线表示现金流入，向下的箭线表示现金流出，箭线的长度与现金流量成正比，金额越大，箭线越长。一般要在现金流量图上注明第一笔现金流量的金额。

根据现金流量表中的净现金流量可作净现金流量图，如图 4-2 所示。

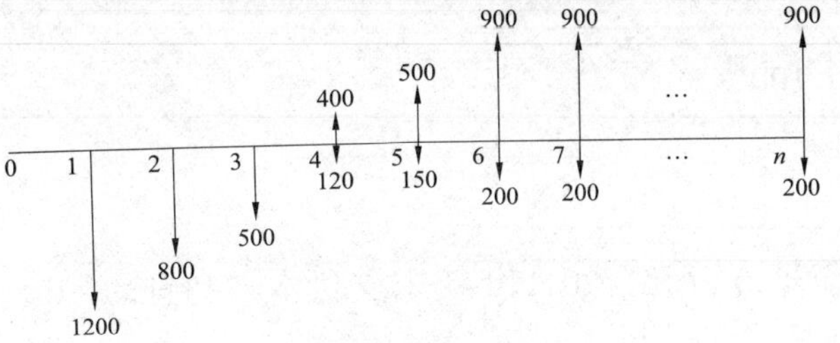

图 4-1　现金流量图（单位：万元）

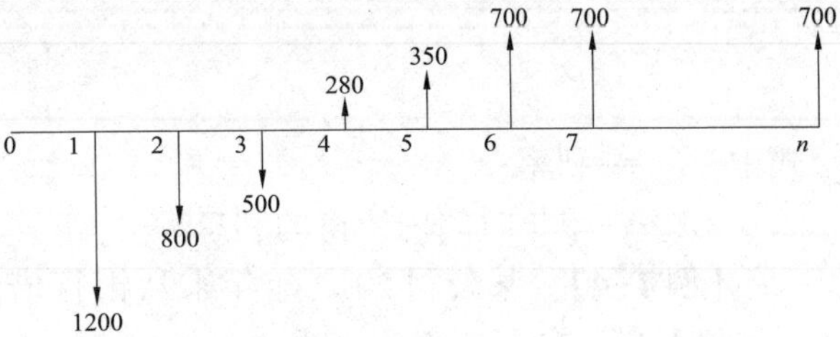

图 4-2　净现金流量图（单位：万元）

净现金流量图的时间点与箭线大小的含义与现金流量图相同，但箭线方向的意义与现金流量图不同：向上的箭线表示净现金流量为正值，即该时间点的现金流入大于现金流出；向下的箭线表示净现金流量为负值，即该时间点的现金流入小于现金流出。

4.2.2　利息的计算

资金时间价值可以用绝对数表示，也可以用相对数表示，即以利息额或利息率来表示。但是在实际工作中对这两种表示方法并不做严格的区别，通常以利息率进行计量。利息率的实际内容是社会资金利润率。各种形式的利息率（贷款利率、债券利率等）的水平，就是根据社会资金利润率确定的。但是，一般的利息率除了包括资金时间价值因素以外，还要包括风险价值和通货膨胀因素。资金时间价值通常被认为是没有风险和没有通货膨胀条件下的社会平均利润率，这是利润平均化规律作用的结果。作为资金时间价值表现形态的利息率，应以社会平均资金利润率位基础，而又不应高与这种资金利润率。

一、利息与利率的概念

（一）利息

利息是货币所有者因为发出货币资金而从借款者手中获得的报酬；从另一方面看，它是借贷者使用货币资金必须支付的代价。利息是资金时间价值的一种表现，是衡量资金时间价值的绝对尺度。利息的计算公式为：

$$I = F - P \tag{4.6}$$

式中　I——利息；

F——目前债务人应付（或债权人应收）总金额，即还本付息总额，常称作本利和、终值；

P——原借贷金额，常称作本金、现值。

【例 4-3】　某公司 2009 年从银行借款 500 万元，两年还清，2010 年还款 250 万元，2011 年还款 272.95 万元，则该公司还款的利息为多少万元？

解：该公司两年还款的总额为：

$$F = 250 + 272.95 = 522.95（万元）$$

即还本付息总额为 522.95 万元，则该公司支付的利息额为：

$$I=F-P=522.95-500=22.95(\text{万元})$$

则该公司支付的利息为22.95万元。

（二）利率

利率又称利息率，表示一定时期内利息与本金的比率，通常用百分比表示，按年计算则称为年利率。利率的计算公式为：

$$i=\frac{I_t}{P}\times 100\% \tag{4.7}$$

式中 i——利率；

I_t——单位时间内所得的利息额。

【例4-4】 某公司2010年年末从银行借款800万元，2011年年末支付本年利息40万元，则其借款的年利率为多少？

解：根据利率的计算公式：

$$i=\frac{I_t}{P}\times 100\%=\frac{40}{800}\times 100\%=5\%$$

即借款的年利率为5%。

二、单利法

单利法是指在计算利息时，仅用最初本金加以计算，而不计入在先前利息周期中所累积增加的利息，即通常所说的"利不生利"的计息方法，因此单利法中的每一个计息期产生的利息均相等。

每个计息期产生的利息计算公式为：

$$I_n=P\times i \tag{4.8}$$

式中 I_n——第n个计息期期末的利息；

n——计息期，表示计算期内计算利息的次数。

本利和计算公式为：

$$F=P+I=P+P\times i\times n=P\times(1+i\times n) \tag{4.9}$$

【例4-5】 假设以单利法借入资金300万元，5年偿还，年利率为6%，试计算各年的利息与本利和。

解：根据单利法利息的计算公式：

$$I_n=P\times i=300\times 6\%=18(\text{万元})$$

即每年的利息均为18万元。

根据本利和的计算公式：

$$F=P\times(1+i\times n)=300\times(1+6\%\times 5)=390(\text{万元})$$

即第5年年末的本利和为390万元。

三、复利法

复利法是指按一定期限（如一年或一季）将一期所生利息加入本金后再计算下期利息，逐期计算直至借贷期满的一种计息方法，俗称"利滚利"。复利法计算的每一期的利息是不相等的。

利息计算公式：

$$I_n=F_{n-1}\times i \tag{4.10}$$

式中　F_{n-1}——第 $n-1$ 个计息期期末的本利和。

本利和计算公式：

$$F = P \times (1 + i)^n \tag{4.11}$$

复利法计算本利和的推导过程见表 4-2。

表 4-2　复利法计算本利和的推导过程

计息期 n	期初本金 P_n	当期利息 I_n	期末本利和 F_n
1	P	Pi	$P+Pi=P(1+i)$
2	$P(1+i)$	$P(1+i)i$	$P(1+i)+P(1+i)\ i= P(1+i)^2$
3	$P(1+i)^2$	$P(1+i)^2i$	$P(1+i)^2+P(1+i)^2i=P(1+i)^3$
…	…	…	…
$n-1$	$P(1+i)^{n-2}$	$P(1+i)^{n-2}i$	$P(1+i)^{n-2}+P(1+i)^{n-2}i=P(1+i)^{n-1}$
n	$P(1+i)^{n-1}$	$P(1+i)^{n-1}i$	$P(1+i)^{n-1}+P(1+i)^{n-1}i= P(1+i)^n$

【例 4-6】 假设【例 4-5】中的计息方法为复利法，则到期的本利和是多少？第三年和第五年的利息分别是多少？

解：根据复利法的计算公式：

$$F = P \times (1 + i)^n = 300 \times (1 + 6\%)^5 = 401.47\ (万元)$$

即第五年末的本利和为 401.47 万元。

根据表 4.2 中的利息计算公式 $I_n=P\times(1+i)^{n-1}\times i$：

第三年的利息

$$I_3 = P \times (1 + i)^{3-1} \times i = 300 \times (1 + 6\%)^2 \times 6\% = 20.22\ (万元)$$

第五年的利息

$$I_5 = P \times (1 + i)^{5-1} \times i = 300 \times (1 + 6\%)^4 \times 6\% = 22.72\ (万元)$$

4.2.3　资金的等值计算

资金具有时间价值，即同样数额的资金发生在不同的时间，其价值是不同的；反之，在不同时间点发生的数额不同的资金在资金时间价值的作用下却可能具有相同的价值。这些不同时期、不同数额但其价值等效的资金称为等值，资金的等值计算以复利法为前提。

资金等值计算主要分为两种情况：一次支付；等额多次支付。一次支付指所分析系统的现金流量，无论是流入或流出，分别在各时点上只发生一次；等额多次支付是指现金流入与流出是在多个时间点上发生的，且数额大小相等。

资金等值计算的基本计算公式包括一次支付终值公式、一次支付现值公式、等额资金终值公式、等额资金偿债基金公式、等额资金回收公式、等额资金现值公式。

一、一次支付终值公式

已知现值 P，在利率为 i 的情况下，求与之等值的终值 F，此类问题可采用一次支付终值计算公式（已知 P 求 F）即复利法的本利和计算公式：

$$F = P \times (1 + i)^n$$

式中　$(1+i)^n$——终值系数，记为（F/P，i，n）。

现金流量如图 4-3 所示。

【例 4-7】 某人从银行借款 10 万元，年利率为 5%，3 年后一次连本带利还清，试问 3

年末应还款多少？

解：现金流量图如图 4-4 所示。

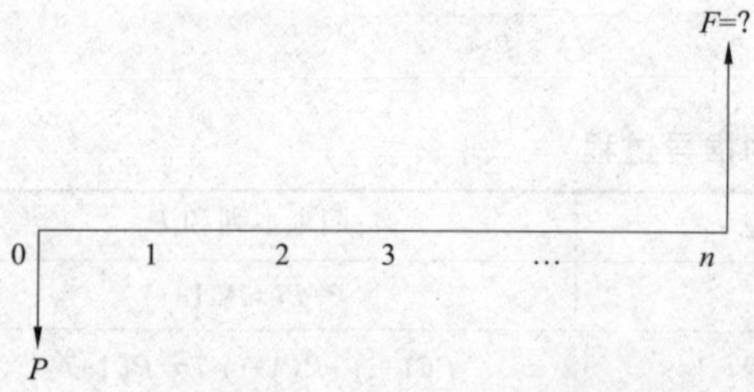

图 4-3　一次支付求终值现金流量图

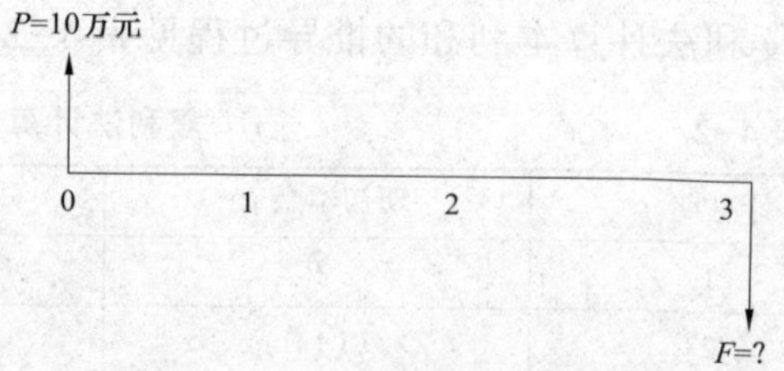

图 4-4　一次支付求终值现金流量图

按一次支付终值公式计算：

$$F = P \times (1+i)^n = 10 \times (1+5\%)^3 = 11.58\text{（万元）}$$

即 3 年后的本利和为 11.58 万元。

二、一次支付现值公式

如果已知未来的一笔资金 F，在利率为 i 的情况下，求与之等值的现值 P，此类问题可采用一次支付现值公式（已知 F 求 P）进行计算，为一次支付终值公式的逆运算。计算公式如下：

$$P = F \times (1+i)^{-n} \tag{4.12}$$

式中　$(1+i)^{-n}$——现值系数，记为 $(P/F, i, n)$。

现金流量如图 4-5 所示。

一次支付现值公式的计算是将未来时刻的资金换算为现在时刻与之等值的资金，亦称为折现。

【例 4-8】　某人欲 10 年后从银行取款 8 万元，年利率为 4%，试问现在应在银行存款多少？

解：现金流量图如图 4-6 所示。

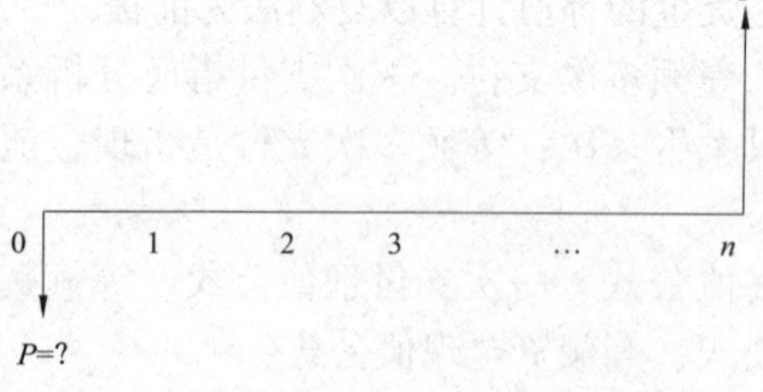

图 4-5　一次支付求现值现金流量图

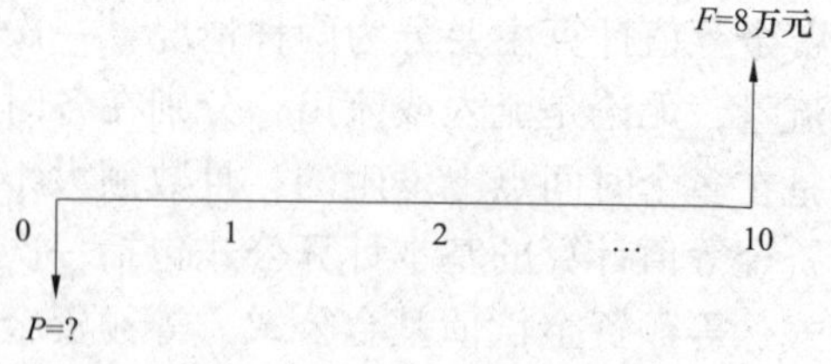

图 4-6　一次支付求现值现金流量图

按一次支付现值公式计算：

$$P = F \times (1+i)^{-n} = 8 \times (1+4\%)^{-10} = 5.40\text{（万元）}$$

即现在存入银行 5.40 万元，年利率为 4%的情况下，10 年后可从银行取出 8 万元。

三、等额资金终值公式

如果已知连续若干计息期期末发生等额的现金流量 A（也称等额值），在利率为 i 的情况下，求与之等值的终值 F，此类问题可采用等额资金终值公式（已知 A 求 F）进行计算。现金流量如图 4-7 所示。

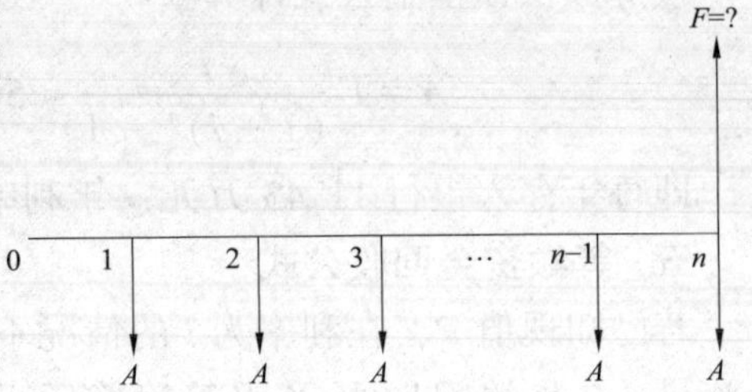

图 4-7　等额多次支付求终值现金流量图

计算公式如下：

$$F = A(1+i)^{n-1} + A(1+i)^{n-2} + \cdots + A$$

$$= A\frac{(1+i)^n - 1}{i} \tag{4.13}$$

式中　$\frac{(1+i)^n-1}{i}$——等额终值系数，记为 $(F/A, i, n)$。

注：等额多次支付公式应用的条件为等额现金流量 A 发生在第 1 到第 n 期的每一期的期末。

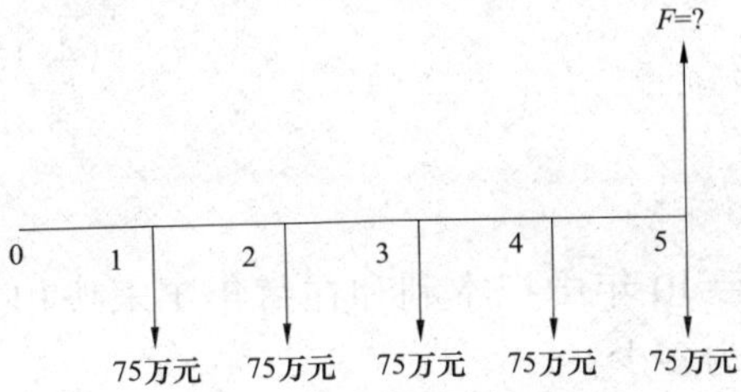

图 4-8　等额多次支付求终值现金流量图

【例 4-9】　某公司每年年末存入银行 75 万元，年利率为 8%，则 5 年后可从银行取款多少？

解：现金流量图如图 4-8 所示。

按等额资金终值公式计算：

$$F = A\frac{(1+i)^n - 1}{i} = 75 \times \frac{(1+8\%)^5 - 1}{8\%}$$

$$= 440.00(\text{万元})$$

即每年存入银行 75 万元，年利率为 8%的情况下，5 年后可从银行取出 440 万元。

四、等额资金偿债基金公式

如果已知终值 F，在利率为 i 的情况下，求与之等值的连续若干计息期期末发生等额的现金流量 A，此类问题可采用等额资金偿债基金公式（已知 F 求 A）进行计算，为等额资金终值公式的逆运算。现金流量如图 4-9 所示。

计算公式如下：

$$A = F\frac{i}{(1+i)^n - 1} \tag{4.14}$$

式中　$\frac{i}{(1+i)^n-1}$——偿债基金系数，记为 $(A/F, i, n)$。

【例 4-10】　某生产企业在 4 年后需要一笔 50 万元的资金用于厂房维修，在利率为 6% 的情况下，问从现在开始每年年末应存入银行多少钱？

解：现金流量图如图 4-10 所示。

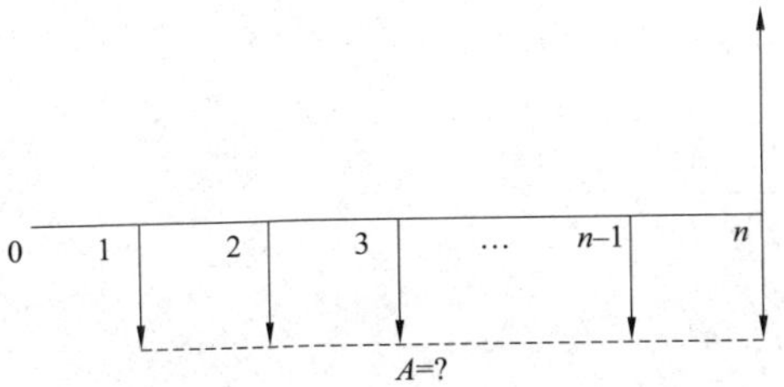

图 4-9　等额多次支付求等额偿债基金现金流量图

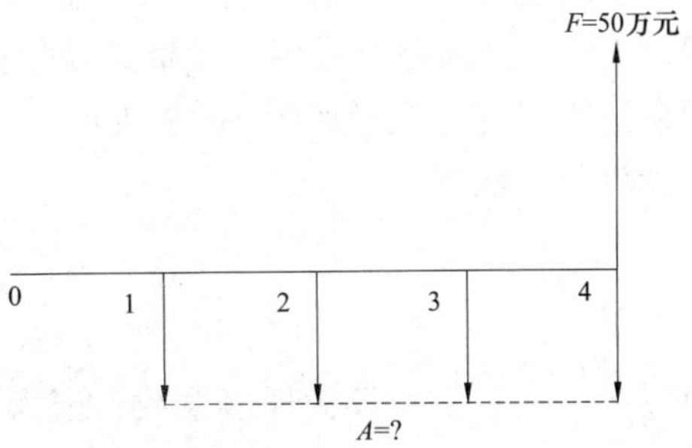

图 4-10　等额多次支付求等额偿债基金现金流量图

按等额偿债基金公式计算：

$$A = F\frac{i}{(1+i)^n - 1} = 50 \times \frac{6\%}{(1+6\%)^4 - 1} = 11.43\ (\text{万元})$$

即每年存入银行 11.43 万元，年利率为 6%的情况下，4 年后可从银行取出 50 万元。

五、等额资金回收公式

若已知现值 P，在利率为 i 的情况下，求与之等值的连续若干计息期期末发生等额的现金流量 A，此类问题可采用等额资金回收公式（已知 P 求 A）进行计算，现金流量如图 4-11 所示。

计算公式可由式（4.10）与式（4.12）推导得到：

$$A = P\frac{i(1+i)^n}{(1+i)^n - 1} \tag{4.15}$$

式中 $\frac{i(1+i)^n}{(1+i)^n-1}$——资金回收系数，记为（$A/P$，$i$，$n$）。

【例 4-11】 如果投资某项目 1 200 万元，拟在今后 10 年中把本利和在每年年末按相等的数额提取，已知年利率为 5%，则每年可回收的资金为多少？

解：现金流量图如图 4-12 所示。

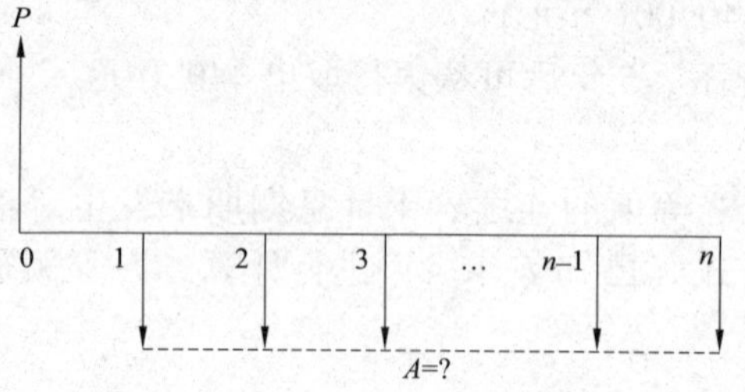

图 4-11 等额多次支付求等额回收资金现金流量图

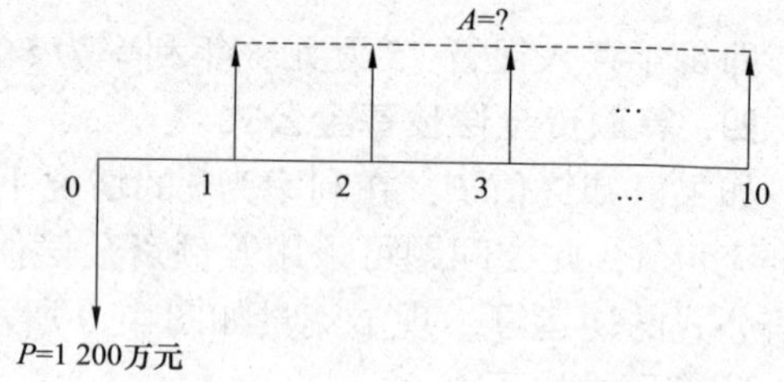

图 4-12 等额多次支付求等额回收资金现金流量图

按等额资金回收公式计算：

$$A = P\frac{i(1+i)^n}{(1+i)^n - 1} = 1\,200 \times \frac{5\% \times (1+5\%)^{10}}{(1+5\%)^{10} - 1} = 155.41(\text{万元})$$

即未来10 年每年年末可回收资金 155.41 万元。

六、等额资金现值公式

若已知连续若干计息期期末发生等额的现金流量 A，在利率为 i 的情况下，求与之等值的现值 P，此类问题可采用等额资金现值公式（已知 A 求 P）进行计算，为等额资金回收公式的逆运算，现金流量如图 4-13 所示。

计算公式如下：

$$P = A\frac{(1+i)^n - 1}{i(1+i)^n} \tag{4.16}$$

式中 $\frac{(1+i)^n-1}{i(1+i)^n}$——等额现值系数，记为（$P/A$，$i$，$n$）。

【例 4-12】 某公司欲投资一项目建设，希望建成后 6 年内收回全部贷款本利和，预计该项目每年获利 55 万元，银行贷款的年利率为 3%，问该项目的投资应控制在多少范围以内？

解：现金流量图如图 4-14 所示。

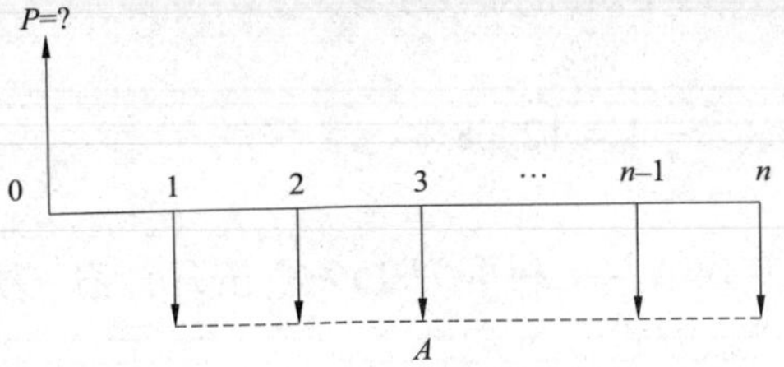

图 4-13　等额多次支付求现值现金流量图

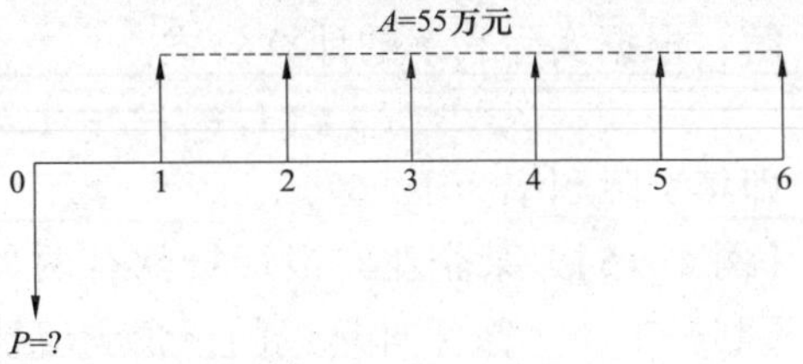

图 4-14　等额多次支付求现值现金流量图

按等额资金现值公式计算：

$$P = A\frac{(1+i)^n - 1}{i(1+i)^n} = 55 \times \frac{(1+3\%)^6 - 1}{3\% \times (1+3\%)^6} = 297.95(\text{万元})$$

即项目投资应控制在 297.95 万元。

4.2.4　名义利率与实际利率

一、名义利率与实际利率的概念

在复利法计算中，一般是采用年利率，或计息期为年，则名义利率就是实际利率；若实际计息期小于 1 年，如按月、季、半年为计息周期，则这种年利率为年名义利率或名义利率，年实际利息与本金的比值为年实际利率或实际利率。

二、名义利率与实际利率的计算

（一）名义利率的计算

$$r = m \times i \tag{4.17}$$

式中　r——年名义利率；

m——1 年的计息周期数。

【例 4-13】　银行贷款按月计息，月利率为 1%，则年名义利率为多少？

解：根据名义利率的计算公式：

$$r = m \times i = 12 \times 1\% = 12\%$$

即年名义利率为 12%。

（二）实际利率的计算

若计息期利率为 i，1 年计息 m 次，假定年初借款为 P，则年末的本利和为：

$$F = P(1+i)^m$$

1 年产生的利息为：

$$I = F - P = P(1+i)^m - P$$

年实际利率为：

$$i_{\text{eff}} = \frac{I}{P} = \frac{P(1+i)^m - P}{P} = (1+i)^m - 1 \tag{4.18}$$

若已知年名义利率和计期周期，根据式（4.15）可得计息期利率计算公式如下：

$$i = \frac{r}{m} \tag{4.19}$$

由式（4.16）和式（4.17）可得到实际利率与名义利率的关系公式：

$$i_{\mathrm{eff}} = \left(1 + \frac{r}{m}\right)^{m} - 1 \tag{4.20}$$

【例 4-14】 银行贷款按月计息，月利率为 1%，则年实际利率为多少？

解：根据实际利率的计算公式：

$$i_{\mathrm{eff}} = (1 + i)^{m} - 1 = (1 + 1\%)^{12} - 1 = 12.68\%$$

即年实际利率为 12.68%。

【例 4-15】 某企业向银行贷款有两种方式，方式 A：年利率为 15%，按月计息；方式 B：年利率 16%，按年计息。问：企业应选择哪种贷款方式？

解：方式 A：

年名义利率为 15%，按月计息，则 1 年计息 12 次，根据式（4.18）计算年实际利率：

$$i_{\mathrm{effA}} = \left(1 + \frac{r}{m}\right)^{m} - 1 = \left(1 + \frac{15\%}{12}\right)^{12} - 1 = 16.08\%$$

方式 B：

按年计息，则年实际利率等于年名义利率：

$$i_{\mathrm{effB}} = r = 16\%$$

由于 $i_{\mathrm{effA}} = 16.08\%$ 大于 $i_{\mathrm{effB}} = 16\%$，所以企业贷款应选择方式 B。

4.3 建设项目方案的财务评价

4.3.1 财务评价的内容

财务评价是根据国民经济与社会发展以及行业、地区发展规划的要求，在拟定的工程建设方案、财务效益与费用估算的基础上，采用科学的分析方法，对建设项目方案的财务可行性和经济合理性进行分析论证，为科学决策提供依据。

一、财务评价的内容

对于经营性项目，财务评价内容包括盈利能力、偿债能力和财务生存能力，据以判断项目的财务可接受性，明确项目对财务主体及投资者的价值贡献，为项目决策提供依据。

（1）盈利能力分析。指分析和测算建设项目计算期的盈利能力和盈利水平，其主要分析指标包括项目投资财务内部收益率和财务净现值、投资回收期、总投资收益率和项目资本金净利润率等。

（2）偿债能力分析。指分析和判断财务主体的偿债能力或还贷能力，其主要指标包括利息备付率、偿债备付率和借款偿还期等。

（3）财务生存能力分析。是根据项目财务计划现金流量表，通过考察项目计算期内的投资、融资和经营活动所产生的各项现金流入和现金流出，计算净现金流量和累计盈余资金，分析项目是否有足够的净现金流量维持正常运营，以实现财务可持续性。

二、财务评价的指标体系

根据计算建设工程财务评价指标时是否考虑资金的时间价值，可将常用的财务评价指标分为静态指标和动态指标。静态评价指标指不考虑资金的时间价值计算的指标，动态评价指标则是考虑资金的时间价值计算的指标。指标体系如图 4-15 所示。

4.3.2　静态评价指标

一、总投资收益率

总投资收益率指项目达到设计能力后年份的年息税前利润或运营期内年平均息税前利润与项目总投资的比率，计算公式如下：

$$ROI = \frac{EBIT}{TI} \times 100\% \qquad (4.21)$$

式中　ROI——总投资收益率；

$EBIT$——项目正常年份的年息税前利润或运营期内年平均息税前利润；

TI——项目总投资。

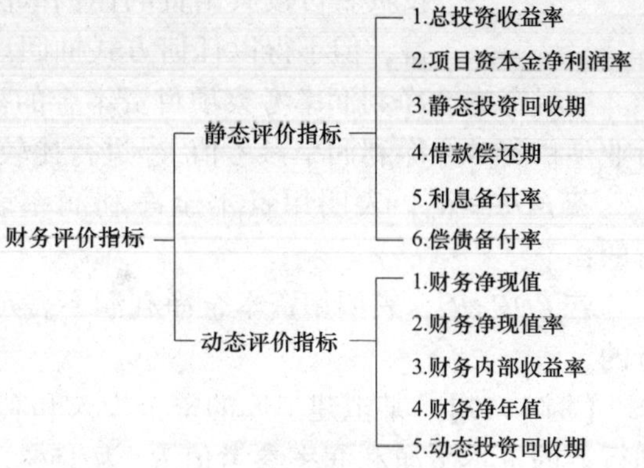

图 4-15　财务评价指标体系

总投资收益率考察项目总投资的盈利水平，评价标准：将总投资收益率与同行业基准收益率（R_c）进行比较：

若 $ROI \geq R_c$，表明用总投资收益率表示的盈利能力满足要求，方案在财务上是可行的；

若 $ROI < R_c$，表明用总投资收益率表示的盈利能力不满足要求，方案在财务上是不可行的。

【例 4-16】　某拟建项目的投资额与运营期的息税前利润见表 4-3，已知同行业的基准收益率为 10%，试计算该项目的总投资收益率，并判断其财务的可行性。

表 4-3　　**项目的投资与利润表**　　万元

年序	0	1	2	3	4	5
投资额	300	100	—	—	—	—
息税前利润	—		30	50	60	60

解：根据总投资收益率的计算公式得：

$$ROI = \frac{EBIT}{TI} \times 100\% = \frac{(30 + 50 + 60 + 60)/4}{300 + 100} \times 100\% = 12.5\%$$

即该项目的总投资收益率为 12.5%；

由于 $ROI = 12.5\% > R_c = 10\%$，所以该项目在财务上是可行的。

二、资本金净利润率

项目资本金净利润率指项目达到设计生产能力后正常年份的年净利润率或运营期内年平均净利润与项目资本金的比率，计算公式如下：

$$ROE = \frac{NP}{EC} \times 100\% \qquad (4.22)$$

式中　ROE——资本金净利润率；

NP——项目正常年份的年净利润或运营期内年平均净利润，指在利润总额中按规定交纳了所得税后公司的利润留成，一般也称为税后利润或净收入；

EC——项目资本金，是指在建设项目总投资中，由投资者认缴的出资额，对于建设项目来说是非债务性资金，项目法人不承担这部分资金的任何利息和债务，投资者可按其出资的比例依法享有所有者权益，也可转让其出资及其相应权益，但不得以任何方式抽回。

项目资本金净利润率考察项目资本金的盈利水平，评价标准：项目资本金净利润率与同行业项目资本金净利润率参考值 R_d 进行比较：

若 $ROE \geqslant R_d$，表明用资本金净利润率表示的盈利能力满足要求，方案在财务上是可行的；

若 $ROE < R_d$，表明用资本金净利润率表示的盈利能力不满足要求，方案在财务上是不可行的。

【例 4-17】 某拟建工厂的资金投入和利润见表 4-4，已知同行业的基准收益率为 10%，同行业的资本金净利润率参考值 R_d 为 15%，试计算该项目的总投资收益率和资本金净利润率，并用两指标判断该项目在财务上是否可行？

表 4-4 项目的资金投入与利润表 万元

序号	项目 \ 年份	0	1	2	3	4	5	6	7	8~10
1	建设投资									
1.1	自有资金	1 000	500	300						
1.2	贷款本金		2 000	1 000						
1.3	贷款利息（年利率为5%，投产后产前五年等本偿还，利息照付）		50	127.5	158.88	127.10	95.32	63.55	31.78	
2	流动资金									
2.1	自有资金				100					
2.2	贷款本金				100	50				
2.3	贷款利息（年利率为3%，投产两年后等额还本付息）				3	4.5	4.73	2.39		
3	所得税前利润				-30	100	300	500	750	950
4	所得税后利润（所得税率为25%）				-30	75	225	375	562.5	712.5

解：（1）计算总投资收益率。

1）项目总投资。

TI = 建设投资+流动资金+建设期贷款利息

=1 000+500+300+2 000+1 000+100+100+50+50+127.5=5 227.5（万元）

2）运营期内年平均息税前利润。

$$EBIT=\left[\begin{array}{l}(158.88+127.10+95.32+63.55+31.78+3+4.5+4.73+2.39)+\\(-30+100+300+500+750+950\times 3)\end{array}\right]\div 8=620.16(\text{万元})$$

3）总投资收益率。根据总投资收益率的计算公式得：

$$ROI = \frac{EBIT}{TI} \times 100\% = \frac{620.16}{5\ 227.5} \times 100\% = 11.86\%$$

4）判断项目在财务上的可行性。由于 $ROI = 11.86\% > R_c = 10\%$，因此用总投资收益率指标判断项目在财务上是可行的。

（2）计算资本金净利润率。

1）项目资本金。

$$EC = 1\ 000 + 500 + 300 + 100 = 1\ 900(\text{万元})$$

2）运营期内年平均净利润。

$$NP = (-30 + 75 + 225 + 375 + 562.5 + 712.5 \times 3) \div 8 = 418.13\ (\text{万元})$$

3）资本金净利润率。根据资本金净利润率的计算公式得：

$$ROE = \frac{NP}{EC} \times 100\% = \frac{418.13}{1\ 900} \times 100\% = 22.01\%$$

4）判断项目在财务上的可行性。由于 $ROE = 22.01\% > R_d = 15\%$，因此用项目资本金净利润率指标判断项目在财务上是可行的。

三、静态投资回收期

项目静态投资回收期是在不考虑资金时间价值的条件下，以项目的净收益回收其总投资所需要的时间（一般以年为单位）。

静态投资回收期的计算公式如下：

$$\sum_{t=0}^{P_t} (CI - CO)_t = 0 \tag{4.23}$$

式中　P_t——静态投资回收期；

CI——现金流入量；

CO——现金流出量；

$(CI-CO)_t$——第 t 年净现金流量。

评价标准：用静态投资回收期与基准投资回收期 P_c 比较；

若 $P_t \leqslant P_c$，表明项目投资能在规定的时间内收回，则方案在财务上可行；

若 $P_t > P_c$，表明项目投资不能在规定的时间内收回，则方案在财务上不可行。

直接根据式（4.20）计算静态投资回收期需要进行试算，较为繁琐。静态投资回收期可根据累计净现金流量计算，较为简便，计算公式如下：

$$P_t = T - 1 + \frac{\left|\sum_{t=0}^{T-1} (CI - CO)\right|}{(CI - CO)_T} \tag{4.24}$$

式中　T——累计净现金流量首次为正值或零的年份；

$\left|\sum_{t=0}^{T-1} (CI - CO)\right|$——第 $T-1$ 年累计净现金流量的绝对值；

$(CI-CO)_T$——第 T 年的净现金流量。

【例 4-18】 某项目的现金流量表见表 4-5，试计算该项目的静态投资回收期，若基准投资回收期为 5 年，试用静态投资回收期指标判断项目的可行性。

表 4-5 项目的现金流量表 万元

年序	0	1	2	3	4	5	6
现金流入	0	0	100	230	300	300	300
现金流出	400	200	50	60	70	70	70

解：列表计算累计净现金流量，见表 4-6。

表 4-6 项目的累计净现金流量表 万元

年序	0	1	2	3	4	5	6
净现金流量	-400	-200	50	170	230	230	230
累计净现金流量	-400	-600	-550	-380	-150	80	310

根据静态投资回收期的计算公式：

$$P_t = T - 1 + \frac{\left|\sum_{t=0}^{T-1}(CI - CO)\right|}{(CI - CO)_T} = 5 - 1 + \frac{150}{230} = 4.65\,(\text{年})$$

由于 $P_t = 4.65$ 年 $< P_c = 5$ 年，可在规定的时间内收加投资，因此用静态投资回收期指标判断项目在财务上可行。

四、借款偿还期

借款偿还期是指在有关财税规定及企业具体财务条件下，项目投产后以可用作还款的利润、折旧、摊销及其他收益偿还建设投资借款本金（含未付建设期利息）所需要的时间，一般以年为单位表示。

借款偿还期反映了项目的偿债能力，计算公式如下：

$$I_d = \sum_{t=0}^{P_d}(B + D + R_0 + B_r)_t \tag{4.25}$$

式中 P_d——借款偿还期（从借款开始年计算，当从投产年算起时，应予以注明）；

I_d——建设投资借款本金和利息之和（不包括已用自有资金支付的部分）；

B——第 t 年可用于还款的利润；

D——第 t 年可用于还款的折旧和摊销费；

R_0——第 t 年可用于还款的其他收益；

B_r——第 t 年企业留存。

在实际工作中，借款偿还期可直接从财务平衡表推算，具体推算公式如下：

$$P_d = (\text{借款偿还后出现盈余的年份数} - 1) + \frac{\text{当年应偿还借款额}}{\text{当年可用于还款的收益额}} \tag{4.26}$$

评价标准：用借款偿还期与贷款机构的要求期限比较；

若 $P_d \leqslant$ 贷款机构的要求期限，表明项目能在规定的时间内还款，则方案在财务上可行；

若 $P_d >$ 贷款机构的要求期限，表明项目不能在规定的时间内还款，则方案在财务上不可行。

【例 4-19】 某项目的借款还本付息数据见表 4-7，试计算该项目的借款偿还期，若银行的要求还款期限为 6 年，试判断项目的财务可行性。

表 4-7　**项目的借款还本付息数据表**　万元

序号	项目＼年份	0	1	2	3	4	5	6	7
1	新增借款额	500	200	—	—	—	—	—	—
2	借款累计	500	712.5	543.13	290.29	—	—	—	—
3	本年应付利息（利率 5%）	—	12.5	30.63	27.16	14.51	—	—	—
4	本年应偿还借款额	—	—	200	280	304.80	—	—	—
5	本年可用还款资金	—	—	200	280	350	460	500	600
5.1	利润总额	—	—	150	230	290	390	420	510
5.2	用于还款的折旧和摊销	—	—	30	30	30	30	30	30
5.3	企业留存	—	—	20	20	30	40	50	60

解：根据借款偿还期的计算公式得：

$$P_d = (\text{借款偿还后出现盈余的年份数}-1)+\frac{\text{当年应偿还借款额}}{\text{当年可用于还款的收益额}}$$

$$=(4-1)+\frac{304.80}{350}=3.87(\text{年})$$

由于 $P_d=3.87$ 年<6 年，可在规定的时间内还款，因此用借款偿还期指标判断项目在财务上可行。

五、利息备付率

利息备付率是指项目在借款偿还期内各年可用于支付利息的税息前利润与当期应付利息费用的比值，计算公式如下：

$$ICR=\frac{EBIT}{PI} \tag{4.27}$$

式中　ICR——利息备付率；

PI——当期应付利息。

评价标准：利息备付率应分年计算，利息备付率越高，表明利息偿付的保障程度越高，利息备付率应大于 1，并结合债权人的要求确定。

【例 4-20】　某项目的息税前利润与每年的利息见表 4-8，利率 6%，试计算各年利息备付率。

表 4-8　**项目的息税前利润与付息数据**　万元

序号	项目＼年份	1	2	3	4	5	6	7
1	息税前利润 *EBIT*	—	20	100	150	180	200	200
2	付息 *PI*	—	30	35	35	30	20	15

解：根据利息备付率的计算公式可得到各年的利息备付率见表 4-9。

表 4-9　**项目的利息备付率计算表**　万元

序号	项目＼年份	1	2	3	4	5	6	7
1	利息备付率 *ICR=EBIT/PI*	—	0.67	2.86	4.29	6.00	10.00	13.33

由于投产后第1年负荷低，同时利息负担大，所以利息备付率较低，但这种状况从投产后第2年起就得到了彻底的转变。

六、偿债备付率

偿债备付率是指项目在借款偿还期内，各年可用于还本付息的资金与当期应还本付息金额的比值，计算公式如下：

$$DSCR = \frac{EBITDA - TAX}{PD} \tag{4.28}$$

式中 $EBITDA$——息税前利润加折旧和摊销；

TAX——企业的所得税；

PD——应还本付息的金额。

评价标准：偿债备付率应分年计算，偿债备付率越高，表明借款偿付的保障程度越高，偿债备付率应大于1，并结合债权人的要求确定。若偿债备付率小于1，表示当年资金来源不足以偿付当期债务，需要通过短期借款偿付已到期债务。

【例4-21】 某项目与偿债备付率指标有关的数据见表4-10，试计算各年偿债备付率。

表4-10　　项目的有关数据　　万元

序号	项目 \ 年份	2	3	4	5	6
1	息税前利润 *EBIT*	40	200	210	210	210
2	应还本付息额 *PD*	100	100	100	100	100
3	折旧	150	150	150	150	150
4	所得税	5	30	32	32	32

解： 根据偿债备付率的计算公式可得到各年的偿债备付率见表4-11。

表4-11　　项目的偿债备付率计算表　　万元

序号	项目 \ 年份	2	3	4	5	6
1	偿债备付率（DSCR）	1.85	3.20	3.28	3.28	3.28

该项目各年的偿债备付率均大于1，因此能满足偿还债务的要求。

4.3.3 动态评价指标

动态评价指标不仅考虑了资金的时间价值，而且考虑了项目在整个寿命期内的全部经济数据，因此比静态指标更全面、更科学。因此在进行项目评价时，动态指标的评价结果更值得投资人参考。

一、财务净现值

财务净现值，是指项目按行业的基准收益率或设定的目标收益率，将项目计算期内各年的净现金流量折算现到建设起点的现值之和。计算公式如下：

$$FNPV = \sum_{t=0}^{n} (CI - CO)_t (1 + i_c)^{-t} \tag{4.29}$$

式中　$FNPV$——财务净现值；

i_c——基准收益率（投资者对资金时间价值的最低期望值）。

评价准则：若 $FNPV \geq 0$，表示技术方案的现金流入的现值和大于或等于现金流出的现值和，则方案在财务上是可行的；若 $FNPV<0$，表示技术方案的现金流入的现值和小于现金流出的现值和，则方案在财务上不可行。

【例 4-22】 某项目的各年的现金流量见表 4-12，设 $i_c=10\%$，试计算其财务净现值，并判断项目的财务可行性。

表 4-12　　项目的现金流量表　　万元

年份	0	1	2	3	4
现金流入	0	0	300	500	650
现金流出	500	100	50	50	50
净现金流量	-500	-100	250	450	600

解： 根据财务净现值的计算公式得：

$$
\begin{aligned}
FNPV &= \sum_{t=0}^{n}(CI-CO)_t(1+i_c)^{-t} \\
&= -500+(-100)\times(1+10\%)^{-1}+250\times(1+10\%)^{-2}+450\times(1+10\%)^{-3} \\
&\quad +600\times(1+10\%)^{-4} \\
&= 363.60(\text{万元})
\end{aligned}
$$

由于 $FNPV>0$，所以方案在财务上可行。

二、财务净现值率

财务净现值率又称财务净现值比、财务净现值指数，是指项目财务净现值与总投资现值的比率。财务净现值率是一种动态投资收益指标，用于衡量不同投资方案的获利能力大小，说明某项目单位投资现值所能实现的财务净现值大小。计算公式如下：

$$FNPVR=\frac{FNPV}{I_p} \tag{4.30}$$

式中　I_p——全部投资的现值之和。

评价标准：对于独立方案，若 $FNPVR \geq 0$，表示技术方案的财务净现值大于或等于 0，则方案在财务上是可行的；若 $FNPVR<0$，表示技术方案的财务净现值小于 0，则方案在财务上不可行。多方案比选时，财务净现值率大，单位投资的收益较高；在有明显的资金总量限制时，且项目占用资金远小于资金总拥有量时，以财务净现值率进行方案选优是正确的，否则应将 $FNPVR$ 与投资额、财务净现值结合选择方案。

【例 4-23】 有 A、B 两投资方案，其现金流量见表 4-13，试计算两方案的财务净现值率，并判断哪个方案单位投资收益较高。($i_c=8\%$)

表 4-13　　投资方案的现金流量表　　万元

年份	方案 A					方案 B				
	0	1	2	3	4	0	1	2	3	4
投资	700	100	—	—	—	200	—	—	—	—

续表

年份	方案A					方案B				
	0	1	2	3	4	0	1	2	3	4
经营成本	—	—	100	200	200	—	30	50	50	50
收入	—	—	500	800	800	—	80	130	200	200
净现金流量	-700	-100	400	600	600	-200	50	80	150	150

解：分别计算两个方案的财务净现值率。

（1）方案A。

$$FNPV_A = \sum_{t=0}^{n}(CI - CO)_t(1 + i_c)^{-t}$$
$$= -700 + (-100) \times (1 + 8\%)^{-1} + 400 \times (1 + 8\%)^{-2} + 600 \times (1 + 8\%)^{-3} + 600 \times (1 + 8\%)^{-4}$$
$$= 467.66(\text{万元})$$

$$I_{pA} = 700 + 100 \times (1 + 8\%)^{-1} = 792.59(\text{万元})$$

$$FNPVR_A = \frac{FNPV}{I_p} = \frac{467.66}{792.59} = 0.59$$

（2）方案B。

$$FNPV_B = \sum_{t=0}^{n}(CI - CO)_t(1 + i_c)^{-t}$$
$$= -200 + 50 \times (1 + 8\%)^{-1} + 80 \times (1 + 8\%)^{-2} + 150 \times (1 + 8\%)^{-3} + 150 \times (1 + 8\%)^{-4}$$
$$= 144.21(\text{万元})$$

$$I_{pB} = 200(\text{万元})$$

$$FNPVR_B = \frac{FNPV}{I_p} = \frac{144.21}{200} = 0.72$$

由于 $FNPV_A < FNPV_B$，所以方案B的单位投资收益较高。

三、财务净年值

财务净年值是指按基准折现率将方案计算期内各个不同时点的财务净现金流量分摊到计算期内各年的等额年值。计算公式如下：

$$FNAV = FNPV \times (A/P, i_c, n) = \sum_{t=0}^{n}(CI - CO)(1 + i_c)^{-t} \times \frac{i_c(1 + i_c)^n}{(1 + i_c)^n - 1} \quad (4.31)$$

评价标准：对独立项目方案而言，若 $FNAV \geqslant 0$，则项目在经济效果上可以接受，若 $FNAV<0$，则项目在经济效果上不可接受。可以应用于寿命期不同的多方案比选，财务净年值越大且非负的方案越优（净年值最大准则）。

【例4-24】 有A、B、C三个投资方案，各方案寿命期净现金流量见表4-14，试计算这三个方案的财务净年值，并判断哪个方案最优。（$i_c = 12\%$）

表 4-14　**投资方案的净现金流量表**　万元

年份	净现金流量										
	0	1	2	3	4	5	6	7	8	9	10
方案 A	-500	-100	30	100	200	280	350	350	350	—	—
方案 B	-150	20	50	60	60	60	—	—	—	—	—
方案 C	-2 000	-500	200	500	800	800	800	800	800	800	800

解：根据财务净年值计算公式分别计算三个方案的财务净年值。

(1) 方案 A。

$$FNAV_A = FNPV \times (A/P,\ i_c,\ n) = \sum_{t=0}^{n}(CI - CO)(1 + i_c)^{-t} \times \frac{i_c(1 + i_c)^n}{(1 + i_c)^n - 1}$$

$$= [-500 - 100 \times (1 + 12\%)^{-1} + 30 \times (1 + 12\%)^{-2} + 100 \times (1 + 12\%)^{-3} + 200 \times (1 + 12\%)^{-4} + 280 \times (1 + 12\%)^{-5} + 350 \times (1 + 12\%)^{-6} + 350 \times (1 + 12\%)^{-7} + 350 \times (1 + 12\%)^{-8}] \times \frac{12\% \times (1 + 12\%)^8}{(1 + 12\%)^8 - 1}$$

$= 54.11$(万元)

(2) 方案 B。

$$FNAV_B = FNPV \times (A/P,\ i_c,\ n) = \sum_{t=0}^{n}(CI - CO)(1 + i_c)^{-t} \times \frac{i_c(1 + i_c)^n}{(1 + i_c)^n - 1}$$

$$= [-150 + 20 \times (1 + 12\%)^{-1} + 50 \times (1 + 12\%)^{-2} + 60 \times (1 + 12\%)^{-3} + 60 \times (1 + 12\%)^{-4} + 60 \times (1 + 12\%)^{-5}] \times \frac{12\% \times (1 + 12\%)^5}{(1 + 12\%)^5 - 1}$$

$= 6.27$(万元)

(3) 方案 C。

$$FNAV_C = FNPV \times (A/P,\ i_c,\ n) = \sum_{t=0}^{n}(CI - CO)(1 + i_c)^{-t} \times \frac{i_c(1 + i_c)^n}{(1 + i_c)^n - 1}$$

$$= \left[-2\,000 - 500 \times (1 + 12\%)^{-1} + 200 \times (1 + 12\%)^{-2} + 500 \times (1 + 12\%)^{-3} + 800 \times \frac{(1 + 12\%)^7 - 1}{12\% \times (1 + 12)^7} \times (1 + 12\%)^{-3}\right] \times \frac{12\% \times (1 + 12\%)^{10}}{(1 + 12\%)^{10} - 1}$$

$= 118.16$(万元)

由于三个方案的财务净年值 $FNAV_C > FNAV_A > FNAV_B$，因此，用财务净年值判断方案 C 最优。

四、财务内部收益率

财务内部收益率指使财务净现值等于零时的折现率。计算公式如下：

$$\sum_{t=0}^{n}(CI - CO)_t(1 + FIRR)^{-t} = 0 \tag{4.32}$$

式中　$FIRR$——财务内部收益率。

如果不使用电子计算机，内部收益率要用若干个折现率进行试算，直至找到净现值等于零或接近于零的那个折现率，财务内部收益率的线性内插法示意图如图 4-16 所示。

财务内部收益率采用内插法的计算过程如下。

（1）试算，找出 i_1 和 i_2 及其相对应的 $FNPV_1$ 和 $FNPV_2$，使 $FNPV_1>0$，$FNPV_2<0$；

注意：为保证 $FIRR$ 的精度，i_2 与 i_1 之间的差距一般以不超过 2% 为宜，最大不宜超过 5%。

（2）用线性内插法计算 $FIRR$ 的近似值，计算公式如下：

$$FIRR \approx FIRR' = i_1 + \frac{FNPV_1}{FNPV_1 + |FNPV_2|} \times (i_2 - i_1)$$

评价标准：$FIRR \geqslant i_c$，可行；反之，不可行。

【例 4-25】 某投资方案的净现金流量如图 4-17 所示，基准收益率 $i_c = 8\%$，试计算该投资方案的财务内部收益率，并判断其财务可行性。

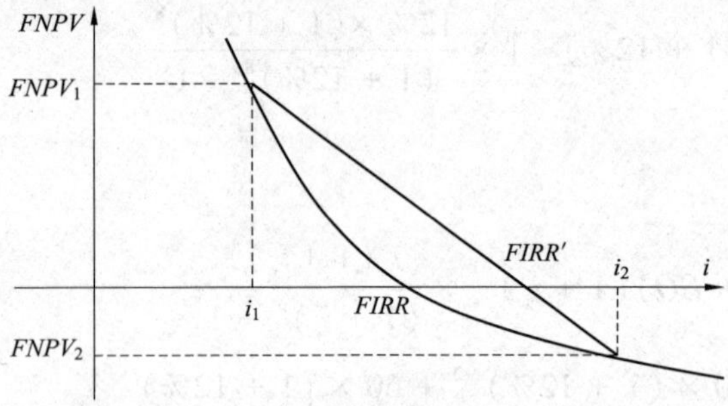

图 4-16 内部收益率线性内插法示意图

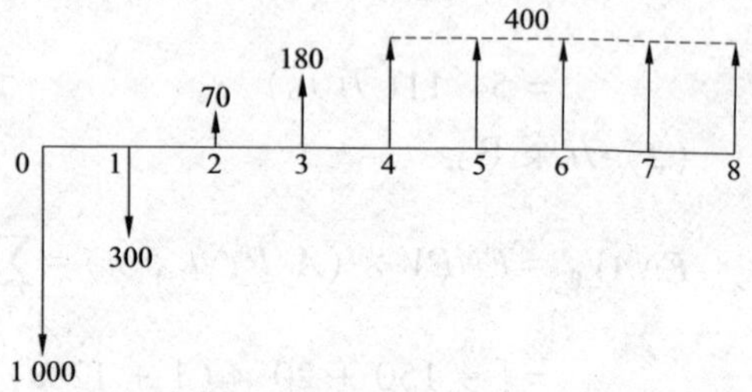

图 4-17 投资方案的净现金流量图（单位：万元）

解：设 $i_1 = 10\%$，计算相应的 $FNPV_1$：

$$FNPV_1 = -1\,000 - 300 \times (1+10\%)^{-1} + 70 \times (1+10\%)^{-2} + 180 \times (1+10\%)^{-3} + 400 \times \frac{(1+10\%)^5 - 1}{10\%(1+10\%)^5} \times (1+10\%)^{-3}$$
$$= 59.59(\text{万元})$$

设 $i_2 = 12\%$，计算相应的 $FNPV_2$：

$$FNPV_2 = -1\,000 - 300 \times (1+12\%)^{-1} + 70 \times (1+12\%)^{-2} + 180 \times (1+12\%)^{-3} + 400 \times \frac{(1+12\%)^5 - 1}{10\%(1+12\%)^5} \times (1+12\%)^{-3}$$
$$= -57.61(\text{万元})$$

$$FIRR \approx FIRR' = i_1 + \frac{FNPV_1}{FNPV_1 + |FNPV_2|} \times (i_2 - i_1)$$
$$= 10\% + \frac{59.59}{59.59 + |-57.61|} \times (12\% - 10\%)$$
$$= 11.02\%$$

由于 $FIRR > i_c = 8\%$，所以投资方案用财务内部收益率判断方案在财务上可行。

五、动态投资回收期

动态投资回收期是把投资项目各年的净现金流量按基准收益率折成现值之后，累计净现金流量现值等于零时的年份。其计算公式如下：

$$\sum_{t=0}^{P'_t}(CI-CO)(1+i_c)^{-t}=0 \tag{4.33}$$

式中　P'_t——动态投资回收期；

评价标准：用动态投资回收期与基准投资回收期 P_c 比较；

若 $P'_t \leqslant P_c$，表明项目投资能在规定的时间内收回，则方案在财务上可行；

若 $P'_t > P_c$，表明项目投资不能在规定的时间内收回，则方案在财务上不可行。

动态投资回收期可根据累计净现金流量计算，较为简便，计算公式如下：

$$P'_t=T-1+\frac{\left|\sum_{t=0}^{T-1}(CI-CO)(1+i_c)^{-t}\right|}{(CI-CO)_T} \tag{4.34}$$

式中　T——累计净现金流量现值首次为正值或零的年份；

$\left|\sum_{t=0}^{T-1}(CI-CO)(1+i_c)-t\right|$——第 T-1 年累计净现金流量现值的绝对值；

$(CI-CO)_T$——第 T 年的净现金流量。

【例 4-26】　某项目的现金流量表见表 4-15，基准收益率 $i_c=12\%$，试计算该项目的动态投资回收期，若基准投资回收期为 5 年，试用动态投资回收期指标判断项目的可行性。

表 4-15　　**项目的现金流量表**　　万元

年序	0	1	2	3	4	5
现金流入	0	0	180	330	460	520
现金流出	580	150	20	30	35	35

解： 列表计算累计净现金流量现值，见表 4-16。

表 4-16　　**项目的累计净现金流量表**　　万元

年序	0	1	2	3	4	5
净现金流量	-580	-150	160	300	425	485
净现金流量现值	-580	-133. 93	127. 56	213. 53	270. 10	275. 20
累计净现金流量现值	-580	-713. 93	-586. 73	-372. 84	-102. 74	172. 46

根据动态投资回收期的计算公式：

$$P'_t=T-1+\frac{\left|\sum_{t=0}^{T-1}(CI-CO)\right|}{(CI-CO)_T}=5-1+\frac{102.74}{275.20}=4.37(\text{年})$$

由于 $P'_t=4.37$ 年$<P_c=5$ 年，可在规定的时间内收回投资，因此用动态投资回收期指标判断项目在财务上可行。

4.4 不确定性分析

决策在实施过程中，将受到许多因素的影响。例如，企业的经营决策将受到国家经济政策调整、市场需要变化、原材料和外协件供应条件改变、产品价格涨落、市场竞争加剧等因素的影响，这些因素大都无法事先加以控制。产生不确定性的因素有：

(1) 通货膨胀和物价变动；

(2) 技术装备和生产工艺变革；

(3) 生产能力的变化；

(4) 建设资金和工期的变化；

(5) 国家经济政策和法规、规定的变化。

特别提示

不确定性分析是指对决策方案受到各种事前无法控制的外部因素变化与影响所进行的研究和估计。它是决策分析中常用的一种方法，通过该分析可以尽量弄清和减少不确定性因素对经济效益的影响，预测项目投资对某些不可预见的政治与经济风险的抗冲击能力，从而证明项目投资的可靠性和稳定性，避免投产后不能获得预期的利润和收益，以致使企业亏损。不确定分析的方法主要包括盈亏平衡分析与敏感性分析。

4.4.1 盈亏平衡分析

一、盈亏平衡分析概述

(一) 盈亏平衡分析的概念

盈亏平衡分析又称保本点分析或量本利分析法，是根据产品的业务量（产量或销量）、成本、利润之间的相互制约关系的综合分析，用来预测利润、控制成本、判断经营状况的一种数学分析方法。

(二) 盈亏平衡分析的作用

盈亏平衡分析通过盈亏平衡点分析项目成本与收益的平衡关系，各种不确定因素（如投资、成本、销售量、产品价格、项目寿命期等）的变化会影响投资方案的经济效果，当这些因素的变化达到某一临界值时，就会影响方案的取舍，盈亏平衡分析的目的就是找出这种临界值，即盈亏平衡点，判断投资方案对不确定因素变化的承受能力，为决策提供依据。

(三) 盈亏平衡分析的分类

盈亏平衡分析可分为线性盈亏平衡分析和非线性盈亏平衡分析。线性盈亏平衡分析是指项目投产后正常年份的产量与成本、盈利之间呈线性的函数关系；非线性盈亏平衡分析是指产品的产量与成本、盈利之间呈非线性的函数关系。一般只要求进行线性盈亏平衡分析。

二、线性盈亏平衡分析

(一) 盈亏平衡分析的假设条件

为简化数学模型，对线性盈亏平衡分析做了如下假设：

(1) 生产量等于销售量，即当年生产的产品（或提供服务）当年销售出去；

（2）产销量发生变化时，单位可变成本不变，即总生产成本是产销量的线性函数；

（3）产销量变化，销售单价不变，销售收入是产销量的线性函数；

（4）只生产单一产品；或者生产多种产品，但可以换算为单一产品计算。

（二）量本利模型

在一定期间把成本总额分解简化为固定成本和变动成本两部分后，再同时考虑收入和利润，使成本、产销量和利润的关系统一于一个数学模型，称为量本利模型，模型的表达形式为：

$$B = S - C \tag{4.35}$$

式中　B——利润；

S——销售收入；

C——总成本。

（1）总成本。包括固定成本、可变成本两部分。固定成本是指在一定的产量范围内不受产品产量影响的成本，即不随产品产量的增减发生变化的各项成本费用，如工资及福利费（计件工资除外）、折旧费、修理费、房屋租金、银行利息、无形资产及其他资产摊销费及其他费用等；可变成本是随产品产量的增减而成正比例变化的各项成本，如原材料、燃料、计件工资等。总成本的计算公式如下：

$$C = f + vx \tag{4.36}$$

式中　f——固定成本；

v——单位产品可变成本；

x——正常年份的产量或销量。

（2）销售收入。为便于分析，通常将销售收入与营业税金及附加合并考虑。计算公式如下：

$$S = px - tx \tag{4.37}$$

式中　p——单位产品的售价；

t——单位产品营业税金及附加。

（三）盈亏平衡图

将式（4.30）~式（4.32）的关系反映在直解坐标系中，即成为盈亏平衡图，如图 4-18 所示。

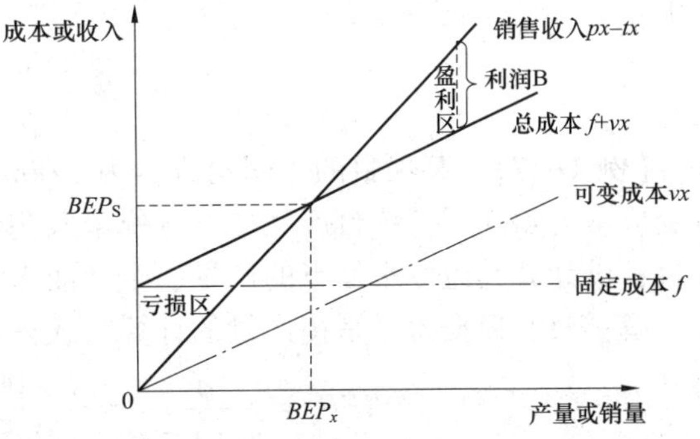

图 4-18　盈亏平衡图

从图 4-18 中可以看出销售收入线与总成本线相交的交点为盈亏平衡点（BEP），即项目的利润为零，对应产（销）为 BEP_x，当实际的产（销）量小于 BEP_x 时，项目亏损；当实际的产（销）量大于 BEP_x 时，项目盈利。

（四）盈亏平衡分析的计算公式

（1）盈亏平衡产量。即利润为零时的产量，令式（4.30）中 $B=0$，则：

$$S-C=0$$

代入式（4.31）、式（4.32）得：

$$px - tx = f + vx$$

求出产量 x：

$$x = \frac{f}{p - t - v}$$

由于该产量为盈亏平衡产量，用 BEP_x 表示，则：

$$BEP_x = \frac{f}{p - t - v} \tag{4.38}$$

式中 BEP_x——盈亏平衡点的产（销）量。

（2）盈亏平衡点的生产能力利用率。指盈亏平衡点产（销）量占正常产（销）量的比重。所谓正常产（销）量是指正常市场和开工情况下的产（销）量，一般用设计生产能力表示正常产（销）量，计算公式如下：

$$BEP(\%) = \frac{BEP_x}{Q_d} \times 100\% \tag{4.39}$$

式中 $BEP(\%)$——盈亏平衡点的生产能力利用率；

Q_d——设计的生产能力。

若 $BEP(\%)$ 越大，表示盈亏平衡点的产量与设计的生产能力越接近，则盈利空间越小，项目的抗风险能力差；相反，若 $BEP(\%)$ 越小，表示盈亏平衡点的产量与设计的生产能力差距越大，则盈利空间越大，项目的抗风险能力强。

（3）盈亏平衡点的单位产品保本价格。是假设实际产（销）量为正常产（销）量时，即 $x = Q_d$，企业的利润为零时的产品售价。若实际售价高于单位产品的保本价格，则项目盈利；若实际售价低于单位产品的保本价格，则项目亏损。计算公式如下：

$$BEP_p = \frac{v \times Q_d + f}{(1 - t\%) \times Q_d} \tag{4.40}$$

式中 BEP_p——盈亏平衡点的单位产品保本价格；

$t\%$——产品的营业税及附加合并税率。

单位产品的营业税金及附加等于单位产品的售价乘以合并税率，合并税率的计算公式如下：

$$t\% = \frac{t}{p} \times 100\% \tag{4.41}$$

【例 4-27】 某项目的年固定成本为 1 000 万元，产品的单台售价为 800 元，单台产品的可变成本为 480 元，单台产品的营业税金及附加为 80 元，该项目的设计生产能力为年产 10 万台，试计算其盈亏平衡点的产量、生产能力利用率和单台产品的保本价格。

解：（1）根据盈亏平衡产量的计算公式得：

$$BEP_x = \frac{f}{p - t - v} = \frac{1\,000 \times 10^4}{800 - 480 - 80} = 41\,667(\text{台})$$

该项目的盈亏平衡产量为 41 667 台，当实际产量大于 41 667 台时，项目盈利；若实际产量小于 41 667 台时，项目亏损。

（2）根据盈亏平衡生产能力利用率的计算公式得：

$$BEP(\%) = \frac{BEP_x}{Q_d} \times 100\% = \frac{41\,667}{10 \times 10^4} \times 100\% = 41.67\%$$

该项目的盈亏平衡生产能力利用率较小，因此具有较强的抗风险能力。

（3）根据产品营业税及附加合并税率公式得：

$$t\% = \frac{t}{p} \times 100\% = \frac{80}{800} \times 100\% = 10\%$$

根据盈亏平衡单位产品的保本价格的计算公式得：

$$BEP_{\mathrm{P}} = \frac{v \times Q_{\mathrm{d}} + f}{(1 - t\%) \times Q_{\mathrm{d}}} = \frac{480 \times 10 \times 10^4 + 1000 \times 10^4}{(1 - 10\%) \times 10 \times 10^4} = 644.44(\text{元})$$

该项目的单位产品的保本价格为644.44元，若实际售价高于644.44元，则项目盈利；若实际售价低于644.44元，则项目亏损。

4.4.2　敏感性分析

一、敏感性分析概述

（一）敏感性分析的概念

敏感性分析是分析并测定各个可变因素的变化对评价指标的影响程度，即研究和分析项目的投资、成本、价格、产量和工期等主要变量发生变化时，导致对评价项目经济效益的主要指标发生变动的敏感程度，借以判断相对于某个项目的指标在其外部条件发生不利变化时的承受能力。

（二）敏感性分析的主要任务

（1）确定影响项目经济效益的敏感因素。寻找出影响最大、最敏感的主要变量因素，进一步分析、预测或估算其影响程度，找出产生不确定性的根源，采取相应有效措施。

（2）计算主要变量因素的变化引起项目经济效益评价指标变动的范围，使决策者全面了解建设项目投资方案可能出现的经济效益变动情况，以减少和避免不利因素的影响，改善和提高项目的投资效果。

（3）通过各种方案敏感度大小的对比，区别敏感度大或敏感度小的方案，选择敏感度小的，即风险小的项目作投资方案。

（4）通过可能出现的最有利与最不利的经济效益变动范围的分析，为投资决策者预测可能出现的风险程度，并对原方案采取某些控制措施或寻找可替代方案，为最后确定可行的投资方案提供可靠的决策依据。

（三）敏感性分析的分类

根据不确定性因素每次变动数目的多少，敏感性分析法可以分为单因素敏感性分析法和多因素敏感性分析法。

（1）单因素敏感性分析。每次只变动一个因素而其他因素保持不变时所做的敏感性分析法，称为单因素敏感性分析，为找到敏感性因素，通常只进行单因素敏感性分析。

（2）多因素敏感性分析。是指在假定其他不确定性因素不变条件下，计算分析两种或两种以上不确定性因素同时发生变动，对项目经济效益值的影响程度，确定敏感性因素及其极限值。多因素敏感性分析一般是在单因素敏感性分析基础上进行，且分析的基本原理与单因素敏感性分析大体相同，但需要注意的是，多因素敏感性分析须进一步假定同时变动的几个因素都是相互独立的，且各因素发生变化的概率相同。

二、单因素敏感性分析的步骤

（1）确定研究对象A（选最有代表性的经济效果评价指标，如FIRR、FNPV）。

（2）选取不确定性因素F（关键因素，如固定资产投资、产品产量、产品价格、产品可变成本、固定成本）。

（3）计算基本方案的评价指标值，即不确定性因素在预定值时的评价指标值。

（4）设定因素的变动范围和变动幅度（如-20%~20%，-10%~10%变动），计算某个因素变动时对经济效果评价指标的影响。

计算敏感度系数并对敏感因素进行排序。敏感度系数的计算公式为：

$$\beta = \frac{|\Delta A|}{|\Delta F|}$$

式中　β——评价指标 A 对于不确定因素 F 的敏感度系数；

ΔA——不确定因素 F 发生 ΔF 变化率时，评价指标 A 的相应变化率（%）；

ΔF——不确定因素 F 的变化率（%）。

β 越大，表明评价指标 A 对于不确定因素 F 越敏感，反之，则不敏感，对应 β 最大的因素为敏感性因素。

（5）计算变动因素的临界点。临界点是指项目允许不确定因素向不利方向变化的极限值。超过极限，项目的评价指标将不可行。

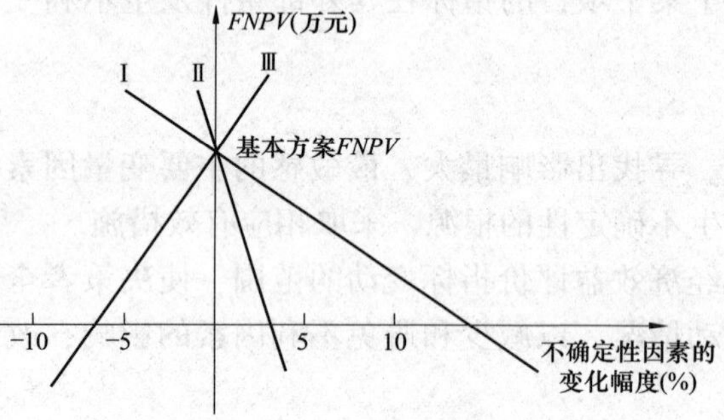

图4-19　敏感性分析图

（6）绘制敏感性分析图，并作出分析。敏感性分析图如图4-19所示，横轴代表各不确定因素变化百分比幅度，纵轴代表评价指标（以 *FNPV*）为例，根据原来的评价指标值和不确定因素变动后的评价指标值，画出直线，反映不确定因素不同变化水平时所对应的评价指标值，斜率越大的不确定因素敏感度越高。

从图4-19可以看出，三个因素的敏感度排序为Ⅱ>Ⅲ>Ⅰ，所以不确定因素Ⅱ为敏感性因素。

【例4-28】　某项目的设计年生产能力为8万台，计划投产时总投资为980万元，其中建设投资为900万元，流动资金为80万元，建设期为一年，建设期初投资900万元，第1年年末投资80万元，第2年投入生产，预计第2年产量为5万台，经营成本为80万元，第3年开始达到设计生产能力，产品售价为50元/台，营业税金及附加的合并税率为8%，年经营成本为100万元，寿命期为15年，基准收益率为12%，寿命期结束时收回流动资金。试就投资额、单位产品价格和正常生产年份经营成本对该投资方案做敏感性分析。

解：（1）确定研究对象A。选择 *FNPV* 作为研究对象A，即评价指标。

（2）选取不确定性因素 F。不确定性因素 F 包括投资额、单位产品价格、正常生产年份经营成本。

第2年的年销售收入为：

$$S = px - tx = 5 \times 50 - 5 \times 50 \times 8\% = 230(\text{万元})$$

第3年至第15年的年销售收入为：

$$S = px - tx = 8 \times 50 - 8 \times 50 \times 8\% = 368(\text{万元})$$

(3) 计算基本方案的评价指标值。

1) 编制现金流量表，见表 4-17。

表 4-17　项目的现金流量表　万元

项目 \ 年序	0	1	2	3~14	15
投资额	900	80	—	—	—
销售收入	—	—	230	368	368
经营成本	—	—	80	100	100
回收流动资金	—	—	—	—	80
净现金流量	-900	-80	150	268	348

2) 绘制净现金流量图，如图 4-20 所示。

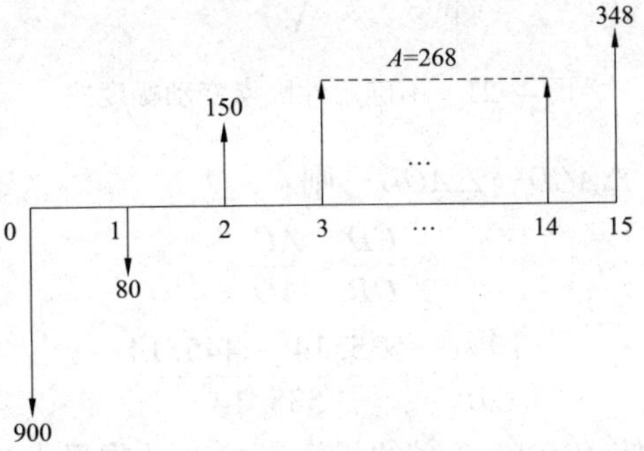

图 4-20　项目的净现金流量图（单位：万元）

3) 列式计算基本方案财务净现值 $FNPV_0$。

$$FNPV_0 = -900 - 80 \times (1+12\%)^{-1} + 150 \times (1+12\%)^{-2} + 268 \times \frac{(1+12\%)^{12}-1}{12\% \times (1+12\%)^{12}}$$

$$\times (1+12\%)^{-2} + 348 \times (1+12\%)^{-15} = 535.14(\text{万元})$$

由于基本方案的财务净现值 $FNPV_0$ = 535.14 万元>0，所在项目在财务上是可行的。

(4) 设定因素的变动范围和变动幅度-20%、-10%、10%、20%，列表（表 4-18）计算每个因素变动时对经济效果评价指标的影响。

表 4-18　单因素变化对 FNPV 的影响表　万元

不确定因素	-20%	-10%	0	+10%	20%	β
投资额	715.14	625.14	535.14	445.14	355.14	1.68
单位产品价格	121.58	328.36	535.14	741.93	948.71	3.52
正常生产年份经营成本	637.56	586.35	535.14	483.94	432.73	0.96

通过表 4-18 可知三个不确定性因素的敏感度系数 β 分别为：

$\beta_{\text{投资额}}=1.68$；$\beta_{\text{单位产品价格}}=3.52$；$\beta_{\text{经营成本}}=0.96$。

(5) 计算变动因素的临界点。使 $FNPV=0$ 的不确定性因素的变动幅度为变动因素的临界点，因为如果不确定性因素的变动幅度超过此临界点变动幅度，则 $FNPV<0$，项目为不可行。

可采用三角形相似原理计算各变动因素的临界点。

计算投资额变动的临界点，如图 4-21 所示。

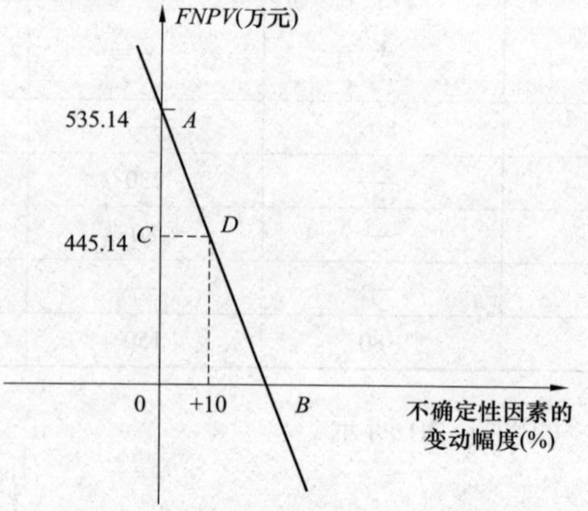

图 4-21　不确定性因素变动幅度图

利用三角形相似原理，$\triangle ACD \backsim \triangle AOD$，则：

$$\frac{CD}{OB}=\frac{AC}{AO}$$

$$\frac{10\%}{OB}=\frac{535.14-445.14}{535.14}$$

解得 $OB=59.46\%$，即使 $FNPV=0$ 时的投资额的变动临界点为 59.46%。

同理可得单位产品价格的变动临界点为-28.40%，正常生产年份经营成本的变动临界点为 104.52%。

(6) 绘制敏感性分析图（图 4-22），并作出分析。

通过敏感性分析图可得三个因素的敏感度排序为：单位产品价格>投资额>正常年份经营成本，即单位产品价格为敏感因素，在实际生产过程中应特别注意单位产品价格的变动对项目的影响。

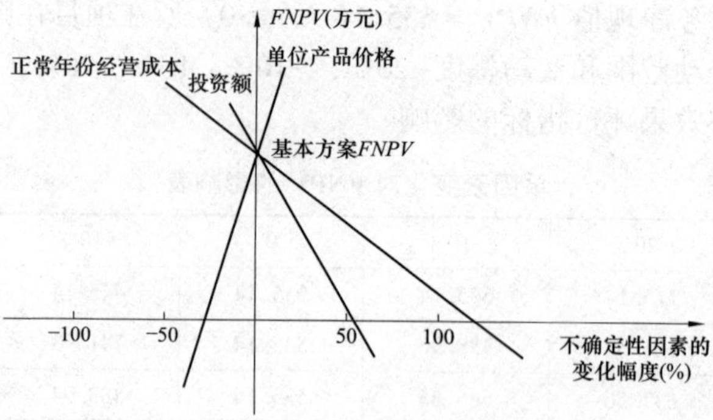

图 4-22　敏感性分析图

本章小结

本章介绍了建设工程决策阶段的投资控制。投资估算是可行性研究报告中非常重要的内容，可分为建设投资估算、建设期利息估算和流动资金估算；由于资金在不同的阶段具有不同的价值，因此在项目评价时应将不同时期的货币量转化成同一时间点的货币量进行财务评价；在财务评价中可采用不同的指标对投资项目进行评价其在财务上的可行性，包括静态评价指标和动态评价指标；由于项目在实施过程中存在许多不确定性，因此很有必要对项目进行不确定性分析，不确定性分析的方法主要有盈亏平衡分析和敏感性分析。

习　题

一、单选题（每题的备选项中，只有 1 个为正确选项）

1.（　　）是在对项目的建设规模、产品方案、工艺技术及设备方案、工程方案及项目实施进度等进行研究并基本确定的基础上，估算项目所需资金总额，并测算建设期分年资金使用计划。

A. 施工图预算　　B. 投资估算　　C. 设计概算　　D. 竣工决算

2. 某拟建项目的生产能力是已建同类项目的生产能力的 3 倍，按生产能力指数法计算（$n=0.6$，$f=1.2$），拟建项目的投资额大约增加（　　）。

A. 230%　　B. 100%　　C. 130%　　D. 200%

3. 某年产量 10 万 t 化工产品已建项目的投资为 3 300 万元，现拟建类似项目的生产能力为 20 万 t/年。已知生产能力指数为 0.6，价格调整系数为 1.15，则采用生产能力指数法估算的拟建项目投资额为（　　）万元。

A. 4 349　　B. 4 554　　C. 5 002　　D. 5 752

4. 现在在银行存款 10 000 元，年利率为 10%，单利法计息，则 10 年末的本利和为（　　）。

A. 20 000　　B. 25 937　　C. 23 957　　D. 10 500

5. 现在在银行存款 10 000 元，年利率为 10%，复利法计息，则 10 年末的本利和为（　　）。

A. 20 000　　B. 25 937　　C. 23 957　　D. 10 500

6. 若想在 8 年后从银行取出 50 000 元，年利率为 6%，则现在应在银行中存入（　　）元。

A. 50 000　　B. 40 581　　C. 31 371　　D. 30 000

7. 某企业每年年末存入银行 50 万元，年利率为 5%，则 5 年后能从银行取出（　　）万元。

A. 376　　B. 250　　C. 300　　D. 276

8. 现在在银行存入 100 万元，年利率为 8%，每年年末等额从银行取出（　　）万元，在第 10 年年末恰好将存款全部取出。

A. 14.9　　B. 12.6　　C. 10.0　　D. 15.8

9. 某企业欲设立一项基金，用来支付未来 5 年的每年机械维修费用 6 万元，年利率为 10%，则现在应在银行存入（　　）万元。

A. 23.6　　B. 22.7　　C. 20.7　　D. 25.2

10. 某人办理了零存整取业务，若想在 4 年后从银行取出 10 万元，年利率为 6%，则现在开始每年年末应存入银行（　　）万元。

A. 2.70　　B. 3.70　　C. 2.29　　D. 2.52

11. 当计息期（　　）1 年时，就产生了名义利率和实际利率的概念。

A. 大于　　B. 等于　　C. 小于　　D. 大于或等于

12. 年利率为 10%，按月计息，则年实际利率为（　　）。

A. 10.00%　　B. 10.47%　　C. 12.00%　　D. 11.33%

13. 某项目从银行贷款 100 万元，年利率为 8%，按季计息，则 5 年后本利和为（　　）万元。

A. 148.59　　B. 146.93　　C. 122.36　　D. 140.45

14.（　　）属于静态评价指标。

A. 总投资收益率　　B. 财务净现值

C. 财务内部收益率　　D. 动态投资回收期

15. 某企业在正常生产年份，没有其他业务收入，主营业务收入为 800 万元，年经营成本 500 万元，固定资产折旧 10 万元，应计利息 8 万元，所得税率 40%，假设税后利润可全部用于还款，当期应还本金 12 万元，则该企业的利息备付率和偿债备付率分别为（　　）。

A. 37.5　8.46　　B. 37.5　9.36

C. 36.25　9.36　　D. 36.25　8.46

16. 某项目投资方案的现金流量见表 4-19，不考虑资金的时间价值，该项目的静态投资回收期为（　　）年。

表 4-19　　某项目的现金流量表　　万元

年末	1	2	3	4	5	6	7	8	9	10
净现金流量	-220	-250	-180	80	120	150	150	200	200	200

A. 6.5　　B. 7.75　　C. 7.5　　D. 8.39

17. 若上题中考虑资金的时间价值，基准收益率为 5%，则动态投资回收期为（　　）年。

A. 6.5　　B. 7.75　　C. 7.5　　D. 8.61

18. 当（　　）时，项目在财务上可行。

A. $ROI<R_c$　　B. $ROE<R_d$　　C. $P_t \leqslant P_c$　　D. $DSCR<1$

19. 当（　　）时，项目在财务上不可行。

A. $FNPV<0$　　B. $FIRR \geqslant i_c$　　C. $FNPV \geqslant 0$　　D. $FNAV \geqslant 0$

20.（　　）是根据产品的产（销）量、成本、利润之间的相互制约关系的综合分析，用来预测利润，控制成本，判断经营状况的一种数学分析方法。

A. 敏感性分析　　B. 确定性分析

C. 方案的财务评价　　D. 盈亏平衡分析

21. 某项目的敏感性分析图如图 4-23 所示，则敏感性因素为（　　）。

A. 甲　　B. 乙　　C. 丙　　D. 无法确定

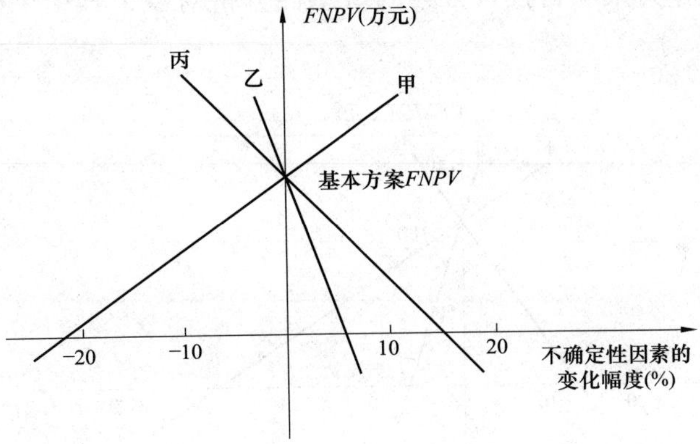

图 4-23　敏感性分析图

二、多选题（每题的备选项中，有 2 个或 2 个以上符合题意，至少有 1 个错项）

1. 我国建设项目的投资估算划分的阶段有（　　）。

A. 项目规划阶段的投资估算　　B. 项目建议书阶段的投资估算

C. 预可行性研究阶段的投资估算　　D. 项目设计阶段的投资估算

E. 可行性研究阶段的投资估算

2. 流动资金的估算可采用（　　）。

A. 比例估算法　　B. 分项详细估算法

C. 单位生产能力指数法　　D. 扩大指标估算法

E. 综合指标投资估算法

3. 建设项目的寿命期，一般可分为（　　）。

A. 生产运营期　　B. 投资期

C. 规划期　　D. 建设期

E. 保修期

4.（　　）属于动态评价指标。

A. 总投资收益率　　B. 项目资本金净利润率

C. 利息备付率　　D. 财务净现值

E. 财务内部收益率

5. 对于经营性项目，财务评价内容包括（　　）。

A. 盈利能力　　B. 偿债能力

C. 财务生存能力　　D. 贷款能力

E. 建设能力

6. 线性盈亏平衡分析做了如下假设：（　　）。

A. 生产量等于销售量，即当年生产的产品（或提供服务）当年销售出去

B. 产销量发生变化时，单位可变成本不变，即总生产成本是产销量的线性函数

C. 不能生产多种产品

D. 只生产单一产品；或者生产多种产品，但可以换算为单一产品计算

E. 产销量变化，销售单价不变，销售收入是产销量的线性函数

7. 现选择净现值作为某项目投资方案的敏感性分析对象，其结果如图 4-24 所示。则下列说法正确的有（ ）。

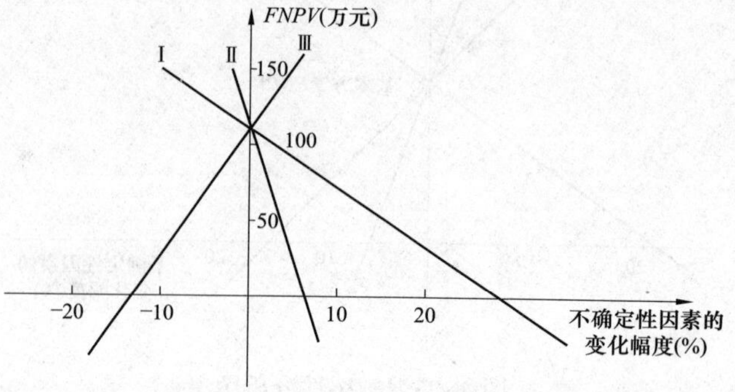

图 4-24 敏感性分析图

A. 净现值对三种不确定因素的敏感性从大到小的排列顺序为Ⅱ-Ⅲ-Ⅰ

B. 三条斜线的交点为基本方案的财务净现值

C. 不确定因素Ⅰ为最敏感因素

D. 三条斜线与横轴的交点为其变化的临界幅度

E. 净现值对三种不确定因素的敏感性从大到小的排列顺序为Ⅰ-Ⅲ-Ⅱ

三、简答题

1. 建设工程投资估算的步骤有哪些？

2. 投资项目财务评价的指标体系主要包括哪些指标？

3. 盈亏平衡分析有哪些作用？

4. 简述敏感性分析的步骤。

四、案例分析

1. 某项目的各年现金流量表如表 4-20 所示，其中 $i_c = 10\%$。

表 4-20 项目的现金流量表 万元

年序	0	1	2	3	4~19	20
投资支出	20	20	—	—	—	—
经营成本	—	—	15	18	18	18
收入	—	—	25	25	30	50

问题：（1）试计算该项目各年的净现金流量；

（2）画出该项目的净现金流量图；

（3）试计算该项目的财务净现值和财务内部收益率，并判断该项目的财务可行性。

2. 某建筑配件厂生产某种产品，设计年产量为 5 000 件，每件产品的售价为 60 元，每件产品的可变成本为 35 元，企业每年的固定成本为 60 000 元，试求：

(1) 该企业的盈亏平衡点产量；

(2) 该企业的盈亏平衡点的生产能力利用率；

(3) 该企业的盈亏平衡点的单位产品的保本价格。

3. 某项目的计划投产时总投资为 500 万元，设计年生产能力为 3 万台，产品售价为 60 元/台，营业税金及附加的合并税率为 5%，年经营成本为 50 万元，寿命期为 20 年，基准折现率为 8%。试就投资额、单位产品价格和经营成本对该投资方案做敏感性分析。

第5章 建设工程设计阶段的投资控制

学习目标

了解提高设计经济合理性的途径，熟悉价值工程的工作原理及程序，掌握价值工程在方案比选中的应用方法，熟悉设计概算和施工图预算的编制内容与方法，掌握设计概算和施工图预算的审查方法。

5.1 建设工程设计阶段的投资控制概述

建设工程设计阶段的费用一般只占建设工程寿命期费用的1%以下，而这1%以下的费用对工程造价的影响度却占75%以上，设计在工程造价全过程控制中起着重要作用。施工图纸一旦完成，影响工程造价的可能性只剩10%左右，因此设计阶段的投资控制十分重要。

5.1.1 提高设计经济合理性的途径

一、执行设计标准

设计标准是国家经济建设的重要技术规范，是进行工程勘察、设计、施工及验收的重要依据。

二、推行标准设计

标准设计包括国家标准设计；部级标准设计；省、市、自治区标准设计；设计单位自行制定的标准。

三、推行限额设计

限额设计是对工程造价目标进行分解，按上一阶段确定的目标控制下一阶段的设计，是以控制工程量为重要内容，运用价值工程提出合理化建议，多方案比较进行设计优化，确保在限额之内进行设计。投资估算是所选设计方案设计概算的投资控制目标，设计概算是技术设计和施工图设计的投资控制目标，施工图预算是施工阶段的投资控制目标，限额设计有利于强化设计人员的工程投资控制意识。

四、设计方案优选

设计方案的优选指对设计方案的评价与比选，从若干备选设计方案中选出最优的方案。

5.1.2 设计方案评价和比选

一、项目设计方案评价和比选的内容

建设项目由于受资源、市场、建设条件等因素的限制，为了提高工程建设投资效果，拟建项目设计方案评价和比选的内容主要包括如下。

(1) 在宏观方面有建设规模、建设场址、产品方案等。

(2) 对于建设项目本身有厂区（或居住小区）总平面布置、主体工艺流程选择、主要设

备选型等。

(3) 小的方面有工程设计标准、工业与民用建筑的结构形式、建筑安装材料的选择等。

二、设计方案的评价与比选的方法

(一) 推行设计方案招标进行多方案比选

设计方案招标是指建设单位就拟建工程的设计任务发布通告，吸引设计单位参加竞争，通过对参与投标的多种设计方案进行比较选择，择优选定设计单位来完成设计任务。设计招标有利于控制项目建设投资，缩短设计周期，降低设计费。

设计招标确定中标的依据包括：设计方案优劣、投入产出、设计进度快慢、收费多少、公司的资历和社会信誉。设计招标或方案竞选有利于竞争和设计方案的选择，通过招标有多种设计方案可供选择和参考，从而保证设计方案技术先进、功能全面、结构合理、安全舒适、经济实用、造型美观，满足建筑节能及环境要求。

(二) 运用价值工程进行设计优化

设计方案优化常采用价值工程又称价值分析法，在满足所要求的功能的前提下，去掉不必要的功能，降低成本；或者成本小幅度地提高，功能有更大程度的提升。价值工程是用来分析功能和成本的关系的，强调对所研究对象进行功能分析，将技术和经济结合起来，力求以最低的寿命周期成本实现必要功能的管理活动和方法。

三、设计方案比选的基本原则

建设项目设计方案比选应遵循以下原则。

(1) 符合国家及行业有关经济建设法规和技术政策。

(2) 建设项目设计方案比选要协调好技术先进性和经济合理性的关系，即在满足设计功能和采用合理先进技术的条件下，尽可能降低成本。

(3) 建设项目设计方案比选除考虑一次性建设投资的比选，还应考虑项目运营过程中的费用比选，及项目寿命期的总费用比选。

(4) 建设项目设计方案比选要兼顾近期与远期的要求，即建设项目的功能和规模应根据国家和地区远景发展规划，适当留有发展余地。

(5) 满足项目相应阶段的深度要求。

(6) 满足风险规避及工程可靠性要求。

5.2 价　值　工　程

5.2.1　价值工程的基础知识

一、价值工程的产生

价值工程（Value engineering，VE），又名价值分析（VA），源于美国，是一种运用集体智慧和有组织的活动，着重对产品进行功能系统分析、研究，使之用全寿命最低成本实现产品必要功能，提高产品价值的技术经济分析方法。

1947 年，麦尔斯在《美国机械师》杂志上发表了题为“价值分析”的专著，标志着价值工程理论诞生了。

1954 年，美国海军舰船局成立了专门机构，进一步研究价值分析技术，将其应用于产品设计制造的全过程中，同时将价值分析更名为价值工程。

1959 年，美国成立了全国性的美国价值工程师协会（American society of value engineers）。

1978 年，我国公开介绍价值工程。

二、价值工程的概念

价值工程，是研究如何以最低的寿命周期成本，可靠地实现对象（产品、工程、作业或服务等）的必要功能，而致力于功能分析的一种有组织的技术经济思想方法和管理技术。

价值工程的基本原理涉及以下三个重要的基本概念。

（一）价值

价值是指作为产品（或工程、作业、服务等）所具有的功能与获得该功能的全部费用的比值，它是对象的比较价值，是作为评价事物有效程度的一种尺度。计算公式如下：

$$V = \frac{F}{C} \tag{5.1}$$

式中 V——价值；

F——研究对象的功能；

C——寿命周期成本。

（二）功能

功能是对象能满足某种需求的一种属性。具体来说，功能就是功用、效用。分类如下。

（1）使用功能和品味功能。使用功能是对象所具有的与技术经济用途直接有关的功能；品味功能是与使用者的精神感觉、主观意识有关的功能，如美观、豪华等。

（2）基本功能和辅助功能。基本功能是决定对象性质和存在的基本要素；辅助功能是为更好实现基本功能而附加的一些因素。

（3）必要功能和不必要功能。必要功能是为满足使用者的要求而必须具备的功能；不必要功能是与满足使用者的需求无关的功能。

（4）不足功能和过剩功能。不足功能是对象尚未满足使用者需求的必要功能；过剩功能是超过使用者需求的功能。

（三）寿命周期成本

（1）寿命周期。从产生到结束为止的期限。

（2）寿命周期成本。指整个寿命周期过程中发生的全部费用，包括生产成本和使用及维护成本。

（3）生产成本。是指发生在生产企业内部的成本，也是用户购买产品的费用，包括产品的科研、实验、设计、试制、生产、销售等费用及税金等。

（4）使用及维护成本。是指用户在使用过程中支付的各种费用的总和，它包括使用过程中的能耗费用、维修费用、人工费用、管理费用等，有时还包括报废拆除所需费用（扣除残值）。

寿命周期成本构成如图 5-1 所示。

三、价值工程的特点

（1）价值工程的目标，是以最低的寿命周期成本，使产品（或工程、作业、服务等）具备必须的功能。

（2）价值工程的核心，是对产品（或工程、作业、服务等）进行功能分析。

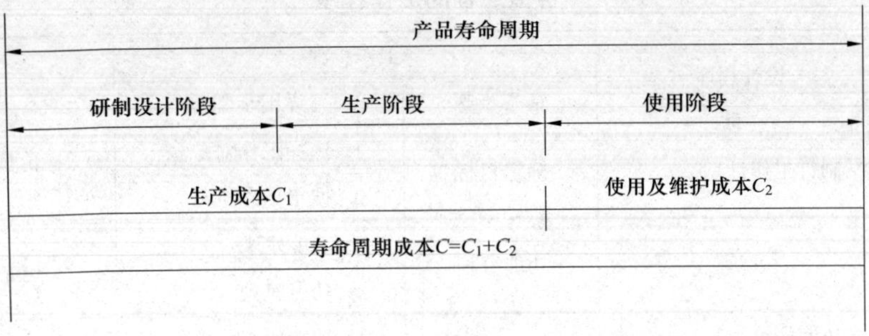

图 5-1　寿命周期成本构成

(3) 价值工程将产品（或工程、作业、服务等）价值、功能和成本作为一个整体同时来考虑。

(4) 价值工程强调不断改革和创新。

(5) 价值工程要求将功能定量化。

(6) 价值工程是以集体的智慧开展的有计划、有组织的管理活动。

四、提高价值的途径

由于价值工程的目的是提高产品（或工程、作业、服务等）的价值，这也是用户和生产经营者共同的目标。根据价值工程的计算公式，可得到以下五种提高价值的途径。

(1) 双向型。在提高产品（或工程、作业、服务等）功能的同时，又降低产品成本，这是提高价值最为理想的途径。

$$V=\frac{F\uparrow}{C\downarrow}$$

(2) 改进型。在成本不变的条件下，通过提高产品（或工程、作业、服务等）的功能，提高利用资源的成果或效用。

$$V=\frac{F\uparrow}{C\rightarrow}$$

(3) 节约型。在保持产品（或工程、作业、服务等）功能不变的前提下，通过降低成本达到提高价值的目的。

$$V=\frac{F\rightarrow}{C\downarrow}$$

(4) 投资型。产品（或工程、作业、服务等）功能有较大幅度提高，成本有较少提高。

$$V=\frac{F\uparrow\uparrow}{C\uparrow}$$

(5) 牺牲型。产品（或工程、作业、服务等）功能略有下降，成本大幅度降低。

$$V=\frac{F\downarrow}{C\downarrow\downarrow}$$

5.2.2　价值工程的工作程序

价值工程的工作过程，实质就是针对产品（或工程、作业、服务等）的功能和成本提出问题、分析问题、解决问题的过程。针对价值工程的研究对象，整个活动围绕八个基本问题展开，具体程序见表 5-1。

表 5-1 价值工程的工作程序

工作阶段	设计程序	工作步骤		对应问题
		基本步骤	详细步骤	
准备阶段	制订工作计划	确定目标	1. 选择工作对象	1. 价值工程的研究对象是什么
			2. 搜集信息资料	
分析阶段	功能评价	功能分析	3. 功能定义	2. 这是干什么用的
			4. 功能整理	
		功能评价	5. 功能成本分析	3. 成本是多少
			6. 功能评价	4. 价值是多少
			7. 确定改进范围	
创新阶段	初步设计	制定创新方案	8. 方案创造	5. 有无其他方法实现同样功能
	评价各设计方案，改进优化方案		9. 概略评价	6. 新方案的成本是多少
			10. 调整完善	
			11. 详细评价	
	方案书面化		12. 提出方案	7. 新方案能满足功能要求吗
实施阶段	检查实施情况并评价活动成果	方案实施与成果评价	13. 方案审批	8. 偏离目标了吗
			14. 方案实施与检查	
			15. 成果评价	

一、价值工程的准备阶段

价值工程准备阶段主要是选择工作对象与搜集信息资料，目的是明确价值工程的研究对象是什么。

（一）选择研究对象

（1）选择价值工程研究对象的原则。应遵循的一般原则如下。

1）优先考虑在企业生产经营上有迫切需要的或对国计民生有重大影响的项目。

2）在改善价值上有较大潜力的产品或项目。

（2）选择对象的定性分析。

1）社会利益方面考虑。选择国家计划内的重点产品，重点工程建设项目中的短缺产品，社会需求量大的产品，公害、污染严重的产品。

2）企业发展方面考虑。选择市场潜力大的产品、有发展前途的产品、正在研制中的产品、对企业有重大影响的更新改造项目。

3）市场竞争方面考虑。选择用户意见大的产品、竞争激烈的产品、市场占有率需要扩大的产品、需要开拓新市场的产品。

4）扩大利润方面考虑。选择企业主导产品、利润低的产品、原材料耗用高或利用率低的产品、能耗高或生产周期短的产品。

5）产品发展角度考虑。

a. 设计方面。选择结构复杂、重量大、尺寸大、材料贵、性能差、技术水平低的产品。

b. 生产制造方面。选择量大面广、工艺复杂或落后、工序繁琐、质量不高、占用关键设备工作量大的产品。

c. 销售方面。选择用户意见广、退货索赔多、销售量下降、竞争力差、需要巩固或扩大市场、能够增加收益的产品。

d. 成本方面：选择有市场需求但成本高、利润低、比重大、物耗高的产品。

(3) 选择价值工程研究对象的方法。常用的选择价值工程研究对象的方法有经验分析法、ABC 分析法、强制确定法、最合适区域法等。

a. 经验分析法。凭经验对设计、加工、制造、销售和成本等方面存在的问题进行综合分析，找出关键因素，并把存在这些关键问题的产品或零部件作为研究对象。

优点：简便易行，考虑问题综合全面。

缺点：缺乏定量分析，主观性太大，常需要与其他定量方法结合使用才能收到较满意的效果，在分析人员经验不足时准确程度降低。

适用范围：初选阶段，应选择熟悉业务、经验丰富的人员，集体研究共同讨论确定。

b. ABC 分析法。又称巴雷特分析法，按各构配件制造费用占产品总制造费用的比重（或分部分项工程占总工程费用的比重）的大小进行分类，把所有研究对象分成主次有别的 A、B、C 三类方法。ABC 分析法的分类原理见表 5-2。

表 5-2　　ABC 分析法的分类原理

类别	构配件占总数百分比 （或分部、分项工程施工时间占总施工时间的百分比）	成本占总成本百分比	研究对象的选择
A	20%左右	70%左右	重点对象
B	30%左右	20%左右	一般对象
C	50%左右	10%左右	不做分析

ABC 分析法可层层反复运用，比如可先用以找出 A 类部件（或分部工程），再从 A 类部件找出 A 类零件（或分项工程），进而找出 A 类零件中的 A 类费用。在产品品种多，或零件种类多的情况下使用主次因素图，更显得迅速、醒目、省事。

ABC 分析法的应用范围不限于产品分析，在物资管理、编制生产作业计划等方面运用此法，同样能找出重点，便于分类控制。

优点：抓住重点，突出主要矛盾，取得较大成果，简便易行，被广泛采用。

缺点：在实际工作中，由于成本分配不合理，常会出现有的构配件功能比较重要但成本低，导致不能被选为价值工程的对象，提高其功能水平。

【例 5-1】 某高速公路线路上，一座钢筋混凝土桥梁，采用后张 T 型梁工艺，分部分项工程费总计为 3 550 万元，该桥梁的各分项工程所占费用及施工时间见表 5-3。试用 ABC 分析法确定研究对象。

表 5-3　　桥梁各分项工程的费用及施工时间表

序号	分项工程	分部分项工程费（万元）	施工占用时间/（d）
1	钢筋混凝土灌注桩	500	7
2	系梁	50	3

续表

序号	分项工程	分部分项工程费（万元）	施工占用时间/（d）
3	墩柱和墩台	370	10
4	后张T型梁	1 250	5
5	混凝土铺装层	200	12
6	桥面防水	80	5
7	沥青混凝土铺装	1 100	2
合计		3 550	44

解：将桥梁工程的各分项工程的费用按从大到小的顺序排列，并计算各分项工程的成本比率及累计成本比率，计算结果如图5-2所示。

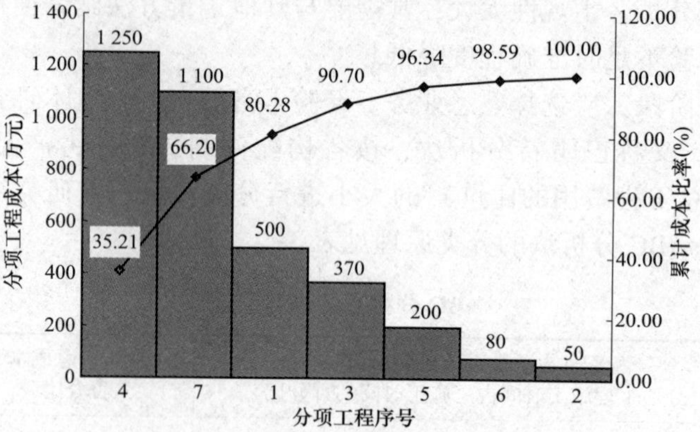

图5-2 各分项工程累计成本比率图

已知各分项工程施工占用的时间，可分别计算各分项工程的时间比率及累计时间比率，根据ABC分析法的原理，可对各分项工程进行分类，结果见表5-4。

表5-4 桥梁各分项工程的ABC分析表

分项工程序号	分项工程名称	施工占用时间（d）	时间比率	累计时间比率	成本（万元）	成本比率	累计成本比率	分类
4	后张T型梁	5	11.36%	11.36%	1 250	35.21%	35.21%	A
7	沥青混凝土铺装	2	4.55%	15.91%	1 100	30.99%	66.20%	
1	钢筋混凝土灌注桩	7	15.91%	31.82%	500	14.08%	80.28%	B
3	墩柱和墩台	10	22.73%	54.55%	370	10.42%	90.70%	
5	混凝土铺装层	12	27.27%	81.82%	200	5.63%	96.34%	C
6	桥面防水	5	11.36%	93.18%	80	2.25%	98.59%	
2	系梁	3	6.82%	100.00%	50	1.41%	100.00%	
合计		44	100.00%		3 550	100.00%		

根据分类的结果，可以确定后张T型梁、沥青混凝土铺装，为价值工程的重点研究对象，钢筋混凝土灌注桩、墩柱和墩台为价值工程的一般研究对象。

c. 强制确定法。也称价值系数分析法，是以功能重要程度作为选择价值工程对象的一种分析方法。当产品由多个零部件组成（或一工程由若干个分部或分项工程组成），而这些零部件（或分部或分项工程）的重要性又各不相同时，可采用强制确定法。主要适用于产品功能单一、可计量，产品性能和生产特点可比的系列产品或构配件的研究对象的选择。

优点：综合考虑了零部件（或分部、分项工程）的功能与成本之间的关系，较为全面。

缺点：凡价值系数不为 1 的零部件，原则上均可作为价值工程的研究对象，这不太科学。这将使那些价值系数偏离 1 的程度小、功能系数与成本系数较大、改善期望值也较大的零部件不能被列为价值工程的研究对象；反之，那些价值系数偏离 1 的程度大、其功能系数与成本系数较小、改善期望值也较小的零部件却可能被列为价值工程的研究对象。

（a）强制确定方法的步骤。

a）计算功能重要性系数；

b）计算成本系数；

c）计算价值系数及确定分析对象的顺序。

（b）强制确定法选择价值工程研究对象的依据。按价值系数由小到大的顺序作为选择价值工程研究对象顺序，优先选择价值系数最小的零部件（或分部、分项工程）为价值工程研究对象。具体选择的方法如下。

价值系数<1：重要程度小而成本高，应作为研究对象，可以用降低成本或提高重要程度的方法来提高产品价值；

价值系数>1：重要程度大而成本低，可作为研究对象，进一步提高该产品或部件的质量，增大价值；

价值系数=1：重要程度和成本相当，不作为研究对象；

价值系数=0：构配件不重要，可取消或合并。

（c）功能重要性系数的计算。

功能的重要性系数可根据下式计算：

$$\text{功能重要性系数} = \frac{\text{某零部件（或分部、分项工程）的功能重要性得分}}{\text{全部零部件（或工程）的功能重要性得分总数}} \tag{5.2}$$

产品零部件（或分部、分项工程）的功能为定性指标，为将其量化，可采用 01 评分法和 04 评分法。

a）01 评分法。先将构成产品的各零件（或分部、分项工程）排列成矩阵，并站在用户的角度按功能重要程度进行一对一循环对比，两两打分，功能相对重要的零件得 1 分，不重要的得 0 分，每作一次比较必有一个得 1 分，另一个得 0 分，自身与自身比较可记为“1”或“×”，再合计各零件（或分部、分项工程）的得分值（取平均值）除以全部零件（或工程）的得分值总和，就得出各零件（分部、分项工程）的功能重要性系数。

【例 5-2】 已知某拟建工程为二层砖混结构，砌筑工程的分项工程包括：砖基础、砖内墙、砖外墙、墙面勾缝。已知其分项工程的重要程度为：砖基础>砖外墙>砖内墙>墙面勾缝，试计算各分项工程的功能重要性系数，并确定价值工程的研究对象。

解： 采用 01 评分法确定各分项工程的功能重要性系数，见表 5-5。

表 5-5　　01 评分法计算表

分项工程名称	砖基础	砖内墙	砖外墙	墙面勾缝	功能得分	功能重要性系数
砖基础	1	1	1	1	4	0.4

续表

分项工程名称	砖基础	砖内墙	砖外墙	墙面勾缝	功能得分	功能重要性系数
砖内墙	0	1	0	1	2	0.2
砖外墙	0	1	1	1	3	0.3
墙面勾缝	0	0	0	1	1	0.1
合　计					10	1

b) 04评分法。01评分法虽然能判别零件的功能重要程度，但评分规定过于绝对，准确度不高，故此，往往采用04评分法来求算功能重要性系数。04评分法的步骤、方法与01评分法基本相同，它也是采用一对一比较打分，但两零件得分之和为4分。

04评分法的评分规则为：

功能非常重要的零部件（或分部、分项工程），打4分，另一个相对不重要的得0分；

功能比较重要的零部件（或分部、分项工程）3分，另一个功能比较不重要的打1分；

两个功能同样重要的零件（或分部、分项工程）各打2分；

自身与自身比较可记为“×”。

各零件（或分部、分项工程）的得分平均值除以全部零件的得分值之和就得到零件的功能重要性系数。

【例5-3】 某道路工程的分项工程包括基底压实、水泥稳定沙砾底基层、水泥稳定级配碎石基层、中粒式SBS改性沥青混凝土面层。各分项工程的重要程度为：中粒式SBS改性沥青混凝土面层与水泥稳定级配碎石基层比较重要，中粒式SBS改性沥青混凝土面层比水泥稳定沙砾底基层重要得多，水泥稳定沙砾底基层和基底压实同样重要；试计算各分项工程的功能重要性系数。

解：采用04评分法确定各分项工程的功能重要性系数，见表5-6。

表5-6　　04评分法计算表

分项工程名称	强夯土方	水泥稳定砂砾底基层	水泥稳定级配碎石基层	中粒式SBS改性沥青混凝土面层	功能得分	功能重要性系数
基底压实	×	2	1	0	3	0.125
水泥稳定砂砾底基层	2	×	1	0	3	0.125
水泥稳定级配碎石基层	3	3	×	1	7	0.292
中粒式SBS改性沥青混凝土面层	4	4	3	×	11	0.458
合　计					24	1

(d) 成本系数和价值系数的计算。

a) 成本系数的计算公式如下：

$$\text{成本系数}=\frac{\text{某零部件（或分部、分项工程）的现实成本}}{\text{全部零部件（或工程）的现实总成本}} \tag{5.3}$$

【例5-4】 若例5-2中的砖基础、砖内墙、砖外墙、墙面勾缝的成本分别为85 000元、

70 000 元、80 000 元、16 000 元，试分别计算各分项工程的成本系数。

解： 根据式（5.3）计算各分项工程的成本系数，见表 5-7。

表 5-7　**成本系数计算表**

分项工程名称	成本（元）	成本系数
砖基础	85 000	0.34
砖内墙	70 000	0.28
砖外墙	80 000	0.32
墙面勾缝	16 000	0.06
合　计	251 000	1

b）价值系数的计算公式如下：

$$价值系数 = \frac{某零部件（或分部、分项工程）的功能重要性系数}{该零部件（或分部分项工程）的成本系数} \tag{5.4}$$

【例 5-5】 试根据［例 5-2］和［例 5-4］计算各分项工程的价值系数，并选择价值工程的研究对象。

解： 根据式（5.4）计算各分项工程的价值系数，见表 5-8。

表 5-8　**价值系数计算表**

分项工程名称	功能重要性系数	成本系数	价值系数
砖基础	0.4	0.34	1.18
砖内墙	0.2	0.28	0.71
砖外墙	0.3	0.32	0.94
墙面勾缝	0.1	0.06	1.67

根据强制确定法选择价值工程研究对象的依据，可以得到如下结论：按价值系数由小到大的顺序作为选择价值工程研究对象顺序，优先选择价值系数最小的零部件（或分部、分项工程）为价值工程研究对象；因此价值工程的研究对象选择顺序为：砖内墙、砖外墙、砖基础、墙面勾缝，优先选择砖内墙为价值工程的研究对象。

【例 5-6】 某 8 层住宅工程，结构类型为钢筋混凝土框架，材料费、机械费、人工费总计为 2 294 000 元，建筑面积为 2 000m^2，各分部工程所占成本见表 5-9，已知 A、B、C 同样重要，A 与 D 比较 A 较重要，D、E、F 同样重要，D 与 G 比较 D 较重要，试用 04 评分法计算各分部工程的功能重要性系数，采用强制确定法选择价值工程的研究对象。

表 5-9　**各分部工程的成本表**

分部工程名称	代号	成本（元）
基础	A	300 000
墙体	B	420 000
框架	C	860 000
楼地板	D	105 000
装饰	E	208 000

续表

分部工程名称	代号	成本（元）
门窗	F	346 000
其他	G	55 000
合计		2 294 000

解：(1) 计算各分部工程的功能重要性系数。采用04评分法确定各分部工程的功能重要性系数，见表5-10。

表5-10　04评分法计算表

代号	A	B	C	D	E	F	G	功能得分	功能重要性系数
A	×	2	2	3	3	3	4	17	0.20
B	2	×	2	3	3	3	4	17	0.20
C	2	2	×	3	3	3	4	17	0.20
D	1	1	1	×	2	2	3	10	0.12
E	1	1	1	2	×	2	3	10	0.12
F	1	1	1	2	2	×	3	10	0.12
G	0	0	0	1	1	1	×	3	0.04
合　计								84	1

(2) 计算各分部工程的成本系数和价值系数。根据成本系数和价值系数的计算公式，各分部工程的成本系数和价值系数见表5-11。

表5-11　各分部工程的成本系数和价值系数计算表

代号	功能重要性系数	成本（元）	成本系数	价值系数
A	0.20	300 000	0.13	1.538
B	0.20	420 000	0.18	1.111
C	0.20	860 000	0.38	0.526
D	0.12	105 000	0.05	2.400
E	0.12	208 000	0.09	1.333
F	0.12	346 000	0.15	0.800
G	0.04	55 000	0.02	2.000
合计	1	2 294 000	1	

c) 确定价值工程的研究对象。根据强制确定法选择价值工程研究对象的依据，可得到如下结论：按价值系数由小到大的顺序作为选择价值工程研究对象顺序，优先选择价值系数最小的零部件（或分部、分项工程）为价值工程研究对象；因此价值工程的研究对象选择顺序为：框架、门窗、墙体、装饰、基础、其他、楼地板，优先选择框架为价值工程的研究对象。

(e) 最合适区域法。针对强制确定法的不足，日本东京大学田中教授提出最合适区域法。它的出发点是，功能重要程度高的零部件（或分部、分项工程），是产品（或工程）中举足轻重的关键，应当着重分析，列为研究对象。

最合适区域法是要确定一个区域，使得虽不在 $V=1$ 直线上，但在所给范围内的对象可不选作 VE 的对象，凡超出范围的，才选作 VE 的对象。

按照最合适区域的思路：对于偏离 $V=1$ 的直线的点，当成本系数和功能评价系数均较小，即距离 O 点较近时，可放宽控制。因此，最合适区域是一个关于 $V=1$ 直线对称、向原点 O 开口的喇叭形区域，如图 5-3 所示。

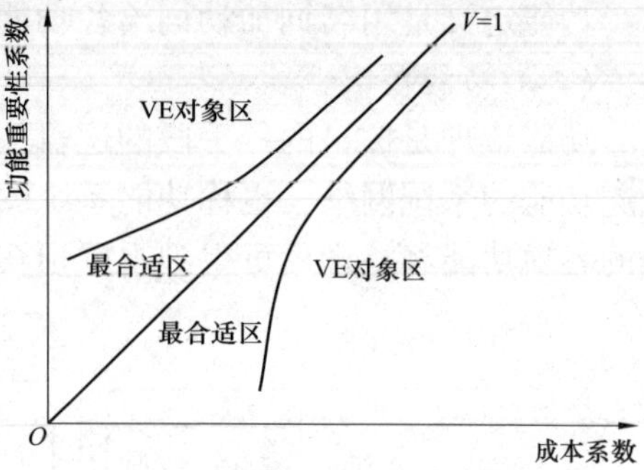

图 5-3　最合适区域法示意图

在价值系数相近的条件下，应选择功能评价系数和成本系数较大的零部件为 VE 对象，不使其价值系数对 1 的偏离过大，这对整个产品提高功能、降低成本往往有举足轻重的作用。

优点：最合适区域法解决了目标选择问题，使人们能够抓住主要矛盾，用适当的人力、物力、财力来解决产品的主要不足，有效地提高产品功能，降低产品成本。

缺点：最合适区域法未给出 VE 对象区与最合适区的确定分界值，因此采用该法选择价值工程的研究对象时具有很大的主观性。

(二) 信息资料收集

价值工程所需的信息资料收集是价值工程准备阶段非常重要的一项工作，收集的资料是否全面、真实并且能满足价值工程分析的需要，都将直接关系到价值工程的分析结果，进而影响企业未来的发展决策。

(1) 信息资料收集的原则。

1) 目的性。以价值工程的对象为目标，将与其有关的信息资料尽量收集齐全。

2) 计划性。收集信息资料要有明确的范围和内容，编制好计划，并有步骤地逐步实现。

3) 可靠性。指要对信息资料的真伪加以处理，做到去伪存真。

4) 适时性。只有在需要信息资料的时候保证得到所需要的信息资料有价值，才能适应决策的需要。

(2) 信息资料收集的内容。对于一般工程产品（或施工作业）分析来说，应收集的信息资料内容见表 5-12。

表 5-12　信息资料收集的内容

项　目	内　容
用户方面	使用目的、使用条件、使用环境、维护保养条件、操作标准，用户对产品的意见等。如是消费品尚需了解用户的经济收入、身份、民族习惯、审美观等
市场方面	市场需求、市场容量、竞争产品的价格、利润、销售量、质量指标、用户反映等
技术方面	本产品设计、创造等技术档案、国内外同类产品的设计方案、产品结构、加工工艺、设备、材料标准、成品率及其成本、新技术、新工艺、新材料、“三废”处理、国外专利、产品目录等
经济方面	产品成本的构成，包括生产费用、销售费用、运输储存费用、零部件的成本、外购件、协作件的费用等
本企业的基本情况	经营方针、生产能力、经营情况、技术经济指标等
政府和社会方面	有关法律、条例、政策、防止公害、环境保护等

二、价值工程的分析阶段

(一) 功能定义

功能定义是用名词加动词给各功能下定义，如分隔空间、传递荷载、隔热、采光。

(二) 功能整理

功能整理是按目的—手段的逻辑关系，把价值工程对象的各个功能有机地连接起来，建立起功能的系统网络，也称功能系统图。建立功能系统图是功能整理的主要任务，例如平屋顶的各项功能经整理后可得到平屋顶功能系统图，如图 5-4 所示。

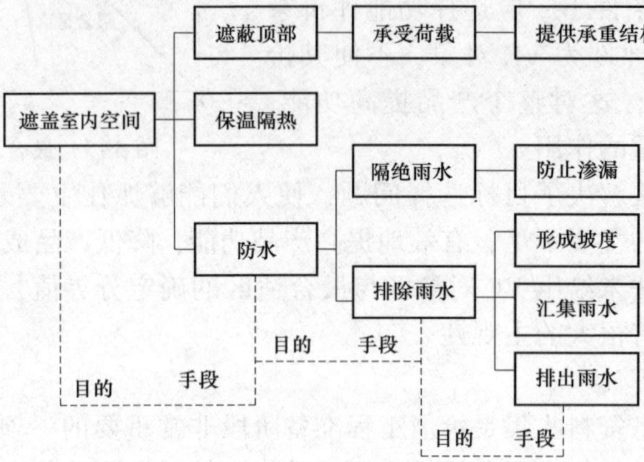

图 5-4 平屋顶功能系统图

(三) 功能评价

(1) 功能评价的概念。经过功能系统分析明确了对象所具有的功能后，紧接着要做的工作就是：定量地确定功能的目前成本是多少，功能的目标成本是多少，功能的价值是多少，改进目标是多少，改进的幅度有多大等，即评定功能的价值。

功能评价包括相互关联的价值评价、成本评价两个方面。价值评价是通过计算和分析对象的价值，分析成本功能的合理匹配程度。

(2) 功能评价的程序。

1) 确定对象的目标成本 C_a。

2) 计算对象功能的目前成本 C_0。

3) 计算和分析对象的价值 V_i。

4) 计算成本改进期望值 $\Delta C=C_a-C_0$。

5) 根据对象价值的高低及成本降低期望值的大小，确定改进的重点对象及优先次序。

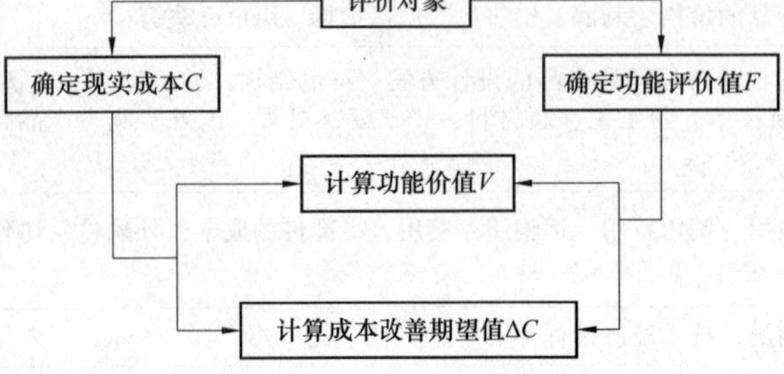

图 5-5 功能评价的程序

功能评价的程序如图 5-5 所示。

(3) 功能价值的计算。计算方法可分为两大类，即功能成本法、功能指数法。

1) 功能成本法。又称为绝对值法，是通过一定的测算方法，测定实现应有功能所必须消耗的最低成本，同时计算为实现应有功能所耗费的目前成本，经过分析、对比，求得对象的价值系数和成本降低期望值，确定价值工程的改进对象。价值系数的计算公式如下：

$$V_i = \frac{\text{第}\, i\, \text{个功能的目标成本}}{\text{第}\, i\, \text{个功能的现实成本} } \tag{5.5}$$

式中　V_i——第 i 个功能的价值系数。

功能成本法主要包括两个内容，即功能目前成本的计算和功能评价值的推算，其中关键的是功能评价值（目标成本）的推算，其确定方法包括经验估算法、公式法、实际价值标准法。

当 $V_i=1$ 时，表示实现该功能所花费的现实成本与目标成本相适应，评价对象的价值为最佳，可不必分析；

当 $V_i<1$ 时，表示实现该功能所花费的现实成本比目标成本大，必须大力降低成本，此时应作为改进对象，特别是 V_i 值比 1 小得较多的功能区域，即优先选择成本改进期望值 ΔC 较大的功能区域作为重点改进对象，力求使 $V_i=1$；

当 $V_i>1$ 时，表示实现该功能所花费的现实成本比目标成本小，一般可不作为改进对象，只要检查其功能是否能得到保证，是否存在不必要功能。

【例 5-7】 若某项目的施工方案中选择外墙施工为价值工程的研究对象，外墙的功能包括承受荷载、保温、防水、防火，施工方案实现各功能的成本分别为 100 万、50 万、20 万、15 万元，实现各功能的目标成本分别为 90 万、50 万、25 万、10 万元，试计算施工方案实现外墙各功能的价值系数，并判断哪些功能需改进。

解： 根据价值系数的计算公式，可计算各功能的价值系数见表 5-13。

表 5-13　　功能的价值系数计算表

序号	功能名称	目标成本 C_a（万元）	现实成本 C_0（万元）	价值系数 V_i	是否需要改进	成本改进期望值 ΔC（万元）
1	承受荷载	90	100	0.90	是	-10
2	保温	50	50	1.00	否	0
3	防水	25	20	1.25	否	—
4	防火	10	15	0.67	是	-5

由表 5-13 中的计算结果可以看到，承受荷载与防火两项功能的价值系数小于 1，说明实现该功能所花费的现实成本比目标成本大，应进行改进；保温功能的价值系数为 1，说明实现该功能所花费的现实成本等于目标成本，不需改进；防水功能的价值系数大于 1，说明实现该功能所花费的现实成本比目标成本小，可不需改进。

2）功能指数法。功能评价指数法是一种相对值法，用功能评价指数表达功能评价值，用功能成本指数表达成本值。

功能指数法的计算程序如下。

a. 功能指数的推算。功能评价指数 F_i，可以采用强制打分法（01 评分法或 04 评分法）；按功能重要性程度获得，也可通过综合评分法来确定，综合评分法的计算公式如下：

$$F_i = \frac{\text{第}\, i\, \text{个功能（或作业）的功能评分}}{\text{全部功能（或作业）的总评分}} \tag{5.6}$$

【例 5-8】 某施工方案的作业包括桩基围护工程、主体结构工程、装饰工程，各作业的重要性评分为 5、13、16，试计算各作业的功能指数。

解：根据功能评分法的计算公式计算，见表 5-14。

表 5-14 功能指数计算表

序号	作业名称	功能评分	功能指数
1	桩基围护工程	5	0.15
2	主体结构工程	13	0.38
3	装饰工程	16	0.47
合计		34	1

b. 成本指数的计算。根据各功能的现实成本与总成本计算各功能的成本指数如下：

$$C_i = \frac{\text{第 } i \text{ 个功能（或作业）的成本}}{\text{全部功能（或作业）的总成本}} \tag{5.7}$$

c. 计算出各个功能的价值指数。功能价值指数计算公式为：

$$V_i = F_i / C_i \tag{5.8}$$

d. 根据价值指数进行分析。根据计算结果：

若 $V_i = 1$，功能的目前成本是比较合理的；

若 $V_i < 1$，应将评价对象列为改进对象，改善方向主要是降低成本。

e. 确定目标成本。根据各功能的功能指数计算各功能（或作业）的目标成本，计算公式如下：

$$C'_i = F_i \times C \tag{5.9}$$

式中 C——各功能（或作业）的目标成本之和。

【例 5-9】 对某道路工程的施工方案进行价值工程分析，选择其路面工程作为价值工程的研究对象，已知路面功能包括强度、平整度和粗糙程度、不透水性、耐久性，施工方案中各项功能成本分别为 75 万、2 万、10 万、15 万元，各作业的功能评分为：25、1、5、5，试计算各功能的功能指数与价值指数，并分析应对哪些作业进行改进；若路面工程的目标成本为 95 万元，试确定各项作业的目标成本与成本改进期望值。

解：（1）功能指数的推算。采用综合评分法计算各功能的功能指数，见表 5-15。

表 5-15 功能系数计算表

序号	功能	功能评分	功能指数
1	强度	25	0.69
2	平整度和粗糙程度	1	0.03
3	不透水性	5	0.14
4	耐久性	5	0.14
合计		36	1

（2）成本指数和价值指数的计算。各作业的成本指数和价值指数见表 5-16。

表 5-16　功能的成本指数与价值指数计算表

功　能	功能指数	成本（万元）	成本指数	价值指数
强度	0.69	75	0.73	0.95
平整度和粗糙程度	0.03	2	0.02	1.50
不透水性	0.14	10	0.10	1.40
耐久性	0.14	15	0.15	0.93
合　计	1	102	1	

（3）由表 5-16 的计算结果可以看出，厂拌沥青和碾压的价值指数小于 1，所以应对此项作业进行改进，平整度和粗糙程度和不透水性的价值指数均大于 1，所以不需改进。

（4）确定各项作业的目标成本与成本改进期望值。根据式（5.9）计算各作业的目标成本，并根据目标成本与现实成本计算成本改进期望值，见表 5-17。

表 5-17　各作业的目标成本计算表

功　能	功能指数 (1)	现实成本（万元） (2)	按功能指数分配的目标成本（万元） (3)=(1)×95	成本改进期望值(万元) (4)=(3)-(2)
强度	0.69	75	65.55	-9.45
平整度和粗糙程度	0.03	2	2.85	0.85
不透水性	0.14	10	13.30	3.30
耐久性	0.14	15	13.30	-1.7
合　计	1	102	95	-7

三、价值工程的创新阶段

方案创新阶段包括：方案的改进和创新、方案的评价。

（一）方案的改进和创新

寻求或构思这种最佳方案的过程就是方案的创造过程，创造也可以理解为“组织人们通过对过去经验和知识的分析与综合以实现新的功能”。

价值工程能否取得成功，关键是功能分析评价之后能否构思出可行的方案，这是一个创造、突破、精制的过程。常采用头脑风暴法（BS 法）、模糊目标法（哥顿法）和专家函询法（德尔斐法）等。

（二）方案的评价

（1）方案评价一般分为概略评价、详细评价两种。

1）概略评价。是对创造出的方案从技术、经济和社会三个方面进行初步研究，其目的是从众多的方案中进行粗略筛选，使精力集中于优秀的方案，为详细评价作准备。

2）详细评价。是在掌握大量数据资料的基础上，对概略评价获得少数方案进行详尽的技术评价、经济评价和综合评价，为提案的编写和审批提供依据。详细评价是多目标决策问题，常用的方法有打分法、加权法等。

（2）方案评价的内容包括技术评价、经济评价和社会评价。

1）技术评价是对方案功能的必要性、必要程度（如性能、质量、寿命等）及实施的可能性进行分析评价。

2）经济评价。是对方案实施的经济效果（如成本、利润、节约额等）的大小进行分析评价。

3）社会评价。是对方案给国家和社会带来的影响（如环境污染、生态平衡、国民经济效益等）进行分析评价。

(3) 综合评价。是在技术评价、经济评价和社会评价的基础上对改进方案所做的一种全面、综合评价。

四、价值工程的实施阶段

通过综合评价选出的方案，送决策部门审批后便可实施。在实施过程中，应对方案的实施情况进行检查，注意做到健全组织、培训人员、反馈与提高，发现问题及时解决。方案实施完成后，要进行总结评价和验收。

5.2.3 价值工程在方案比选中的应用

在设计阶段，可以采用价值工程的方法对多个设计方案进行优选。价值工程在方案比选中的应用过程如下。

(1) 确定方案比选时应分析的功能。

(2) 计算各功能的权重。

(3) 计算各方案的功能加权得分，各方案的功能得分可通过加权评分法计算，计算公式如下：

$$W_{ij} = i\text{ 方案的第 } j\text{ 个功能的功能得分} \times \text{第 } j\text{ 个功能的权重} \tag{5.10}$$

$$W_i = \sum_{j=1}^{n} W_{ij} \tag{5.11}$$

式中 W_{ij}——第 i 个方案的第 j 项功能评分的加权值；

W_i——第 i 个方案的功能加权得分。

(4) 计算各方案的功能指数。方案的功能指数计算公式如下：

$$F_i = W_i / \sum W_i \tag{5.12}$$

式中 F_i——第 i 个方案的功能系数。

(5) 计算各方案的成本指数。方案的成本指数计算公式如下：

$$C_i = \frac{\text{各方案的成本}}{\text{所有方案的成本之和}} \tag{5.13}$$

式中 C_i——第 i 个方案的成本系数。

(6) 计算各方案的价值指数。方案的价值指数计算公式如下：

$$V_i = \frac{F_i}{C_i} \tag{5.14}$$

式中 V_i——第 i 个方案的价值系数。

当 $V_i = 1$ 时，表示该方案实现功能所花费的现实成本与目标成本相适应，方案可行。

当 $V_i < 1$ 时，表示该方案实现功能所花费的现实际成本比目标成本大，表示方案不可行。

当 $V_i > 1$ 时，表示该方案实现功能所花费的现实际成本比目标成本小，方案可行，且 V_i 越大方案越优，即 V_i 最大的方案为最优方案。

【例 5-10】 某公寓开发项目，有 4 个备选设计方案，有关专家决定从五个方面（F_1~F_5）对方案进行评价，各功能的重要性比较结果如下：F_1 与 F_4 比较重要，F_1 与 F_2 比较很重要 F_2 与 F_3 同样重要，F_4 与 F_5 同样重要；各方案的功能得分见表 5-18。各方案的单方造价分别为 2 720、2 830、2 850、2 960 元/m^2。试计算各功能的权重及各方案的价值指数，用价值指数法选择最佳设计方案。

表 5-18　方案功能得分表

方案功能	方案功能得分			
	A	B	C	D
F_1	10	8	10	8
F_2	9	9	9	9
F_3	8	7	8	10
F_4	9	9	9	9
F_5	9	8	8	9

解：（1）根据 04 评分法计算各功能的权重，见表 5-19。

表 5-19　04 评分法计算表

功能名称	F_1	F_2	F_3	F_4	F_5	功能得分	功能权重
F_1	×	4	4	3	3	14	0.350
F_2	0	×	2	1	1	4	0.100
F_3	0	2	×	1	1	4	0.100
F_4	1	3	3	×	2	9	0.225
F_5	1	3	3	2	×	9	0.225
合　计						40	1

（2）通过加权评分法计算各方案的功能得分，见表 5-20。

表 5-20　方案的功能加权得分计算表

功能名称	方案功能加权得分				功能权重
	A	B	C	D	
F_1	10×0.350=3.5	8×0.350=2.8	10×0.350=3.5	8×0.350=2.8	0.350
F_2	9×0.100=0.9	9×0.100=0.9	9×0.100=0.9	9×0.100=0.9	0.100
F_3	8×0.100=0.8	7×0.100=0.7	8×0.100=0.8	10×0.100=1.0	0.100
F_4	9×0.225=2.025	9×0.225=2.025	9×0.225=2.025	9×0.225=2.025	0.225
F_5	9×0.225=2.025	8×0.225=1.8	8×0.225=1.8	9×0.225=2.025	0.225
方案的功能加权得分	9.25	8.225	9.025	8.75	

（3）根据方案的功能加权得分，可计算各方案的功能指数，见表 5-21。

表 5-21 方案的功能指数计算表

方案名称	方案的功能加权得分	方案的功能指数
A	9.25	0.26
B	8.225	0.23
C	9.025	0.26
D	8.75	0.25
合　计	35.25	

（4）计算各方案的成本指数，见表 5-22。

表 5-22 方案的成本指数计算表

方案名称	方案的成本	方案的成本指数
A	2 720	0.24
B	2 830	0.25
C	2 850	0.25
D	2 960	0.26
合　计	11 160	1

（5）计算各方案的价值指数，见表 5-23。

表 5-23 方案的价值指数计算表

方案名称	方案的功能指数	方案的成本指数	方案的价值指数
A	0.26	0.24	1.08
B	0.23	0.25	0.92
C	0.26	0.25	1.04
D	0.25	0.26	0.96

（6）从表 5-23 中的计算结果可以看到，方案 A 和 C 的价值系数大于 1，方案可行；而方案 B 和 D 的价值系数小于 1，方案不可行。又有 $V_A>V_C$，即方案 A 的价值系数最大，所方案 A 为最优方案。

5.3 设计概算的编制与审查

5.3.1 设计概算的基础知识

一、设计概算的概念

设计概算是设计文件的重要组成部分，是由设计单位根据初步设计图纸及说明、概算定额、各项费用定额或取费标准、设备、材料预算价格等资料或参照类似工程预决算文件，编制和确定的建设工程项目从筹建至竣工交付使用所需全部费用的文件。

二、设计概算的内容

设计概算可分为单位工程概算、单项工程综合概算和建设工程项目总概算三级概算编制形式。当建设项目为一个单项工程时，可采用单位工程概算、总概算两级概算编制形式。

(一) 单位工程概算

单位工程概算按其工程性质分为建筑工程概算和设备及安装工程概算两大类。

建筑工程概算包括土建工程概算、给排水采暖工程概算、通风空调工程概算、电气照明工程概算、弱电工程概算、特殊构筑物工程概算。

设备及安装工程概算包括机械设备及安装工程概算、电气设备及安装工程概算、热力设备及安装工程概算以及工器具及生产家具购置费概算。

(二) 单项工程综合概算

是由单项工程中的各单位工程概算汇总编制而成的，是建设工程项目总概算的组成部分。对于一般工业与民用建筑工程而言，单项工程综合概算的组成内容如图 5-6 所示。

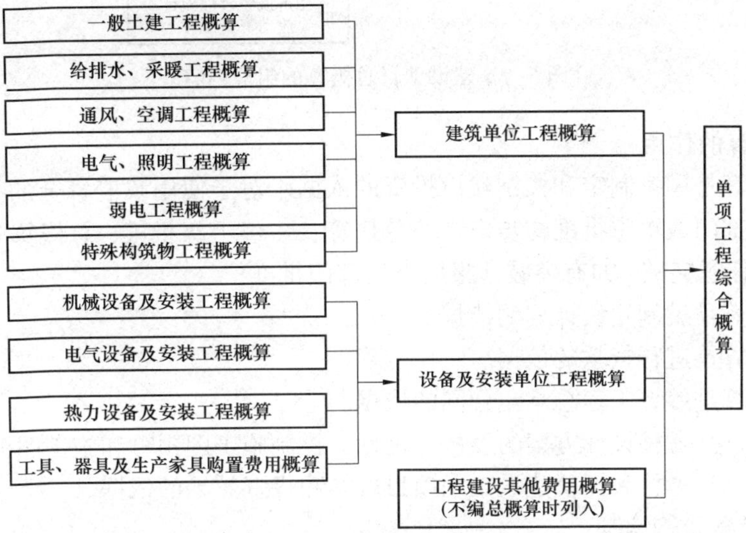

图 5-6　单项工程综合概算的组成内容

【例 5-11】 某建设项目只有一个单项工程不编制建设项目总概算，则该单项工程的综合概算除了单位建筑工程概算，设备及安装工程概算外，还应包括（　　）概算。

A. 工器具及生产家具购置费用

B. 工程建设其他费用

C. 给排水采暖工程

D. 特殊构筑物工程

解： 由于该建设项目只有一个单项工程而不编制建设项目总概算，此时该单项工程的综合概算应包括建筑单位工程概算、设备及安装工程概算、工程建设其他费用概算，因此 B 选项为正确选项。

(三) 建设项目总概算

建设项目总概算是以初步设计文件为依据，在单项综合概算的基础上计算建设项目概算总投资的成果文件，它是由各单项工程综合概算、工程建设其他费用概算、预备费、建设期利息和流动资金概算汇总编制而成的，如图 5-7 所示。

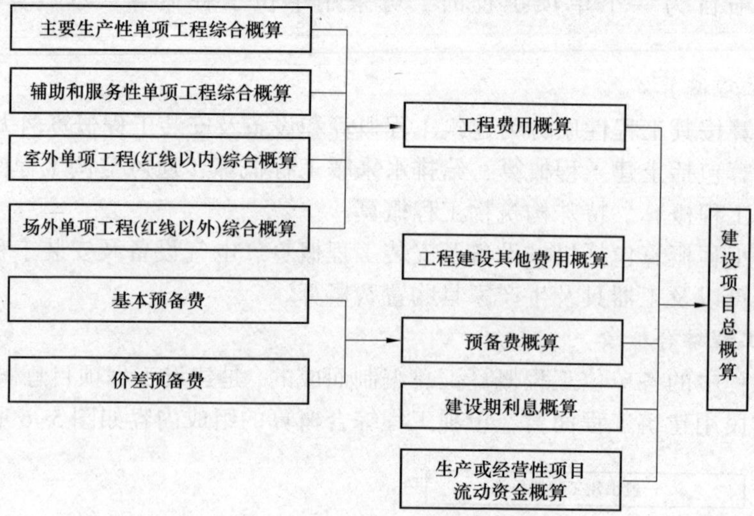

图 5-7 建设项目总概算的组成内容

三、设计概算的作用

(1) 设计概算是国家制定和控制建设投资的依据。对于使用政府资金的投资建设项目按照规定报请有关部门或单位批准初步设计及总概算，一经上级批准，总概算就是总造价的最高限额，不得有任意突破，如有突破须报原审批部门批准。

(2) 设计概算是编制建设计划的依据。

(3) 设计概算是进行贷款的依据。

(4) 设计概算是签订工程总承包合同的依据。

(5) 设计概算是考核设计方案的经济合理性，控制施工图预算和施工图设计的依据。

(6) 设计概算是考核和评价建设工程项目成本和投资效果的依据。

5.3.2 设计概算的编制

一、单位工程概算的编制方法

单位工程概算分建筑工程概算和设备及安装工程概算两大类。建筑工程概算的编制方法有：概算定额法、概算指标法、类似工程预算法等。设备及安装工程概算的编制方法有：预算单价法、扩大单价法、设备价值百分比法和综合吨位指标法等。

(一) 单位建筑工程概算编制方法

(1) 概算定额法。

a. 概算定额法的概念和适用范围。

(a) 概念。概算定额法又叫扩大单价法或扩大结构定额法，是采用概算定额编制建筑工程概算的方法。它根据初步设计图纸资料和概算定额的项目划分计算出工程量，然后套用概算定额单价（基价），计算汇总后，再计取有关费用，便可得出单位工程概算造价。

(b) 适用范围。概算定额法要求初步设计达到一定深度，建筑结构比较明确，能按照初步设计的平面、立面、剖面图纸计算出楼地面、墙身、门窗和屋面等分部工程（或扩大结构件）项目的工程量时，才可采用。

b. 概算定额法编制的步骤。

（a）列出单位工程中分项工程或扩大分项工程的项目名称，并计算其工程量。

（b）确定各分部分项工程项目的概算定额单价。

（c）计算单位工程人、材、机费。

特别提示

如果规定有地区的人工、材料价差调整指标，计算人、材、机费时，按规定的调整系数或其他调整方法进行调整计算。

（d）计算企业管理费、利润、规费和税金；

企业管理费=计算基础×企业管理费费率 （5.15）

利润=计算基础×利润率 （5.16）

规费=计算基础×社会保险费和住房公积金率+工程排污费 （5.17）

税金=（人、材、机费+企业管理费+利润+规费）×综合税率 （5.18）

（e）计算单位工程概算造价。计算公式如下：

单位工程概算造价=人、材、机费+企业管理费+利润+规费+税金 （5.19）

（f）编写概算编制说明。

【例 5-12】 某市拟建一座 8 350m^2 图书馆，已知工程量和扩大单价见表 5-24，试编制出该图书馆土建工程设计概算造价和平方米造价。各项费率分别为：以定额人工费为基数的企业管理费费率为 50%，利润率为 30%，社会保险费和公积金费率为 25%，按标准缴纳的工程排污费为 50 万元，综合税率为 3.48%。

表 5-24 **图书馆土建工程量和扩大单价**

分部工程名称	单位	工程量	扩大单价（元）	其中：人工费（元）
基础工程	10m^3	180	2 600	260
混凝土及钢筋混凝土	10m^3	200	7 800	360
砌筑工程	10m^3	300	3 600	660
地面工程	100m^2	40	12 000	130
楼面工程	100m^2	90	18 000	2 000
卷材屋面	100m^2	50	14 700	1 500
门窗工程	100m^2	35	55 600	10 000
脚手架	100m^2	180	900	180

解： 根据概算定额法编制单位工程概算，见表 5-25。

表 5-25 **图书馆土建工程量和扩大单价**

序号	分部工程或费用名称	单位	工程量	单价（元）	合价（元）
1	基础工程	10m^3	180	2 600	468 000
2	混凝土及钢筋混凝土	10m^3	200	7 800	1 560 000
3	砌筑工程	10m^3	300	3 600	1 080 000

续表

序号	分部工程或费用名称	单位	工程量	单价（元）	合价（元）
4	地面工程	$100m^2$	40	12 000	480 000
5	楼面工程	$100m^2$	90	18 000	1 620 000
6	卷材屋面	$100m^2$	50	14 700	735 000
7	门窗工程	$100m^2$	35	55 600	1 946 000
8	脚手架	$100m^2$	180	900	162 000
A	人、材、机费合计	以上 8 项之和			8 051 000
B	其中：人工费				959 400
C	企业管理费	B×50%			479 700
D	利润	B×30%			287 820
E	规费	B×25%+500 000			739 850
F	税金	（A+C+D+E）×3.48%			332 631
概算造价		A+C+D+E+F			9 891 001
平方米造价		9 891 001÷8 350			1 185

（2）概算指标法。

1）概算指标法的概念与适用范围。

a. 概念。概算指标法是一种用拟建的厂房、住宅的建筑面积（或体积）乘以技术条件相同或基本相同工程的概算指标，得出人、材、机费，然后按规定计算出企业管理费、利润、规费和税金等，编制出单位工程概算的方法。

b. 适用范围。概算指标法的适用范围是当初步设计深度不够，不能准确地计算出工程量，但工程设计技术比较成熟而又有类似工程概算指标可以利用时，可采用此法。由于其编制速度快，因此对一般附属、辅助和服务工程等项目，以及住宅和文化福利工程项目或投资比较小、比较简单的工程项目投资概算有一定实用价值。

特别提示

概算指标法适用的情况包括：

(1) 在方案设计中，由于设计无详图而只有概念性设计时，或初步设计深度不够，不能准确地计算出工程量，但工程设计采用的技术比较成熟时可以选定与该工程相似类型的概算指标编制概算。

(2) 设计方案急需造价估算而又有类似工程概算指标可以利用的情况。

(3) 图样设计间隔很久后再来实施，概算造价不适用于当前情况而又急需确定造价的情形下，可按当前概算指标来修正原有概算造价。

(4) 通用设计图设计可组织编制通用图设计概算指标来确定造价。

2）拟建工程结构特征与概算指标相同时的计算。在使用概算指标法时，如果拟建工程在建设地点、结构特征、地址及自然条件、建筑面积等方面与概算指标相同或者相近，就可直接套用概算指标编制概算。

根据选用的概算指标的内容，可选用两种套用方法。

a. 以指标中所规定的工程每平方米或立方米的造价指标，乘以拟建单位工程建筑面积或者体积，得出单位工程的人、材、机费，再计算其他费用，即可求出单位工程的概算造价。人、材、机费计算公式为：

$$人、材、机费=概算指标算 m^2（m^3）工程造价×拟建工程建筑面积（体积） \tag{5.20}$$

这种简化方法的计算结果参照的是概算指标编制时期的价格标准，未考虑拟建工程建设时期与概算指标编制时期的价差，所以在计算人、材、机费后还应用物价指数另行调整。

b. 以概算指标中规定的每 $100m^2$ 建筑物面积（或 $1\,000m^3$ 体积）所耗人工工日数、主要材料数量为依据，首先计算拟建工程人工、主要材料消耗量，再计算人、材、机费，并取费。在概算指标中，一般规定了 $100m^2$ 建筑物面积（或 $1\,000m^3$ 体积）所耗工日数、主要材料数量，通过套用拟建地区当时的人工工资单价和主材料预算价格，便可得到每 $100m^2$ 建筑物面积（或 $1\,000m^3$ 体积）建筑物的人工费和主材费而无须再作价差调整。计算公式为：

$$100m^2 建筑物面积的主要材料费=(指标规定的主要材料数量×地区材料预算单价) \tag{5.21}$$

$$100m^2 建筑物面积的其他材料费=主要材料费×其他材料费占主要材料费的百分比 \tag{5.22}$$

$$100m^2 建筑物面积的施工机具使用费=(人工费+主要材料费+其他材料费)×施工机具使用费所占百分比 \tag{5.23}$$

$$每 m^2 建筑面积的人、材、机费=(人工费+主要材料费+其他材料费+施工机具使用费)/100 \tag{5.24}$$

根据人、材、机费，结合其他各项取费方法，分别计算措施费、企业管理费、利润和税金，得到每 m^2 建筑面积的概算单价，乘以拟建单位工程的建筑面积，即可得到单位工程概算造价。

3）拟建工程结构特征与指标有差异时的调整。由于拟建工程往往与类似工程的概算指标的技术条件不尽相同，而且概算编制年份的设备、材料、人工等价格与拟建工程当时当地的价格也会不同，在实际工作中，还经常会遇到拟建对象的结构特征与概算指标中规定的结构特征有局部不同的情况，因此必须对概算指标进行调整后方可套用。

a. 调整概算指标中的每 m^2（m^3）造价。当设计对象的结构特征与概算指标有局部差异时需要进行这种调整。这种调整方法是将原概算指标中的单位造价进行调整（仍使用人、材、机费指标），扣除每 m^2（m^3）原概算指标中与拟建工程结构不同部分的造价，增加每 m^2（m^3）拟建工程与概算指标结构不同部分的造价，使其成为与拟建工程结构相同的工料单价。计算公式为：

$$结构变化修正概算指标（元/m^2 或 m^3）= J + Q_1 \cdot P_1 - Q_2 \cdot P_2 \tag{5.25}$$

式中　J——原概算指标；

Q_1——概算指标中换入结构的工程量；

Q_2——概算指标中换出结构的工程量；

P_1——换入结构的工料单价；

P_2——换出结构的工料单价。

则拟建单位工程造价为：

人、材、机费=修正后的概算指标×拟建工程建筑面积（或体积） (5.26)

求出人、材、机费后，再按照规定的取费方法计算其他费用，最终得到单位工程概算造价。

【例 5-13】 某学生宿舍建筑面积为 2 400m²，按概算指标计算每平方米建筑面积的工料单价为 850 元，因设计图纸与所选用的概算指标有差异，每 100m² 建筑面积发生了如表 5-26 所示的变化，则修正后的工料单价为多少？学生宿舍人、材、机费为多少？

表 5-26 某学生宿舍每 100m² 建筑面积概算指标调整表

	项目名称	数量（m²）	单价（元）
概算指标（换出部分）	A	80	12
	B	150	6
设计规定（换入部分）	C	65	18
	D	45	14

解：由式（5.25）得：

$$结构变化修正概算指标（元/m^2）= J + Q_1 \times P_1 - Q_2 \times P_2$$

$$= 850 - 12 \times \frac{80}{100} - 6 \times \frac{150}{100} + 18 \times \frac{65}{100} + 14 \times \frac{45}{100}$$

$$= 849.4（元/m^2）$$

注：由于概算指标单位为每 m² 建筑面积，而题中所给的数量均为每 100m² 建筑面积的数量，所以在计算修正概算指标时应将各项目的数量换算为每 m² 建筑面积所需的数量。

由式（5.26）得：

人、材、机费=修正后的概算指标×拟建工程建筑面积（或体积）

=849.4×2 400=2 038 560（元）

b. 调整概算指标中的工、料、机数量。将原概算指标中每 100 m²（或 1 000m³）建筑面积（体积）中的工、料、机数量进行调整，扣除原概算指标中与拟建工程结构不同部分的工、料、机消耗量，增加拟建工程与概算指标结构不同部分的工、料、机消耗量，使其成为与拟建工程结构相同的每 100m²（或 1 000m³）建筑面积（体积）工、料、机数量。其公式为：

结构变化修正概算指标的工、料、机数量=原概算指标的工、料、机数量+换入结构件工程量×相应定额工、料、机消耗量-换出结构件工程量×相应定额工、料、机消耗量 (5.27)

（3）类似工程预算法。是利用技术条件与设计对象相类似的已完工程或在建工程的工程造价资料来编制拟建工程设计概算的方法。

类似工程预算法适用于拟建工程初步设计与已完工程或在建工程的设计相类似而又没有可用的概算指标时采用，但必须对建筑结构差异和价差进行调整。

建筑结构差异的调整方法与概算指标法的调整方法相同，主要包括以下两种情况。

1）建筑结构差异的调整。调整方法与概算指标法的调整方法相同，即先确定有差别的项目，分别按每一项目算出结构构件的工程量和单位价格（按编制概预算工程所在地区的单价），然后以类似预算中相应（有差别）的结构构件的工程数量和单价为基础，算出总差价。

将类似预算的人、材、机费总额减去（或加上）这部分差价，就得到结构差异换算后的人、材、机费，再行取费，得到结构差异换算后的差价。

2）差价调整。类似工程造价的价差调整方法通常有两种。

一是类似工程造价资料在有具体的人工、材料、机械台班的用量时，可按类似工程造价资料中的主要材料用量、工日数量、机械台班数量，乘以拟建工程所在地的主要材料预算价格、人工单价、机械台班单价，计算出人、材、机费，再计算工程其他各项费用，即可得出所需的造价指标。

二是类似工程造价资料在只有人工、材料、机械台班费用和其他各项费用和费率时，可按下面公式调整，即：

$$D = A \times K \tag{5.28}$$

其中，

$$K = a\%K_1 + b\%K_2 + c\%K_3 + d\%K_4 \tag{5.29}$$

式中　D——拟建工程成本单价；

A——类似工程成本单价；

K——成本单价综合调整系数；

$a\%$、$b\%$、$c\%$、$d\%$——分别是类似工程预算的人工费、材料费、施工机具使用费、其他各项费用占预算成本的比重；

K_1、K_2、K_3、K_4——分别是拟建工程地区与类似工程地区人工费、材料费、施工机具使用费、其他各项费用之间的差异系数。

（二）单位设备及安装工程概算编制方法

单位设备安装工程概算的主要内容包括单位设备及工器具购置费概算和单位设备安装工程费概算。

（1）编制依据。

1）有关设备及安装工程的初步设计图纸、设计说明书、设备数量表和主要材料表；

2）设备及工器具价目表、材料预算价格及当地实行的运杂费率标准；

3）设备安装工程费用概算定额或概算指标。

（2）计算方法。

1）设备及工器具购置费概算。可参见第 2 章的计算方法。

2）设备安装工程概算编制方法。

a. 预算单价法。当初步设计较深，有详细的设备清单时，可直接按安装工程预算定额单价编制安装工程概算。

b. 扩大单价法。当初步设计深度不够，设备清单不完整，只有主体设备或仅有成套设备质量时，可采用主体设备、成套设备的综合扩大安装单价来编制概算。

c. 设备价值百分比法。又称安装设备百分比法。当初步设计深度不够，只有设备出厂价而无详细规格质量时，安装费可按占设备费的百分比计算。计算式为：

$$设备安装费=设备原价\times 安装费率（\%） \tag{5.30}$$

【例 5-14】 某拟建项目订购了 30t 的国产非标准设备，订货合同价格 15 000 元/t，已知设备运杂费率为 8%，设备安装费率为 20%，该项目的设备安装工程概算价值为（　　）万元。

A. 0.3　　B. 9.00　　C. 0.324　　D. 9.7

解析：正确选项为 B。由于设备安装费=设备原价×安装费率，而设备原价为 15 000×30=450 000（元），设备安装费率为 20%，设备安装费=450 000×20%=90 000（元）。

d. 综合吨位指标法。当初步设计提供设备质量清单有规格和设备质量时，可采用综合吨位指标编制概算，计算式为：

$$设备安装费=设备吨重×每吨设备安装费指标 \tag{5.31}$$

二、单项工程综合概算的编制

单项工程综合概算文件一般包括编制说明、综合概算表两部分。

（1）编制说明。主要包括编制依据、编制方法、主要设备和材料的数量及其他有关问题。

（2）综合概算表。是根据单项工程所辖范围内的各单位工程概算等基础资料，按照国家规定的统一表格进行编制。

特别提示

当建设项目只有一个单项工程时，此时综合概算文件（实为总概算表）除包括编制说明和综合概算表外，还应包括工程建设其他费用、建设期利息和预备费的概算。

三、建设工程项目总概算的编制

建设工程项目总概算简称"总概算"，是初步设计文件的组成部分，是确定一个建设项目从筹建到竣工验收的全部建设过程的全部建设费用的文件。总概算包括表格和编制说明。

（1）表格。设计概算中的表格主要包括下列表格。

1）总概算表。第一部分列工程费用，主要是建筑安装工程费用和设备及工器具购置费，以工业建设项目为例，应包括主要生产工程项目、辅助生产工程项目、公用设施工程项目、生活福利文化教育服务性工程项目等列示；第二部分列工程建设其他费用，包括土地征用及拆迁补偿费或批租地价、建设单位管理费、勘察设计费、研究试验费、联动负荷试车费、工程监理费等，此外还列有工程预备费、建设期利息、流动资金、总概算价值等。

2）工程建设其他费用概算表。

3）单项工程综合概算表。

4）单位工程概算表。

（2）编制说明。应包括工程概况、编制原则、编制依据、投资构成分析、主要设备和材料的用量，以及存在的问题和建议。审定的总概算，是确定建设项目投资额、编制固定资产投资计划和控制投资规模的依据，也是考核设计经济合理性和建设成本的依据。建设工程项目总概算由各单项工程综合概算及其他工程和费用概算综合汇编而成。

5.3.3 设计概算的审查

一、审查设计概算的意义

（1）审查设计概算，有利于合理分配投资资金、加强投资计划管理，有助于合理确定和有效控制工程造价。设计概算编制偏高或偏低，不仅影响工程造价的控制，也会影响投资计划的真实性，影响投资资金的合理分配。

（2）审查设计概算，有利于促进概算编制单位严格执行国家有关概算的编制规定和费用标准，从而提高概算的编制质量。

（3）审查设计概算，有利于促进设计的技术先进性与经济合理性。概算中的技术经济指标，是概算的综合反映，与同类工程对比，便可看出它的先进与合理程度。

（4）审查设计概算，有利于核定建设项目的投资规模，可以使建设项目总投资力求做到准确、完整，防止任意扩大投资规模或出现漏项，从而减少投资缺口，缩小概算与预算之间的差距，避免故意压低概算投资，搞“钓鱼”项目，最后导致实际造价大幅度地突破概算。

（5）经审查的概算，有利于为建设项目投资的落实提供可靠的依据。打足投资，不留缺口，有助于提高建设项目的投资效益。

二、设计概算的审查内容

（1）审查概算的编制是否符合国家、地方的方针、政策，是否根据工程所在地的自然条件的编制。

（2）审查建设规模（投资规模、生产能力等）、建设标准（用地指标、建筑标准等）、配套工程、设计定员等是否符合原批准的可行性研究报告或立项批文的标准。对总概算投资超过批准投资估算 10%以上的，应查明原因，重新上报审批。

【例 5-15】 某项目批准的投资估算为 65 万元，则若该项目的概算为（　　）时，设计概算需要重新上报审批。

A. 60 万元　　B. 65 万元　　C. 68 万元　　D. 72 万元

解析：正确选项为 D。由于对总概算投资超过批准投资估算 10%以上的，应查明原因，重新上报审批，而备选选项中只有 D 选项的设计概算超过的投资估算的 10%以上。

（3）审查编制方法、计价依据和程序是否符合现行规定，包括定额或指标的适用范围和调整方法是否正确。进行定额或指标的补充时，要求补充定额的项目划分、内容组成、编制原则等要与现行的定额精神相一致等。

（4）审查工程量是否正确。工程量的计算是否根据初步设计图纸、概算定额、工程量计算规则和施工组织设计的要求进行，有无多算、重算和漏算，尤其对工程量大、造价高的项目要重点审查。

（5）审查材料用量和价格。审查主要材料（钢材、木材、水泥、砖）的用量数据是否正确，材料预算价格是否符合工程所在地的价格水平，材料价差调整是否符合现行规定及其计算是否正确等。

（6）审查设备规格、数量和配置是否符合设计要求，是否与设备清单相一致，设备预算价格是否真实，设备原价和运杂费的计算是否正确，非标准设备原价的计价方法是否符合规定，进口设备的各项费用的组成及其计算程序、方法是否符合国家主管部门的规定。

（7）审查建筑安装工程的各项费用的计取是否符合国家或地方有关部门的现行规定，计算程序和取费标准是否正确。

（8）审查综合概算、总概算的编制内容、方法是否符合现行规定和设计文件的要求，有无设计文件外项目，有无将非生产性项目以生产性项目列入。

（9）审查总概算文件的组成内容，是否完整地包括了建设项目从筹建到竣工投产为止的全部费用组成。

（10）审查工程建设其他各项费用。这部分费用内容多、弹性大，约占项目总投资 25%以上，要按国家和地区规定逐项审查，不属于总概算范围的费用项目不能列入概算，具体费率或计取标准是否按国家、行业有关部门规定计算，有无随意列项、有无多列、交叉计列和漏项等。

(11) 审查项目的"三废"治理。拟建项目必须同时安排"三废"(废水、废气、废渣)的治理方案和投资,对于未作安排或漏项或多算、重算的项目,要按国家有关规定核实投资,以满足"三废"排放达到国家标准。

(12) 审查技术经济指标。技术经济指标计算方法和程序是否正确,综合指标和单项指标与同类型工程指标相比,是偏高还是偏低,其原因是什么并予纠正。

(13) 审查投资经济效果。设计概算是初步设计经济效果的反映,要按照生产规模、工艺流程、产品品种和质量,从企业的投资效益和投产后的运营效益全面分析,是否达到了先进可靠、经济合理的要求。

三、审查设计概算的方法

采用适当方法审查设计概算,是确保审查质量、提高审查效率的关键。常用方法如下。

(1) 对比分析法。主要是通过建设规模、标准与立项批文对比;工程数量与设计图纸对比;综合范围、内容与编制方法、规定对比;各项取费与规定标准对比;材料、人工单价与统一信息对比;引进设备、技术投资与报价要求对比;技术经济指标与同类工程对比等。通过以上对比,容易发现设计概算存在的主要问题和偏差。

(2) 查询核实法。是对一些关键设备和设施、重要装置、引进工程图纸不全、难以核算的较大投资进行多方查询核对,逐项落实的方法。主要设备的市场价向设备供应部门或招标公司查询核实;重要生产装置、设施向同类企业(工程)查询了解;引进设备价格及有关费税向进出口公司调查落实;复杂的建筑安装工程向同类工程的建设、承包、施工单位征求意见;深度不够或不清楚的问题直接同原概算编制人员、设计者询问清楚。

(3) 联合会审法。联合会审前,可先采取多种形式分头审查,包括设计单位自审,主管、建设、承包单位初审,工程造价咨询公司评审,邀请同行专家预审,审批部门复审等,经层层审查把关后,由有关单位和专家进行联合会审。在会审大会上,由设计单位介绍概算编制情况及有关问题,各有关单位、专家汇报初审、预审意见。然后进行认真分析、讨论,结合对各专业技术方案的审查意见所产生的投资增减,逐一核实原概算出现的问题。经过充分协商,认真听取设计单位意见后,实事求是地处理和调整。

四、审查问题和偏差的处理

设计概算审查后,对审查中发现的问题和偏差,按照单项、单位工程的顺序,先按设备费、安装费、建筑费和工程建设其他费用分类整理。然后按照静态投资、动态投资和流动资金三大类,汇总核增或核减的项目及其投资额。最后将具体审核数据,按照"原编概算""审核结果""增减投资""增减幅度"四栏列表,并按照原总概算表汇总顺序,将增减项目逐一列出,相应调整所属项目投资合计,再依次汇总审核后的总投资及增减投资额。对于差错较多、问题较大或不能满足要求的,责成按会审意见修改返工后,重新报批;对于无重大原则问题,深度基本满足要求,投资增减不多的,当场核定概算投资额,并提交审批部门复核后,正式下达审批概算。

5.4 施工图预算的编制与审查

5.4.1 施工图预算的基础知识

一、施工图预算的概念

施工图预算是施工图设计预算的简称,又称设计预算。是由设计单位在施工图设计完成后，根据施工图设计图纸、现行预算定额、费用定额以及地区设备、材料、人工、施工机械台班等预算价格编制和确定的建筑安装工程造价的文件。

二、施工图预算的作用

(1) 施工图预算是设计阶段控制工程造价的重要环节，是控制施工图设计不突破设计概算的重要措施。

(2) 施工图预算是施工单位进行施工准备的依据，是施工单位在施工前组织材料、机具、设备及劳动力供应的重要参考，是施工单位编制进度计划、统计完成工作量、进行经济核算的参考依据。

(3) 对于实行施工招标的工程，施工图预算既是编制招标控制价或标底的依据，也是确定投标报价的基础。

(4) 对于不宜实行招标而采用施工图预算加调整价结算的工程，施工图预算可作为确定合同价款的基础或作为审查施工企业提出的施工图预算的依据。

三、施工图预算的内容

施工图预算有单位工程预算、单项工程预算和建设项目总预算。单位工程预算是根据施工图设计文件、现行预算定额、费用定额以及人工、材料、设备、机械台班等预算价格资料，以一定方法，编制单位工程的施工图预算；然后汇总所有各单位工程施工图预算，成为单项工程施工图预算；再汇总所有单项工程施工图预算，便是一个建设项目建筑安装工程的总预算。

单位工程预算包括建筑工程预算和设备安装工程预算。建筑工程预算按其工程性质分为一般土建工程预算，卫生工程预算（包括室内外给排水工程、采暖通风工程、煤气工程等），电气、照明工程预算，弱电工程预算，特殊构筑物如炉窑、烟囱、水塔等工程预算和工业管道工程预算等。设备安装工程预算可分为机械设备安装工程预算、电气设备安装工程预算和热力设备安装工程预算等。

5.4.2　施工图预算的编制

一、单位工程施工图预算的编制

单位工程施工图预算包括建筑安装工程费和设备及工器具购置费，设备及工器具购置费预算可参照第 2 章的计算方法。

单位工程施工图预算中的建筑安装工程费应根据施工图设计文件、预算定额（或综合单价）以及人工、材料及施工机械台班等价格资料进行计算，主要编制方法有单价法、实物量法。其中单价法分为定额单价法、工程量清单单价法，在单价法中使用较多的还是定额单价法。

(1) 定额单价法。又称工料单价法或预算单价法，是指分部分项工程的单价为人、材、机单价，将分部分项工程量乘以对应分部分项工程单价后的合计作为人、材、机费，人、材、机费汇总后，再根据规定的计算方法计取企业管理费、利润、规费和税金，将上述费用汇总后得到该单位工程的施工图预算造价。定额单价法中的单价一般采用地区统一单位估价表中的各分项工程工料单价（定额单价）。定额单价法的计算公式如式（5.32）。

$$\text{建筑安装工程预算造价}=(\sum \text{分项工程量}\times\text{分项工程单价})+\text{企业管理费}+\text{利润}+\text{规费}+\text{税金} \tag{5.32}$$

定额单价法编制施工图预算的基本步骤如图 5-8 所示。

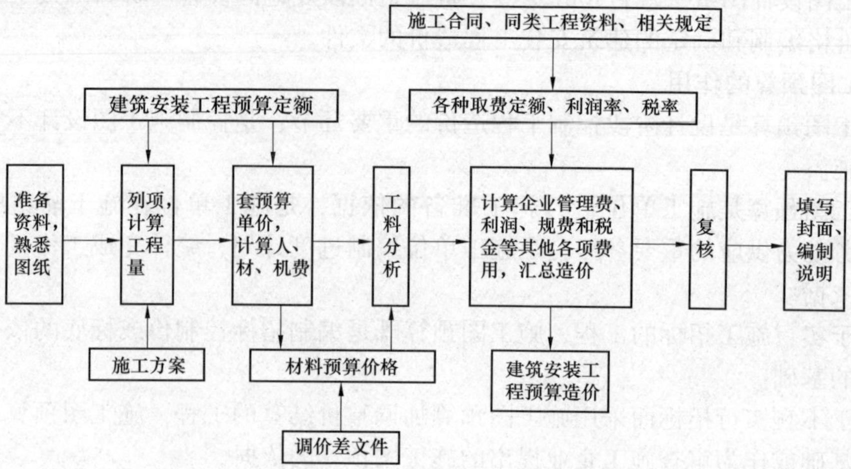

图 5-8 定额单价法编制施工图预算流程图

（2）实物量法。是首先根据施工图纸分别计算出分项工程量，然后套用相应预算人工、材料、机械台班的定额消耗量，分类汇总得出该单位工程所需的全部人工、材料、施工机械台班消耗量，再分别乘以工程所在地当时的人工、材料、机械台班的实际单价，求出单位工程人工费、材料费和施工机具使用费，根据规定的计算方法计取企业管理费、利润、规费和税金，最后将上述费用汇总后得到该单位工程的施工图预算造价。实物量法编制施工图预算的公式如下：

$$单位工程人、材、机费 = 综合工日消耗量 \times 综合工日单价 + \sum(各种材料消耗量 \times 相应材料单价) + \sum(各种机械消耗量 \times 相应机械台班单价) \tag{5.33}$$

$$建筑安装工程预算造价 = 单位工程人、材、机费 + 企业管理费 + 利润 + 规费 + 税金 \tag{5.34}$$

实物量法编制施工图预算的基本步骤如图 5-9 所示。

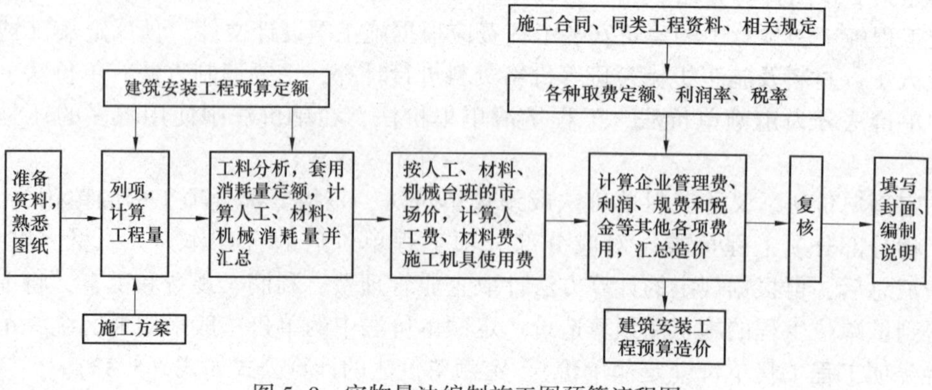

图 5-9 实物量法编制施工图预算流程图

特别提示

定额单价法是目前国内编制施工图预算的主要方法，具有计算简单，工作量较小和编制速度较快，便于工程造价管理部门集中统一管理的优点。但由于是采用事先编制好的统一的单位估价表，其价格水平只能反映定额编制年份的价格水平。在市场经济价格波动较大的情况下，定额单价法的计算结果会偏离实际价格水平，虽然可采用调价，但调价系数和指数从测定到颁布又滞后且计算也较烦琐。

实物量法的优点是能较及时地反映各种材料、人工、机械的当时当地市场单价，计入预算价格，不需调价，反映当时当地的工程价格水平。

二、单项工程综合预算的编制

单项工程综合预算造价由组成该单项工程的各个单位工程预算造价汇总而成。计算公式为：

$$单项工程施工图预算=\sum单位建筑安装工程费+\sum单位设备及工器具购置费 \quad (5.35)$$

三、建设项目总预算的编制

建设项目总预算由组成该建设项目的各个单项工程综合预算，以及经计算的工程建设其他费、预备费、建设期利息及流动资金汇总而成，计算公式为：

$$总预算=\sum单项工程施工图预算+工程建设其他费+预备费+建设期利息+流动资金 \quad (5.36)$$

5.4.3　施工图预算的审查

一、审查施工图预算的内容

审查施工图预算的重点，应该放在编制依据、工程量计算、预算单价套用、设备材料预算价格取定是否正确，各项费用标准是否符合现行规定等方面。

（一）审查编制的依据

（1）审查编制依据是否合法。采用的各种编制依据应经国家有关部门批准发布，符合国家编制规定。

（2）审查编制依据的时效性。各种计价依据如定额、价格、取费标准等，应根据国家有关部门的现行规定进行，注意有无调整和新的规定。

（3）审查编制依据的适用范围。各种编制依据都有规定的适用范围，既要符合一定时间某种专业和某个地区的规定，又要符合编制依据计价要求。

（二）审查工程量

（1）土方工程。

1）平整场地、挖地槽、挖地坑、挖土方工程量的计算是否符合现行定额计算规定和施工图纸标注尺寸，土壤类别是否与勘察资料一致，地槽与地坑放坡、带挡土板是否符合设计要求，有无重算和漏算。

2）回填工程量应注意地槽、地坑回填土的体积是否扣除了基础所占体积，地面和室内填土的厚度是否符合设计要求。

3）运土方的审查除了注意运土距离外，还要注意运土数量是否扣除了就地回填的土方。

（2）打桩工程。

1）注意审查各种不同桩料，必须分别计算，施工方法必须符合设计要求。

2）桩料长度必须符合设计要求，桩料长度如果超过一般桩料长度需要接桩时，注意审接头数是否正确。

（3）砌筑工程。

1）墙基和墙身的划分是否符合规定。

2）按规定不同厚度的内、外墙是否是分别计算的，应扣除的门窗洞口及埋入墙体各种钢筋混凝土梁、柱等是否已扣除。

3）不同砂浆标号的墙和定额规定按立方米或按平方米计算的墙，有无混淆、错算或漏算。

（4）混凝土及钢筋混凝土工程。

1）现浇与预制构件是否分别计算，有无混淆。

2）现浇柱与梁，主梁与次梁及各种构件计算是否符合规定，有无重算或漏算。

3）有筋与无筋构件是否按设计规定分别计算，有无混淆。

4）钢筋混凝土的含钢量与预算定额的含钢量发生差异时，是否按规定予以增减调整。

（5）木结构工程。

1）门窗是否区分不同种类，按门、窗洞口面积计算。

2）木装修的工程量是否按规定分别以延长米或平方米计算。

（6）楼地面工程。

1）楼梯抹面是否按踏步和休息平台部分的水平投影面积计算。

2）细石混凝土地面找平层的设计厚度与定额厚度不同时，是否按其厚度进行换算。

（7）屋面工程。卷材屋面工程是否与屋面找平层工程量相等；屋面保温层的工程量是否按屋面层的建筑面积乘以保温层平均厚度计算，不做保温层的挑檐部分是否按规定不作计算。

（8）构筑物工程。当烟囱和水塔定额是以座编制时，地下部分已包括在定额内，按规定不能再另行计算。审查是否符合要求，有无重算。

（9）装饰工程。内墙抹灰的工程量是否按墙面的净高和净宽计算，有无重算或漏算。

（10）金属构件制作工程。金属构件制作工程量多数以吨为单位。在计算时，型钢按图示尺寸求出长度，再乘以每米的重量；钢板要求算出面积，再乘以每平方米的重量。审查是否符合规定。

（11）水暖工程。室内外排水管道、暖气管道的划分是否符合规定；各种管道的长度、口径是否按设计规定和定额计算；室内给水管道不应扣除阀门、接头零件所占的长度，但应扣除卫生设备（浴盆、卫生盆、冲洗水箱、淋浴器等）本身所附带的管道长度，审查是否符合要求，有无重算；室内排水工程采用承插铸铁管，不应扣除异形管及检查口所占长度，室外排水管道是否已扣除了检查井与连接井所占的长度；暖气片的数量是否与设计一致。

（12）电气照明工程。灯具的种类、型号、数量是否与设计图一致；线路的敷设方法、线材品种等，是否达到设计标准，工程量计算是否正确。

（13）设备及其安装工程。设备的种类、规格、数量是否与设计相符，工程量计算是否正确，有无把不需安装的设备作为安装的设备计算安装工程费用。

（三）审查预算单价的套用

（1）预算中所列各分项工程预算单价是否与现行预算定额的预算单价相符，其名称、规格、计量单位和所包括的工程内容是否与单位估价表一致。

（2）审查换算的单价，是否是定额允许换算的，换算是否正确。

（3）审查补充定额和单位估价表的编制是否符合编制原则，单位估价表计算是否正确。

（四）审查设备、材料的预算价格

设备、材料的预算价格是施工图预算造价所占比例大、变化最大的内容，要重点审查。

（1）审查设备、材料的预算价格是否符合工程所在地的真实价格及价格水平。若是采用市场价格，要核实其真实性、可靠性；若是采用有关部门公布的信息价，要注意信息价的时间、地点是否符合要求，是否要按规定调整。

（2）设备、材料的原价确定方法是否正确。非标准设备的原价的计价依据、方法是否正确、合理。

（3）设备的运杂费率及其运杂费的计算是否正确，材料预算价格的各项费用的计算是否符合规定、是否正确。

（五）审查其他有关费用

其他有关费用包括的内容，各地不一，具体计算时，应按当时的现行规定执行。审查时要注意是否符合规定和定额要求。同时，还要注意以下几个方面。

（1）其他有关费用和企业管理费等的计取基础是否符合现行规定，有无不能作为计费基础费用，列入计费的基础。

（2）预算外调增的材料差价是否计取了企业管理费等。人、材、机费用发生增减后，有关费用是否相应做了调整。

（3）有无巧立名目，乱计费、乱摊费用现象。

二、审查施工图预算的方法

审查施工图预算方法较多，主要有全面审查法、标准预算审查法、分组计算审查法、筛选审查法、重点抽查法、对比审查法、利用手册审查法和分解对比审查法八种。

（1）全面审查法。又叫逐项审查法，就是按预算定额顺序或施工的先后顺序，逐一地全部进行审查的方法。其具体计算方法和审查过程与编制施工图预算基本相同。此方法的优点是全面、细致，经审查的工程预算差错比较少，质量比较高。缺点是工作量大。对于一些工程量比较小、工艺比较简单的工程，编制工程预算的技术力量又比较薄弱，可采用全面审查法。

（2）标准预算审查法。对于利用标准图纸或通用图纸施工的工程，先集中力量，编制标准预算，以此为标准审查预算的方法。按标准图纸设计或通用图纸施工的工程一般上部结构和做法相同，可集中力量细审一份预算或编制一份预算，作为这种标准图纸的标准预算，或以这种标准图纸的工程量为标准，对照审查，而对局部不同部分作单独审查即可。这种方法的优点是时间短、效果好、好定案；缺点是只适用按标准图纸设计的工程，适用范围小。

（3）分组计算审查法。是一种加快审查工程量速度的方法，把预算中的项目划分为若干组，并把相邻且有一定内在联系的项目编为一组，审查或计算同一组中某个分项工程量，利用工程量间具有相同或相似计算基础的关系，判断同组中其他几个分项工程量计算的准确程度的方法。

一般土建工程可以分为以下几个组。

1）地槽挖土、基础砌体、基础垫层、槽坑回填土、运土。

2）底层建筑面积、地面面层、地面垫层、楼面面层、楼面找平层、楼板体积、天棚抹灰、天棚、刷浆、屋面层。

3）内墙外抹灰、外墙内抹灰、外墙内面刷浆、外墙上的门窗和圈过梁、外墙砌体。

（4）对比审查法。是用已建成工程的预算或虽未建成但已审查修正的工程预算对比审查拟建的类似工程预算的一种方法。对比审查法，一般有以下几种情况，应根据工程的不同条件区别对待。

1）两个工程采用同一个施工图，但基础部分和现场条件不同。其新建工程基础以上部分可采用对比审查法；不同部分可分别采用相应的审查方法进行审查。

2）两个工程设计相同，但建筑面积不同。根据两个工程建筑面积之比与两个工程分部分项工程量之比基本一致的特点，可审查新建工程各分部分项工程的工程量。或用两个工程每平方米建筑面积造价以及每平方米建筑面积的各分部分项工程量，进行对比审查，如果基本相同，说明新建工程预算是正确的，反之，说明新建工程预算有问题，找出差错原因，加以更正。

3）两个工程的面积相同，但设计图纸不完全相同时，可把相同的部分，如厂房中的柱子、房架、屋面、砖墙等，进行工程量的对比审查，不能对比的分部分项工程按图纸计算。

（5）筛选审查法。筛选法是统筹法的一种，也是一种对比方法。建筑工程虽然有建筑面积和高度的不同，但是它们的各个分部分项工程的工程量、造价、用工量在每个单位面积上的数值变化不大，我们把这些数据加以汇集，优选，归纳为工程量、造价、用工三个单方基本值表，并注明其适用的建筑标准。这些基本值犹如“筛子孔”，用来筛选各分部分项工程，筛下去的就不审查了，没有筛下去的就意味着此分部分项的单位建筑面积数值不在基本值范围之内，应对该分部分项工程详细审查。当所审查的预算的建筑面积标准与“基本值”所适用的标准不同，就要对其进行调整。

（6）重点抽查法。是抓住工程预算中的重点进行审查的方法。审查的重点一般是：工程量大或造价较高、工程结构复杂的工程，补充单位估价表，计取的各项费用（计费基础、取费标准等）。重点抽查法的优点是重点突出，审查时间短，效果好。

（7）利用手册审查法。是把工程中常用的构件、配件，事先整理成预算手册，按手册对照审查的方法。如工程常用的预制构配件：洗池、大便台、检查井、化粪池、碗柜等，几乎每个工程都有，把这些按标准图集计算出工程量，套上单价，编制成预算手册使用，可大大简化预结算的编审工作。

（8）分解对比审查法。一个单位工程，按人、材、机费与企业管理费进行分解，然后再把人、材、机费按工种和分部工程进行分解，分别与审定的标准预算进行对比分析的方法，叫分解对比审查法。

分解对比审查法一般有如下三个步骤。

1）全面审核某种建筑的定型标准施工图或一般施工图的工程预算，经审定后作为审核其他类似工程预算的对比基础。而且将审定预算按人、材、机费与应取费用分解成两部分，再将人、材、机费分解为各工种工程和分部工程预算，分别计算出它们的每平方米预算价格。

2）把拟审的工程预算与同类型预算单方造价进行对比，若出入在1%~3%（根据本地区要求），再按分部分项工程进行分解，边分解边对比，对出入较大者，就进一步审核。

3）对比审核。其方法如下。

a. 经分析对比，如发现应取费用相差较大，应考虑建设项目的投资来源和工程类别及其取费项目和取费标准是否符合现行规定；材料调价相差较大，则应进一步审查《材料调价统计表》，将各种调价材料的用量、单位差价及其调增数量等进行对比。

b. 经过分解对比，如发现土建工程预算价格出入较大，首先审核其土方和基础工程，因为±0. 00以下的工程往往相差较大。再对比其余各个分部工程，发现某一分部工程预算价格相差较大时，再进一步对比各分项工程或工程细目。在对比时，先检查所列工程细目是否正确，预算价格是否一致。发现相差较大者，再进一步审查所套预算单价，最后审核该项工程细目的工程量。

三、施工图预算审查的步骤

（1）做好审查前的准备工作。

1）熟悉施工图纸。施工图是编审预算分项数量的重要依据，必须全面熟悉了解，核对所有图纸，清点无误后，依次识读。

2）了解预算包括的范围。根据预算编制说明，了解预算包括的工程内容。例如：配套设施、室外管线、道路以及会审图纸后的设计变更等。

3）弄清预算采用的单位估价表。任何单位估价表或预算定额都有一定的适用范围，应根据工程性质，搜集熟悉相应的单价、定额资料。

（2）选择合适的审查方法，按相应内容审查。由于工程规模、繁简程度不同，施工方法和施工企业情况不一样，所编工程预算繁简和质量也不同，因此需选择适当的审查方法进行审查。

（3）综合整理审查资料，并与编制单位交换意见，定案后编制调整预算。审查后，需要进行增加或核减的，经与编制单位协商，统一意见后，进行相应的修正。

本 章 小 结

本章介绍建设工程设计阶段的投资控制的相关知识，重点介绍了常用于设计阶段方案比选的价值工程理论原理及应用，方案比选是设计阶段重要的投资控制工作，因此做好方案的比选工作对于设计阶段的投资控制具有十分重要的意义。设计概算和施工图预算的编制与审查也是设计阶段的重要工作，对这部分内容本章也做了详细的介绍，通过本章的学习可以掌握设计阶段投资控制的内容与方法等。

习 题

一、单选题（每题的备选项中，只有1为正确选项）

1. 价值工程是研究如何以（　　），可靠地实现产品或作业的必要功能。

A. 最低寿命周期成本　　B. 最低周期成本
C. 最低成本　　D. 控制成本
2. 价值工程的目标是（　　）。
A. 提高产品的价值　　B. 降低产品的成本
C. 提高产品的功能　　D. 降低产品成本，提高产品价值
3. 价值工程中“价值”的含义是（　　）。
A. 产品的使用价值
B. 产品的交换价值
C. 产品全寿命时间价值
D. 产品功能与其全部费用的比较价值
4. 价值工程中，价值、功能、成本之间的关系式为（　　）。
A. $V=F/C$　　B. $V=C/F$　　C. $F=V/C$　　D. $F=C/V$
5. 价值工程中寿命周期成本是指（　　）。
A. 设计成本　　B. 生产成本
C. 生产成本+使用及维护成本　　D. 购置、维修、使用产品所花费用
6. 价值工程中涉及的基本要素是（　　）。
A. 价值、功能　　B. 价值、寿命周期成本
C. 功能、寿命周期成本　　D. 价值、功能、寿命周期成本
7. 已知某产品需要甲、乙、丙三个零件：功能评价系数分别为 0.8、0.1、0.1；目前成本分别为 100 元、20 元、15 元，则应选择（　）为价值工程的对象。
A. 甲　　B. 乙　　C. 丙　　D. 甲和丙
8. 在价值工程的价值分析中，应选择目标成本与现实成本的比值（　　）作为价值工程的改进对象。
A. 小于 1　　B. 等于 1　　C. 大于 1　　D. 小于 2
9. 价值工程中，对创新方案进行评价时，概略评价和详细评价的顺序为（　　）。
A. 技术评价→经济评价→社会评价→综合评价
B. 经济评价→技术评价→社会评价→综合评价
C. 社会评价→技术评价→经济评价→综合评价
D. 综合评价→技术评价→经济评价→社会评价
10. 某评价对象的功能指数为 0.624 5，成本指数为 0.356 7，根据价值系数，该评价对象属于（　　）。
A. 功能的现实成本是比较客观的
B. 成本偏高，对象的功能过剩
C. 功能偏低，现实成本偏低
D. 功能偏高，现实成本偏低
11. 价值工程中，功能整理的主要任务为（　　）。
A. 选择价值工程的对象　　B. 进行功能分析
C. 建立功能系统图　　D. 选择创新方案
12. 价值工程的核心是（　　）。

A. 有组织的活动　　B. 功能分析

C. 尽可能降低研究对象成本　　D. 尽可能提高研究对象的价格

13. 某产品的零件甲，功能平均得分3.8分，成本为30元，该产品各零件功能总分为10分；产品成本为150元，零件甲的价值系数为（　　）。

A. 0.3　　B. 0.38　　C. 1.9　　D. 0.79

14. 某产品格零部件功能重要程度采用04评分法，评分结果见表5-27，在不修正各功能累计得分的前提下，零部件Ⅱ的功能重要性系数为（　　）。

表5-27　评分结果表（一）

	Ⅰ	Ⅱ	Ⅲ	Ⅳ	Ⅴ
Ⅰ	×				
Ⅱ	1	×			
Ⅲ	2	3	×		
Ⅳ	0	1	0	×	
Ⅴ	4	4	4	4	×

A. 0.025　　B. 0.125　　C. 0.225　　D. 0.04

15. 某产品运用价值工程进行方案创新，产生了甲、乙、丙、丁四个方案，有关方案的部分数据见表5-28，则优选方案为（　　）。

表5-28　四个方案的数据表

方案	甲	乙	丙	丁
功能指数		0.22	0.26	0.2
成本指数	0.28	0.24	0.26	

A. 甲方案　　B. 乙方案　　C. 丙方案　　D. 丁方案

16. 某产品有四个零部件，可以实现五项功能。这五项功能重要程度之比为 $F_1:F_2:F_3:F_4:F_5=3:1:4:2:6$，该产品的目前成本为24元，成本在各功能之间的比例分摊见表5-29。若该产品的目标成本为20元，则成本降低幅度最大的功能及成本降低幅度分别为（　　）。

表5-29　四个零部件五项功能的成本分摊表

零件＼功能	实际成本（元）	F_1	F_2	F_3	F_4	F_5
甲	8	50%		50%		
乙	6				20%	80%
丙	4		50%			50%
丁	6	40%			60%	
合计	24					

A. F_1，2.65元　　B. F_5，6.8元　　C. F_2，2元　　D. F_1，3.75元

17. 在价值工程的工作程序中，功能评价阶段的主要工作内容是（　　）。

A. 确定价值工程的研究对象

B. 整理和定义研究对象的功能

C. 确定研究对象的成本和价值

D. 分析实现研究对象功能的途径

18. 某产品划分为四个功能区，采用专家评分法得到的功能评分见表 5-30。则功能区 F_3 的功能重要性系数为（　　）。

表 5-30　　四个功能区的功能评分表

功能区	F_1	F_2	F_3	F_4
功能评分	2.0	1.5	2.5	1.0

A. 0.17　　B. 0.35　　C. 0.36　　D. 0.42

19. 某产品目标成本为 800 元，该产品分为四个功能区，各功能区的重要度系数和功能现实成本见表 5-31。则产品功能改进顺序为（　　）。

表 5-31　　各功能区的重要系数和功能现实成本表

功能区	功能重要性系数	功能现实成本
F_1	0.35	302
F_2	0.24	230
F_3	0.22	210
F_4	0.19	178

A. $F_1-F_2-F_3-F_4$　　B. $F_2-F_1-F_4-F_3$　　C. $F_1-F_4-F_3-F_2$　　D. $F_2-F_3-F_4-F_1$

20. 某产品格零部件功能重要程度采用 01 评分法，评分结果见表 5-32，在不修正各功能累计得分的前提下，零部件Ⅲ的功能重要性系数为（　　）。

表 5-32　　评分结果表（二）

	Ⅰ	Ⅱ	Ⅲ	Ⅳ	Ⅴ
Ⅰ	×	1	0	1	1
Ⅱ	0	×	1	0	0
Ⅲ	1	0	×	1	0
Ⅳ	0	1	0	×	1
Ⅴ	0	1	1	0	×

A. 0.13　　B. 0.20　　C. 0.25　　D. 0.33

21. 在存货的 ABC 分析法下，（　　）类存货种类最少但资金占用量比重最大。

A. A 类　　B. B 类　　C. C 类　　D. 不一定

22. 在存货的 ABC 分析法下，（　　）类存货占用资金最少，但种类繁多。

A. A 类　　B. B 类　　C. C 类　　D. 不一定

23. 在设计概算编制过程中，如果不编制总概算，工程建设其他费用概算应列入（　　）。

A. 单位工程概算　B. 单项工程综合概算
C. 预备费概算　D. 流动资金概算

24. 若初步设计有详细的设备清单，则可用于编制设备安装工程概算且精确性最高的方法是（　　）。

A. 预算单价法　B. 扩大单价法
C. 概算指标法　D. 类似工程预算法

25. 审查施工图预算时，（　　）适合于一些工程量较小、工艺比较简单的工程。

A. 逐项审查法　B. 查询核实法　C. 对比审查法　D. 重点审查法

26. 施工图预算审查的主要内容不包括（　　）。

A. 审查工程量　B. 审查预算单价套用
C. 审查其他有关费用　D. 审查材料代用是否合理

二、多选题（每题的备选项中，有 2 个或 2 个以上符合题意，至少有 1 个错项）

1. 下列关于存货管理的 ABC 分析法描述正确的是（　　）。

A. A 类存货金额巨大，但品种数量较少
B. C 类存货金额巨大，但品种数量较少
C. 对 A 类存货应重点控制
D. 对 C 类存货应重点控制
E. 对存货进行分类的标准是金额标准

2. 当价值系数 $V<1$ 时，应该采取的措施有（　　）。

A. 在功能水平不变的条件下，降低成本
B. 在成本不变的条件下，提高功能水平
C. 去掉成本比重较大的多余功能
D. 补充不足功能，但是成本上升幅度很小
E. 不惜一切代价来提高重要功能

3. 下列关于价值工程的说法正确的有（　　）。

A. 价值工程是将产品的价值、功能和成本作为一个整体同时考虑
B. 价值工程的核心是对产品进行功能分析
C. 价值工程的目标是以最低生产成本实现产品的基本功能
D. 提高价值最为理想的途径是降低产品成本
E. 价值工程中的功能是指对象能够满足某种要求的一种属性

4. 利用功能指数法进行价值分析时，如果 $V>1$，出现这种情况的原因可能是（　　）。

A. 目前成本偏低，不能满足评价对象应具有的功能要求
B. 功能过剩，已经超过了其应具有的功能水平
C. 功能成本比较好，正是价值分析所追求的目标
D. 功能很重要但成本较低，不必列为改进对象
E. 实现功能的条件和方法不佳，致使成本过高

5. 建设工程设计概算分为（　　）。

A. 单位工程概算　B. 工程建设其他费用概算
C. 单项工程综合概算　D. 分部分项工程概算

E. 建设工程项目总概算

6. 建设工程单项工程的综合概算包括（　　）。

A. 单位建筑工程概算　B. 工程建设其他费用概算

C. 设备及安装工程概算　D. 流动资金概算

E. 预备费概算

7. 单位工程概算中，单位建筑工程概算的编制方法包括（　　）。

A. 概算定额法　B. 预算单价法

C. 类似工程预算法　D. 概算指标法

E. 扩大单价法

8. 设计概算审查的方法包括（　　）。

A. 单价分析法　B. 查询核实法

C. 对比分析法　D. 概算指标对比法

E. 联合会审法

9. 单位工程预算中建筑安装工程费包括（　　）。

A. 人、材、机费　B. 工程建设其他费用概算

C. 企业管理费　D. 利润

E. 税金

10. 审查施工图预算时，可以采取的方法有（　　）。

A. 逐项审查法　B. 查询核实法

C. 对比审查法　D. 重点审查法

E. “筛选”审查法

11. 施工图预算编制方法有（　　）。

A. 实物金额法　B. 实物量法

C. 费用单价法　D. 定额单价法

E. 基价法

12. 施工图预算编制依据有（　　）。

A. 会审过的施工图纸　B. 现行的建筑安装施工定额

C. 招标文件　D. 施工组织设计

E. 企业定额

13. 用筛选法审查施工图预算时，一般选用的筛选标准是（　　）等单方基本值。

A. 用工量　B. 材料用量

C. 机械台班用量　D. 工程量

E. 工程造价

14. 采用重点抽查法审查施工图预算，审查的重点有（　　）。

A. 编制依据　B. 工程量大或造价高的工程

C. 结构复杂的工程　D. 单位估价表

E. 计费基础和费率

三、简答题

1. 提高设计经济合理性的途径有哪些？

2. 价值工程有哪些特点？提高价值工程的途径有哪些？

3. 单位工程概算有哪些编制方法？

4. 施工图预算审查的方法有哪些，试述每种审查方法的适用范围。

四、案例分析

1. 表 5-33 中列出了某中型电机数量成本相关数据，请用 ABC 方法进行分析，并画出 ABC 曲线。

表 5-33　某中型电机数量成本相关数据

序号	零部件名称	项数	每项金额（元）
1	定子线圈	1	556.00
2	转子冲片	1	548.87
3	定子冲片	1	521.78
4	端盖	1	196.94
5	机座	1	174.84
6	定子压圈	1	50.00
7	轴承内盖	1	20.00
合计		7	2 068.43

2. 已知设备保养需要四项作业，分别为调整、清洁、润滑和紧固，这四项作业的重要性比较结果为：调整与清洁比较重要，调整与紧固同样重要，清洁与润滑同样重要，试运用 04 打分法评算设备保养四项作业的功能重要度。

3. 某市高新技术开发区有两幢科研楼和一幢综合楼，其设计方案对比项目如下：A 楼方案：结构方案为大柱网框架轻墙体系，采用预应力大跨度叠合楼板，墙体材料采用多孔砖及移动式可拆装式分室隔墙，窗户采用单框双玻璃钢塑窗，面积利用系数为 93%，单方造价为 1 438 元/m^2；

B 楼方案：结构方案同 A 方案，墙体采用内浇外砌，窗户采用单框双玻璃腹钢塑窗，面积利用系数为 87%，单方造价为 1 108 元/m^2；

C 楼方案：结构方案采用砖混结构体系，采用多孔预应力板，墙体材料采用标准黏土砖，窗户采用单玻璃空腹钢塑窗，面积利用系数为 79%，单方造价为 1 082 元/m^2。

方案各功能和权重及各方案的功能得分见表 5-34。

表 5-34　方案各功能和权重及各方案的功能得分

方案功能	功能权重	方案功能得分		
		A	B	C
结构体系	0.25	10	10	8
模板类型	0.05	10	10	9
墙体材料	0.25	8	9	7
面积系数	0.35	9	8	7
窗户类型	0.10	9	7	8

问题：

1）试应用价值工程方法选择最优设计方案。

2）为控制工程造价和进一步降低费用，拟针对所选的最优设计方案的土建工程部分，以工程材料费为对象开展价值工程分析。将土建工程划分为四个功能项目，各功能项目评分值及其目前成本见表5-35。按限额设计要求，目标成本额应控制为12 170万元。

表5-35　各功能项目评分值及其目前成本

功能项目	功能评分	目前成本（万元）
桩基围护工程	10	1 520
地下室工程	11	1 482
主体结构工程	35	4 705
装饰工程	38	5 105
合　　计	94	12 812

试分析各功能项目和目标成本及其可能降低的额度，并确定功能改进顺序。

第 6 章 建设工程招标阶段的投资控制

学习目标

熟悉招标控制价的概念并掌握其编制依据，了解招标控制价与标底的区别；掌握投标报价的内容，熟悉投标报价的依据与原则，掌握投标报价的策略；了解建设工程承包合同的三种计价方式，掌握三种合同价各自的特点、适用范围。

6.1 招标价格的编制

6.1.1 标底价格与招标控制价的概念

标底和招标控制价是由招标人自行编制或委托具有编制标底资格和能力的代理机构编制的，是工程造价在招投标阶段的两种表现形式。

一、标底价格的概念

标底是指招标人根据招标项目的具体情况编制的完成招标项目所需的全部费用，是依据国家规定的计价依据和计价办法计算出来的工程造价，是招标人对建设工程的期望价格，也是招标人对招标工程项目在方案、质量、期限、价金、方法、措施等方面的综合性理想控制指标或预期要求，简单地说就是“预期工程造价”。

《中华人民共和国招标投标法》没有明确规定招标工程是否必须设置标底价格，招标人可根据工程的实际情况自己决定是否需要编制标底价格。设标底招标是 2000 年 1 月《招标投标法》实施以后开始采用的，但在实践操作中，设标底招标存在以下弊端。

(1) 设标底时易发生泄露标底及暗箱操作的问题。

(2) 编制的标底价一般为预算价，科学合理性差，容易与市场造价水平脱节。

(3) 将标底作为衡量投标人报价的基准，导致投标人尽力地去迎合标底，不能反映投标人实力。

若在招投标过程中采用无标底招标时，同样存一些弊端，主要包括以下几方面：

(1) 容易出现围标串标现象，各投标人哄抬价格，给招标人带来投资失控的风险。

(2) 容易出现低价中标后偷工减料，以牺牲工程质量来降低工程成本，或产生先低价中标，后高额索赔等不良后果。

(3) 评标时，招标人对投标人的报价没有参考依据和评判基准。

二、招标控制价的概念

由于实行工程量清单招标后，招标方式的改变，标底保密这一法律规定已不能起到有效遏制哄抬标价的作用，因此，为有利于客观、合理的评审投标报价和避免哄抬标价，造成国有资产流失，招标人应编制招标控制价。

招标控制价是招标人根据国家或省级、行业建设主管部门颁发的有关计价依据和办法，按设计施工图纸计算的，对招标工程限定的最高工程造价，也可称为拦标价、预算控制价或最高报价等。招标控制价超过批准的概算时，招标人应将其报原概算部门审核。

标底与招标控制价两者不同之处如下。

（1）保密要求不同。标底要开标前保密，在开标时宣布。招标控制价应该在招标文件中公开，提高了透明度。

（2）编制作用不同。在评标中，标底可以用来比较分析投标报价，具有参考作用，但不能作为中标或废标的唯一直接依据；招标控制价可以有效防止抬标，超过招标控制价的投标报价即成为废标。

【例 6-1】 标底和招标控制价的主要区别是（　　）。

A. 标底应当保密，而招标控制价应当在开标时公布

B. 招标控制价应当保密，而标底应当在开标时公布

C. 标底应当保密，而招标控制价应当在招标文件中公布

D. 招标控制价应当保密，而标底应当在招标文件中公布

答案：C。

解析：编制工程标底的几个重要问题：①注重工程现场调查研究；②注重施工组织设计；③标底应当保密，而招标控制价（投标最高限价）应当在招标文件中公布，这是两者的主要区别。

6.1.2 招标控制价的编制

一、招标控制价的编制依据

（1）《建设工程工程量清单计价规范》（GB 50500—2013）。

（2）国家或省级、行业建设主管部门颁发的计价定额和计价办法。

（3）建设工程设计文件及相关资料。

（4）招标文件中的工程量清单及有关要求。

（5）与建设项目相关的标准规范、技术资料。

（6）工程造价管理机构发布的工程造价信息，如工程造价信息没有发布的参照市场价。

（7）其他相关资料。

二、招标控制价编制的步骤及内容

（一）分部分项工程费的确定

（1）分部分项工程费应根据招标文件中的分部分项工程量清单及有关要求，按《建设工程工程量清单计价规范》有关规定确定综合单价计价。所谓综合单价，是指完成一个规定计量单位的分部分项工程量清单项目（或措施清单项目）所需的人工费、材料费、施工机具使用费和企业管理费与利润，以及一定范围内的风险费用。

（2）工程量依据招标文件中提供的分部分项工程量清单确定。

（3）招标文件提供了暂估单价的材料，应按暂估的单价计入综合单价。

（4）为使招标控制价与投标报价所包含的内容一致，综合单价中应包括招标文件中要求投标人承担的风险内容及其范围产生的风险费用。

（二）措施项目的确定

（1）措施项目费中的安全文明施工费应当按照国家或省级、行业建设主管部门的规定标准计价。

（2）措施项日应按招标文件中提供的措施项目清单确定，措施项目采用分部分项工程综合单价形式进行计价的工程量，应按措施项目清单中的工程量，并按与分部分项工程工程量清单单价相同的方式确定综合单价；以“项”为单位的方式计价的，依据有关规定按综合价格计算，包括除规费、税金以外的全部费用。

（三）其他项目费的确定

（1）暂列金额。暂列金额可根据工程的复杂程度、设计深度、工程环境条件（包括地质、水文、气候条件等）进行估算，一般可按分部分项工程费的10%~15%为参考。

（2）暂估价。其中的材料单价应按照工程造价管理机构发布的工程造价信息中的材料单价计算，工程造价信息未发布的材料单价，其单价参考市场价格估算；暂估价中的专业工程暂估价应分不同专业，按有关计价规定估算。

（3）计日工。在编制招标控制价时，对计日工中的人工单价和施工机械台班单价应按省级、行业建设主管部门或其授权的工程造价管理机构公布的单价计算；材料应按工程造价管理机构发布的工程造价信息中的材料单价计算，工程造价信息未发布材料单价的材料，其价格应按市场调查确定的单价计算。

（4）总承包服务费。总承包服务费应按照省级或行业建设主管部门的规定计算，在计算时可参考以下标准。

1）招标人仅要求对分包的专业工程进行总承包管理和协调时，按分包的专业工程估算造价的1.5%计算。

2）招标人要求对分包的专业工程进行总承包管理和协调，并同时要求提供配合服务时，根据招标文件中列出的配合服务内容和提出的要求，按分包的专业工程估算造价的3%~5%计算。

3）招标人自行供应材料的，按招标人供应材料价值的1%计算。

（四）规费和税金的编制要求

规费和税金必须按国家或省级、行业建设主管部门规定的标准计算。

三、招标控制价应用中应注意的主要问题

对于招标控制价及其规定，注意从以下几方面理解。

（1）国有资金投资的建设工程项目招标，招标人必须编制招标控制价。《计价规范》将原规范中“国有资金投资的工程建设项目应实行工程量清单招标，并应编制招投标控制价……”上升为强制性条文，即国有资金投资的工程建设招投标，必须编制招标控制价。

（2）招标控制价超过批准的概算时，招标人应将其报原概算审批部门审核。由于我国对国有资金投资项目的投资控制实行的是投资概算审批制度，国有资金投资的工程原则上不能超过批准的投资概算。国有资金投资的工程，招标人编制并公布的招标控制价相当于招标人的采购预算，同时要求其不能超过批准的概算，因此，招标控制价是招标人在工程招标时能接受投标人报价的最高限价。国有资金中的财政性资金投资的工程在招投标时还应符合《政府采购法》相关条款的规定。

（3）招标控制价应由具有编制能力的招标人或受其委托，具有相应资质的工程造价咨询人编制。

应由招标人负责编制招标控制价，当招标人不具有编制招标控制价的能力时，根据《工程造价咨询企业管理办法》的规定，可委托具有工程造价咨询资质的工程造价咨询企业编制。工程造价咨询不得同时接受招标人和投标人对同一工程的招标控制价和投标报价的编制。

(4) 招标控制价应在招标文件中公布，不应上调或下浮，招标人应将招标控制价及有关资料报送工程所在地工程造价管理机构备查。

招标控制价不同于标底，无须保密。为体现招标的公平、公正，防止招标人有意抬高或压低工程造价，招标人应在招标文件中如实公布招标控制价，不得对所编制的招标控制价进行上浮或下调。招标人在招标文件中公布招标控制价时，应公布招标控制价各组成部分的详细内容，不得只公布招标控制价总价。同时，招标人应将招标控制价报工程所在地的工程造价管理机构备查。

(5) 投标人经复核认为招标人公布的招标控制价未按照《建设工程工程量清单计价规范》的规定进行编制的，应在开标前 5 日向招投标监督机构或工程造价管理机构投诉。

招投标监督机构应会同工程造价管理机构对投诉进行处理，发现确有错误的，应责成招标人修改。在这里，实际上赋予了投标人对招标人不按规范的规定编制招标控制价进行投诉的权利。同时要求招投标监督机构和工程造价管理机构担负并履行对未按规定编制招标控制价的行为进行监督处理的责任。

(6) 编制招标控制价，采用的材料价格应是工程造价管理机构通过工程造价信息发布的材料单价，工程造价信息未发布材料单价的材料，其材料价格应通过市场调查确定。另外，未采用工程造价管理机构发布的工程造价信息时，需在招标文件或答疑补充文件中对招标控制价采用的与造价信息不一致的市场价格予以说明，采用的市场价格则应通过调查、分析确定，有可靠的信息来源。

(7) 施工机械设备的选型直接关系到基价综合单价水平，应根据工程项目特点和施工条件，本着经济实用、先进高效的原则确定。

(8) 应该正确、全面地使用行业和地方的计价定额以及相关文件。

(9) 不可竞争的措施项目和规费、税金等费用的计算均属于强制性条款，编制招标控制价时应该按国家有关规定计算。

(10) 不同工程项目、不同施工单位会有不同的施工组织方法，所发生的措施费也会有所不同。因此，对于竞争性的措施费用的编制，应该首先编制施工组织设计或施工方案，然后依据经过专家论证后的施工方案，合理地确定措施项目与费用。

6.2 建设工程投标报价的编制

6.2.1 投标报价的编制原则及依据

投标报价的编制主要是投标人对承建工程所要发生的各种费用的计算。具体说，投标价是在工程招标发包过程中，由投标人按照招标文件的要求，根据工程特点，并结合自身的施工技术、装备和管理水平，依据有关计价规定自主确定的工程造价，是投标人希望达成工程承包交易的期望价格，它不能高于招标人设定的招标控制价。投标计算必须与采用的合同形式相协调，报价是投标的关键性工作，报价是否合理直接关系到投标的成败。

一、投标报价编制的原则

(1) 投标报价由投标人自主确定，但必须执行《建设工程工程量清单计价规范》的强制性规定。投标报价应由投标人或受其委托，具有相应资质的工程造价咨询人员编制。

(2) 投标人的投标报价不得低于成本，不得高于招标控制价。《招标投标法》第四十一条规定："中标人的投标应当符合下列条件……（二）能够满足招标文件的实质性要求，并且经评审的投标价格最低；但是投标价格低于成本的除外。"《评标委员会和评标方法暂行规定》第二十一条规定："在评标过程中，评标委员会发现投标人的报价明显低于其他投标报价或者在设有标底时明显低于标底的，使得其投标报价可能低于其个别成本的，应当要求该投标人做出书面说明并提供相关证明材料。投标人不能合理说明或者不能提供相关证明材料的，由评标委员会认定该投标人以低于成本报价竞标，其投标应作为废标处理。"根据上述法律、规章的规定，特别要求投标人的投标报价不得低于成本。《中华人民共和国招标投标法实施条例》第五十一条（五）的规定，投标报价低于成本或者高于招标文件设定的最高投标限价，即招标控制价，评标委员会应否决其投标，即该投标人的投标为废标。

【例6-2】 某建筑工程招标，招标控制价为5 000万元。在开标时，甲、乙、丙、丁四个投标单位的投标报价分别为4 500万元、5 200万元、4 800万元、4 790万元，则（　　）投标单位的投标为废标。

A. 甲　　B. 乙　　C. 丙　　D. 丁

答案：B。

解析：根据《中华人民共和国招标投标法实施条例》第五十一条（五）的规定，投标报价高于招标控制价，该投标人的投标为废标。投标人乙的投标报价5 200万元，高于招标控制价5 000万元，应为废标。

(3) 投标报价要以招标文件中设定的承发包双方责任划分，作为考虑投标报价费用项目和费用计算的基础，承发包双方的责任划分不同，会导致合同风险不同的分摊，从而导致投标人选择不同的报价；根据工程承发包模式考虑投标报价的费用内容和计算深度。

(4) 以施工方案、技术措施等作为投标报价计算的基本条件；以反映企业技术和管理水平的企业定额作为计算人工、材料和机械台班消耗量的基本依据；充分利用现场考察、调研成果、市场价格信息和行情资料，编制投标报价。

(5) 报价计算方法要科学严谨，简明适用。

二、投标报价编制的依据

《建设工程工程量清单计价规范》规定，投标报价应根据下列依据编制。

(1) 工程量清单计价规范。

(2) 国家或省级、行业建设主管部门颁发的计价办法。

(3) 企业定额，国家或省级、行业建设主管部门颁发的计价定额。

(4) 招标文件、工程量清单及其补充通知、答疑纪要。

(5) 建设工程设计文件及相关资料。

(6) 施工现场情况、工程特点及拟定的投标施工组织设计或施工方案。

(7) 与建设项目相关的标准、规范等技术资料。

(8) 市场价格信息或工程造价管理机构发布的工程造价信息。

(9) 其他的相关资料。

6.2.2 投标报价的编制程序与方法

一、投标报价的编制程序

投标报价的编制过程，应首先根据招标人提供的工程量清单编制分部分项工程和单价措施项目清单与计价表、总价措施项目清单与计价表、其他项目清单与计价汇总表、规费和税金项目计价表，计算完毕之后，汇总得到单位工程投标报价汇总表，再层层汇总，分别得出单项工程投标报价汇总表和工程项目投标总价汇总表。

特别提示

在编制投标报价的过程中，投标人应按招标人提供的工程量清单填报价格，填写的项目编码、项目名称、项目特征、计量单位、工程量必须与招标人提供的一致。

投标报价的详细编制程序见图6-1。

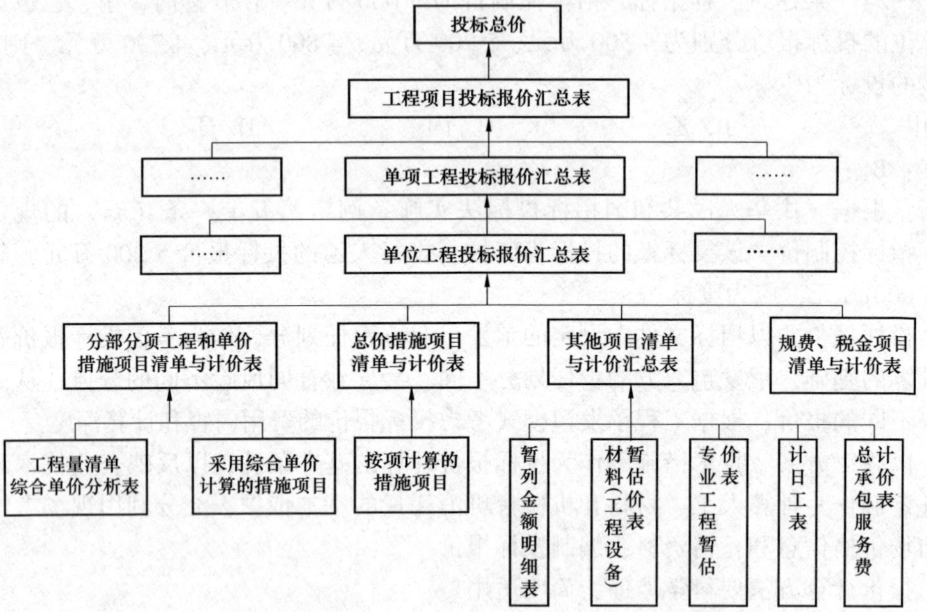

图6-1 建设项目施工投标总价编制流程图

二、投标报价的编制方法

(一) 分部分项工程和措施项目计价表的编制

(1) 分部分项工程和单价措施项目清单与计价表的编制。承包人投标价中的分部分项工程费和以单价计算的措施项目费应按招标文件中分部分项工程和单价措施项目清单与计价表的特征描述确定综合单价计算，因此确定综合单价是分部分项工程和单价措施项目清单与计价表编制过程中最主要的内容。综合单价包括完成一个规定清单项目所需的人工费、材料费、施工机具使用费、企业管理费、利润，并考虑风险费用的分摊。综合单价的计算公式为：

$$综合单价=人工费+材料费+施工机具使用费+企业管理费+利润+风险费 \quad (6.1)$$

确定综合单价时应注意以下事项。

1）以项目特征描述为依据。当招标工程量清单特征描述与设计图纸不符时，应以招标工程量清单的项目特征描述为准，确定投标报价的综合单价。

当施工中施工图纸或设计变更与招标工程量清单项目特征描述不一致时，应按实际施工的项目特征，依据合同约定重新确定综合单价。

2）材料、工程设备暂估价的单价计入清单项目的综合单价。

3）考虑合理的风险。投标人承担的风险费用。在施工过程中，当出现的风险内容及其范围（幅度）在招标文件规定的范围（幅度）内时，综合单价不得变动，合同价款不作调整。

发承包双方对工程施工阶段的风险宜采用如下分摊原则：

1）对于主要由市场价格波动导致的价格风险，双方对此类风险的范围和幅度予以明确约定，进行合理分摊。根据工程特点和工期要求，一般采取的方式是承包人承担5%以内的材料、工程设备价格风险，10%以内的施工机具使用费风险。

2）对于法律、法规、规章或有关政策出台导致工程税金、规费、人工费发生变化，并由省级、行业建设行政主管部门或其授权的工程造价管理机构根据上述变化发布的政策性调整，以及由政府定价或政府指导价管理的原材料等价格进行了调整，承包人不应承担此类风险，应按照有关调整规定执行。

3）对于承包人根据自身技术水平、管理、经营状况能够自主控制的风险，如承包人的管理费、利润的风险，承包人应结合市场情况，根据企业自身的实际合理确定、自主报价，该部分风险由承包人全部承担。

【例 6-3】 关于工程量清单方式招标工程合同价格风险及风险分担，下列说法中正确的是（　　）。

A. 当出现的风险内容及幅度在招标文件规定的范围内时，综合单价不变

B. 市场价格波动导致施工机具使用费发生变化时，承包人只承担5%以内的价格风险

C. 人工费变化发生的风险全部由发包人承担

D. 承包人管理费的风险一般由发承包双方共同承担

答案：A

解析：本题考查的是投标报价的编制方法和内容。工程施工阶段的风险宜采用如下分摊原则：①对于主要由市场价格波动导致的价格风险，承包人承担5%以内的材料、工程设备价格风险，10%以内的施工机具使用费风险；②对于法律、法规、规章或有关政策，造价管理部门并由此发布的政策性调整，以及由政府定价或政府指导价管理的原材料等价格进行了调整，承包人不应承担此类风险，应按照有关调整规定执行；③对于承包人根据自身技术水平、管理、经营状况能够自主控制的风险，如承包人的管理费、利润的风险，根据企业自身的实际合理确定、自主报价，该部分风险由承包人全部承担。

（2）总价措施项目清单与计价表的编制。对不能精确计量的措施项目，应编制总价措施项目清单与计价表。投标人对措施项目中的总价项目投标报价应遵循以下原则。

1）措施项目的内容应依据招标人提供的措施项目清单和投标人投标时拟定的施工组织设计或施工方案确定。

2）措施项目费投标人自主确定，但其中安全文明施工费不得作为竞争性费用，必须按国家或省级、行业建设主管部门的规定计价。招标人不得要求投标人对该项费用进行优惠，投标人也不得将该项费用参与市场竞争。

（二）其他项目清单与计价表的编制

其他项目费主要包括暂列金额、暂估价、计日工以及总承包服务费。投标人对其他项目费投标报价时应遵循以下原则。

（1）暂列金额。按照其他项目清单中列出的金额填写，不得变动。

（2）暂估价不能变动和更改。

1）材料暂估价必须按照招标人提供的暂估单价计入分部分项工程费用中的综合单价。

2）专业工程暂估价必须按照招标人提供的其他项目清单中列出的金额填写。

（3）计日工。按照招标人提供的其他项目清单列出的项目和估算的数量，自主确定各项综合单价并计算费用，即招标人提供量，投标人报价。

（4）总承包服务费。按照招标人提出的协调、配合与服务要求和施工现场管理需要自主确定。

【例 6-4】 对于其他项目中的计日工，投标人正确的报价方式是（　　）。

A. 按政策规定标准估算报价　　B. 按招标文件提供的金额报价

C. 自主报价　　D. 待签证时报价

答案：C。

解析：本题考查的是投标报价的编制方法和内容。计日工应按照招标人提供的其他项目清单列出的项目和估算的数量，自主确定各项综合单价并计算费用。

（三）规费、税金项目清单与计价表的编制

规费和税金应按国家或省级、行业建设主管部门的规定计算，不得作为竞争性费用。

（四）投标价的汇总

投标总价应与各部分合计金额一致，不能进行投标总价的优惠，投标人对投标报价的任何优惠均应反映在相应的清单项目的综合单价中。

6.2.3 投标报价的策略

投标价格是按分部分项工程费、措施项目费、其他项目费、规费和税金计算而成的，最终的投标报价通常是以此为基础，运用一定的策略，既使招标人可以接受报价，又能让承包人获得更多的利润。

一、根据招标项目的不同特点采用不同报价

投标报价时，既要考虑自身的优势和劣势，也要分析招标项目的特点。按照工程项目的不同特点、类别、施工条件等来选择报价策略。

（1）遇到以下情况报价可以高一些。施工条件差的工程，专业要求高的技术密集型工程，而投标人在这方面擅长，声望也高；总价低的小工程，以及不得不投标的工程；特殊的工程，如港口码头、地下开挖工程等；工期要求紧急的工程；投标对手少的工程；支付条件不理想的工程。

（2）遇到以下情况报价可以低一些。施工条件好的工程；工作简单、工程量大而其他投标人都可以做的工程；投标人急于打入某一市场、某一地区，或在该地区面临工程结束，机械设备等无工地转移时；投标人在附近有工程，而本项目又可利用该工程的设备、劳务，或有条件短期内突击完成的工程；投标对手多，竞争激烈的工程；非急需工程；支付条件好的工程。

二、不平衡报价法

不平衡报价法是相对通常的平衡报价（正常报价）而言的，是在工程项目的投标总价确定后，根据招标文件的付款条件，合理地调整投标文件中子项目的报价，在不抬高总价以免影响中标（商务得分）的前提下，实施项目时能够尽早、更多地结算工程款，并能够赢得更多利润的一种投标报价方法。一般考虑在以下几个方面采用不平衡报价。

(1) 能够早日结算账款的项目可以报得较高，以利资金周转。如土方工程、基础工程等。后期工程项目可适当降低。如粉刷、油漆、电器设备安装工程等，使两者基本平衡，不致影响总报价的变动。

(2) 估计实际工程施工中工程量可能会增加的项目单价提高，这样在最终结算时可多盈利；而将来工程量可能会减少的项目单价降低，工程结算时损失不大。

(3) 设计图纸不明确或有错误的，估计修改后工程量要增加的可以提高报价，而工程内容说不清楚的，则可以降低一些单价，在工程实施阶段通过索赔再寻找提高单价的机会。

(4) 没有工程量，只填单价的项目（如：土方工程中的挖淤泥、岩石等）其单价提高些，这样做既不影响投标总价，以后发生时还可以多获利。

(5) 对于暂列数额（或工程），预计会做的可能性较大，价格定高些，一些做了就可获较大利润，估计不一定发生的则单价定低些，风险不大。

(6) 零星用工（计日工）的报价高于一般分部分项工程中的工资单价，因为它不属于承包总价的范围，发生时实报实销，价高些会多获利。

特别提示

运用不平衡报价应注意单价的不平衡要有适当的尺度，要在合理的范畴内进行调整，不能太畸高或畸低。评标委员会有可能要求投标人对那些被认为是明显偏高或明显偏低的项目单价提交单价分析。如果投标人能够对此做出令人信服的解释，比如说有闲置的设备、有现成的临时设施或可供利用的库存材料，或拥有特别优惠的采购渠道、拟采用的施工工艺可使相关的单项工程的成本大幅度降低等等，业主一般不会在此类问题上过分计较。但如果个别单项工程的成本在整个工程项目中所占比重较大，其投标价严重背离市场价格，而投标人又无法自圆其说时，不排除评标委员会判定投标书“未做出实质性响应”或“单价分析不合理”。

三、多方案报价法

如果发现招标文件、工程说明书或合同条款不够明确，或条款不很公正，技术规范要求过于苛刻时，要在充分估计风险的基础上，按多方案报价法处理，即按原招标文件报一个价，然后再提出如果基本条款做某些变动，提出报价可以降低的额度，这样可以降低总价，吸引业主。

四、突然降价法

这是一种迷惑对手的竞争手段。投标报价是一项秘密性很强的竞争工作，竞争对手之间可能会随时相互探听对方的报价情况，因此在报价时可以采用迷惑对手的手法。在整个报价过程中，投标人按一般情况进行报价，甚至可以表现出自己对该工程的兴趣不大，但等快到投标截止时，再突然降价，使竞争对手措手不及。

五、增加建议方案

当招标文件中规定，可以提一个建议方案，即可以修改原设计方案时，投标人应抓住机会，组织一批有经验的设计和施工工程师，对原招标文件的设计和施工方案仔细研究，提出更为合理的方案以吸引招标人，促使自己的方案增加中标概率。这种新建议方案可以降低总造价或是缩短工期，或使工程运用更为合理。但是对原招标方案也要报价。特别需要注意地的是，建议方案不要写得太具体，要保留方案的技术关键，防止招标人将此方案交给其他投标人，同时建议方案一定要比较成熟，有很好的可操作性。

六、许诺优惠条件

投标报价附带优惠条件是一种很有效的手段。招标人评标时，除了主要考虑报价和技术方案外，还要分析各投标人别的条件，如工期、支付条件等。因此，在投标时主动提出提前竣工、低息贷款、赠与施工设备、免费转让新技术或某种技术专利、免费技术协作、代为培训人员等，都是吸引招标人、利于中标的辅助手段。

七、无利润报价法

市场上缺乏竞争优势的承包商，在不得已的情况下，在报价时根本不考虑利润而去夺标。这种方法一般在处于以下条件时采用。

(1) 有可能中标后，将大部分工程分包给索价较低的分包商。

(2) 对于分期建设的项目，先以低价获得首期工程，而后赢得机会创造第二期工程中的竞争优势，并在以后的实施中盈利。

(3) 长时期内，投标人没有在建的工程项目，如果再不中标获得项目，就难以维持企业生存。因此，就算没有利润，但只要能有一定的管理费维持公司的日常运转，就可以设法渡过一时的困难，为日后东山再起打下基础。

【例 6-5】 某项工程公开招标，在投标文件的编制与递交阶段，某投标单位认为该工程原设计结构方案采用框架剪力墙体系过于保守，该投标单位在投标报价书中建议，将框架剪力墙体系改为框架体系，经技术经济分析和比较，可降低造价约 3.5%。该投标单位将技术标和商务标分别封装，在投标截止日期前一天上午将投标文件报送业主。次日（即投标截止日当天）下午，在规定的开标时间前 1h，该投标单位又递交了一份补充资料，其中声明将原报价降低 4%。

问：招标单位的有关工作人员是否应拒绝该投标单位的投标？说明理由。该投标单位在投标中运用了哪几种报价技巧？其是否得当？并加以说明。

解析： 招标单位的有关工作人员不应拒收承包商的补充文件，因为承包商在投标截止时间之前所递交的任何正式书面文件，都是投标文件的有效组成部分，即补充文件与原投标文件共同构成一份投标文件，而不是两份相互独立的投标文件。

投标单位（施工企业或承包商以下同）运用了两种投标报价技巧，即增加建议方案法和突然降价法。

(1) 增加建议方案法运用得当，通过对两个结构体系的技术经济分析和比较（这意味着对两个方案均报了价），论证建议方案（框架体系）的技术可行性和经济合理性，对业主有很强的说服力。

(2) 突然降价法运用得当，原投标文件的递交时间比规定的投标时间仅提前 1d 多，这即是符合常理的，又为竞争对手调整、确定最终报价留有一定时间，起到了迷惑竞争对手的作用。若提前时间太多，会引起对手的怀疑。而在开标前 1h 突然递交一份补充文件，这时竞争对手已不可能再调整报价了。

6.3　建设工程承包合同价格

《建筑工程施工发包与承包计价管理办法》规定，合同价可以采用三种方式：固定价、可调价和成本加酬金。建设工程承包合同的计价方式按国际通行做法，又可分为总价合同、单价合同和成本加酬金合同。

6.3.1　总价合同

总价合同是指根据合同规定的工程施工内容和有关条件，业主支付给承包商的工程款项在承包合同中是一个规定的金额，即明确的总价。总价合同也称总价包干合同，即根据施工招标时的要求和条件，当施工内容和有关条件不发生变化时，业主支付给承包商的价款总额就不发生变化。显然，总价合同对承包商的风险比较大，通常采用这种合同时，必须明确工程承包合同标的物的详细内容及其各种技术经济指标，工期不宜过长，承包商在投标报价时要仔细分析风险因素，需在报价中考虑一定的不可预见费来抵御风险事件的发生。

一、固定总价合同

固定总价合同指以详尽的工程项目设计图纸、承包工程内容的具体规定、技术规范等为依据计算并固定工程总价格的合同。合同履行过程中，如果业主不要求变更原内容，实施后，均应按合同价获得项目款的支付。

固定总价合同适用于招标时的设计深度达到施工图设计阶段，合同履行不会出现大的设计变更；工程规模小，最终产品的要求明确，技术不复杂的中小型工程或承包工作内容中较为简单的工程部位；合同工期较短，一般为 1 年期之内的承包合同等。

二、可调总价合同

可调总价合同又称为变动总价合同。合同价格是以图纸及规定、规范为基础，按照时价进行计算，得到包括全部工程任务和内容的暂定合同价格。它是一种相对固定的价格，在合同执行过程中，由于通货膨胀等原因而使所使用的工、料成本增加时，可以按照合同约定对合同总价进行相应的调整。当然，一般由于设计变更、工程量变化和其他工程条件变化所引起的费用变化也可以进行调整。因此，通货膨胀等不可预见因素的风险由业主承担，对承包商而言，其风险相对较小，但对业主而言，不利于其进行投资控制，突破投资的风险就增大了。

在固定总价合同基础上，该合同有了调整因素，适用于工期较超（1 年以上），技术比较简单的中小型建设工程项目。

三、工程量固定总价合同

工程量固定总价合同由业主根据施工图纸、规定及规范，详细划分发包工程的分部分项工程项目及数量，投标人依据业主规定划分工程量，标出分项工程单价乘以相应分项工程的工程量计算的固定的工程总价。发包人明确规定发包工程的分部分项工程项目及数量，以工程量为基础相对固定合同总价。在工程实施期间，工程量变动，费用相应增加，允许对合同工程总价进行调整。承包人只需承担费用风险，工程量风险由发包人承担，因此，只要实际施工过程中工程量变动不大，工程总价就不必调整。所以采用这种合同形式能维护工程承发包双方的经济利益，该合同的使用普遍。使用前提是业主提供准确的工程量表，采用这种合同形式对招标准备要求高，时间也较长。

6.3.2 单价合同

单价合同是指承包商按业主提供的工程量清单内的分部分项工程内容填报单价，并据此签订承包合同，而实际总价则是按实际完成的工程量与合同单价计算确定，合同履行过程中无特殊情况，一般不得变更单价。单价合同也被称之为“量变价不变合同”。工程承包人只承担工程单价、费用方面的风险，工程量方面的风险发包人承担，工程风险合理分担，公正地维护了承发包双方的经济利益，国际工程承包市场普遍采用单价合同，目前国内工程也开始实行工程量清单计价。

单价合同大多用于工期长、技术复杂、实施过程中发生各种不可预见因素较多的大型复杂工程的施工，以及业主为了缩短项目建设周期，初步设计完成后就进行施工招标的工程。单价合同的工程量清单内所开列的工程量是估计工程量而非准确工程量。

一、估计工程量单价合同

估计工程量单价合同是以业主方面提供的工程量清单的工程量为基础，以投标人自行确定并填写在业主拟定的工程单价表中的各分部分项工程单价为依据，计算工程价格的合同。采用这种合同时，要求实际完成的工程量与原估计的工程量不能有实质性的变更。因为承包方给出的单价是以相应的工程量为基础的，如果工程量大幅度增减可能影响工程成本。

估计工程量单价合同大多用于工期长、技术复杂、实施过程中可能会发生各种不可预见因素较多的建设工程；或发包方为了缩短项目建设周期，如在初步设计完成后就拟进行施工招标的工程。在施工图不完整或当准备招标的工程项目内容、技术经济指标一时不能明确、予以具体规定时，采用这种合同计价方式比较合理。这样在不能精确计算出工程量的条件下，可以避免使发包或承包的任何一方承担过大的风险。实施这种合同的标的工程在施工时要求建立施工日志，施工过程中及时计量并建立月份明细账目。以便确定实际工程量。

二、纯单价合同

纯单价合同是指承包人在业主拟定的工程单价表上填写的分部分项工程单价，按照项目实际完成的工程量确定工程总价的合同。业主方面在招标文件中只向投标人给出发包工程的各分部分项工程项目划分及其工程范围，而工程量不做任何规定，招投标时只按分部分项工程开列的单价表，无近似工程量。由于同一工程在不同的施工部位和外部环境条件下，承包商的实际成本投入不尽相同，因此，仅以工作内容填报单价不易准确。

在设计单位来不及提交施工详图，或虽有施工图但由于某些原因不能准确地计算工程量时采用这种合同。有时也可以由业主一方在招标文件中列出单价，而投标一方提出修正意见，双方协商后确定最后的承包单价。

6.3.3 成本加酬金合同

成本加酬金合同是将工程项目的实际投资划分成直接成本费和承包方完成工作后应得酬金两部分。工程实施过程中发生的直接成本费由发包方实报实销，再按合同约定的方式另外支付给承包方相应报酬。

这种合同计价方式主要适用于工程内容及技术经济指标尚未全面确定，投标报价的依据尚不充分的情况下，发包方因工期要求紧迫，必须发包的工程；或者发包方与承包方之间有着高度的信任，承包方在某些方面具有独特的技术、特长或经验。由于在签订合同时，发包方提供不出可供承包方准确报价所必需的资料，报价缺乏依据，因此，在合同内只能商定酬金的计算方法。成本加酬金合同广泛应用于工作范围很难确定的工程和在设计完成之前就开始施工的工程。

成本加酬金合同有明显的缺点：一是发包方对工程总价不能实施有效的控制；二是承包方对降低成本兴趣不大。因此，采用这种合同计价方式，条款约定必需严格。

按照酬金的计算方式不同，成本加酬金合同又分为以下几种形式。

一、成本加固定百分比酬金

采用这种合同计价方式，承包方的实际成本实报实销，同时按照实际成本的固定百分比付给承包方一笔酬金，工程的合同总价计算公式为：

$$C = C_d + C_d \times P \tag{6.2}$$

式中 C——合同价；

C_d——实际发生成本；

P——双方事先商定的酬金的固定百分比。

这种合同计价方式，工程总价及付给承包方的酬金随工程成本的增加而涨高，不利于鼓励承包方降低成本。一般情况下，承包方为了获取更多报酬，盲目扩大成本，因此，这种合同计价方式很少被采用。

二、成本加固定金额酬金

这种合同计价方式与成本加固定百分比酬金合同相似。不同之处在于成本上所增加的费用是一笔固定金额的酬金。酬金一般是按估算工程成本的一定百分比确定，数额是固定不变的。成本加固定金额酬金合同价计算公式为：

$$C = C_d + F \tag{6.3}$$

式中 F——双方约定的酬金具体数额。

这种计价方式的合同虽然也不能鼓励承包商关心和降低成本，但从尽快获得全部酬金减少管理投入出发，会有利于缩短工期。

采用上述两种合同计价方式时，为了避免承包方企图获得更多的酬金而对工程成本不加控制，一般在承包合同中规定一些补充条款，以鼓励承包方节约工程费用的开支，降低成本。

三、成本加奖罚合同

采用成本加奖罚合同，在签订合同时双方事先约定该工程的预期成本或称为目标成本和固定酬金，以及实际发生的成本与预期成本比较后的奖罚计算方法。在合同实施后，根据工程实际成本的发生情况，确定奖罚的额度：当实际成本低于预期成本时，承包方除可获得实际成本补偿和酬金外，还可根据成本降低额得到一笔奖金；当实际成本大于预期成本时，承包方仅可得到实际成本补偿和酬金，并根据实际成本高出预期成本的情况，被处以一笔罚金。成本加奖罚合同价计算公式如式（6.4）~式（6.6）所示。

$$C = C_d + F \quad (C_d = C_o) \tag{6.4}$$

$$C = C_d + F + \Delta F \quad (C_d < C_o) \tag{6.5}$$

$$C = C_d + F - \Delta F \quad (C_d > C_o) \tag{6.6}$$

式中 C_o——签订合同时双方约定的预期成本；

ΔF——奖罚金额（可以是百分数，也可以是绝对数，而且奖与罚可以是不同计算标准）。

这种合同计价方式可以促使承包方关心和降低成本，缩短工期，而且目标成本可以随着设计的进展而加以调整，所以发包和承包双方都不会承担太大的风险，因此，该合同计价方式应用较多。

四、最高限额成本加固定最大酬金

这种计价方式的合同中，首先要确定最高限额成本、报价成本和最低成本，当实际成本没有超过最低成本时，承包方花费的成本费用及应得酬金等都可以得到发包方的支付，并与发包方分享节约额；如果实际工程成本在最低成本和报价成本之间，承包方只有成本和酬金可以得到支付；如果实际工程成本在报价成本和最高限额成本之间，则只有全部成本可以得到支付；实际成本超过最高限额成本，则超过部分，发包方不予支付。

这种合同计价方式有利于控制工程投资，并能鼓励承包方最大限度地降低工程成本。

【例 6-6】 某房地产开发公司投资建造一座高档写字楼，钢筋混凝土结构，设计项目已明确，功能布局及工程范围都已确定，业主为减少建设周期，尽快获得投资收益，施工图设计未完成时就进行了招标，确定了某建筑工程公司为总承包单位。

业主与承包方签订施工合同时，由于设计未完成，工程性质已明确但工程量还难以确定，双方通过多次协商，拟采用总价合同形式签订施工合同，以减少双方的风险。

（1）在总承包合同中，业主与施工单位选择总价合同是否妥当？为什么？

（2）可以选择何种计价形式的合同？为什么？

解析：（1）选用总价合同形式不妥当。因为施工图设计未完成，虽然工程性质已明确，但工程量还难以确定，工程价格随工程量的变化而变化，合同总价无法确定，双方风险都比较大。

（2）可以采用（纯）单价合同。因为施工图未完成，不能准确计算工程量，而工程范围与工作内容已明确，可列出全部工程的各分项工程内容和工作项目一览表，暂不定工作量，双方按全部所列项目协商确定单价，按实际完成工程量进行结算。

本 章 小 结

本章介绍了建设工程招标阶段的投资控制。招标人在进行招标之前，为了更好地控制投资，通过招标控制价的公布，对投标人的报价有了相应的限制。投标人在编制投标报价时，严格按照相关原则和依据，并结合实际灵活运用不平衡报价、多方案报价等多种报价技巧，提高中标概率。根据计价方式的不同，合同可分为总价合同、单价合同及成本加酬金合同，每种合同适用于不同的项目，结合项目实际特点灵活采用相应的合同形式，达到双方风险合理分担的结果。

习　题

一、单选题（每题的备选项中，只有 1 为正确选项）

1. 下列合同形式中，承包商将承担较多风险的是（　　）。

A. 固定单价合同　　B. 总价合同

C. 变动单价合同　　D. 成本加酬金合同

2. 有关招标控制价的理解，下列阐述中不正确的是（　　）。

A. 招标控制价应由具有编制能力的招标人或受其委托，具有相应资质的工程造价咨询人编制

B. 国有资金投资的工程建设项目应实行工程量清单招标，必须编制招标控制价

C. 招标控制价超过批准的概算时，招标人应将其报原概算审批部门审核

D. 招标控制价类似标底，需要保密

3. 采用成本加固定酬金合同时，其酬金一般是按（　　）的一定百分比确定。

A. 实际工程成本　　B. 估计的工程成本

C. 报价成本　　D. 限额成本

4. 关于招标控制价，以下说法错误的是（　　）。

A. 招标控制价超过批准的概算时，招标人应将其报原概算审批部门审核

B. 国有资金投资的建设工程项目招标，招标人必须编制招标控制价

C. 应该正确、全面地使用行业和地方的计价定额以及相关文件

D. 规费、税金属于可竞争的费用

5. 因暴雨引发山体滑坡、公路交通紧急抢修的项目宜采用（　　）。

A. 总价合同　　B. 固定单价合同

C. 可调单价合同　　D. 成本加酬金合同

6. 对于某些招标文件，当发现该项目工程范围不很明确、条款不够清楚或技术规范要求过于苛刻时，投标人最宜用的投标策略是（　　）。

A. 根据招标项目的不同特点采取不同的报价

B. 增加建议方案

C. 提供可供选择项目的报价

D. 多方案报价

7. 在使用不平衡报价法作为投标报价策略时，下列内部项目中可适当调高报价的是（　　）。

A. 早日结账收款的项目　　B. 工程量可能减少的项目

C. 工程内容解说不清楚的项目　　D. 暂定项目且不一定做的

8. 可调总价合同的风险分担方式是（　　）。

A. 发包人承担全部风险

B. 承包人承担通货膨胀风险，发包人承担其他风险

C. 承包人承担全部风险

D. 发包人承担通货膨胀主要风险，承包人承担其他风险

9. 工程项目合同以合同计价方式的不同划分为：①总价合同；②单价合同；③成本加酬金合同三种。以业主所承担的风险从小到大的顺序来排列，应该是（　　）。

A. ③②①　　B. ①②③　　C. ③①②　　D. ①③②

10. 投标报价工作的内容中不包括（　　）。

A. 编制工程量清单　　B. 确定单价，计算合价

C. 确定利润和风险费　　D. 确定投标价格

二、多选题（每题的备选项中，有 2 个或 2 个以上符合题意，至少有 1 个错项）

1. 工程施工承包合同按照计价方式可以分为以下几类：（　　）。

A. 总价合同　　B. 固定总价合同

C. 单价合同　　D. 变动单价合同

E. 成本加酬金合同

2. 在采用可调价格合同时，如果合同双方事先约定，则当（　　）发生较大变化时，可以对单价进行调整。

A. 施工质量　　B. 实际工程量

C. 合同条件　　D. 通货膨胀

E. 施工效率

3. 投标报价的主要内容有（　　）。

A. 复核或计算工程量　　B. 编制企业定额

C. 编制投标价格　　D. 编制工程量清单

E. 确定单价，计算合价

4. 在不平衡报价中，说法正确的是（　　）。

A. 对后期的施工分项，单价适当提高

B. 估计施工中工程量可能增加的项目，单价提高

C. 工程内容说明不清的，单价提高

D. 没有工程量，只填单价的项目，单价提高

E. 图纸有误，估计修改后工程量可能增加的项目，单价提高

5. 对工程量不能准确计算，技术经济指标一时尚不能明确确定，但工期较紧的工程，可采用（　　）合同形式。

A. 估计工程量单价　　B. 纯单价

C. 成本加酬金　　D. 可调总价

E. 可调单价

6. 影响合同计价方式选择的因素主要有（　　）。

A. 项目的复杂程度　　B. 业主的资金来源渠道

C. 工程施工的难易程度　　D. 工程设计工作的深度

E. 工程进度要求的紧迫程度

三、简答题

1. 简述招标控制价的编制依据。

2. 简述投标报价编制的程序。

3. 何为不平衡报价法？其适用范围是什么？

4. 简述总价合同、单价合同及成本加酬金合同各自的适用范围。

四、案例分析

某市曾因非典型性肺炎疫情严重，为了使非典病人能够进行及时隔离治疗，决定将该市郊区的一座疗养院改建为一所收治非典病人的医院。投资概算为 1 200 万元。因疫情紧急，要求该医院尽快投入使用，建设单位邀请本市 3 家有医院施工经验的一级施工资质企业进行竞标，考虑到该项目的设计与施工必须马上同时进行，采用了成本加酬金的合同，通过商务谈判，选定一家施工单位，签订了施工合同，按实际工程成本加 15%的酬金进行结算，合同工期 30 天。

该施工单位在签订合同后，因工期较紧立即组织大量施工人员进场施工。工程实施过程中，工程成本增加近 200 万元，建设单位要求施工单位承担相关经济责任。

问题：

(1) 该工程采用成本加酬金合同是否合适？说明理由。

(2) 该项目实际成本突破了投资计划，其成本增加的风险应由谁来承担？为什么？

(3) 该工程适合采用哪种承包合同？

第7章　建设工程施工阶段的投资控制

学习目标

了解施工阶段投资控制的原理及措施；熟悉资金使用计划的编制，掌握投资偏差分析；熟悉工程计量的依据，掌握工程计量的程序和方法；掌握合同价款调整的相关规定；熟悉工程变更价款的确定方法及程序；熟悉常见的索赔内容，掌握索赔费用计算的方法；掌握工程预付款的回扣、合同价款期中支付及结算款的计算方法。

7.1　施工阶段投资控制概述

通常一个工程项目的投资主要是由项目的决策阶段和设计阶段所决定，施工阶段对工程项目投资的影响相对较小。但是施工阶段是建筑产品形成的阶段，也是投资支出最多的阶段，也是矛盾、问题频发的阶段。做好施工阶段的投资控制可以为建设单位节约资金，也可以使施工单位提高自身管理水平，是“双赢”的事情。所以有必要在工程施工阶段对工程投资进行有效控制管理。

7.1.1　施工阶段投资控制的原理

施工阶段的投资控制运用动态控制的原理，其工作的原理如下。

一、施工投资目标的逐层分解

施工投资目标的分解指的是通过编制资金使用计划，分析和论证施工投资目标实现的可能性，并对施工投资目标进行分解，一般以招投标阶段确定的合同价作为施工阶段投资控制目标。

二、在施工过程中对施工投资目标进行动态跟踪和控制

（1）按照投资控制的要求，收集施工投资的实际值。

（2）定期对施工投资的计划值和实际值进行比较。

投资的控制周期应视项目的规模和特点而定，一般的项目控制周期为一个月。

（3）通过施工投资计划值和实际值的比较，如发现投资的偏差，则必须采取相应的纠偏措施进行纠偏。

（4）如有必要（即发现原定的施工投资目标不合理，或原定的施工投资目标无法实现等），则调整施工投资目标。

三、事前的主动控制

为避免项目投资目标偏离的发生，应重视事前的主动控制，即项目实施之前分析可能导致项目投资目标偏离的各种影响因素，并针对这些影响因素采取有效的预防措施。

7.1.2　施工阶段投资控制的措施

对施工阶段的投资控制应给予足够的重视，仅仅靠控制工程款的支付是不够的，应从组织、经济、技术、合同等多方面采取措施，控制投资。

一、组织措施

(1) 在项目管理班子中落实从投资控制角度进行施工跟踪的人员任务分工和职能分工。

(2) 编制本阶段投资控制工作计划和详细的工作流程图。

二、经济措施

(1) 编制资金使用计划，确定、分解投资控制目标。对工程项目造价目标进行风险分析，并制定防范性对策。

(2) 进行工程计量。

(3) 复核工程付款账单，签发付款证书。

(4) 在施工过程中进行投资跟踪控制，定期地进行投资实际支出值与计划目标值的比较；发现偏差，分析产生偏差的原因，采取纠偏措施。

(5) 协商确定工程变更的价款；审核竣工结算。

(6) 对工程施工过程中的投资支出。出作好分析与预测，经常或定期向建设单位提交项目投资控制及其存在问题的报告。

三、技术措施

(1) 对设计变更进行技术经济比较，严格控制设计变更。

(2) 继续寻找通过设计挖潜节约投资的可能性。

(3) 审核承包商编制的施工组织设计，对主要施工方案进行技术经济分析。

四、合同措施

(1) 做好工程施工记录，保存各种文件图纸；特别是注有实际施工变更情况的图纸，注意积累素材，为正确处理可能发生的索赔提供依据；参与处理索赔事宜。

(2) 参与合同修改、补充工作，着重考虑它对投资控制的影响。

7.2　资金使用计划的编制与投资偏差分析

7.2.1　资金使用计划的编制

投资控制的目的是为了确保投资目标的实现。因此，监理工程师必须编制资金使用计划，合理地确定投资控制目标值。如果没有明确的投资控制目标，就无法进行项目投资实际支出值与目标值的比较，也就不知道偏差程度，就会使控制措施缺乏针对性。在确定投资控制目标时，应有科学的依据。

一、投资目标的分解

投资目标的分解可以分为按投资构成、按子项目、按时间分解三种类型。

(一) 按投资构成分解的资金使用计划

工程项目的投资主要分为建筑安装工程投资，设备、工器具购置投资及工程建设其他投资。由于建筑工程和安装工程在性质上存在着较大差异，投资的计算方法和标准也不尽相同。因此，在实际操作中往往将建筑工程投资和安装工程投资分解开来。按投资构成分解的资金使用计划如图 7-1 所示。

(二) 按子项目分解的资金使用计划

要把项目总投资分解到单项工程和单位工程中，如图 7-2 所示。

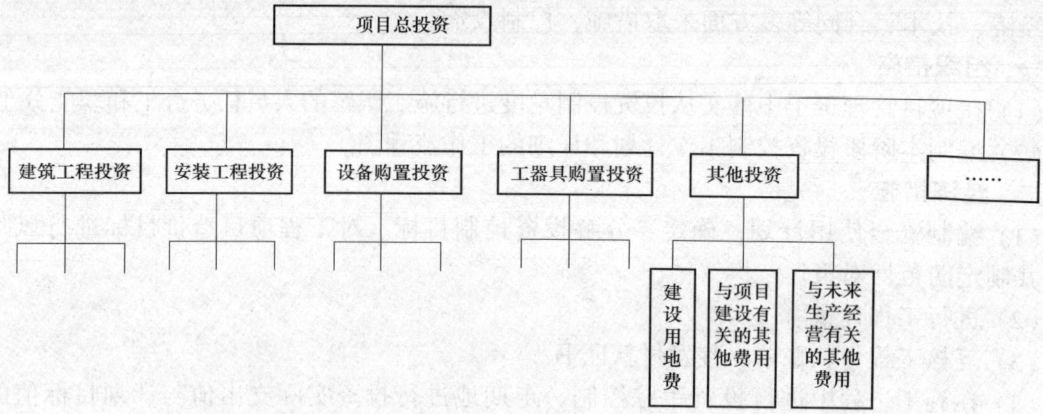

图 7-1 按投资构成分解目标

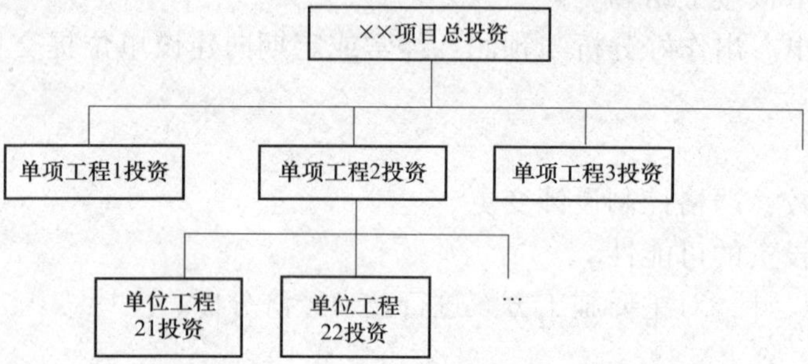

图 7-2 按子项目分解投资目标

另外，对各单位工程的建筑安装工程投资还需要进一步分解，在施工阶段一般可分解到分部分项工程。

（三）按时间进度分解的资金使用计划

为了编制项目资金使用计划，并据此筹措资金，尽可能减少资金占用和利息支出，有必要将项目总投资按其使用时间进行分解。

编制按时间进度的资金使用计划，通常可利用控制项目进度的网络图进一步扩充而得。即在建立网络图时，一方面确定完成各项工作所需花费的时间，另一方面同时确定完成这一工作的合适的投资支出预算。

在编制网络计划时，应在充分考虑进度控制对项目划分要求的同时，还要考虑确定投资支出预算对项目划分的要求，做到二者兼顾。

以上三种编制资金使用计划的方法并不是相互独立的。在实践中，往往是将这几种方法结合起来使用，从而达到扬长避短的效果。

二、资金使用计划的形式

（一）按子项目分解得到的资金使用计划表

资金使用计划表的内容一般包括如下。

（1）工程分项编码；

（2）工程内容；

（3）计量单位；

（4）工程数量；

（5）计划综合单价；

（6）本分项总计。

（二）时间—投资累计曲线

时间—投资累计曲线的绘制步骤如下。

（1）确定工程项目进度计划，编制进度计划的横道图。

（2）根据每单位时间内完成的实物工程量或投入的人力、物力和财力，计算单位时间（月或旬）的投资，在时标网络图上按时间编制投资支出计划，如图 7-3 所示。

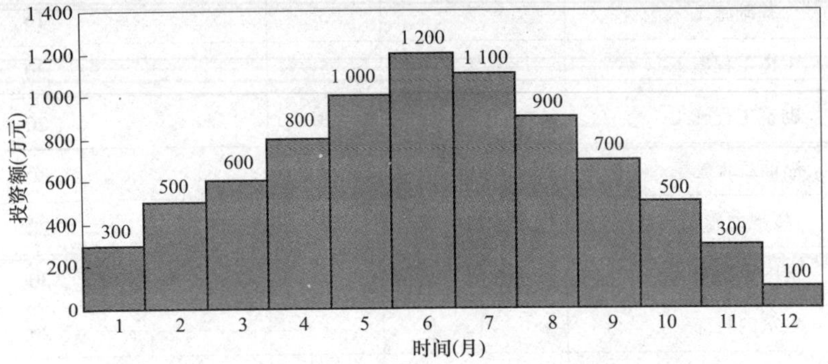

图 7-3　时标网络图上按月编制的资金使用计划

（3）计算规定时间 t 计划累计完成的投资额，其计算方法为：各单位时间计划完成的投资额累加求和，可按下式计算：

$$Q_t = \sum_{n=1}^{t} q_n \qquad (7.1)$$

式中　Q_t——某时间 t 计划累计完成投资额；

q_n——单位时间 n 的计划完成投资额；

t——某规定计划时刻。

（4）按各规定时间的 Q_t 值，绘制 S 形曲线，如图 7-4 所示。

每一条 S 形曲线都对应某一特定的工程进度计划。

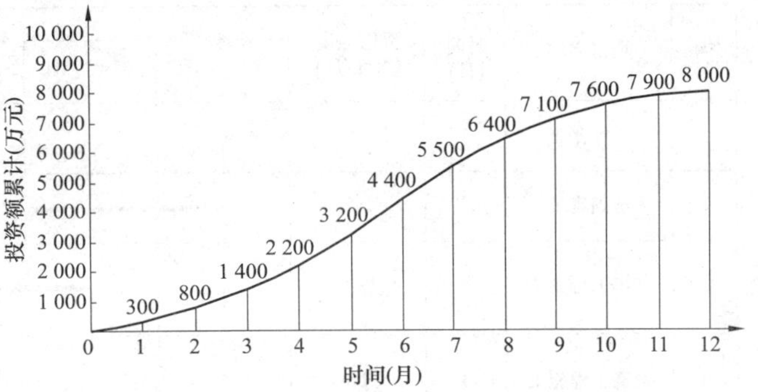

图 7-4　时间—投资累计曲线（S 形曲线）

特别提示

> 一般而言，所有工作都按最迟开始时间开始，对节约建设单位的建设资金贷款利息是有利的，但同时，也降低了项目按期竣工的保证率。因此，监理工程师必须合理地确定投资支出计划，达到既节约投资支出，又能控制项目工期的目的。

（三）综合分解资金使用计划表

将投资目标的不同分解方法相结合；会得到比前者更为详尽、有效的综合分解资金使用计划表。

【例 7-1】　已知某施工项目的数据资料如表 7-1 所示，绘制该项目的时间-成本累计曲线。

表 7-1 **施工项目的数据资料**

编码	项目名称	最早开始时间	工期（月）	成本强度（万元/月）
1	场地平整	1	1	20
2	基础施工	2	3	15
3	主体工程施工	4	5	30
4	砌筑工程施工	8	3	20
5	屋面工程施工	10	2	30
6	楼地面施工	11	2	20
7	室内设施安装	11	1	30
8	室内装饰	12	1	20
9	室外装饰	12	1	10
10	其他工程		1	10

解：（1）确定施工项目进度计划，编制进度计划的横道图，如图 7-5 所示。

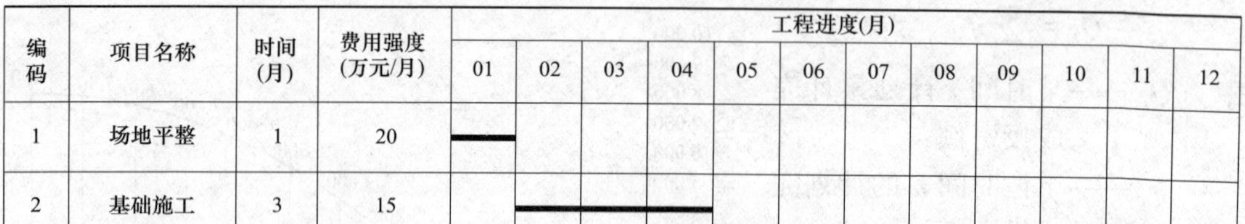

图 7-5 进度计划横道图

（2）在横道图上按时间编制成本计划，如图 7-6 所示。

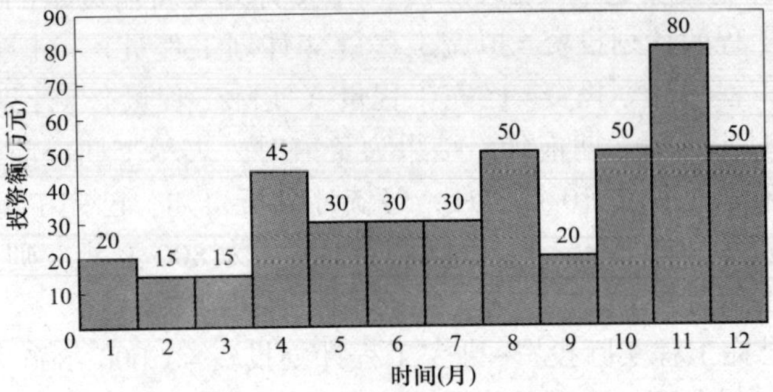

图 7-6　按月编制的资金使用计划

（3）计算规定时间 t 计划累计支出的成本额。根据式（7.1），可得如下结果（单位：万元）：

$Q_1=20$，$Q_2=35$，$Q_3=50$，$Q_4=95$，$Q_5=125$，$Q_6=155$，$Q_7=185$，$Q_8=235$，$Q_9=255$，$Q_{10}=305$，$Q_{11}=385$，$Q_{12}=435$。

（4）绘制 S 形曲线，如图 7-7 所示。

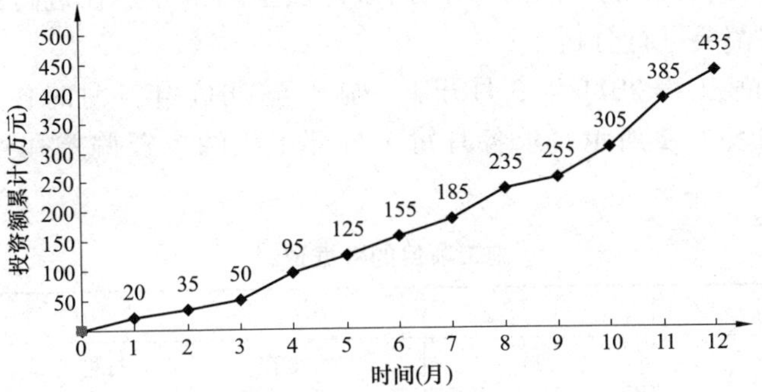

图 7-7　时间—投资累计曲线（S 形曲线）

7.2.2　投资偏差分析

一、投资偏差的概念

在投资控制中，把投资的实际值与计划值的差异叫做投资偏差，如式（7.2）所示。

投资偏差＝已完工程实际投资－已完工程计划投资　（7.2）

特别提示

投资偏差的计算结果为正，表示投资超支；结果为负，表示投资节约。

与投资偏差密切相关的是进度偏差，

进度偏差 1＝已完工程实际时间－已完工程计划时间　（7.3）

为了与投资偏差联系起来，进度偏差也可表示为：

进度偏差 2＝拟完工程计划投资－已完工程计划投资　（7.4）

所谓拟完工程计划投资是指根据进度计划安排在某一确定时间内所应完成的工程内容的

计划投资；已完工程计划投资是指实际完成工程量按计划单价所确定的投资额。

$$拟完工程的计划投资=拟完工程量（计划工程量）\times 计划单价 \tag{7.5}$$

$$已完工程的计划投资=已完工程量（实际工程量）\times 计划单价 \tag{7.6}$$

进度偏差为正值时，表示工期拖延；结果为负值时，表示工期提前。

【例 7-2】 某工程施工到 2010 年 9 月，经统计分析得知，已完工程实际投资为 1 000 万元，拟完工程计划投资为 900 万元，已完工程计划投资为 800 万元，则该工程此时的投资偏差与进度偏差各为多少万元?

解： 投资偏差=已完工程实际投资-已完工程计划投资=1 000-800=200（万元）

投资偏差的计算结果为正，表示投资超支 200 万元。

进度偏差=拟完工程计划投资-已完工程计划投资=900-800=100（万元）

进度偏差为正值，表示工期拖延 100 万元。

在投资偏差分析时，具体又分为如下

（一）局部偏差和累计偏差

所谓局部偏差，有两层含义：一是相对于总项目的投资而言，指各单项工程、单位工程和分部分项工程的偏差；二是相对于项目实施的时间而言，指每一控制周期所发生的投资偏差。累计偏差，则是在项目已经实施的时间内累计发生的偏差。在进行投资偏差分析时，对局部偏差和累计偏差都要进行分析。

【例 7-3】 已知某工程 2011 年 3 月开工，施工至 2011 年 5 月时各月的已完工程的实际工程量与投资数据如表 7-2 所示，求各月每个分部工程的投资偏差和到 5 月份为止的累计偏差。

表 7-2　　施工项目的数据资料

项目编码	(1)	011	012	013
项目名称	(2)	土方工程	打桩工程	基础工程
单位	(3)	$100m^3$	10m	$100m^3$
计划单价（万元）	(4)	5	6	8
实际单价（万元）	(5)	6	8	7
3 月拟完工程量	(6)	10	0	0
4 月拟完工程量	(7)	5	8	5
5 月拟完工程量	(8)	0	10	8
3 月已完工程量	(9)	8	0	0
4 月已完工程量	(10)	7	6	4
5 月已完工程量	(11)	0	10	6

解： 每月各分部分项工程的已完工程计划投资=每月各分部分项工程的实际工程量×计划单价

每月各分部分项工程的已完工程实际投资=每月各分部分项工程的实际工程量×实际单价

投资偏差=已完工程实际投资-已完工程计划投资

计算结果见表 7-3。

表 7-3　**施工项目的投资偏差计算表**

项目编码	(1)	011	012	013
项目名称	(2)	土方工程	打桩工程	基础工程
3 月已完工程计划投资（万元）	(3)	40	0	0
4 月已完工程计划投资（万元）	(4)	35	36	32
5 月已完工程计划投资（万元）	(5)	0	60	48
3 月已完工程实际投资（万元）	(6)	48	0	0
4 月已完工程实际投资（万元）	(7)	42	48	28
5 月已完工程实际投资（万元）	(8)	0	80	42
3 月投资偏差（万元）	(9)	8	0	0
4 月投资偏差（万元）	(10)	7	12	-4
5 月投资偏差（万元）	(11)	0	20	-6
3 月累计投资偏差（万元）	(12) = Σ (9) = 8+0+0=8			
4 月累计投资偏差（万元）	(13) = (12) +Σ (10) = 8+7+12-4=23			
5 月累计投资偏差（万元）	(14) = (13) +Σ (11) = 23+0+20-6=37			

（二）绝对偏差和相对偏差

所谓绝对偏差，是指投资计划值与实际值比较所得的差额。相对偏差，则是指投资偏差的相对数或比例数，通常是用绝对偏差与投资计划值的比值来表示，如下式：

$$\text{相对偏差}(\%) = \text{绝对偏差}/\text{投资计划值} = \frac{\text{已完工程实际投资} - \text{已完工程计划投资}}{\text{已完工程计划投资}} \times 100\% \tag{7.7}$$

绝对偏差和相对偏差的数值均可正可负，且两者符号相同，正值表示投资增加，负值表示投资节约。在进行投资偏差分析时，对绝对偏差和相对偏差都要进行计算。绝对偏差有一定的局限性，而相对偏差就能较客观地反映投资偏差的严重程度或合理程度，从对投资控制工作的要求来看，相对偏差比绝对偏差更有意义，应当给予更高的重视。

（三）偏差程度

偏差程度是指投资实际值对计划值的偏离程度，如下式：

$$\text{投资偏差程度} = \frac{\text{已完工程实际投资}}{\text{已完工程计划投资}} \tag{7.8}$$

【例 7-4】 已知建筑工程 2011 年 3 月开工，施工至 2011 年 5 月时已完工程的实际投资为 120 万元，已完工程的计划投资为 115 万元，试计算其相对偏差和投资偏差程度。

解：(1) 根据相对偏差式（7.7）得：

$$\text{相对偏差} = \frac{\text{已完工程实际投资} - \text{已完工程计划投资}}{\text{已完工程计划投资}} \times 100\%$$

$$= \frac{120 - 115}{115} \times 100\% = 4.35\%$$

(2) 根据偏差程度式（7.8）得：

$$\text{投资偏差程度} = \frac{\text{已完工程实际投资}}{\text{已完工程计划投资}} = \frac{120}{115} = 1.04$$

二、偏差的分析方法

常用的偏差分析方法有横道图法、表格法和曲线法。

（一）横道图法

用横道图进行投资偏差分析，是用不同的横道标识已完工程计划投资和实际投资以及拟完工程计划投资，横道的长度与其数额成正比，如图7-8所示。

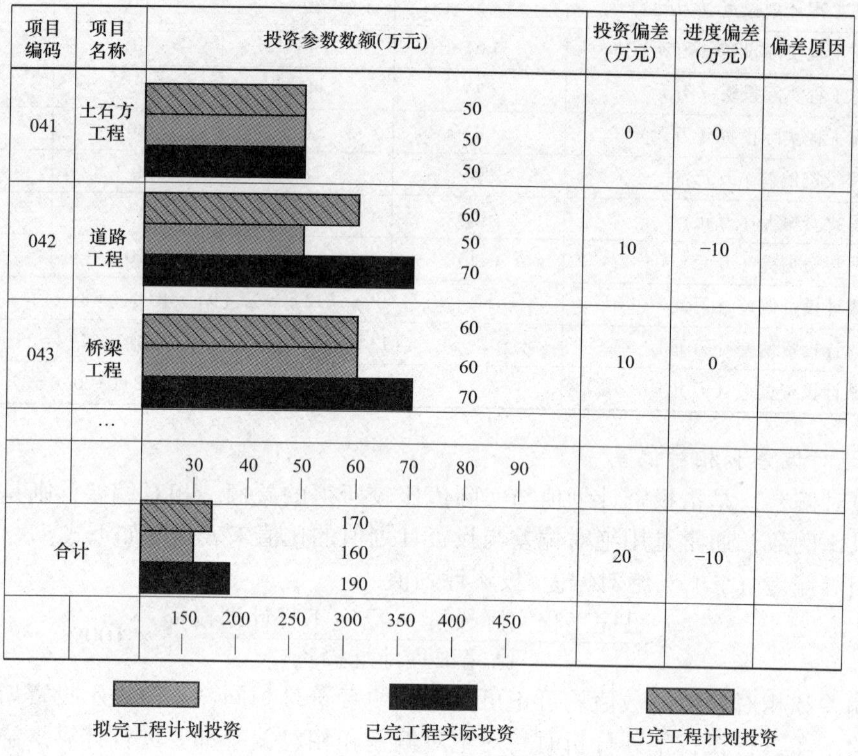

图7-8 横道图法的投资偏差分析

横道图法具有形象、直观、一目了然等优点，它能够准确表达出投资的绝对偏差，而且能一眼感受到偏差的严重性。但是，这种方法反映的信息量少，一般在项目的较高管理层应用。

（二）表格法

表格法是进行偏差分析最常用的一种方法。它将项目编号、名称，各投资参数以及投资偏差数综合归纳入一张表格中，并且直接在表格中进行比较，如表7-4所示，［例7-3］也应用了表格法进行投资偏差的分析。

表7-4　　投资偏差分析表

项目编码	（1）	041	042	043
项目名称	（2）	土石方工程	道路工程	桥梁工程
单位	（3）			
计划单价	（4）			
拟完成工程量	（5）			

续表

项目编码	(1)	041	042	043
拟完工程计划投资	(6) = (4) × (5)	30	30	40
已完工程量	(7)			
已完工程计划投资	(8) = (4) × (7)	30	40	40
实际单价	(9)			
其他款项	(10)			
已完工程实际投资	(11) = (7) × (9) + (10)	30	50	50
投资局部偏差	(12) = (11) - (8)	0	10	10
投资局部偏差程度	(13) = (11) ÷ (8)	1	1.25	1.25
投资累计偏差	(14) = Σ (12)			
投资累计偏差程度	(15) = Σ (11) ÷Σ (8)			
进度局部偏差	(16) = (6) - (8)	0	-10	0
进度局部偏差程度	(17) = (6) ÷ (8)	1	0.75	1
进度累计偏差	(18) = Σ (16)			
进度累计偏差程度	(19) = Σ (6) ÷Σ (8)			

表格法根据项目的具体情况、数据来源、投资控制工作的要求等条件来设计表格，因而适用性较强；表格法的信息量大，可以反映各种偏差变量和指标，对全面深入地了解项目投资的实际情况非常有益；此外，表格处理可借助于计算机，从而节约大量数据处理所需的人力，并大大提高速度。

(三) 曲线法

曲线法是用投资累计曲线（S 形曲线）来进行投资偏差分析的一种方法，如图 7-9 所示。其中 a 表示已完工程实际投资曲线，p 表示已完工程计划投资曲线，两条曲线之间的竖向距离表示投资偏差。

在用曲线法进行投资偏差分析时，首先要确定投资计划值曲线。投资计划值曲线是与确定的进度计划联系在一起的。

同时，也应考虑实际进度的影响，应当引入第三条投资参数曲线，即拟完工程计划投资曲线 b，如图 7-10 所示，图中曲线 a 与曲线 p 的竖向距离表示投资偏差，曲线 b 与曲线 p 的水平距离表示进度偏差。

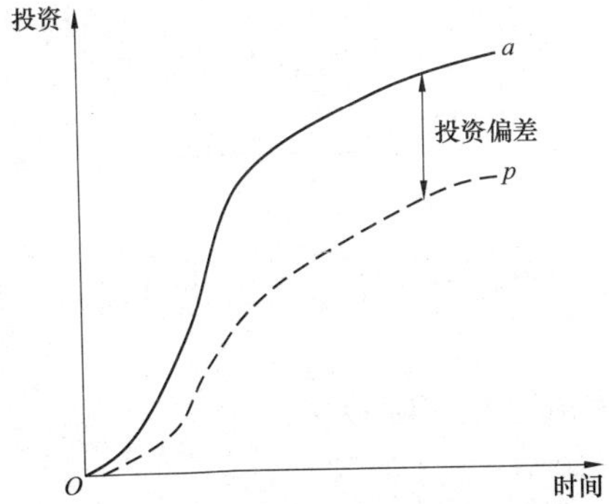

图 7-9　投资计划值与实际值曲线

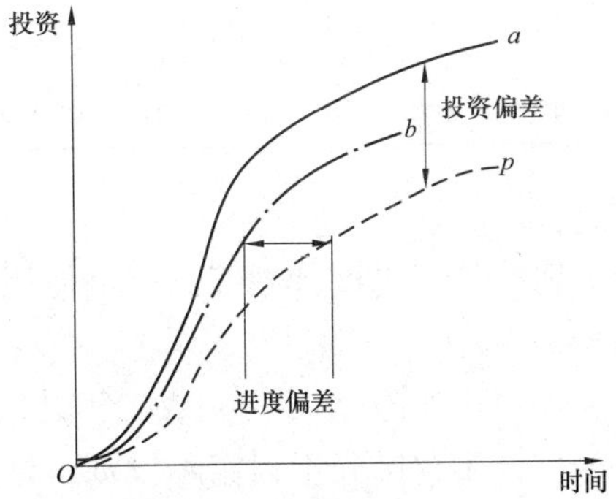

图 7-10　用投资累计曲线（S 形曲线）来进行投资偏差分析

用曲线法进行偏差分析同样具有形象、直观的特点，但这种方法很难直接用于定量分析，只能对定量分析起一定的指导作用。

【例 7-5】 某道路工程项目施工合同于2010年签订，约定合同工期为9个月，2011年1月开始正式施工，施工单位按合同工期要求编制了工程施工进度时标网络计划（如图7-11所示）并经专业监理工程师审核批准。

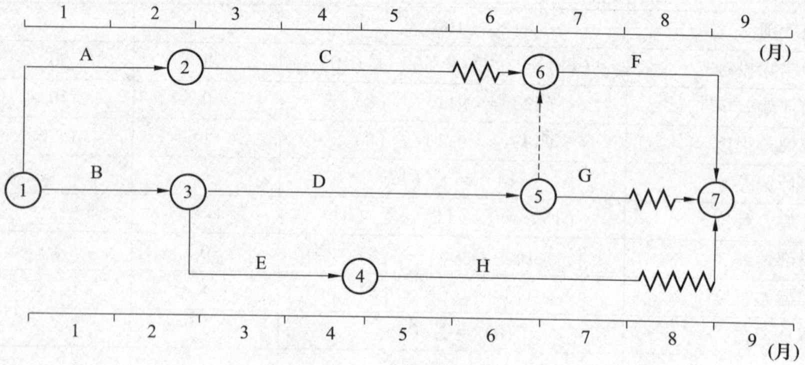

图 7-11 时标网络计划

该项目的各项工作均按最早开始时间安排，且各工作每月所完成的工程量相等，各工作的计划工程量和实际工程量见表7-5。工作D、E、F的实际工作持续时间与计划工作持续时间相同。合同约定，工程综合单价为2 000元/m，按月结算。结算价按项目所在地材料价格指数进行调整，项目实施期间各月的材料价格指数见表7-6。

施工期间，由于建设单位原因使工作H的开始时间比计划的开始时间推迟1个月，并由于工作H工程量的增加使该工作持续时间延长了1个月。

表 7-5 计划工程量和实际工程量表

工作	A	B	C	D	E	F	G	H
计划工程量	8 000	9 000	5 100	4 000	5 600	3 000	2 200	4 500
实际工程量	8 600	9 300	5 100	3 600	6 000	3 200	1 800	4 800

表 7-6 工程价格指数表

时间	2010年	2011年								
	12月	1月	2月	3月	4月	5月	6月	7月	8月	9月
材料价格指数（%）	100	105	110	110	115	120	120	125	125	130

问题：

（1）请按施工进度计划编制资金使用计划表、实际完成情况表，并写出其步骤，计算结果填入表7-7中。

（2）计算工作H各月已完成工程计划投资和已完成工程实际投资。

（3）计算工程已完工程实际投资，计算结果填入表中。

（4）列式计算8月末的投资偏差和进度偏差（用投资额表示）。

解：（1）将各工作计划工程量与单价相乘后，除以该工作持续时间，得到各工作每月拟完工程计划投资额。再将时标网络计划中各工作分别按月纵向汇总得到每月拟完工程计划投资额。逐月累加得到各月累计拟完工程计划投资额；将各工作实际工程量与单价相乘后，除以该工作持续时间，得到各工作每月已完工程计划投资额。再将时标网络计划中各工作分别按月纵向汇总得到每月已完工程计划投资额。逐月累加得到各月累计已完工程计划投资额。

2011 年各月拟完工程计划投资计算如下：

1 月：(8 000×2 000)/2+(9 000×2 000)/2=1 700(万元)

2 月：(8 000×2 000)/2+(9 000×2 000)/2=1 700(万元)

3 月：(5 100×2 000)/3+(4 000×2 000)/4+(5 600×2 000)/2=1 100(万元)

4 月：(5 100×2 000)/3+(4 000×2 000)/4+(5 600×2 000)/2=1 100(万元)

5 月：(5 100×2 000)/3+(4 000×2 000)/4+(4 500×2 000)/3=840(万元)

6 月：(4 000×2 000)/4+(4 500×2 000)/3=500(万元)

7 月：(3 000×2 000)/2+(2 200×2 000)/1+(4 500×2 000)/3=1 040(万元)

8 月：(3 000×2 000)/2=300(万元)

2011 年各月已完工程计划投资计算如下：

1 月：(8 600×2 000)/2+(9 300×2 000)/2=1 790(万元)

2 月：(8 600×2 000)/2+(9 300×2 000)/2=1 790(万元)

3 月：(5 100×2 000)/3+(3 600×2 000)/4+(6 000×2 000)/2=1 120(万元)

4 月：(5 100×2 000)/3+(3 600×2 000)/4+(6 000×2 000)/2=1 120(万元)

5 月：(5 100×2 000)/3+(3 600×2 000)/4=520(万元)

6 月：(3 600×2 000)/4+(4 800×2 000)/4=420(万元)

7 月：(3 200×2 000)/2+(1 800×2 000)/1+(4 800×2 000)/4=920(万元)

8 月：(3 200×2 000)/2+(4 800×2 000)/4=560(万元)

9 月：(4 800×2 000)/4=240(万元)

表 7–7　资金使用计划及实际完成情况表

时间	2011 年								
	1 月	2 月	3 月	4 月	5 月	6 月	7 月	8 月	9 月
拟完工程计划投资（万元）	1 700	1 700	1 100	1 100	840	500	1 040	300	
已完工程计划投资（万元）	1 790	1 790	1 120	1 120	520	420	920	560	240

（2）H 工作 6~9 月份各月已完成工作计划投资为：(4 800×2 000)/4=240(万元)，H 工作 6~9 月份已完成工作实际投资为：

6 月：240×120%=288(万元)

7 月：240×125%=300(万元)

8 月：240×125%=300(万元)

9 月：240×130%=312(万元)

（3）将每月已完工程计划投资乘以价格指数，得出每月已完工程实际投资，见表 7-8。

表 7-8　各月已完工程实际投资计算表

时间	2011 年								
	1 月	2 月	3 月	4 月	5 月	6 月	7 月	8 月	9 月
已完工程计划投资（万元）	1 790	1 790	1 120	1 120	520	420	920	560	240
材料价格指数（%）	105	110	110	115	120	120	125	125	130
已完工程实际投资（万元）	1 880	1 969	1 232	1 288	624	504	1 150	700	312

（4）将各月的拟完工程计划投资、已完工程计划投资及已完工程实际投资列表，逐月累加得到累计投资，见表 7-9。

表 7-9　各月投资计算表

项目	投资数据（万元）								
	1 月	2 月	3 月	4 月	5 月	6 月	7 月	8 月	9 月
每月拟完工程计划投资	1 700	1 700	1 100	1 100	840	500	1 040	300	
累计拟完工程计划投资	1 700	3 400	4 500	5 600	6 440	6 940	7 980	8 280	
每月已完工程计划投资	1 790	1 790	1 120	1 120	520	420	920	560	240
累计已完工程计划投资	1 790	3 580	4 700	5 820	6 340	6 760	7 680	8 240	8 480
每月已完工程实际投资	1 880	1 969	1 232	1 288	624	504	1 150	700	312
累计已完工程实际投资	1 880	3 849	5 081	6 369	6 993	7 497	8 647	9 347	9 659

8 月末投资偏差 = 已完工程实际投资 - 已完工程计划投资 = 9 347 - 8 240 = 1 107（万元）

即到 8 月末投资额超支 1 107 万元。

8 月末进度偏差 = 拟完工程计划投资 - 已完工程计划投资 = 8 280 - 8 240 = 40（万元）

即到 8 月末进度拖后 40 万元。

三、投资偏差的原因和类型

（一）投资偏差的原因

偏差分析的一个重要目的就是要找出引起偏差的原因，从而有可能采取有针对性的措施，减少或避免相同原因的偏差再次发生。

引起投资偏差的原因主要有客观原因、业主原因、设计原因和施工原因，具体如图 7-12 所示。

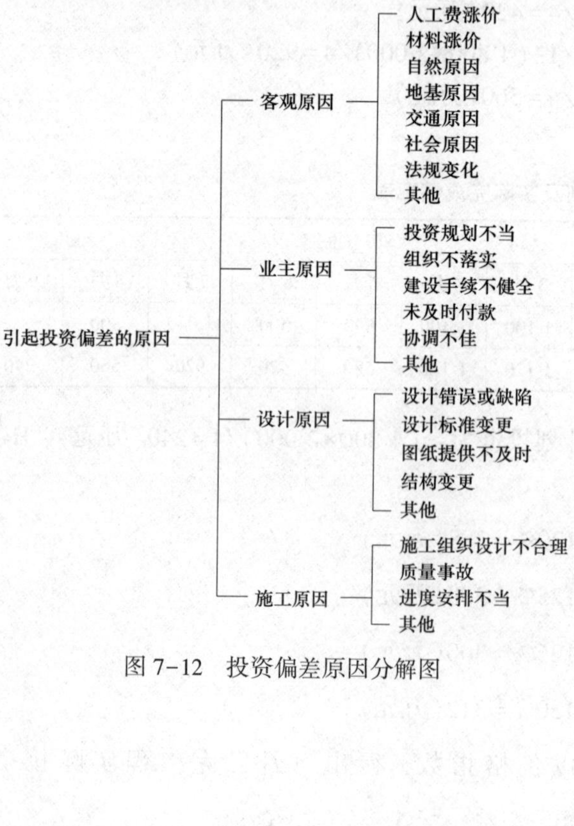

图 7-12　投资偏差原因分解图

（二）偏差类型

为了便于分析，往往还需要对偏差类型做出划分。任何偏差都会表现出某种特点，其结果对造价控制的影响也各不相同。一般来说，偏差有以下四种情况：Ⅰ，投资增加且工期拖延；Ⅱ，投资增加但工期提前；Ⅲ，工期拖延但投资节约；Ⅳ，投资节约且工期提前。如图 7-13 所示。这种划分综合性较强，便于表述和应用，在实际分析中经常用到。

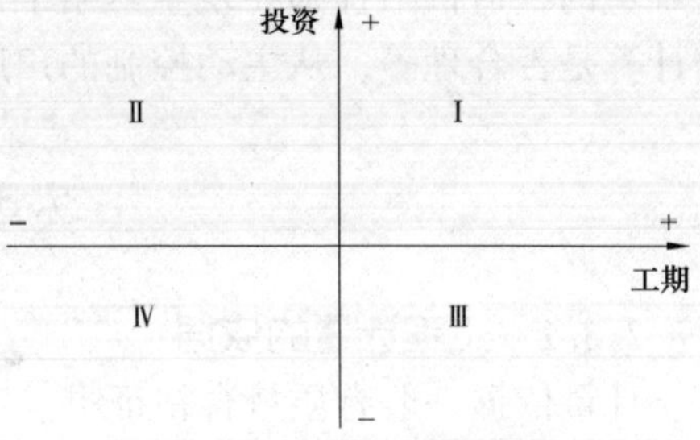

图 7-13　投资偏差类型

四、投资偏差的纠正措施

对投资偏差原因进行分析后，就要采取强有力措施加以纠正，尤其注意主动控制和动态控制，尽可能实现投资控制目标。

（一）明确纠正的主要对象

（1）根据偏差类型明确纠偏主要对象。按照图 7-13 划分的偏差类型，纠偏的主要对象首先是偏差Ⅰ型，即投资增加且进度拖延。对这种类型的偏差必须高度重视，纠偏措施要坚决、果断、确有效果。其次是偏差Ⅱ型，在这种情况下，要适当考虑工期提前所能产生的收益。若这种收益与增加的投资大致相当甚至高于投资增加额，则未必需要采取纠偏措施。至于偏差Ⅲ型，从投资控制的角度来看，要考虑是否需要进度纠偏，以及如果必须采取进度纠偏措施需要增加多少投资。偏差Ⅳ型是投资控制工作非常理想的结果，但要特别注意排除假象。

（2）根据偏差原因明确纠偏主要对象。在以上列举的四类投资偏差原因中，客观原因一般是无法避免和控制的。施工原因所导致的经济损失通常是由施工单位自己承担。这两类偏差原因都不是纠偏的主要对象。而由于业主原因和设计原因所造成的投资偏差则是纠偏的主要对象。

（二）采取有效的纠偏措施。

纠偏就是对系统实际运行状态偏离标准状态的纠正，以使实际运行状态恢复或保持在标准状态。

通常纠偏措施可分为组织措施、经济措施、技术措施、合同措施四个方面。

（1）组织措施。指从投资控制的组织管理方面采取的措施。组织措施往往被人忽视，其实它是其他措施的前提和保障，而且一般无需增加什么费用，运用得当时可以收到良好的效果。

（2）经济措施。经济措施最易为人们接受，但运用中要特别注意不可把经济措施简单理解为审核工程量及相应的支付款。应从全局出发来考虑问题，如检查投资目标分解是否合理，资金使用计划有无保障，会不会与施工进度计划发生冲突，工程变更有无必要，是否超标等，解决这些问题往往是标本兼治，事半功倍的。另外，通过偏差分析和未完工程预测还可以发现潜在的问题，及时采取预防措施，从而取得造价控制的主动权。

（3）技术措施。从造价控制的要求来看，技术措施并不都是因为发生了技术问题才加以考虑的，也可以因为出现了较大的投资偏差而加以运用。不同的技术措施往往会有不同的经济效果，因此运用技术措施纠偏时，要对不同的技术方案进行技术经济分析后加以选择。

（4）合同措施，合同措施在纠偏方面主要指索赔管理。在施工过程中，索赔事件的发生是难免的，造价工程师在发生索赔事件后，要认真审查有关索赔依据是否符合合同规定，索赔计算是否合理等，从主动控制的角度出发，加强日常的合同管理，落实合同规定的责任。

7.3 工 程 计 量

7.3.1 工程计量的依据

计量依据一般有质量合格证书、工程量清单前言、技术规范中的“计量支付”条款和设计图纸。

一、质量合格证书

对于承包商已完的工程，并不是全部进行计量，而只是质量达到合同标准的已完工程才予以计量。所以工程计量必须与质量监理紧密结合，经过专业工程师检验，工程质量达到合同规定的标准后，由专业工程师签署报验申请表（质量合格证书），质量不合格的工程不予以计量。所以说质量监理是计量监理的基础，计量又是质量监理的保障，通过计量支付，强化承包商的质量意识。

二、工程量清单前言和技术规范

工程量清单前言和技术规范是确定计量方法的依据。因为工程量清单前言和技术规范的“计量支付”条款规定了清单中每一项工程的计量方法，同时还规定了按规定的计量方法确定的单价所包括的工作内容和范围。

【例 7-6】 某高速公路技术规范计量支付条款规定：所有道路工程、隧道工程和桥梁工程中的路面工程按各种结构类型及各层不同厚度分别汇总以图纸所示或工程师指示为依据，按经工程师验收的实际完成数量，以平方米为单位分别计量。计量方法是根据路面中心线的长度乘图纸所表明的平均宽度，再加单独测量的岔道、加宽路面、喇叭口和道路交叉处的面积，以平方米为单位计量。除工程师书面批准外，凡超过图纸所规定的任何宽度、长度、面积或体积均不予计量。已知设计图纸的高速公路总长为 5 000m，道路设计宽度为 35m，岔道、加宽路面、喇叭口和道路交叉处的面积共计 200m^2，施工单位实际施工的道路面积为 190 000m^2，经工程师检验质量全部合格，则工程师应予以计量的工程量应为多少？

解： 工程计量应按支付条款的规定进行计量，因此应按设计图纸的工程量进行计量，即：

$$计量工程量 = 5\,000 \times 35 + 200 = 175\,200\ (m^2)$$

超出设计图纸施工的工程量将不予计量，其费用由施工单位承担。

三、设计图纸

单价合同以实际完成的工程量进行结算，但被工程师计量的工程数量，并不一定是承包商实际施工的数量。计量的几何尺寸要以设计图纸为依据，工程师对承包商超出设计图纸要求而增加的工程量和自身原因造成返工的工程量，不予计量。

【例 7-7】 某工程基础底板的设计厚度为 1.5m，施工单位为了保证质量，实际做了 1.6m，多做的工程量在工程价款的计量支付时，应（ ）。

A. 不予计量

B. 予以计量

C. 计量一半

D. 由业主与施工单位协商处理

答案：A。

7.3.2　工程计量的程序和方法

一、工程计量的程序

（1）施工合同（示范文本）约定的程序。按照施工合同（示范文本）规定，工程计量的一般程序是：承包人应按专用条款约定的时间，向工程师提交已完工程量的报告，工程师接到报告后7天内按设计图纸核实已完工程量，并在计量前24小时通知承包人，承包人为计量提供便利条件并派人参加。承包人收到通知后不参加计量，计量结果有效，作为工程价款支付的依据。工程师收到承包人报告后7天内未进行计量，从第8天起，承包人报告中开列的工程量视为已被确认，作为工程价款支付的依据。工程师不按约定时间通知承包人，使承包人不能参加计量，计量结果无效。对承包人超出设计图纸范围和因承包人原因造成返工的工程量，工程师不予计量。

（2）建设工程监理规范规定的程序。

1）承包单位统计经专业监理工程师质量验收合格的工程量，按施工合同的约定填报工程量清单和工程款支付申请表。

2）专业监理工程师进行现场计量，按施工合同的约定审核工程量清单和工程款支付申请表，并报总监理工程师审定。

3）总监理工程师签署工程款支付证书，并报建设单位。

二、工程计量的方法

工程师一般只对以下三方面的工程项目进行计量。

（1）工程量清单中的全部项目。

（2）合同文件中规定的项目。

（3）工程变更项目。

根据《建设工程工程量清单计价规范》（GB 50500—2013），工程计量时，若发现工程量清单中出现漏项、工程量计算偏差，以及工程变更引起工程量的增减，应按承包人在履行合同义务过程中实际完成的工程量计算。

根据FIDIC合同条件的规定，一般可按照以下方法进行计量。

（1）均摊法。就是对清单中某些项目的合同价款，按合同工期平均计量。如：为监理工程师提供宿舍，保养测量设备，保养气象记录设备，维护工地清洁和整洁等。这些项目都有一个共同的特点，即每月均有发生。所以可以采用均摊法进行计量支付。例如：为造价管理者提供宿舍，保养测量设备，保养气象记录设备，维护工地清洁和整洁等。特别是适用于每月均有发生的费用。如本项合同款额为4 500元，合同工期为15个月，则每月计量、支付的款额为：4 500元/15月=300元/月。

（2）估价法。就是按合同文件的规定，根据工程师估算的已完成的工程价值支付。如为工程师提供办公设施和生活设施，为工程师提供用车，为工程师提供测量设备、天气记录设备、通讯设备等项目。这类清单项目往往要购买几种仪器设备，当承包商对于某一项清单项目中规定购买的仪器设备不能一次购进时，则需采用估价法进行计量支付。其计量过程如下。

1）按照市场的物价情况，对清单中规定购置的仪器设备分别进行估价。

2）按下式计量支付金额：

$$F = A \times \frac{B}{D} \tag{7.9}$$

式中 F——计算支付的金额；

A——清单所列该项的合同金额；

B——该项实际完成的金额（按估算价格计算）；

D——该项全部仪器设备的总估算价格。

从式（7.9）可知：

a. 该项实际完成金额 B 必须按估算各种设备的价格计算，它与承包商购进的价格无关。

b. 估算的总价与合同工程量清单的款额无关。

估价的款额与最终支付的款额无关，最终支付的款额总是合同清单中的款额。

【例 7-8】 清单中某项提供监理工程师使用的测量设备为：距测仪 2 台，水准仪 2 台，合同价为 160 000 元/台；承包商已购进 1 台距测仪，距测仪的市场估价 40 000 元，水准仪的市场估价共 50 000 元，对其计量应支付（　　）元。

A. 35 556　　B. 40 000　　C. 90 000　　D. 160 000

解析： 对清单这一项应采用估价法进行计量，根据公式 $F = A \times \frac{B}{D}$

$$A = 160\,000 \text{ 元} \quad B = 40\,000 \text{ 元}$$

$$D = 40\,000 \times 2 + 50\,000 \times 2 = 180\,000 \text{（元）}$$

$$F = 160\,000 \times 40\,000 / 180\,000 = 35\,556 \text{（元）}$$

所以正确答案为 A。

（3）凭据法。就是按照承包商提供的凭据进行计量支付。如建筑工程险保险费、第三方责任险保险费、履约保证金等项目，一般按凭据法进行计量支付。

（4）断面法。主要用于取土坑或填筑路堤土方的计量。对于填筑土方工程，一般规定计量的体积为原地面线与设计断面所构成的体积。采用这种方法计量，在开工前承包商需测绘出原地形的断面，并需经工程师检查，作为计量的依据。

（5）图纸法。在工程量清单中，许多项目采取按照设计图纸所示的尺寸进行计量。如混凝土构筑物的体积，钻孔桩的桩长等。

（6）分解计量法。就是将一个项目，根据工序或部位分解为若干子项。对完成的各子项进行计量支付。这种计量方法主要是为了解决一些包干项目或较大的工程项目的支付时间过长，影响承包商的资金流动等问题。

7.4 合同价款调整

7.4.1 合同价款应当调整的事项及调整程序

《计价规范》对所有涉及合同价款调整、变动的因素或其范围进行了归并，主要包括五大类：一是法规变化类（法律法规变化）；二是工程变更类（工程变更、项目特征不符、工程量清单缺项、工程量偏差、计日工）；三是物价变化类（物价变化、暂估价）；四是工程索赔类（不可抗力、提前竣工、索赔等）；五是其他类（现场签证等）。

一、合同价款应当调整的事项

发生以下事项，发承包双方应当按照合同约定调整合同价款：

(1) 法律法规变化。
(2) 工程变更。
(3) 项目特征不符。
(4) 工程量清单缺项。
(5) 工程量偏差。
(6) 计日工。
(7) 物价变化。
(8) 暂估价。
(9) 不可抗力。
(10) 提前竣工赶工补偿。
(11) 误期赔偿。
(12) 索赔。
(13) 现场签证。
(14) 暂列金额。
(15) 发承包双方约定的其他调整事项。

二、合同价款调整的程序

合同价款调整应按照以下程序进行。

(1) 出现合同价款调增事项（不含工程量偏差、计日工、现场签证、索赔）后的14天内，承包人应向发包人提交合同价款调增报告并附上相关资料；承包人在14天内未提交合同价款调增报告的，应视为承包人对该事项不存在调整价款请求。

(2) 出现合同价款调减事项（不含工程量偏差、施工索赔）后的14天内，发包人应向承包人提交合同价款调减报告并附相关资料；发包人在14天内未提交合同价款调减报告的，应视为发包人对该事项不存在调整价款请求。

(3) 发（承）包人应在收到承（发）包人合同价款调增（减）报告及相关资料之日起14天内对其核实，予以确认的应书面通知承（发）包人。当有疑问时，应向承（发）包人提出协商意见。发（承）包人在收到合同价款调增（减）报告之日起14天内未确认也未提出协商意见的，应视为承（发）包人提交的合同价款调增（减）报告已被发（承）包人认可。发（承）包人提出协商意见的，承（发）包人应在收到协商意见后的14天内对其核实，予以确认的应书面通知发（承）包人。承（发）包人在收到发（承）包人的协商意见后14天内既不确认也未提出不同意见的，应视为发（承）包人提出的意见已被承（发）包人认可。

特别提示

如果发包人与承包人对合同价款调整的不同意见不能达成一致，只要对承发包双方履约不产生实质影响，双方应继续履行合同义务，直到其按照合同约定的争议解决方式得到处理。关于合同价款调整后的支付原则，《建设工程工程量清单计价规范》(GB 50500—2013) 规定：经发承包双方确认调整的合同价款，作为追加（减）合同价款，与工程进度款或结算款同期支付。

7.4.2 合同价款调整的相关规定

一、法律法规变化

招标工程以投标截止日前28天，非招标工程以合同签订前28天为基准日，其后因国家的法律、法规、规章和政策发生变化引起工程造价增减变化的，发承包双方应当按照省级或行业建设主管部门或其授权的工程造价管理机构据此发布的规定调整合同价款。

因承包人原因导致工期延误的，按上述规定的调整时间，在合同工程原定竣工时间之后，合同价款调增的不予调整，合同价款调减的予以调整。

如果承发包双方在商议有关合同价格和工期调整时无法达成一致的，双方可以在合同中约定由总监理工程师承担商定与确定的组织和实施责任。

二、工程变更及现场签证

（一）工程变更

工程变更可以理解为是合同工程实施过程中由发包人提出或由承包人提出经发包人批准的合同工程的任何改变。工程变更指令发出后，应当迅速落实指令，全面修改相关的各种文件。承包人也应当抓紧落实，如果承包人不能全面落实变更指令，则扩大的损失应当由承包人承担。

（1）工程变更的范围。根据《标准施工招标文件》（2007年版）中的通用合同条款，工程变更的范围和内容包括如下。

1）取消合同中任何一项工作，但被取消的工作不能转由发包人或其他人实施。

2）改变合同中任何一项工作的质量或其他特性。

3）改变合同工程的基线、标高、位置或尺寸。

4）改变合同中任何一项工作的施工时间或改变已批准的施工工艺或顺序。

5）为完成工程需要追加的额外工作。

（2）工程变更的价款调整方法。

1）分部分项工程费的调整。工程变更引起的分部分项工程项目发生变化的，应按照下列规定调整。

a. 已标价工程量清单中有适用于变更工程项目的，且工程变更导致的该清单项目的工程数量变化不足15%时，采用该项目的单价。

b. 已标价工程量清单中没有适用，但有类似于变更工程项目的，可在合理范围内参照类似项目的单价或总价调整。

c. 已标价工程量清单中没有适用也没有类似于变更工程项目的，由承包人根据变更工程资料、计量规则和计价办法、工程造价管理机构发布的信息（参考）价格和承包人报价浮动率，提出变更工程项目的单价或总价，报发包人确认后调整。承包人报价浮动率可按照下列公式计算。

实行招标的工程：

$$\text{承包人报价浮动率 } L = (1 - \text{中标价}/\text{招标控制价}) \times 100\% \tag{7.10}$$

不实行招标的工程：

$$\text{承包人报价浮动率 } L = (1 - \text{报价值}/\text{施工图预算}) \times 100\% \tag{7.11}$$

上述公式中的中标价、招标控制价或报价值、施工图预算，均不含安全文明施工费。

d. 已标价工程量清单中没有适用也没有类似于变更工程项目，且工程造价管理机构发布的信息（参考）价格缺价的，由承包人根据变更工程资料、计量规则、计价办法和通过市场调查等取得的有合法依据的市场价格提出变更工程项目的单价或总价，报发包人确认后调整。

2）措施项目费的调整。工程变更引起措施项目发生变化的，承包人提出调整措施项目费的，应事先将拟实施的方案提交发包人确认，并详细说明与原方案措施项目相比的变化情况。拟实施的方案经发承包双方确认后执行。并应按照下列规定调整措施项目费。

a. 安全文明施工费，按照实际发生变化的措施项目调整，不得浮动。

b. 采用单价计算的措施项目费，按照实际发生变化的措施项目按前述分部分项工程费的调整方法确定单价。

c. 按总价（或系数）计算的措施项目费，除安全文明施工费外，按照实际发生变化的措施项目调整，但应考虑承包人报价浮动因素，即调整金额按照实际调整金额乘以按照式（7.10）或式（7.11）得出的承包人报价浮动率（L）计算。

如果承包人未事先将拟实施的方案提交给发包人确认，则视为工程变更不引起措施项目费的调整或承包人放弃调整措施项目费的权利。

3）删减工程或工作的补偿。如果发包人提出的工程变更，非因承包人原因删减了合同中的某项原定工作或工程，致使承包人发生的费用或（和）得到的收益不能被包括在其他已支付或应支付的项目中，也未被包含在任何替代的工作或工程中，则承包人有权提出并得到合理的费用及利润补偿。

（二）现场签证

现场签证是指发包人或其授权现场代表（包括工程监理人、工程造价咨询人）与承包人或其授权现场代表就施工过程中涉及的责任事件所作的签认证明。施工合同履行期间出现现场签证事件的，发承包双方应调整合同价款。

（1）现场签证的提出。承包人应发包人要求完成合同以外的零星项目、非承包人责任事件等工作的，发包人应及时以书面形式向承包人发出指令，提供所需的相关资料；承包人在收到指令后，应及时向发包人提出现场签证要求。

承包人在施工过程中，若发现合同工程内容因场地条件、地质水文、发包人要求等不一致时，应提供所需的相关资料，提交发包人签证认可，作为合同价款调整的依据。

（2）现场签证的范围。

1）适用于施工合同范围以外零星工程的确认。

2）在工程施工过程中发生变更后需要现场确认的工程量。

3）非承包人原因导致的人工、设备窝工及有关损失。

4）符合施工合同规定的非承包人原因引起的工程量或费用增减。

5）确认修改施工方案引起的工程量或费用增减。

6）工程变更导致的工程施工措施费增减等。

（3）现场签证报告的要求。

1）现场签证的工作如果已有相应的计日工单价，现场签证报告中仅列明完成该签证工作所需的人工、材料、工程设备和施工机械台班的数量。

2）如果现场签证的工作没有相应的计日工单价，应当在现场签证报告中列明完成该签证工作所需的人工、材料、工程设备和施工机械台班的数量及其单价。

(4) 现场签证报告的确认。承包人应在收到发包人指令后 7 天内，向发包人提交现场签证报告，发包人应在收到现场签证报告后 48h 内对报告内容进行核实，予以确认或提出修改意见。发包人在收到承包人现场签证报告后的 48h 内未确认也未提出修改意见的，视为承包人提交的现场签证报告已被发包人认可。

现场签证工作完成后的 7d 内，承包人应按照现场签证内容计算价款，报送发包人确认后，作为增加合同价款，与进度款同期支付。

特别提示

合同工程发生现场签证事项，未经发包人签证确认，承包人便擅自实施相关工作的，除非征得发包人书面同意，否则发生的费用由承包人承担。

三、工程索赔

工程索赔是在工程合同履行过程中，承包商根据合同和法律的规定，对并非由于自身的过错（因对方不履行或未能正确履行合同）所造成的经济损失或权利损害，通过合同约定的程序向对方提出经济和（或）时间补偿要求的行为。

（一）索赔的分类

(1) 按索赔目的和要求分类。根据索赔目的和要求的不同，可以将工程索赔分为工期索赔和经济索赔。

1) 工期索赔。一般是指承包人依据合同约定，对于非因自身原因导致的工期延误向发包人提出工期顺延的要求。工期顺延的要求获得批准后，不仅可以免除承包人承担拖期违约赔偿金的责任，而且承包人还有可能因工期提前获得赶工补偿（或奖励）。

2) 经济索赔。是要求补偿承包人（或发包人）的经济损失。经济索赔的要求如果获得批准，必然会引起合同价款的调整。

(2) 按照索赔事件的性质分类。

1) 工程延期索赔。因为发包人未按合同要求提供施工条件，或者发包人指令工程暂停或不可抗力事件等原因造成工期拖延的，承包人向发包人提出索赔；如果由于承包人原因导致工期拖延，发包人可以向承包人提出索赔；由于非分包人的原因导致工期拖延，分包人可以向承包人提出索赔。

2) 工程加速索赔。通常是由于发包人或工程师指令承包人加快施工进度，缩短工期，引起承包人的人力、物力、财力的额外开支，承包人提出索赔；承包人指令分包人加快进度，分包人也可以向承包人提出索赔。

3) 工程变更索赔。由于发包人或工程师指令增加或减少工程量或增加附加工程、修改设计、变更施工顺序等，造成工期延长和费用增加，承包人对此向发包人提出索赔，分包人也可以对此向承包人提出索赔。

4) 工程终止索赔。由于发包人违约或发生了不可抗力事件等造成工程非正常终止，承包人和分包人因蒙受经济损失而提出索赔；如果由于承包人或者分包人的原因导致工程非正常终止，或者合同无法继续履行，发包人可以对此提出索赔。

5) 不可预见的外部障碍或条件索赔。即施工期间在现场遇到一个有经验的承包商通常不能预见的外界障碍或条件，例如地质条件与预计的（业主提供的资料）不同，出现未预见的岩石、淤泥或地下水等，导致承包人损失，这类风险通常应该由发包人承担，即承包人可以据此提出索赔。

6）不可抗力事件引起的索赔。不可抗力通常是指一方无法控制的、该方在签订合同前不能对之进行合理防备的、发生后该方不能合理避免或克服的、不主要归因于他方的。不可抗力事件发生导致的损失，可以根据合同中的约定，向对方当事人提出索赔。

7）其他索赔。如货币贬值、汇率变化、物价变化、政策法令变化等原因引起的索赔。

《标准施工招标文件》（2007年版）的通用合同条款中，按照引起索赔事件的原因不同，对一方当事人提出的索赔可能给予合理补偿工期、费用和（或）利润的情况，分别作出了相应的规定。其中，引起承包人索赔的事件以及可能得到的合理补偿内容见表7-10。

表7-10　《标准施工招标文件》中承包人的索赔事件及可补偿内容

序号	条款号	索赔事件	可补偿内容		
			工期	费用	利润
1	1.6.1	迟延提供图纸	√	√	√
2	1.10.1	施工中发现文物、古迹	√	√	
3	2.3	迟延提供施工场地	√	√	√
4	3.4.5	监理人指令迟延或错误	√	√	
5	4.11	施工中遇到不利物质条件	√	√	
6	5.2.4	提前向承包人提供材料、工程设备		√	
7	5.2.6	发包人提供材料、工程设备不合格或迟延提供或变更交货地点	√	√	√
8	5.4.3	发包人更换其提供的不合格材料、工程设备	√	√	
9	8.3	承包人依据发包人提供的错误资料导致测量放线错误	√	√	√
10	9.2.6	因发包人原因造成承包人人员工伤事故		√	
11	11.3	因发包人原因造成工期延误	√	√	√
12	11.4	异常恶劣的气候条件导致工期延误	√		
13	11.6	承包人提前竣工		√	
14	12.2	发包人暂停施工造成工期延误	√	√	√
15	12.4.2	工程暂停后因发包人原因无法按时复工	√	√	√
16	13.1.3	因发包人原因导致承包人工程返工	√	√	√
17	13.5.3	监理人对已经覆盖的隐蔽工程要求重新检查且检查结果合格	√	√	√
18	13.6.2	因发包人提供的材料、工程设备造成工程不合格	√	√	√
19	14.1.3	承包人应监理人要求对材料、工程设备和工程重新检验且检验结果合格	√	√	√
20	16.2	基准日后法律的变化		√	
21	18.4.2	发包人在工程竣工前提前占用工程	√	√	√
22	18.6.2	因发包人的原因导致工程试运行失败		√	√
23	19.2.3	工程移交后因发包人原因出现新的缺陷或损坏的修复		√	√
24	19.4	工程移交后因发包人原因出现的缺陷修复后的试验和试运行		√	

续表

序号	条款号	索赔事件	可补偿内容		
			工期	费用	利润
25	21.3.1（4）	因不可抗力停工期间应监理人要求照管、清理、修复工程		√	
26	21.3.1（4）	因不可抗力造成工期延误	√		
27	22.2.2	因发包人违约导致承包人暂停施工	√	√	√

（二）索赔费用的组成

对于不同原因引起的索赔，承包人可索赔的具体费用内容是不完全一样的。但归纳起来，索赔费用一般可归结为分部分项工程量清单费用、措施项目费用、其他项目费、规费与税金等。

（1）分部分项工程量清单费用。

1）人工费。索赔费用中的人工费，是指完成合同之外的额外工作所花费的人工费用；由于非承包人责任的工效降低所增加的人工费用；超过法定工作时间加班劳动；法定人工费增长以及非承包人责任工程延期导致的人员窝工费和工资上涨费等。

2）材料费。材料费的索赔包括：由于索赔事项材料实际用量超过计划用量而增加的材料费；由于客观原因材料价格大幅度上涨；由于非承包人责任工程延期导致的材料价格上涨和超期储存费用。材料费中应包括运输费、仓储费以及合理的损耗费用。如果由于承包人管理不善，造成材料损坏失效，则不能列入索赔计价。

承包人应该建立健全物资管理制度，记录建筑材料的进货日期和价格，建立领料耗用制度，以便索赔时能准确地分离出索赔事项所引起的材料额外耗用量。为了证明材料单价的上涨，承包人应提供可靠的订货单、采购单，或官方公布的材料价格调整指数。

3）施工机具使用费。施工机具使用费的索赔包括：由于完成额外工作增加的机械使用费；非承包人责任工效降低增加的机械使用费；由于业主或监理工程师原因导致机械停工的窝工费。窝工费的计算，如系租赁设备，一般按实际租金和调进调出费的分摊计算；如系承包人自有设备，一般按台班折旧费计算，而不能按台班费计算，因台班费中包括了设备使用费。

4）分包费用。分包费用索赔指的是分包人的索赔费，一般也包括人工、材料、机械使用费的索赔。分包人的索赔应如数列入总承包人的索赔款总额以内。

5）现场管理费。索赔款中的现场管理费是指承包人完成额外工程、索赔事项工作以及工期延长期间的现场管理费，包括管理人员工资、办公、通信、交通费等。

6）利息。在索赔款额的计算中，经常包括利息。利息的索赔通常发生于下列情况：拖期付款的利息；错误扣款的利息。至于具体利率应是多少，在实践中可采用不同的标准，主要有这样几种规定：

a. 按当时的银行贷款利率；

b. 按当时的银行透支利率；

c. 按合同双方协议的利率；

d. 按中央银行贴现率加3%。

7）总部（企业）管理费。索赔款中的总部管理费主要指工程延期期间所增加的管理费。

包括总部职工工资、办公大楼、办公用品、财务管理、通信设施以及总部领导人员赴工地检查指导工作等开支。这项索赔款的计算，目前没有统一的方法。在国际工程施工索赔中总部管理费的计算有以下几种。

a. 按照投标书中总部管埋费的比例（3%~8%）计算。

总部管理费=合同中总部管理费比率(%)×(人、材、机费用索赔款额+现场管理费索赔款额等) (7.12)

b. 按照公司总部统一规定的管理费比率计算。

总部管理费=公司管理费比率(%)×(人、材、机费用索赔款额+现场管理费索赔款额等) (7.13)

c. 以工程延期的总天数为基础，计算总部管理费的索赔额，计算步骤如下：

对某一工程提取的管理费=同期内公司的总管理费×该工程的合同额/同期内公司的总合同额 (7.14)

该工程的每日管理费=该工程向总部上缴的管理费/合同实施天数 (7.15)

索赔的总部管理费=该工程的每日管理费×工程延期的天数 (7.16)

8）利润。一般来说，由于工程范围的变更、文件有缺陷或技术性错误、业主未能提供现场等引起的索赔，承包人可以列入利润。但对于工程暂停的索赔，由于利润通常是包括在每项实施工程内容的价格之内的，而延长工期并未影响削减某些项目的实施，也未导致利润减少。所以，一般监理工程师很难同意在工程暂停的费用索赔中加进利润损失。索赔利润的款额计算通常是与原报价单中的利润百分率保持一致。

（2）措施项目费用。因分部分项工程量清单漏项或非承包人原因的工程变更，引起措施项目发生变化，造成施工组织设计或施工方案变更，导致措施费发生变化时，已有的措施项目，按原有措施费的方法调整；原措施费中没有的措施项目，由承包人根据措施项目变更情况，提出适当的措施费变更，经发包人确认后调整。

（3）其他项目费。所涉及的人工费、材料费等按合同的约定计算。

（4）规费与税金。除工程内容的变更或增加，承包人可以列入相应增加的规费与税金。其他情况一般不能索赔。索赔规费与税金的款额计算通常是与原报价单中的百分率保持一致。

(三) 索赔费用的计算方法

索赔费用的计算方法有：实际费用法、总费用法和修正的总费用法。

（1）实际费用法。是计算工程索赔时最常用的一种方法。这种方法的计算原则是以承包人为某项索赔工作所支付的实际开支为根据，向业主要求费用补偿。

用实际费用法计算时，在人、材、机费的额外费用部分的基础上，再加上应得的企业管理费和利润，即是承包人应得的索赔金额。由于实际费用法所依据的是实际发生的成本记录或单据，所以，在施工过程中，系统而准确地积累记录资料是非常重要的。

（2）总费用法。就是当发生多次索赔事件以后，重新计算该工程的实际总费用，实际总费用减去投标报价时的估算总费用，即为索赔金额，即：

索赔金额=实际总费用-投标报价估算总费用 (7.17)

不少人对采用该方法计算索赔费用持批评态度，因为实际发生的总费用中可能包括了承包人的原因，如施工组织不善而增加的费用；同时投标报价估算的总费用也可能为了中标而过低，所以这种方法只有在难以采用实际费用法时才应用。

(3) 修正的总费用法。是对总费用法的改进，即在总费用计算的原则上，去掉一些不合理的因素，使其更合理。

修正的内容如下。

1) 将计算索赔款的时段局限于受到外界影响的时间，而不是整个施工期。

2) 只计算受影响时段内的某项工作所受影响的损失，而不是计算该时段内所有施工工作所受的损失。

3) 与该项工作无关的费用不列入总费用中。

4) 对投标报价费用重新进行核算。按受影响时段内该项工作的实际单价进行核算，乘以实际完成的该项工作的工程量，得出调整后的报价费用。

按修正后的总费用计算索赔金额的公式如下：

$$索赔金额=某项工作调整后的实际总费用-该项工作的报价费用 \tag{7.18}$$

修正的总费用法与总费用法相比，有了实质性的改进，它的准确程度已接近于实际费用法。

【例 7-9】 某施工合同约定，施工现场主导施工机械一台，由施工企业租得，台班单价为 300 元/台班，租赁费为 150 元/台班，人工工资为 50 元/工日，窝工补贴为 20 元/工日，以人工费为基数的综合费率为 40%。在施工过程中，发生了如下事件：①出现异常恶劣天气导致工程停工 2 天，人员窝工 30 个工日；②因恶劣天气导致场外道路中断抢修道路用工 30 工日；③场外大面积停电，停工 3 天，人员窝工 15 工日。因此，施工企业可向业主索赔费用为多少？

解：各事件处理结果如下：

(1) 异常恶劣天气导致的停工通常不能进行费用索赔，但是延误的工期可以得到补偿。

(2) 抢修道路用工的索赔额＝30×50×（1+40%）＝2 100（元）

(3) 停电导致的索赔额＝3×150+15×20＝750（元）

总索赔额＝2 100+750＝2 850（元）

（四）工期索赔的计算

(1) 工期索赔中应当注意的问题。

1) 划清施工进度拖延的责任。因承包人的原因造成施工进度滞后，属于不可原谅的延期；只有承包人不应承担任何责任的延误，才是可原谅的延期。可原谅延期，又可细分为可原谅并给予补偿费用的延期和可原谅但不给与补偿费用的延期。后者是指非承包人责任的影响并未导致施工成本的额外支出，大多属于发包人应承担风险责任事件的影响，如异常恶劣的气候条件影响的停工等。

2) 被延误的工作应是处于施工进度计划关键线路上的施工内容。只有位于关键线路上工作内容的滞后，才会影响到竣工日期。但有时也应注意，既要看被延误的工作是否在批准进度计划的关键路线上，又要详细分析这一延误对后续工作的可能影响。因为若对非关键路线工作的影响时间较长，超过了该工作可用于自由支配的时间，也会导致进度计划中非关键路线转化为关键路线，其滞后将影响总工期的拖延。此时，应充分考虑该工作的自由时间，给予相应的工期顺延，并要求承包人修改施工进度计划。

（2）工期索赔的计算方法。

1）直接法。如果某干扰事件直接发生在关键线路上，造成总工期的延误，可以直接将该干扰事件的实际干扰时间（延误时间）作为工期索赔值。

2）比例计算法。如果某干扰事件仅仅影响某单项工程、单位工程或分部分项工程的工期，要分析其对总工期的影响，可以采用比例计算法。

a. 已知受干扰部分工程的延期时间，按下式计算：

$$\text{工期索赔值} = \text{受干扰部分工期拖延时间} \times \frac{\text{受干扰部分工程的合同价格}}{\text{原合同总价}} \tag{7.19}$$

b. 已知额外增加工程量的价格，按下式计算：

$$\text{工期索赔值} = \text{原合同总工期} \times \frac{\text{额外增加的工程量的价格}}{\text{原合同总价}} \tag{7.20}$$

特别提示

比例计算法虽然简单方便，但有时不符合实际情况，而且比例计算法不适用于变更施工顺序、加速施工、删减工程量等事件的索赔。

3）网络图分析法。通过分析干扰事件发生前和发生后网络计划图的计算工期之差来计算工期索赔值，可以用于各种干扰事件和多种干扰事件共同作用所引起的工期索赔。

（3）共同延误的处理。在实际施工中，工期拖延很少是只由一方造成的，往往是两三种原因同时发生（或相互作用）而形成的，故称为共同延误。在这种情况下，要具体分析哪一种情况延误是有效的，应依据以下原则。

1）首先判断造成拖期的哪一种原因是最先发生的，即确定“初始延误”者，它应对工程拖期负责。在初始延误发生作用期间，其他并发的延误者不承担拖期责任。

2）如果初始延误者是发包人原因，则在发包人原因造成的延误期内，承包人既可得到工期延长，又可得到经济补偿。

3）如果初始延误者是客观原因，则在客观因素发生影响的延误期内，承包人可以得到工期延长，但很难得到费用补偿。

4）如果初始延误者是承包人原因，则在承包人原因造成的延误期内，承包人既不能得到工期补偿，也不能得到费用偿。

四、项目特征不符

《建设工程工程量清单计价规范》（GB 50500—2013）中规定如下。

（1）发包人在招标工程量清单中对项目特征的描述，应被认为是准确和全面的，并且与实际施工要求相符合。承包人应按照发包人提供的招标工程量清单，根据其项目特征描述的内容及有关要求实施合同工程，直到项目被改变为止。

（2）若在合同履行期间出现设计图纸（含设计变更）与招标工程量清单任一项目的特征描述不符，且该变化引起该项目的工程造价增减变化的，应按照实际施工的项目特征，按规范中工程变更相关条款的规定重新确定相应工程量清单项目的综合单价，并调整合同价款。

五、工程量清单缺项

施工过程中，工程量清单项目的增减变化必然带来合同价款的增减变化，导致工程量清单缺项的原因：一是设计变更；二是施工条件改变；三是工程量清单编制错误。

《建设工程工程量清单计价规范》（GB 50500—2013）规定如下。

（1）合同履行期间，由于招标工程量清单中缺项，新增分部分项工程量清单项目的，应按照规范中工程变更相关条款确定单价，并调整合同价款。

（2）新增分部分项工程量清单项目后，引起措施项目发生变化的，应按照规范中工程变更相关规定，在承包人提交的实施方案被发包人批准后调整合同价款。

（3）由于招标工程量清单中措施项目缺项，承包人应将新增措施项目实施方案提交发包人批准后，按照规范相关规定调整合同价款。

六、工程量偏差

《建设工程工程量清单计价规范》（GB 50500—2013）规定如下。

（1）合同履行期间，当予以计算的实际工程量与招标工程量清单出现偏差，且符合下述两条规定的，发承包双方应调整合同价款。

（2）对于任一招标工程量清单项目，如果因工程量偏差和工程变更等原因导致工程量偏差超过15%时，可进行调整。当工程量增加15%以上时，增加部分的工程量的综合单价应予调低；当工程量减少15%以上时，减少后剩余部分的工程量的综合单价应予调高。

（3）如果工程量出现超过15%的变化，且该变化引起相关措施项目相应发生变化时，按系数或单一总价方式计价的，工程量增加的措施项目费调增，工程量减少的措施项目费调减。

工程量偏差超过15%时的调整方法如下。

1）当 $Q_1>1.15Q_0$ 时

$$S = 1.15Q_0 \times P_0 + (Q_1 - 1.15Q_0) \times P_1 \tag{7.21}$$

2）当 $Q_1<0.85Q_0$ 时

$$S = Q_1 \times P_1 \tag{7.22}$$

式中 S——调整后的某一分部分项工程费结算价；

Q_1——最终完成的工程量；

Q_0——招标工程量清单列出的工程量；

P_1——按照最终完成工程量重新调整后的综合单价；

P_0——承包人在工程量清单中填报的综合单价。

新的综合单价 P_1 确定的方法，一是承发包双方协商确定；二是与招标控制价相联系。当工程量偏差项目出现承包人在工程量清单中填报的综合单价与发包人招标控制价相应清单项目的综合单价偏差超过15%时，工程量偏差项目综合单价的调整可参考以下公式。

3）当 $P_0<P_2\times(1-L)\times(1-15\%)$ 时，该类项目的综合单价：

$$P_1 \text{ 按照 } P_2 \times (1 - L) \times (1 - 15\%) \text{ 调整} \tag{7.23}$$

4）当 $P_0>P_2\times(1+15\%)$ 时，该类项目的综合单价：

$$P_1 \text{ 按照 } P_2 \times (1 + 15\%) \text{ 调整} \tag{7.24}$$

5）当 $P_0>P_2\times(1-L)\times(1-15\%)$ 或 $P_0<P_2\times(1+15\%)$ 时，可不予调整。

式中 P_0——承包人在工程量清单中填报的综合单价；

P_2——发包人在招标控制价相应项目的综合单价；

L——计价规范中定义的承包人报价浮动率。

【例 7-10】 某工程项目招标控制综合单价为 350 元，投标报价的综合单价为 287 元，该工程的投标报价下浮率为 6%，工程量偏差超过 15%部分的综合单价是否调整？

解： 287÷350=82%，偏差为（1-82%）=18%>15%

350×（1-6%）×（1-15%）=279.65（元）

因为 287 元>279.65 元，所以该项目变更后的综合单价可不予调整。

【例 7-11】 某工程项目招标控制综合单价为 350 元，投标报价的综合单价为 406 元，工程变更后的综合单价如何调整？

解： 406÷350=116%，偏差为（116%-1）=16%>15%；

350×（1+15%）=402.50（元）

因为 406 元>402.50 元，所以该项目变更后的综合单价应调整为 402.50 元。

【例 7-12】 某工程项目工程量清单数量为 1 520m^3，施工中由于设计变更调整为 1824m^3，增加 20%，该项目招标控制综合单价为 350 元，投标报价为 406 元，应如何调整？

解： 根据［例 7-11］，综合单价 P_1 应调整为 402.50 元；

$$S=1.15\times1\,520\times406+(1\,824-1.15\times1\,520)\times402.50$$
$$=709\,688+75\times402.50=740\,278\text{（元）}$$

变更后的工程结算价应为 740 278 元。

【例 7-13】 某工程项目工程量清单数量为 1 520m^3，施工中由于设计变更调整为 1 216m^3，减少 20%，该项目招标控制综合单价为 350 元，投标报价为 287 元，应如何调整？

解： 根据［例 7-10］，综合单价 P_1 可不调整。

$$S=1\,216\times287=348\,992\text{（元）}$$

变更后的工程结算价应为 348 992 元。

七、计日工

采用计日工计价的任何一项变更工作，承包人应提交下列报表和有关凭证送发包人复核。

（1）工作名称、内容和数量。

（2）投入该工作所有人员的姓名、工种、级别和耗用工时。

（3）投入该工作的材料名称、类别和数量。

（4）投入该工作的施工设备型号、台数和耗用台时。

（5）发包人要求提交的其他资料和凭证。

《建设工程工程量清单计价规范》（GB 50500—2013）规定：任一计日工项目持续进行时，承包人应在该项工作实施结束后的 24h 内向发包人提交有计日工记录汇总的现场签证报告一式三份。发包人在收到承包人提交现场签证报告后的 2 天内予以确认并将其中一份返还给承包人，作为计日工计价和支付的依据。发包人逾期未确认也未提出修改意见的，应视为承包人提交的现场签证报告已被发包人认可。

每个支付期末，承包人应按照规范中进度款的相关条款规定向发包人提交本期间所有计日工记录的签证汇总表，以说明本期间自己认为有权得到的计日工金额，调整合同价款，列入进度款支付。

八、物价变化

在工程施工过程中，由于工程所在地物价变化，对于工期在一年以上的工程项目，就应该在合同条件中考虑物价变化的价格调整问题。FIDIC 合同通用条件专门规定了物价调整问题。我国的《建设工程施工合同（示范文本）》也对合同价款的调整有明确的规定。

工程建设项目中合同周期较长的项目，经常受到物价浮动等多种因素的影响，人工费、材料费、施工机械费等都会发生变化，从而引起工程成本的增加。为了避免承包商或业主在价格波动中遭受损失，维护合同双方的正当权益，应该对价格的变化进行必要的调整。

合同履行期间，因人工、材料、工程设备、机械台班价格波动影响合同价款时应根据合同约定的方法计算调整合同价款。发生合同工期延误的，应按下列规定确定合同履行期应予调整的价格。

（1）因发包人原因导致工期延误的，则计划进度日期后续工程的价格，采用计划进度日期与实际进度日期的较高者。

（2）因承包人原因导致工期延误的，则计划进度日期后续工程的价格，采用计划进度日期与实际进度日期的较低者。

特别提示

发包人供应材料和工程设备的，不适用上述规定，应由发包人按照实际变化调整，列入合同工程的工程造价内。

（一）采用价格指数进行价格调整

（1）价格调整公式。因人工、材料和工程设备等价格波动影响合同价格时，根据投标函附录中的价格指数和权重表约定的数据，按下式计算差额并调整合同价款：

$$\Delta P = P_0\left[A + \left(B_1\frac{F_{t1}}{F_{01}} + B_2\frac{F_{t2}}{F_{02}} + B_3\frac{F_{t3}}{F_{03}} + \cdots + B_n\frac{F_{tn}}{F_{0n}}\right) - 1\right] \tag{7.25}$$

式中 ΔP——需调整的价格差额；

P_0——约定的付款证书中承包人应得到的已完成工程量的金额。此项金额应不包括价格调整、不计质量保证金的扣留和支付、预付款的支付和扣回。约定的变更及其他金额已按现行价格计价的，也不计在内；

A——定值权重（即不调值部分的权重）；

B_1，B_2，B_3，…，B_n——各可调因子的变值权重（即可调部分的权重），为各可调因子在签约合同价中所占的比例；

F_{t1}，F_{t2}，F_{t3}，…，F_{tn}——各可调因子的现行价格指数，指约定付款证书相关周期最后一天的前 42d 的各可调因子的价格指数；

F_{01}，F_{02}，F_{03}，…，F_{0n}——各可调因子的基本价格指数，指基准日期的各可调因子的价格指数。

式（7.25）中的各可调因子、定值和变值权重，以及基本价格指数及其来源在投标函附录价格指数和权重表中约定。价格指数应首先采用工程造价管理机构提供的价格指数，缺乏上述价格指数时，可采用工程造价管理机构提供的价格代替。

（2）暂时确定调整差额。在计算调整差额时得不到现行价格指数的，可暂用上一次价格指数计算，并在以后的付款中再按实际价格指数进行调整。

(3) 权重的调整。约定的变更导致原定合同中的权重不合理时，由承包人和发包人协商后进行调整。

(4) 因承包人原因工期延误后的价格。由于承包人原因未在约定的工期内竣工的，则对原约定竣工日期后继续施工的工程，在使用价格调整公式时，应采用原约定竣工日期与实际竣工日期的两个价格指数中较低的一个作为现行价格指数。

(二) 采用造价信息进行价格调整

合同履行期间，因人工、材料、工程设备和机械台班价格波动影响合同价格时，人工、机械使用费按照国家或省、自治区、直辖市建设行政管理部门、行业建设管理部门或其授权的工程造价管理机构发布的人工成本信息、机械台班单价或机械使用费系数进行调整；需要进行价格调整的材料，其单价和采购数应由发包人复核，发包人确认需调整的材料单价及数量作为调整合同价款差额的依据。

九、暂估价

暂估价是指招标人在工程量清单中提供的用于支付必然发生但暂时不能确定价格的材料、工程设备的单价以及专业工程的金额。暂估价的调整应遵守下列原则。

(1) 发包人在招标工程量清单中给定暂估价的材料、工程设备属于依法必须招标的，由发承包双方以招标的方式选择供应商，确定其价格并以此为依据取代暂估价，调整合同价款。

(2) 发包人在招标工程量清单中给定暂估价的材料和工程设备不属于依法必须招标的，由承包人按照合同约定采购，经发包人确认后以此为依据取代暂估价，调整合同价款。

(3) 发包人在工程量清单中给定暂估价的专业工程不属于依法必须招标的，应按照工程变更价款的确定方法确定专业工程价款。并以此为依据取代专业工程暂估价，调整合同价款。

(4) 发包人在招标工程量清单中给定暂估价的专业工程，依法必须招标的，应当由发承包双方依法组织招标选择专业分包人，并接受有管辖权的建设工程招标投标管理机构的监督。

十、不可抗力

不可抗力是指不能预见，不可避免并不能克服的客观情况。因不可抗力事件导致的人员伤亡、财产损失及其费用增加，发承包双方应按下列原则分别承担并调整合同价款和工期。

(1) 工程本身的损害、因工程损害导致第三方人员伤亡和财产损失以及运至施工场地用于施工的材料和待安装的设备的损害，由发包人承担。

(2) 发包人、承包人人员伤亡由其所在单位负责，并承担相应费用。

(3) 承包人的施工机械设备损坏及停工损失，由承包人承担。

(4) 停工期间，承包人应发包人要求留在施工场地的必要的管理人员及保卫人员的费用由发包人承担。

(5) 工程所需清理、修复费用，由发包人承担。

不可抗力解除后复工的，若不能按期竣工，应合理延长工期。发包人要求赶工的，赶工费用应由发包人承担。

十一、提前竣工（赶工补偿）

为了保证工程质量，承包人除了根据标准规范、施工图纸进行施工外，还应当按照科学合理的施工组织设计，按部就班地进行施工作业。因为有些施工流程必须有一定的时间间隔，例如，现浇混凝土必须有一定时间的养护才能进行下一个工序，刷油漆必须等上道工序所刮腻子干燥后方可进行等。

《建设工程质量管理条例》第十条规定："建设工程发包单位不得迫使承包方以低于成本的价格竞标，不得任意压缩合理工期"，据此，《建设工程工程量清单计价规范》（GB 50500—2013）作了以下规定。

（1）工程发包时，招标人应当依据相关工程的工期定额合理计算工期，压缩的工期天数不得超过定额工期的20%。超过者，应在招标文件中明示增加赶工费用。

（2）工程实施过程中，发包人要求合同工程提前竣工的，应征得承包人同意后与承包人商定采取加快工程进度的措施，并应修订合同工程进度计划。发包人应承担承包人由此增加的提前竣工（赶工补偿）费用。

（3）发承包双方应在合同中约定提前竣工每日历天应补偿额度，此项费用应作为增加合同价款列入竣工结算文件中，应与结算款一并支付。

十二、暂列金额

已签约合同价中的暂列金额由发包人掌握使用。发包人按照合同的规定做出支付后，如有剩余，则暂列金额归发包人所有。

7.5 工程结算

7.5.1 工程预付款及其扣回

工程预付款是指建设工程施工合同订立后，由发包人按照合同约定，在正式开工前预先支付给承包人的工程款。施工企业承包工程中，一般都实行包工包料，这就需要有一定数量的备料周转金。预付款是发包人为解决承包人在施工准备阶段资金周转问题提供的协助，构成施工企业为该承包工程项目储备主要材料、结构件所需的流动资金。

一、工程预付款的支付时间

按照《建设工程价款结算暂行办法》的规定，在具备施工条件的前提下，发包人应在双方签订合同后一个月内或不迟于约定的开工日期前7d内预付工程款，发包人不按约定预付，承包人应在预付时间到期后10d内向发包人发出要求预付的通知，发包人在收到通知后仍不按要求预付，承包人可在发出通知14d后停工，发包人应从约定预付之日起向承包人支付应付款的利息（利率按同期银行贷款利率计）并承担违约责任。

工程预付款仅用于承包人支付施工开始时与本工程有关的动员费用。如承包人滥用该项费用，发包人有权立即收回。除专用合同条款另有约定外，承包人应在收到预付款的同时向发包人提交预付款保函，预付款保函的担保金额与预付款金额相同，在发包人全部扣回预付款之前，该银行保函将一直有效。当预付款被发包人扣回时，银行保函金额相应递减。凡是没有签订合同或不具备施工条件的工程，发包人不得预付工程款，不得以预付款为名转移资金。

二、工程预付款的数额

(1) 百分比法。发包人根据工程的特点、工期长短、市场行情和供求规律等因素，招标时在合同条件中约定工程预付款的百分比，原则上预付比例不低于合同金额的10%，不高于合同金额的30%。

在实际工作中，工程预付款的数额，要根据各工程类型、合同工期、承包方式和供应体制等不同条件而定。例如，工业项目中钢结构和管道安装占比重较大的工程，其主要材料所占比重比一般安装工程要高，因而工程预付款数额也要相应提高；工期短的工程比工期长的要高，材料由承包人自购的比由发包人提供材料的要高。对于只包工不包料的工程项目，则可以不预付备料款。

(2) 公式计算法。是根据主要材料（含结构件等）占年度承包工程总价的比重，材料储备定额天数和年度施工天数等因素，通过公式计算预付款额度的一种方法。计算公式如下：

$$\text{工程预付款数额} = \frac{\text{年度工程总价} \times \text{材料比例}(\%)}{\text{年度施工天数}} \times \text{材料储备定额天数} \tag{7.26}$$

式中，年度施工天数按365天日历天计算；材料储备定额天数由当地材料供应的在途天数、加工天数、整理天数、供应间隔天数和保险天数等因素决定。

三、工程预付款的扣回

发包人支付给承包人的工程备料款的性质是“预支”。随着工程进度的推进，拨付的工程进度款数额不断增加，工程所需主要材料，构件的用量逐渐减少，原已支付的预付款应以抵扣的方式予以陆续扣回。扣款的方法有以下几种。

(1) 是从未施工工程尚需的主要材料及构件的价值相当于预付备料款数额时扣起，从每次中间结算工程价款中，按材料及构件比重扣低工程价款，至竣工之前全部扣清。因此确定起扣点是工程预付款起扣的关键。

确定工程预付款起扣点的依据是：未完施工工程所需主要材料和构件的费用，等于工程预付款的数额。

1) 工程预付款起扣点可按下式计算：

$$T = P - \frac{M}{N} \tag{7.27}$$

式中　T——起扣点，即预付备料款开始扣回时的累计完成工作量金额；

M——工程预付款数额；

N——主要材料、构件所占比重；

P——承包工程价款总额（或建安工作量价值）。

2) 第一次扣还工程款数额的计算公式可按下式计算：

$$a_1 = \left(\sum_{i=1}^{n} T_i - T\right) \cdot N \tag{7.28}$$

式中　a_1——第一次扣还工程预付款数额；

$\sum_{i=1}^{n} T_i$——累计已完工程价值。

3) 第二次及以后各次扣还工程预付款数额的计算可按下式计算：

$$a_i = T_i \cdot N \tag{7.29}$$

式中 a_i——第 i 次扣还工程预付款数额（$i>1$）；

T_i——第 i 次扣还工程预付款时，当期结算的已完工程价值。

【例 7-14】 某项工程合同价 100 万元，工程预付款数额为 24 万元，主要材料、构件所占比重 60%，问：起扣点为多少万元？

解：按起扣点计算公式：$T=P-M/N=100-24/60\%=60$（万元）

则当工程量完成 60 万元时，本项工程预付款开始起扣。

（2）承发包双方也可在专用条款中约定不同的扣回方法，例如建设部《招标文件范本》中规定，在承包人完成金额累计达到合同总价的 10%后，由承包人开始向发包人还款，发包人从每次应付给承包人的金额中扣回工程预付款，发包人至少在合同规定的完工期前 3 个月将工程预付款的总金额按逐次分摊的办法扣回。

在实际工作中，工程备料款的回扣方法，也可由发包人和承包人通过洽商用合同的形式予以确定，还可针对工程实际情况具体处理。如有些工程工期较短、造价较低，就无需分期扣还；有些工期较长，如跨年度工程，其备料款的占用时间很长，根据需要可以少扣或不扣。在国际工程承包中 FIDIC 施工合同也对工程预付款回扣作了规定，其方法比较简单，一般当工程进度款累计金额超过合同价格的 10%～20%时开始起扣，每月从支付给承包人的工程款内按预付款占合同总价的同一百分比扣回。

四、安全文明施工费

鉴于安全文明施工的措施具有前瞻性，必须在施工前予以保证，因此，发包人应在工程开工后的 28d 内预付不低于当年施工进度计划的安全文明施工费总额的 60%，其余部分按照提前安排的原则进行分解，与进度款同期支付。

特别提示

发包人没有按时支付安全文明施工费的，承包人可催告发包人支付；发包人在付款期满后的 7d 内仍未支付，若发生安全事故，发包人应承担相应责任。

承包人对安全文明施工费应专款专用，在财务账目中单独列项备查，不得挪作他用，否则发包人有权要求其限期改正；逾期未改正的，造成的损失和延误的工期由承包人承担。

7.5.2 合同价款期中支付

当承包人完成了一定阶段的工程量后，发包人就应该按合同约定履行支付工程款的义务。发承包双方应按照合同约定的时间、程序和方法，根据工程计量结果，办理期中价款结算。进度款支付周期，应与合同约定的工程计量周期一致。其中，工程量的正确计量是发包人向承包人支付进度款的前提和依据。

计量和付款周期可采用分段或按月结算的方式，按照财政部、建设部印发的《建设工程价款结算暂行办法》（财建〔2004〕369 号）的规定。

（1）按月结算与支付。即实行按月支付进度款，竣工后结算的办法。合同工期在两个年度以上的工程，在年终进行工程盘点，办理年度结算。

(2) 分段结算与支付。即当年开工、当年不能竣工的工程按照工程形象进度，划分不同阶段，支付工程进度款。当采用分段结算方式时，应在合同中约定具体的工程分段划分方法，付款周期应与计量周期一致。

《建设工程工程量清单计价规范》(GB 50500—2013) 规定：已标价工程量清单中的单价项目，承包人应按工程计量确认的工程量与综合单价计算；如综合单价发生调整的，以发承包双方确认调整的综合单价计算进度款。已标价工程量清单中的总价项目，承包人应按合同中约定的进度款支付分解，分别列入进度款支付申请中的安全文明施工费和本周期应支付的总价项目的金额中。发包人提供的甲供材料金额，应按照发包人签约提供的单价和数量从进度款支付中扣出，列入本周期应扣减的金额中。进度款的支付比例按照合同约定，按期中结算价款总额计。

一、工程进度款的计算

承包人应在每个计量周期到期后的 7d 内，向发包人递交进度款支付申请，并附相应的证明文件。除合同另有约定外，进度款支付申请应包括下列内容。

(1) 累计已完成的工程价款。

(2) 累计已支付的工程价款。

(3) 本周期合计完成工程的价款包括下列内容。

1) 本周期已完成单价项目的金额。

2) 本周期应支付的总价项目的金额。

3) 本周期已完成计日工价款。

4) 本周期应支付的安全文明施工费。

5) 本周期应增加的金额。

(4) 本周期合计应扣减的金额包括下列内容。

1) 本周期应扣回的预付款。

2) 本周期应扣减的金额。

(5) 本周期实际应支付的合同价款。

二、工程进度款的支付

发包人在收到承包人递交的工程进度款支付申请及相应的证明文件后，发包人应在合同约定时间内核对和支付工程进度款。

发包人未在合同约定时间内支付工程进度款，承包人应及时向发包人发出要求付款的通知，发包人收到承包人通知后仍不按要求付款，可与承包人协商签订延期付款协议，经承包人同意后延期支付。协议应明确延期支付的时间和从付款申请生效后按同期银行贷款利率计算应付款的利息。

【例 7-15】 某建安工程施工，合同总价 660 万元，其中建筑材料及设备费占施工产值的 60%。

合同规定：①业主向承包人支付合同价的 20%的预付工程款；②预付工程款应从未施工工程尚需的主要材料及构配件价值相当于预付工程款时起扣，从每次结算工程价款中按材料和设备占施工产值的比重扣抵工程预付款，竣工前全部扣清；③工程进度款逐月计算。

工程各月实际完成产值（不包括调价部分），如表 7-11 所示。

表 7-11 各月实际完成的产值 万元

月份	2	3	4	5	6	合计
完成产值	55	110	165	220	110	660

问题：

(1) 该工程预付款是多少？起扣点为多少？

(2) 该工程 2~5 月每月拨付工程款为多少？累计工程款为多少？

解：(1) 预付工程款金额　660×20%=132（万元）

预付工程款起扣点　660-132/60%=440（万元）

(2) 各月拨付的工程款如下。

2 月：工程款 55 万元，累计工程款 55 万元；

3 月：工程款 110 万元，累计工程款=55+110=165（万元）；

4 月：工程款 165 万元，累计工程款=165+165=330（万元）；

5 月：工程款 220-(220+330-440)×60%=154（万元）；

累计工程款=330+154=484（万元）。

7.5.3　竣工结算

工程竣工结算是指工程项目完工并经竣工验收合格后，发承包双方按照施工合同的约定对所完成的工程项目进行的工程价款的计算、调整和确认。工程竣工结算分为单位工程竣工结算、单项工程竣工结算和建设项目竣工总结算，其中，单位工程竣工结算和单项工程竣工结算也可看作是分阶段结算。

一、工程竣工结算的编制

单位工程竣工结算由承包人编制，发包人审查；实行总承包的工程由具体承包人编制，在总包人审查的基础上，发包人审查。单项工程竣工结算或建设项目竣工总结算由总包人编制，发包人可直接进行审查，也可以委托具有相应资质的工程造价咨询机构进行审查。

(一) 工程竣工结算的编制依据

(1) 国家有关法律、法规、规章制度和有关的司法解释。

(2) 国务院建设主管部门以及省、自治区、直辖市和有关部门发布的工程造价计价标准、计价方法、有关规定和有关解释。

(3) 建设工程工程量清单计价规范。

(4) 施工承发包合同、专业分包合同及补充合同，有关材料设备采购合同。

(5) 招投标文件，包括招标答疑文件、投标承诺、中标报价书及其组成内容。

(6) 工程竣工图或施工图、施工图会审记录，经批准的施工组织设计，以及设计变更、工程洽商和相关会议纪要。

(7) 经批准的开、竣工报告或停、复工报告。

(8) 发承包双方实施过程中已确认的工程量及其结算的合同金额。

(9) 发承包双方实施过程中已确认的调整后追加（减）的合同金额。

(10) 其他依据。

（二）工程竣工结算的计价原则

（1）分部分项工程和措施项目中的单价项目应依据双方确认的工程量与已标价工程量清单的综合单价计算；如发生调整的，以发承包双方确认调整的综合单价计算。

（2）措施项目中的总价项目应依据合同约定的项目和金额计算；如发生调整的，以发承包双方确认调整的金额计算，其中安全文明施工费必须按照国家或省级、行业建设主管部门的规定计算。

（3）其他项目。

1）计日工应按发包人实际签证确认的事项计算。

2）暂估价应按发承包双方按照计价规范的规定计算。

3）总承包服务费应依据合同约定金额计算，如发生调整，以发承包双方确认调整的金额计算。

4）施工索赔费用应依据发承包双方确认的索赔事项和金额计算。

5）现场签证费用应依据发承包双方签证资料确认的金额计算。

6）暂列金额应减去工程价款调整金额（包括索赔、现场签证）计算，如有余额归发包人。

（4）规费和税金按国家或省级、行业建设主管部门的规定计算。其中的工程排污费应按实际费用列入。

（5）发承包双方在合同工程实施过程中已经确认的工程计量结果和合同价款，在竣工结算办理中应直接进入结算。

二、竣工结算的程序

（一）承包人提交竣工结算款支付申请

承包人应根据办理的竣工结算文件，向发包人提交竣工结算款支付申请。申请应包括下列内容。

（1）竣工结算合同价款总额。

（2）累计已实际支付的合同价款。

（3）应扣留的质量保证金。

（4）实际应支付的竣工结算款金额。

（二）发包人签发竣工结算支付证书

发包人应在收到承包人提交竣工结算款支付申请后7d内予以核实，向承包人签发竣工结算支付证书。

（三）支付竣工结算款

发包人在签发竣工结算支付证书后的14d内，按照竣工结算支付证书列明的金额向承包人支付结算款。

发包人在收到承包人提交的竣工结算款支付申请后7d内不予核实，不向承包人签发竣工结算支付证书的，视为承包人的竣工结算款支付申请已被发包人认可；发包人应在收到承包人提交的竣工结算款支付申请7d后的14d内，按照承包人提交的竣工结算款支付申请列明的金额向承包人支付结算款。

发包人未按照上述规定支付竣工结算款的，承包人可催告发包人支付，并有权获得延迟支付的利息。发包人在竣工结算支付证书签发后或者在收到承包人提交的竣工结算款支付申请7d后的56d内仍未支付的，除法律另有规定外，承包人可与发包人协商将该工程折价，也可直接向人民法院申请将该工程依法拍卖。承包人就该工程折价或拍卖的价款优先受偿。

三、合同解除的价款结算和支付

（一）不可抗力解除合同

由于不可抗力解除合同的，发包人除应向承包人支付合同解除之日前已完工程但尚未支付的合同价款，还应支付下列金额。

（1）合同中约定应由发包人承担的费用。

（2）已实施或部分实施的措施项目应付价款。

（3）承包人为合同工程合理订购且已交付的材料和工程设备货款。发包人一经支付此项货款，该材料和工程设备即称为发包人的财产。

（4）承包人撤离现场所需的合理费用，包括员工遣送费和临时工程拆除费、施工设备运离现场的费用。

（5）承包人为完成合同工程而预期开支的任何合理费用，且该项费用未包括在本款其他各项支付之内。

（二）违约解除合同

（1）承包人违约。因承包人违约解除合同的，发包人应暂停向承包人支付任何价款。发包人应在合同解除后28d内核实合同解除时承包人已完成的全部合同价款以及按施工进度计划已运至现场的材料和工程设备货款，按合同约定核算承包人应支付的违约金以及造成损失的索赔金额，并将结果通知承包人。发承包双方应在28d内予以确认或提出意见，并办理结算合同价款。如果发包人应扣除的金额超过了应支付的金额，则承包人应在合同解除后的56d内将其差额退还给发包人。发承包双方不能就解除合同后的结算达成一致的，按照合同约定的争议解决方式处理。

（2）发包人违约。因发包人违约解除合同的，发包人除应按照有关不可抗力解除合同的规定向承包人支付各项价款外，还需按合同约定核算发包人应支付的违约金以及给承包人造成损失或损害的索赔金额费用。该笔费用由承包人提出，发包人核实后与承包人协商确定后的7d内向承包人签发支付证书。协商不能达成一致的，按照合同约定的争议解决方式处理。

四、最终结清

最终结清是指合同约定的缺陷责任期终止后，承包人已按合同规定完成全部剩余工作且质量合格的，发承包人结清全部剩余款项的活动。

（1）最终结清申请单。缺陷责任期终止后，承包人完成剩余工作且质量合格，发包人签署缺陷责任期终止证书，承包人可提交最终结清申请单。

（2）最终支付证书。发包人收到承包人提交的最终结清申请单后的14d内予以核实，向承包人签发最终支付证书。

（3）最终结清付款。发包人在签发最终支付证书后的14d内向承包人支付最终结清款。最终结清付款后，承包人在合同内享有的索赔权利也自行终止。承包人被预留的质量保证金不足以抵减发包人工程缺陷修复费用的，承包人应承担不足部分的补偿责任。

【例7-16】 某工程项目由A、B、C、D四个分项工程组成，采用工程量清单招标确定中标人，合同工期 5 个月。承包人费用部分数据见表 7-12。

表 7-12　**承包费用部分数据**

分项工程名称	计量单位	数量	综合单价（元）
A	m^3	5 000	50
B	m^3	750	400
C	t	100	5 000
D	m^2	1 500	350
措施项目费	110 000 元		
其中：总价措施项目费	60 000 元		
单价措施项目费	50 000 元		
暂列金额	100 000 元		

合同中有关费用支付条款如下：

（1）开工前发包人向承包人支付合同价（扣除措施费和暂列金额）的 15%作为材料预付款。预付款从工程开工后的第 2 个月开始分 3 个月均摊抵扣。

（2）工程进度款按月结算，发包人按每次承包人应得工程款的 90%支付。

（3）总价措施项目工程款在开工前和材料预付款同时支付；单价措施项目在开工后第 1 个月末支付。

（4）分项工程累计实际完成工程量超过（或减少）计划完成工程量的 15%时，该分项工程超出部分的工程量的综合单价调整系数为 0.95（或 1.05）。

（5）承包人报价管理费率取 10%（以人工费、材料费、施工机具使用费之和为基数），利润率取 7%（以人工费、材料费、施工机具使用费与管理费之和为基数）。

（6）规费综合费率 7.5%（以分部分项工程费、措施项目费、其他项目费之和为基数），税金率 3.35%。

（7）竣工结算时，发包人按总造价的 3%扣留质量保证金。

各月计划和实际完成工程量见表 7-13。

表 7-13　**各月计划和完成工程量**

工　程		第 1 月	第 2 月	第 3 月	第 4 月	第 5 月
A（m^3）	计划进度	2 500	2 500			
	实际进度	2 800	2 500			
B（m^3）	计划进度		375	375		
	实际进度		430	450		
C（t）	计划进度			50	50	
	实际进度			50	60	
D（m^2）	计划进度				750	750
	实际进度				750	750

施工过程中，4 月份发生了如下事件：

（1）业主确认某项临时工程计日工 50 工日，综合单价 60 元/工日；所需某种材料

$120m^2$，综合单价 100 元/m^2。

（2）由于设计变更，经业主确认的人工费、材料费、施工机具使用费共计 30 000 元。

问题：

（1）工程合同价为多少元？

（2）材料预付款、开工前业主应拨付的措施项目工程款为多少元？

（3）1~4 月份每月业主应拨付的工程进度款各为多少元？

（4）5 月份办理竣工结算，工程实际总造价和竣工结算款为多少元？

解：

（1）分部分项工程费用：5 000×50+750×400+100×5 000+1 500×350＝1 575 000（元）

措施项目费：110 000 元

暂列金额：100 000 元

工程合同价：(1 575 000+110 000+100 000)×(1+7.5%)×(1+3.35%)＝1 983 157（元）

（2）材料预付款：1 575 000×(1+7.5%)×(1+3.35%)×15%＝262 477（元）

开工前业主应拨付的措施项目工程款：

60 000×(1+7.5%)×(1+3.35%)×90%＝59 995（元）

（3）第 1 个月承包商完成工程款：

(2 800×50+50 000)×(1+7.5%)×(1+3.35%)＝211 092（元）

第 1 月业主应拨付的工程款为：211 092×90%＝189 983（元）

第 2 个月 A 分项工程累计完成工程量：

2 800+2 500＝5 300（m^3）

(5 300−5 000)÷5 000＝6%<15%

承包商完成工程款：

(2 500×50+430×400)×(1+7.5%)×(1+3.35%)＝329 971（元）

第 2 个月业主应拨付的工程款为：329 971×90%−262 477÷3＝209 482（元）

第 3 个月 B 分项工程累计完成工程量：430+450＝880（m^3）

(880−750)÷750＝17.33%>15%

超过 15%部分的工程量：880−750×(1+15%)＝17.5（m^3）

超过部分的工程量结算综合单价：400 元/m^3×0.95＝380 元/m^3

B 分项工程款：

[17.5×380+(450−17.5)×400]×(1+7.5%)×(1+3.35%)＝199 593（元）

C 分项工程款：50×5 000×（1+7.5%）×（1+3.35%）＝277 753（元）

承包商完成工程款：199 593+277 753＝477 346（元）

第 3 个月业主应拨付的工程款：477 346×90%−262 477÷3＝342 119（元）

第 4 个月 C 分项工程累计完成工程量：50+60＝110（t），(110−100)÷100＝10%<15%

承包商完成分项工程款：

(60×5 000+750×350)×(1+7.5%)×(1+3.35%)＝624 945（元）

计日工费用：(50×60+120×100)×(1+7.5%)×(1+3.35%)＝16 665（元）

变更款：30 000×(1+10%)×(1+7%)×(1+7.5%)×(1+3.35%)＝39 230（元）

第 4 个月承包商完成工程款：624 945+16 665+39 230＝680 840（元）

第4个月业主应拨付的工程款为：680 840×90%−262 477÷3=525 264（元）

(4) 第5个月承包商完成工程款：

$$350\times750\times(1+7.5\%)\times(1+3.35\%)=291\ 641\text{（元）}$$

工程实际总造价：

$$60\ 000\times(1+7.5\%)\times(1+3.35\%)+(211\ 092+329\ 971+477\ 346+680\ 840+291\ 641)$$

$$=66\ 661+1\ 990\ 890=2\ 057\ 551\text{（元）}$$

竣工结算款：

$$2\ 057\ 551\times(1-3\%)-(262\ 477+59\ 995+189\ 983+209\ 482+342\ 119+525\ 264)=406\ 504\text{（元）}$$

本 章 小 结

本章介绍了建设工程施工阶段的投资控制，施工阶段是投资支出最多的阶段，首先要了解施工阶段投资控制的基本原理及措施；能够编制资金使用计划，在实施中发现偏差能够进行分析，运用方法进行调整；熟悉工程计量的程序及方法；介绍引起工程索赔的常见情形及索赔的计算方法；要求能够熟练掌握进度款、预付款及结算款的计算。

习　题

一、单选题（每题的备选项中，只有1为正确选项）

1. 按子项目分解的资金使用计划，对各单位工程的建筑安装工程投资还需要进一步分解，在施工阶段一般可分解到（　　）。

A. 分部工程　　B. 分部分项工程　　C. 安装工程　　D. 建筑工程

2. 一般而言，所有工作都按（　　）开始，对节约建设单位的建设资金贷款利息是有利的，但同时，也降低了项目按期竣工的保证率。

A. 进场开工时间　　B. 最迟开始时间

C. 最早开始时间　　D. 奠基时间

3. 投资偏差结果为正，表示（　　），结果为负，表示（　　）。

A. 投资节约，投资超支　　B. 物价上涨，物价下降

C. 投资超支，投资节约　　D. 进度加快，进度放慢

4. 在投资偏差分析时，需对偏差产生的原因进行分析，其中地基变化属于（　　）。

A. 客观原因　　B. 业主原因

C. 设计原因　　D. 施工原因

5. 用表格法进行投资偏差分析时，已完工程量乘以计划单价得到的是（　　）。

A. 拟完工程计划投资　　B. 已完工程计划投资

C. 拟完工程实际投资　　D. 已完工程实际投资

6. 在偏差分析的方法中，具有适用性强、信息量大、可以反映各种偏差变量和指标且有

助于用计算机辅助管理的方法是（ ）。

A. 横道图法　　B. 表格法

C. 曲线法　　D. 时标网络图法

7. 某挖土方工程，拟完工程量为 2 000m^3，计划单价为 19 元/m^3，已完工程量为 1 500m^3，实际单价为 21 元/m^3，则该工程的投资偏差和进度偏差分别为（ ）。

A. −4 500 元、9 000 元　　B. 4 500 元、−9 000 元

C. 3 000 元、9 500 元　　D. −9 500 元、4 500 元

8. 以下不是工程计量依据的是（ ）。

A. 工程量清单前言　　B. 招标文件

C. 技术规范　　D. 设计图纸

9. 按我国《建设工程施工合同（示范文本）》的规定，工程施工过程中发生工程变更，合同中有类似变更工程价格，则（ ）确定变更价款。

A. 按合同已有价格

B. 参照合同价格

C. 由承包人提出价格，发包人确认后

D. 由承包人提出价格，工程师确认后

10. 下列关于法律法规政策变化引起合同价款调整的规定，错误的是（ ）。

A. 实施招标的建设工程，一般以建设工程施工合同签订前的第 28d 作为基准日

B. 如果投标截止日前的 20d，国家法律变化引起的工程造价增减变化的，予以调整

C. 承包人原因导致的工期延误期间由于行政法规变化导致合同价款增加的，不予调整

D. 承包人原因导致的工期延误期间由于行政法规变化导致合同价款减少的，予以调整

11. 某埋管沟槽开挖分项工程，计日工每工日工资标准 30 元。在开挖过程中，由于业主原因造成承包商 8 人窝工 5d，承包商原因造成 5 人窝工 10d，由此承包商提出的人工费索赔为（ ）元。

A. 0　　B. 1 200　　C. 1 500　　D. 2 700

12. 以承包商为某项索赔工作所支付的实际开支为根据，向业主提出费用补偿要求的索赔计算方法是指（ ）。

A. 实际费用法　　B. 总费用法

C. 修正的总费用法　　D. 修正的实际费用法

13. 某工程包含两个子项工程，估计工程量甲项为 4 000m^3，乙项为 2 000m^3，合同单价甲项为 220 元/m^3，乙项为 560 元/m^3，工程预付款额度为合同价的 12%，主要材料和构配件所占比重为 60%，则预付款的起扣点为（ ）万元。

A. 160　　B. 165　　C. 170　　D. 175

14. 现场签证的范围不包括（ ）。

A. 适用于施工合同范围内零星工程的确认

B. 确认修改施工方案引起的工程量或费用增减

C. 工程变更导致的工程施工措施费增减

D. 非承包人原因导致的人工、设备窝工及有关损失

15. 分部分项工程量清单费用中，人工费的索赔不包括（ ）。

A. 超过法定工作时间加班劳动的报酬

B. 法定人工费增长

C. 完成合同之外的额外工作所花费的人工费用

D. 由于承包商责任的工效降低所增加的人工费用

16. 合同规定承包方在开工后 3 个月内为监理工程师提供总额 42 000 元的三台天气记录设备，而第一个月承包方只提供一台发票标价 20 000 元的设备，则监理工程师应按（　　）方法进行计量。

A. 均摊法　　B. 凭据法　　C. 估价法　　D. 分解计量法

17. 确定工程变更价款时，最重要的基础资料是（　　）。

A. 施工合同　　B. 工程量清单　　C. 工程计量结果　　D. 设计图纸

18. 某土方工程，业主估计的工程量为 1 500m^3，合同规定土方工程单价为 16 元/m^3，实际工程量超过估计工程量 10% 时可调整单价，单价调为 15 元/m^3。承包商实际完成土方量 1 800m^3，则土方工程款为（　　）元。

A. 28 650　　B. 27 000　　C. 28 800　　D. 28 500

二、多选题（每题的备选项中，有 2 个或 2 个以上符合题意，至少有 1 个错项）

1. 对施工阶段的投资控制应给予足够的重视，仅仅靠控制工程款的支付是不够的，应从（　　）等多方面采取措施，控制投资。

A. 组织　　B. 经济

C. 技术　　D. 合同

E. 法律

2. 合同规定计量的项目包括（　　）。

A. 清单中的工程项目

B. 承包人自己进行试验的施工项目

C. 合同文件中规定的项目

D. 工程变更项目

E. 合同中规定的包干项目

3. 以下关于变更后合同价款的确定的说法正确的是（　　）。

A. 合同中已有适用于变更工程的价格，按合同已有的价格变更合同价款

B. 合同中只有类似于变更工程的价格，可以参照类似价格变更合同价款

C. 合同中没有适用或类似于变更工程的价格，由承包人提出适当的变更价格，经对方确认后执行

D. 关于变更工程价格如果无法协调一致，可以由工程造价部门调解

E. 关于变更工程价格如果无法协调一致，则以工程师认为合同的价格执行

4. 发生索赔事项，索赔费用的计算方法有（　　）等。

A. 综合费用法　　B. 实际费用法

C. 总费用法　　D. 修正综合费用法

E. 实物费用法

5. 下列有关工程预付款的表述，正确的是（　　）。

A. 工程预付款是建设工程施工合同订立后由发包人按照合同约定，在正式开工前预支

给承包人的工程款

B. 工程预付款是施工准备和所需材料、结构件等流动资金的主要来源

C. 工程预付款又被称作预付备料款

D. 工程预付款预付时间不得迟于约定开工前7d

E. 工程预付款扣款方式由发包人决定

6. 下列关于施工合同（示范文本）约定的工程计量程序的说法中错误的是（ ）。

A. 承包人应按专用条款约定的时间向工程师提交已完工程量报告

B. 工程师接到承包人报告后一个星期内核定工程量，并在计量前48h通知承包人

C. 工程师计量时一定要有承包人代表参加，否则计量无效

D. 对于承包人超出设计图纸范围和因承包人原因造成返工的工程量，工程师不予计量

E. 工程师收到承包人报告后7d内未计量的，从第8d起，承包人报告中开列的工程量视为已被工程师确认

7. 索赔费用中的人工费是指（ ）。

A. 完成合同之外的额外工作所花费的人工费用

B. 由于承包商责任的工效降低所增加的人工费用

C. 超过法定工作时间加班劳动

D. 法定人工费增长

E. 非承包商责任工程延误导致的人员窝工费和工资上涨费

8. 关于工程合同价款调整程序的说法，正确的有（ ）。

A. 出现合同价款调减事项后的14d内，承包人应向发包人提交相应报告

B. 出现合同价款调增事项后的14d内，承包人应向发包人提交相应报告

C. 发包人收到承包人合同价款调整报告7d内，应对其核实并提出书面意见

D. 发包人收到承包人合同价款调整报告7d内未确认，视为报告被认可

E. 发承包双方对合同价款调整的意见不能达成一致，且对履约不产生实质影响的，双方应继续履行合同义务

9. 根据《计价规范》的有关规定，下列合同价款调整的描述中，正确的包括（ ）。

A. 出现合同价款调减事项后的14d内，承包人应提交合同价款调减报告并附相关资料

B. 在工程量偏差、施工索赔事项发生后的14d内未提交报告的，应视为对该事项不存在调整价款请求

C. 法律法规变化的基准日为投标截止日期前28d内对其核实，予以确认的应书面通知承（发）包人

D. 承包人应按照发包人提供的招标工程量清单，根据项目特征描述的内容及有关要求实施合同工程，直到项目被改变为止

E. 若在合同履行期间项目特征描述发生变化，应按实际施工的项目特征，重新确定综合单价，并调整合同价款

10. 下列关于工程变更价款的调整方法说法正确的是（ ）。

A. 工程变更引起安全文明施工费发生变化，应按照实际发生的变化进行调整，不得浮动

B. 按照总价（或系数）计算的措施项目费，除安全文明施工费外，应按实际发生变化

调整，并考虑承包人报价浮动因素

C. 工程变更引起措施项目发生变化的，承包人未事先将拟实施的方案提交发包人确认，则视为工程变更不引起措施项目费的调整

D. 工程变更项目中，承包人投标的综合单价与发包人招标控制价中的综合单价偏差超过 10%时，该变更项目的综合单价即要双方协商确定

E. 发包人的原因造成合同工作删减给承包人造成一定损失的，承包人有权提出并得到合理的费用补偿

三、简答题

1. 简述施工阶段投资控制的措施。
2. 简述投资偏差的纠正措施。
3. 简述施工合同（示范文本）约定的工程计量程序。
4. 工程计量的方法包括哪些？

四、案例分析

1. 某分项工程工作计划在第 1、2、3 周施工，每周计划完成工程量 1 000m^3，计划单价为 20 元/m^3；实际该分项工程于第 1、2、3、4 周完成，每周完成工程量 750m^3，第 1、2 周的实际单价为 22 元，第 3、4 周的实际单价为 25 元。则第 3 周末该分项工程的进度偏差和投资偏差分别为多少？

2. 某工程计划进度与实际进度如表 7.14 所示。表中实线表示计划进度（进度线上方的数据为每周计划投资），虚线表示实际进度（进度线上方的数据为每周实际投资），假定各分项工程每周计划进度与实际进度均为匀速进度，而且各分项工程实际完成总工程量与计划完成总工程量相等。

问题：

（1）计算每周投资数据，并将结果填入表 7-14 内。

（2）绘制该工程三种投资累计曲线。即：

1）拟完工程计划投资累计曲线；2）已完成工程实际投资累计曲线；3）已完工程计划投资累计曲线。

（3）分析第 6 周末和第 10 周末的投资偏差和进度偏差。

表 7-14　　**某工程计划进度与实际进度表**　　资金单位：万元

分项工程	进度计划（周）											
	1	2	3	4	5	6	7	8	9	10	11	12
A	5	5	5									
	5	5	5									
B		4	4	4	4	4						
			4	4	4	3	5					
C				8	8	8	8					
						9	8	9	9			

续表

分项工程	进度计划（周）											
	1	2	3	4	5	6	7	8	9	10	11	12
D						6	6	6	6			
							7	6	5	7	2	
E								3	3	3		
										4	4	4

3. 某工程在施工过程中，因不可抗力造成在建工程损失。承包人及时向监理机构提出了索赔申请，并附有相关证明材料，要求补偿的经济损失如下：

（1）在建工程损失 26 万元。

（2）承包方受伤人员医药费 4.5 万元。

（3）施工机具损坏损失 12 万元。

（4）施工机具闲置、施工人员窝工费 5.6 万元。

（5）工程清理、修复费 3.5 万元。

问题：逐项分析事件中的经济损失是否补偿给承包人，分别说明理由。项目监理机构应批准的补偿金额为多少？

4. 某项工程发包与承包人签订了工程施工合同，合同中含两个子项工程，估算工程量甲项为 2 300m^3，乙项为 3 200m^3，经协商合同价甲项为 180 元/m^3，乙项为 160 元/m^3。承包合同规定：

（1）开工前业主应向承包人支付合同价 20%的预付款；

（2）发包人自第一个月起，从承包人的工程款中，按 3%的比例扣留质量保证金；

（3）当子项工程实际工程量超过估算工程量的 15%时，超过部分可进行调价，调价的系数为 0.9；

（4）根据市场情况规定价格调整系数平均按 1.2 计算；

（5）监理工程师签发付款最低金额为 25 万元；

（6）预付款在最后两个月扣除，每月扣 50%。

承包人各月实际完成并经监理工程师鉴证确认的工程量如表 7-15 所示。

表 7-15　承包人各月实际完成并经监理工程师签证确认的工程量　　m^3

月份	1 月	2 月	3 月	4 月
甲项	500	800	800	600
乙项	700	900	800	600

问题：（1）预付款是多少？

（2）每月工程量价款是多少？监理工程师应签证的工程款是多少？实际签发的付款凭证金额是多少？

第 8 章 建设工程竣工决算阶段的投资控制

学习目标

通过本章的学习使学生了解建设项目在竣工决算阶段投资控制的相关基础知识，要求学生了解建设项目竣工决算及质量保证金的基本知识点，在此基础上熟悉并掌握新增固定资产价值的计算和质量保证金的处理等知识。通过对这些理论知识的学习，以及相关案例的解析来了解实践中对于相关内容的运用，使学生具备将理论知识运用于实际工程的操作技能。

8.1 竣 工 决 算

8.1.1 竣工决算的概念及作用

一、竣工决算的概念

竣工决算是建设工程经济效益的全面反映，是以实物量和货币指标为计量单位，综合反映竣工项目从筹建开始到项目竣工交付使用为止的全部建设费用、建设成果和财务情况的总结性文件，是竣工验收报告的重要组成部分。

二、竣工决算的作用

(1) 建设项目竣工决算是综合全面地反映竣工项目建设成果及财务情况的总结性文件，它采用货币指标、实物数量、建设工期和各种技术经济指标综合，全面地反映建设项目自开始建设到竣工为止全部建设成果和财务状况。

(2) 建设项目竣工决算是办理交付使用资产的依据，也是竣工验收报告的重要组成部分。建设单位与使用单位在办理交付资产的验收交接手续时，通过竣工决算反映了交付使用资产的全部价值，包括固定资产、流动资产、无形资产和其他资产的价值。及时编制竣工决算可以正确核定固定资产价值并及时办理交付使用，可缩短工程建设周期，节约建设项目投资，准确考核和分析投资效果。

(3) 为确定建设单位新增固定资产价值提供依据。在竣工决算中，详细地计算了建设项目所有的新增固定资产总额及流动资金，可作为建设主管部门向企业使用单位移交财产的依据。

(4) 建设项目竣工决算是分析和检查设计概算的执行情况，考核建设项目管理水平和投资效果的依据。竣工决算反映了竣工项目计划、实际的建设规模、建设工期以及设计和实际的生产能力，反映了概算总投资和实际的建设成本，同时还反映了所达到的主要技术经济指标。通过对这些指标计划数、概算数与实际数进行对比分析，不仅可以全面掌握建设项目计划和概算执行情况，而且可以考核建设项目投资效果，为今后制订建设项目计划，降低建设成本，提高投资效果提供必要的参考资料。

8.1.2 竣工决算的内容

竣工决算是建设项目从筹建到竣工交付使用为止所发生的全部建设费用。为了全面反映建设工程经济效益，竣工决算由竣工财务决算说明书、竣工财务决算报表、竣工工程平面示意图、工程竣工造价比较分析四部分组成。前两个部分又称之为工程项目竣工财务决算，是竣工决算的核心部分。

一、竣工决算说明书

有时也称为竣工决算报告情况说明书。在说明书中主要反映竣工工程建设成果和经验，是竣工财务决算的组成部分，主要包括以下内容。

(1) 基本建设项目概况。对工程总的评价，一般从进度、质量、安全和造价方面进行分析说明。

(2) 会计财务的处理、财产物资清理及债权债务的清偿情况。

(3) 基建结余资金等分配情况。

(4) 主要技术经济指标的分析、计算情况。概算执行情况分析，根据实际投资完成额与概算进行对比分析；新增生产能力的效益分析，说明支付使用财产占总投资额的比例、占支付使用财产的比例，不增加固定资产的造价占总投资的比例，分析有机构成和成果。

(5) 基本建设项目管理及决算中存在的问题，并提出建议。

(6) 决算与概算的差异和原因分析。

(7) 需要说明的其他事项。

二、竣工财务决算报表

根据国家财政部印发的有关规定和通知，大、中型建设项目和小型建设项目的基本建设竣工财务决算采用不同的审批制度。

建设项目竣工决算报表包括：基本建设项目概况表；基本建设项目竣工财务决算表；基本建设项目交付使用资产总表；基本建设项目交付使用资产明细表等。

(一) 基本建设项目概况表

基本建设项目概况表综合反映基本建设项目的基本概况，内容包括该项目总投资、建设起止时间、新增生产能力、主要材料消耗、建设成本、完成主要工程量和主要技术经济指标，见表8-1。

为全面考核和分析投资效果提供依据，可按下列要求填写。

(1) 建设项目名称、建设地址、主要设计单位和主要施工单位，要按全称填列。

(2) 表中各项目的设计、概算、计划等指标，根据批准的设计文件和概算、计划等确定的数字填列。

(3) 表中所列新增生产能力、完成主要工程量、主要材料消耗的实际数据，根据建设单位统计资料和施工单位提供的有关成本核算资料填列。

(4) 表中基建支出是指建设项目从开工起至竣工为止发生的全部基本建设支出，包括形成资产价值的交付使用资产，如固定资产、流动资产、无形资产、其他资产支出，还包括不形成资产价值按照规定应核销的非经营项目的待核销基建支出和转出投资。

表 8-1　　**基本建设项目概况表**

<table>
<tr><td>建设项目（单项工程）名称</td><td colspan="2"></td><td>建设地址</td><td colspan="2"></td><td></td><td>项目</td><td>概算（元）</td><td>实际（元）</td><td>备注</td></tr>
<tr><td>主要设计单位</td><td colspan="2"></td><td>主要施工企业</td><td colspan="2"></td><td rowspan="8">基建支出</td><td>建筑安装工程</td><td></td><td></td><td></td></tr>
<tr><td rowspan="3">占地面积/m²</td><td>计划</td><td>实际</td><td rowspan="3">总投资/万元</td><td>设计</td><td>实际</td><td>设备、工具、器具</td><td></td><td></td><td></td></tr>
<tr><td rowspan="2"></td><td rowspan="2"></td><td rowspan="2"></td><td rowspan="2"></td><td>待摊投资</td><td></td><td></td><td></td></tr>
<tr><td>其中：建设单位管理费</td><td></td><td></td><td></td></tr>
<tr><td rowspan="2">新增生产能力</td><td colspan="3">能力（效益）名称</td><td>设计</td><td>实际</td><td>其他投资</td><td></td><td></td><td></td></tr>
<tr><td colspan="3"></td><td></td><td></td><td>待核销基建支出</td><td></td><td></td><td></td></tr>
<tr><td rowspan="2">建设起止时间</td><td>设计</td><td colspan="4">从　年　月　日开工
至　年　月　日竣工</td><td>非经营项目转出投资</td><td></td><td></td><td></td></tr>
<tr><td>实际</td><td colspan="4">从　年　月　日开工
至　年　月　日竣工</td><td>合计</td><td></td><td></td><td></td></tr>
<tr><td colspan="4">设计概算批准文号</td><td colspan="7"></td></tr>
<tr><td colspan="2" rowspan="3">完成主要工程量</td><td colspan="4">建设规模</td><td colspan="5">设备（台、套、吨）</td></tr>
<tr><td colspan="2">设计</td><td colspan="2">实际</td><td colspan="2">设计</td><td colspan="3">实际</td></tr>
<tr><td colspan="2"></td><td colspan="2"></td><td colspan="2"></td><td colspan="3"></td></tr>
<tr><td colspan="2" rowspan="2">收尾工程</td><td colspan="2">工程项目、内容</td><td colspan="2">已完成投资额</td><td colspan="2">尚需投资额</td><td colspan="3">完成时间</td></tr>
<tr><td colspan="2"></td><td colspan="2"></td><td colspan="2"></td><td colspan="3"></td></tr>
</table>

（二）基本建设项目竣工财务决算表

基本建设项目竣工财务决算表反映建设项目全部资金的来源和资金的占用情况。对于跨年度的项目，在编制该表前，一般应先编制项目竣工年度财务决算。根据编制出的竣工年度财务决算和历年财务决算编制出该项目的竣工财务决算，见表 8-2。

表 8-2　　**基本建设项目竣工财务决算表**　　元

资金来源	金额	资金占用	金额
一、基建拨款		一、基本建设支出	
1. 预算拨款		1. 交付使用资产	
2. 基建基金拨款		2. 在建工程	
基中：国债专项资金拨款		3. 待核销基建支出	
3. 专项建设基金拨款		4. 非经营项目转出投资	
4. 进口设备转账拨款		二、应收生产单位投资借款	
5. 器材转账拨款		三、拨付所属投资借款	
6. 煤代油专用基金拨款		四、器材	
7. 自筹资金拨款		其中：待处理器材损失	
8. 其他拨款		五、货币资金	
二、项目资本		六、预付及应收款	
1. 国家资本		七、有价证券	
2. 法人资本		八、固定资产	

续表

资金来源	金额	资金占用	金额
3. 个人资本		固定资产原价	
4. 外商资本		减：累计折旧	
三、项目资本公积		固定资产净值	
四、基建借款		固定资产清理	
其中：国债转贷		待处理固定资产损失	
五、上级拨入投资借款			
六、企业债务资金			
七、待冲基建支出			
八、应付款			
九、未交款			
1. 未交税金			
2. 其他未交款			
十、上级拨入资金			
十一、留成收入			
合计		合计	

（三）基本建设项目交付使用资产总表

基本建设项目交付使用资产总表反映工程项目建成后新增固定资产、流动资产、无形资产和其他资产价值，作为财产交接的依据，见表8-3。

表8-3　基本建设项目交付使用资产总表　元

序号	单项工程项目名称	总计	固定资产				流动资产	无形资产	其他资产
			合计	建安工程	设备	其他			

（四）基本建设项目交付使用资产明细表

基本建设项目交付使用资产明细表反映交付使用的固定资产、流动资产、无形资产和其他资产及其价值的明细情况，该表既是交付单位办理资产交接的依据，也是接收单位登记资产账目的依据，见表8-4。

表8-4　基本建设项目交付使用资产明细表

单项工程名称	建筑工程			设备、工具、器具、家具						流动资产		无形资产		其他资产	
	结构	面积（m^2）	价值（元）	名称	规格型号	单位	数量	价值（元）	设备安装费	名称	价值（元）	名称	价值（元）	名称	价值（元）

三、竣工工程平面示意图

工程项目竣工图是真实地反映各种地上地下建筑物、构筑物等情况的技术文件，是工程进行交工验收、维护改建和扩建的依据。国家规定对于各项新建、扩建、改建的基本建设工程，特别是基础、地下建筑、管线、结构、港口、水坝、桥梁、井巷以及设备安装等隐蔽部位，都应该绘制详细的竣工平面示意图。为了提供真实可靠的资料在施工过程中应做好这些隐蔽工程检查记录，整理好设计变更文件。具体要求如下。

（1）凡按图竣工未发生变动的，由施工单位在原施工图上加盖“竣工图”标志后，即作为竣工图。

（2）凡在施工过程中，有一般性设计变更，但能将原施工图加以修改补充作为竣工图的，由施工单位负责在原施工图上注明修改的部分，并附以设计变更通知和施工说明，加盖“竣工图”标志后，作为竣工图。

（3）凡结构形式发生改变、施工工艺发生改变、平面布置发生改变、项目发生改变等重大变化，不宜在原施工图上修改、补充时，应按不同责任分别由不同责任单位组织重新绘制竣工图，施工单位负责在新图上加盖“竣工图”标志，并附以有关记录和说明，作为竣工图。

四、工程竣工造价比较分析

工程竣工造价比较应侧重主要实物工程量、主要材料消耗量，以及建设单位管理费、建筑安装工程其他人、材、机费用和企业管理费等方面的分析。

工程竣工造价比较分析，先对比整个项目的总概算，然后将建筑安装工程费，设备、工器具购置费和其他工程费用逐一与竣工决算表中所提供的实际数据和相关资料及批准的概算、预算指标、实际的工程造价进行对比分析，以确定工程项目总造价是节约还是超支。

在实际工作中，应主要分析以下内容。

（1）考核主要实物工程量。对于实物工程量出入比较大的情况，必须查明原因。

（2）考核主要材料消耗量。要按照竣工决算表中所列明的三大材料实际超概算的消耗量，查明是在工程的哪个环节超出量最大，再进一步查明超耗的原因。

（3）考核建设单位管理费、总价措施费和规费等的取费标准。建设单位管理费、总价措施费和规费等的取费标准要按照国家和各地的有关规定，根据竣工决算报表中所列的建设单位管理费与概预算所列的建设单位管理费数额进行比较，依据规定查明是否多列或少列的费用项目，确定其节约超支的数额，并查明原因。

8.1.3　竣工决算的编制依据及编制步骤

一、竣工决算的编制依据

建设工程竣工决算编制的主要依据如下。

（1）经批准的可行性研究报告及其投资估算书。

（2）经批准的初步设计或扩大初步设计及其概算或修正概算书。

（3）经批准的施工图设计及其施工图预算书。

（4）设计交底或图纸会审会议纪要。

（5）招投标的标底、承包合同、工程结算资料。

（6）施工记录或施工签证单及其他施工过程中发生的费用记录如索赔报告与记录、停工报告等。

(7) 竣工图及各种竣工验收记录。

(8) 历年基建资料、历年财务决算与文件。

(9) 设备、材料调价文件调价记录。

(10) 有关财务核算制度、办法及其他相关资料、文件等。

二、竣工决算的编制步骤

(1) 收集、分析、整理有关依据资料。从建设工程开始就按照编制依据的要求，收集、整理、清点有关建设项目的资料，包括所有的技术资料、工料结算的经济文件、施工图纸、施工纪录和各种变更与签证资料、财产物资的盘点核实、债权的收回及债务的清偿。

(2) 清理各项财务、债务和结余物资。

(3) 核实工程变动情况。

(4) 编制建设工程竣工决算说明。

(5) 填写竣工决算报表。

(6) 做好造价对比分析。

(7) 整理、装订好竣工工程平面示意图。

(8) 上报主管部门审查、批准、存档。

8.1.4 新增资产价值的确定

建设项目竣工投入运营后，所花费的总投资形成相应的资产。按照新的财务制度和企业会计准则，新增资产按资产性质可分为固定资产、流动资产、无形资产和其他资产四大类。资产性质不同，其核算方法也不同。

一、新增固定资产价值的确定

(一) 新增固定资产价值的概念和范畴

新增固定资产价值是建设项目竣工投产后所增加的固定资产的价值，它是以价值形态表示的固定资产投资最终成果的综合性指标。新增固定资产价值是投资项目竣工投产后所增加的固定资产价值，即交付使用的固定资产价值，是以价值形态表示建设项目的固定资产最终成果的指标。新增固定资产价值的计算是以独立发挥生产能力的单项工程为对象的。单项工程建成经有关部门验收鉴定合格，正式移交生产或使用，即应计算新增固定资产价值。一次交付生产或使用的工程一次计算新增固定资产价值，分期分批交付生产或使用的工程，应分期分批计算新增固定资产价值。新增固定资产价值的内容包括：已投入生产或交付使用的建筑、安装工程造价；达到固定资产标准的设备、工器具的购置费用；增加固定资产价值的其他费用。

(二) 新增固定资产价值计算时应注意的问题

(1) 对于为了提高产品质量、改善劳动条件、节约材料消耗、保护环境而建设的附属辅助工程，只要全部建成，正式验收交付使用后就要计入新增固定资产价值。

(2) 对于单项工程中不构成生产系统，但能独立发挥效益的非生产性项目，如住宅、食堂、医务所、托儿所、生活服务网点等，在建成并交付使用后，也要计算新增固定资产价值。

(3) 凡购置达到固定资产标准不需安装的设备、工器具，应在交付使用后计入新增固定资产价值。

(4) 属于新增固定资产价值的其他投资，应随同受益工程交付使用的同时一并计入。

(5) 交付使用财产的成本，应按下列内容计算。

1) 房屋、建筑物、管道、线路等固定资产的成本包括：建筑工程成果和待分摊的待摊投资。

2) 动力设备和生产设备等固定资产的成本包括：需要安装设备的采购成本，安装工程成本，设备基础、支柱等建筑工程成本或砌筑锅炉及几种特殊炉的建筑工程成本，应分摊的待摊投资。

3) 运输设备及其他不需要安装的设备、工器具、家具等固定资产一般仅计算采购成本，不计分摊。

(6) 共同费用的分摊方法。新增固定资产的其他费用，如果是属于整个建设项目或两个以上单项工程的，在计算新增固定资产价值时，应在各单项工程中按比例分摊。一般情况下，建设单位管理费按建筑工程、安装工程、需安装设备价值总额等按比例分摊，而建设用地费、地质勘察和建筑工程设计费等费用则按建筑工程造价比例分摊，生产工艺流程系统设计费按安装工程造价比例分摊。

【例 8-1】 某工业建设项目及其总装车间建筑工程费、安装工程费，需安装设备费以及应摊入费用见表 8-5，试计算总装车间新增固定资产价值。

表 8-5　　**分摊费用计算表**　　万元

项目名称	建筑工程	安装工程	需安装设备	建设管理费	建设用地费	建筑设计费	工艺设计费
建设单位竣工决算	3 000	600	900	70	80	40	20
总装车间竣工决算	600	300	450				

解：

$$应分摊的建设单位管理费 = \frac{600 + 300 + 450}{3\ 000 + 600 + 900} \times 70 = 21(万元)$$

$$应分摊的建设用地费 = \frac{600}{3\ 000} \times 80 = 16(万元)$$

$$应分摊的建筑设计费 = \frac{600}{3\ 000} \times 40 = 8(万元)$$

$$应分摊的工艺设计费 = \frac{300}{600} \times 20 = 10(万元)$$

总装车间新增固定资产价值 =（600+300+450）+（21+16+8+10）

=1 350+55=1 405（万元）

二、新增无形资产价值的确定方法

在财政部和国家知识产权局的指导下，中国资产评估协会 2008 年制定了《资产评估准则—无形资产》，自 2009 年 7 月 1 日起施行。根据上述准则规定，无形资产是指特定主体所拥有或者控制的，不具有实物形态，能持续发挥作用且能带来经济利益的资源。我国作为评估对象的无形资产通常包括专利权、专有技术、商标权、著作权、销售网络、客户关系、供应关系、人力资源、商业特许权、合同权益、土地使用权、矿业权、水域使用权、森林权益、商誉等。

（一）无形资产的计价原则

（1）投资者按无形资产作为资本金或者合作条件投入时，按评估确认或合同协议约定的金额计价。

（2）购入的无形资产，按照实际支付的价款计价。

（3）企业自创并依法申请取得的，按开发过程中的实际支出计价。

（4）企业接受捐赠的无形资产，按照发票账单所载金额或者同类无形资产市场价作价。

（5）无形资产计价入账后，应在其有效使用期内分期摊销，即企业为无形资产支出的费用应在无形资产的有效期内得到及时补偿。

（二）无形资产的计价方法

（1）专利权的计价。专利权分为自创和外购两类。自创专利权的价值为开发过程中的实际支出，主要包括专利的研制成本和交易成本。研制成本包括直接成本和间接成本：直接成本是指研制过程中直接投入发生的费用（主要包括材料费用、工资费用、专用设备费、资料费、咨询鉴定费、协作费、培训费和差旅费等）；间接成本是指与研制开发有关的费用（主要包括管理费、非专用设备折旧费、应分摊的公共费用及能源费用）。交易成本是指在交易过程中的费用支出（主要包括技术服务费、交易过程中的差旅费及管理费、手续费、税金）。由于专利权是具有独占性并能带来超额利润的生产要素，因此，专利权转让价格不按成本估价，而是按照其所能带来的超额收益计价。

（2）专有技术（又称非专利技术）的计价。专有技术具有使用价值和价值，使用价值是专有技术本身应具有的，专有技术的价值在于专有技术的使用所能产生的超额获利能力，应在研究分析其直接和间接的获利能力的基础上，准确计算出其价值。如果专有技术是自创的，一般不作为无形资产入账，自创过程中发生的费用，按当期费用处理。对于外购专有技术，应由法定评估机构确认后再进行估价，其方法往往通过能产生的收益采用收益法进行估价。

（3）商标权的计价。如果商标权是自创的，一般不作为无形资产入账，而将商标设计、制作、注册、广告宣传等发生的费用直接作为销售费用计入当期损益。只有当企业购入或转让商标时，才需要对商标权计价。商标权的计价一般根据被许可方新增的收益确定。

（4）土地使用权的计价。根据取得土地使用权的方式不同，土地使用权可有以下几种计价方式：当建设单位向土地管理部门申请土地使用权并为之支付一笔出让金时，土地使用权作为无形资产核算；当建设单位获得土地使用权是通过行政划拨的，这时土地使用权就不能作为无形资产核算；在将土地使用权有偿转让、出租、抵押、作价入股和投资，按规定补交土地出让价款时，才作为无形资产核算。

三、新增流动资产价值的确定方法

流动资产是指可以在一年内或者超过一年的一个营业周期内变现或者运用的资产，包括现金及各种存款以及其他货币资金、短期投资、存货、应收及预付款项以及其他流动资产等。

（1）货币性资金。货币性资金是指现金、各种银行存款及其他货币资金，其中现金是指企业的库存现金，包括企业内部各部门用于周转使用的备用金；各种存款是指企业的各种不同类型的银行存款；其他货币资金是指除现金和银行存款以外的其他货币资金，根据实际入账价值核定。

(2) 应收及预付款项。应收账款是指企业因销售商品、提供劳务等应向购货单位或受益单位收取的款项；预付款项是指企业按照购货合同预付给供货单位的购货定金或部分货款。应收及预付款项包括应收票据、应收款项、其他应收款、预付货款和待摊费用。一般情况下，应收及预付款项按企业销售商品、产品或提供劳务时的实际成交金额入账核算。

(3) 短期投资包括股票、债券、基金。股票和债券根据是否可以上市流通分别采用市场法和收益法确定其价值。

(4) 存货。存货是指企业的库存材料、在产品、产成品等。各种存货应当按照取得时的实际成本计价。存货的形成，主要有外购和自制两个途径。外购的存货，按照买价加运输费、装卸费、保险费、途中合理损耗、入库前加工、整理及挑选费用以及缴纳的税金等计价；自制的存货，按照制造过程中的各项实际支出计价。

四、新增其他资产价值的确定方法

其他资产是指不能全部计入当年损益，应当在以后年度分期摊销的各种费用，包括开办费、租入固定资产改良支出等。

(1) 开办费的计价。开办费是指筹建期间建设单位管理费中未计入固定资产的其他各项费用，如建设单位经费，包括筹建期间工作人员工资、办公费、差旅费、印刷费、生产职工培训费、样品样机购置费、农业开荒费、注册登记费等以及不计入固定资产和无形资产购建成本的汇兑损益、利息支出。按照新财务制度规定，除了筹建期间不计入资产价值的汇兑净损失外，开办费从企业开始生产经营月份的次月起，按照不短于 5 年的期限平均摊入管理费用中。

(2) 租入固定资产改良支出的计价。租入固定资产改良支出是企业从其他单位或个人租入的固定资产，所有权属于出租人，但企业依合同享有使用权。通常双方在协议中规定，租入企业应按照规定的用途使用，并承担对租入固定资产进行修理和改良的责任，即发生的修理和改良支出全部由承租方负担。对租入固定资产的大修理支出，不构成固定资产价值，其会计处理与自有固定资产的大修理支出无区别。对租入固定资产实施改良，因有助于提高固定资产的效用和功能，应当另外确认为一项资产。由于租入固定资产的所有权不属于租入企业，不宜增加租入固定资产的价值而作为其他资产处理。租入固定资产改良及大修理支出应当在租赁期内分期平均摊销。

8.2　质量保证金的处理

《中华人民共和国建筑法》第六十二条规定："建筑工程实行质量保修制度"。建筑工程质量保修制度是指建筑工程直接办理交工验收手续后，在规定的保修期限内，因勘查设计、施工、材料等原因造成的质量缺陷，应当由施工单位负责维修的制度。建筑工程质量保修制度对于促进承包方加强质量管理，保护用户及消费者的合法权益起着相当重要的作用。而在对建设项目的维修过程中发生的费用支出，应该根据所出现问题的不同责任，由相关单位承担。

8.2.1　工程质量保修

一、工程质量保修责任

工程质量保修责任是指建设工程竣工验收后，对于在保修期限内出现的质量缺陷，承包人予以修复的责任。工程质量缺陷是指建设工程质量不符合工程建设强制性标准、设计文件，以及承包合同的约定。

保修范围和保修期限内出现质量缺陷，施工单位应当履行保修义务，但是承担保修义务并非一定要承担保修费用。保修费用由质量缺陷的责任方承担，故出现质量缺陷后要根据具体情况认定责任人，由其承担相关费用。质量缺陷由于施工单位原因所致，其应当无条件承担保修义务和保修费用；设计原因造成质量缺陷的，施工单位承担保修义务后，可以通过建设单位向设计单位索赔；建筑材料和设备配件造成质量缺陷的，如果由施工单位采购的，自行承担保修费用，如果建设单位采购的，建设单位承担保修费用；使用不当、第三方原因和不可抗力造成建筑物质量缺陷的，不属于保修范围。

二、缺陷责任期与保修期的概念和期限

(一) 缺陷责任期

缺陷责任期是指承包人对已交付使用的合同工程承担合同约定的缺陷修复责任的期限，其实质上就是指预留质保金（即保证金）的一个期限，具体可由发承包双方在合同中约定。

缺陷责任期一般为1年，最长不超过2年，由发、承包双方在合同中约定。缺陷责任期的起算日期必须以工程的实际竣工日期为准。发包人有权要求承包人相应延长缺陷责任期，但缺陷责任期最长不超过2年。由于发包人原因导致工程无法按规定期是行竣（交）工验收的，在承包人提交竣（交）工验收报告90d后，工程自动进入缺陷责任期。

(二) 保修期

保修期自实际竣工日期起计算。保修的期限应当按照保证建筑物合理寿命期内正常使用，维护使用者合法权益的原则确定。按照《建设工程质量管理条例》的规定，保修期限如下。

(1) 基础设施工程、房屋建筑的地基基础工程和主体结构工程，为设计文件规定的该工程的合理使用年限。

(2) 屋面防水工程、有防水要求的卫生间、房间和外墙面的防渗漏为5年。

(3) 供热与供冷系统为2个采暖期和供热期。

(4) 电气管线、给排水管道、设备安装和装修工程为2年。

【例8-2】 某建筑公司承建阳光集团工程的施工任务，该工程于2010年5月15日开工建设，于2011年7月20日竣工验收交付使用，工程保修期为正常使用条件下，建设工程的最低保修期。2017年8月份，用户发现屋面大面积漏水。经调查，屋面漏水的主要原因是施工单位施工过程中，使用的防水材料质量存在问题。项目经理瞒过了监理工程师。

问题：在正常使用条件下，屋面防水工程保修期为多久？该屋面防水漏水时，是否已过保修期？施工单位是否对该质量问题负责，为什么？

解： 在正常使用条件下，屋面防水工程的最低保修期限为5年。该屋面防水漏水时，已经过了保修期。虽然已经过了保修期，但施工单位仍要对该质量问题负责。原因是：该问题发生是由于施工单位采用不合格材料造成，是施工过程造成的质量隐患，不属于保修期的范围，因此不存在过了保修期的说法。

三、缺陷责任期内的维修及费用承担

(1) 保修责任。承包人应当在接到保修通知之日起7天内派人保修。发生紧急抢修事故

的，承包人在接到事故通知后，应当立即到达事故现场抢修。

(2) 费用承担。由他人及不可抗力原因造成的缺陷，发包人负责维修，承包人不承担费用，且发包人不得从保证金中扣除费用。如发包人委托承包人维修的，发包人应该支付相应的维修费用。

四、缺陷责任期与保修期的区别

(1) 保修期是指承包单位对所完成工程的保修期限，超过这个保修期限则无义务实施保修；而缺陷责任期是指承包单位对所完成的工程产品发生质量缺陷后的修补预留金额的期限。

(2) 保修期最低为两年（水、电、装修等），防水为5年，主体结构、基础为设计的合理使用年限；缺陷责任期一般为1年，最长不超过2年，由发、承包双方在合同中约定。

8.2.2　质量保证金的使用及返还

一、质量保证金的含义

建设工程质量保证金（以下简称保证金）是指发包人与承包人在建设工程承包合同中约定，从应付的工程款中预留，用以保证承包人在缺陷责任期内对建设工程出现的缺陷进行维修的资金。

二、质量保证金的预留及管理

(一) 质量保证金的预留

发包人应按照合同约定方式预留保证金，保证金总预留比例不得高于工程价款结算总额的3%。合同约定由承包人以银行保函替代预留保证金的，保函金额不得高于工程价款结算总额的3%。

特别提示

在工程项目竣工前，已经缴纳履约保证金的，发包人不得同时预留工程质量保证金。采用工程质量保证担保、工程质量保险等其他保证方式的，发包人不得再预留保证金。

(二) 质量保证金的管理

缺陷责任期内，实行国库集中支付的政府投资项目，保证金的管理应按国库集中支付的有关规定执行。其他政府投资项目，保证金可以预留在财政部门或发包方。缺陷责任期内，如发包方被撤销，保证金随交付使用资产一并移交使用单位管理，由使用单位代行发包人职责。

社会投资项目采用预留保证金方式的，发、承包双方可以约定将保证金交由第三方金融机构托管。

(三) 质量保证金的使用

缺陷责任期内，由承包人原因造成的缺陷，承包人应负责维修，并承担鉴定及维修费用。如承包人不维修也不承担费用，发包人可按合同约定从保证金或银行保函中扣除，费用超出保证金额的，发包人可按合同约定向承包人进行索赔。承包人维修并承担相应费用后，不免除对工程的损失赔偿责任。由他人原因造成的缺陷，发包人负责组织维修，承包人不承担费用，且发包人不得从保证金中扣除费用。

三、质量保证金的返还

缺陷责任期内，承包人认真履行合同约定的责任，到期后，承包人向发包人申请返还保证金。发包人在接到承包人返还保证金申请后，应于14d内会同承包人按照合同约定的内容进行核实。如无异议，发包人应当按照约定将保证金返还给承包人。对返还期限没有约定或者约定不明确的，发包人应当在核实后14d内将保证金返还承包人，逾期未返还的，依法承担违约责任。发包人在接到承包人返还保证金申请后14d内不予答复，经催告后14d内仍不予答复，视同认可承包人的返还保证金申请。

【例8-3】 某市建设单位编制某项生产项目的竣工决算。该工程包括以下A、B两个生产车间和C、D、E、F四个辅助生产车间，以及部分附属办公、生活建筑工程。在该建设项目的建设期内，以各单项工程为单位进行核算。各单项工程竣工结算数据见表8-6，建设工程其他费用支出包括：

（1）支付土地使用权出让金650万元；

（2）支付土地征用费和拆迁补偿费600万元；

（3）建设单位管理经费560万元，其中300万元可以构成固定资产；

（4）勘察设计费280万元；

（5）商标权费40万元、专利权费70万元；

（6）职工提前进厂费20万元、生产职工培训费55万元、生产线联合试运转费30万元，同时出售试生产期间生产的产品，获得收入4万元；

（7）建设项目剩余钢材价值20万元，木材价值15万元。

表8-6 建设工程竣工决算统计表 万元

项目名称	建筑工程投资	安装工程投资	需要安装设备	不需要安装设备	生产器具（未达固资标准）
A生产车间	1 800	450	1 600	300	100
B生产车间	1 500	300	1 200	210	80
辅助生产车间	2 000	200	800	120	50
其他建筑物	700	50		20	
小计	6 000	1 000	3 600	650	230

根据以上资料回答如下问题：

（1）什么是建设项目的竣工决算？建设项目的竣工决算由哪些内容构成？

（2）新增固定资产的概念？新增固定资产价值的构成？

（3）确定A生产车间的新增固定资产的价值？

（4）如果该项目在使用两年半后发生屋面漏水，建设单位应该如何处理？

（5）该项目所在地为沿海城市，在一次台风袭击后发生厂房部分毁损，发生维修费用40万元，建设单位应该如何处理？

解：（1）竣工决算是建设工程经济效益的全面反映，是以实物量和货币指标为计量单位，综合反映竣工项目从筹建开始到项目竣工交付使用为止的全部建设费用、建设成果和财务情况的总结性文件，是竣工验收报告的重要组成部分。

建设项目竣工决算由竣工财务决算说明书、竣工财务决算报表、竣工工程平面示意图、工程竣工造价比较分析四部分组成。前两个部分又称之为工程项目竣工财务决算，是竣工决算的核心部分。

(2) 新增固定资产指通过投资活动所形成的新的固定资产价值，包括已经建成投入生产或交付使用的工程价值和达到固定资产标准的设备、工具、器具的价值及有关应摊入的费用。它是以价值形式表示的固定资产投资成果的综合性指标，可以综合反映不同时期、不同部门、不同地区的固定资产投资成果。

新增固定资产价值主要由：

1) 已经投入生产或者交付使用的建筑安装工程价值，主要包括建筑工程费、安装工程费。

2) 达到固定资产使用标准的设备、工具及器具的购置费用。

3) 预备费，主要包括基本预备费和价差预备费。

4) 增加固定资产价值的其他费用，主要包括建设用地费、与项目建设有关的其他费用等。

5) 新增固定资产建设期间的融资费用，主要包括建设期利息和其他相关融资费。

(3) 计算。确定 A 车间新增固定资产价值如下：

分摊建设单位管理费 = 300×(1 800+450+1 600)/(6 000+1 000+3 600) = 108.96（万元）

分摊土地征用、土地补偿及勘察设计费 = (600+280+30−4)×(1 800/6 000) = 271.8（万元）

甲车间新增固定资产价值 = (1 800+450+1 600+300)+108.96+271.8 = 4 530.76（万元）

(4) 根据我国对房屋保修期限的规定，屋面防水工程、有防水要求的卫生间、房间和外墙面的防渗漏，保修期限为 5 年，所以应该由施工单位对该项目的缺陷处进行维修。

(5) 由于台风属于不可抗拒原因，所以根据保修处理的相关规定，因自然灾害和社会条件等不可抗拒原因造成的房屋损坏，不管是否在保修期内，修理所发生的费用均由建设单位承担。所以在该案例中对于台风导致项目发生的质量缺陷，由施工单位进行维修，发生的费用由建设单位承担。

本 章 小 结

本章阐述了竣工决算阶段的投资控制，主要包括建设工程项目竣工决算、新增资产价值以及工程的保修。在建设工程项目竣工决算这一任务中包括竣工决算的基本知识点，要求掌握竣工决算与竣工结算的区别以及新增固定资产价值的计算。最后一个任务是关于质量保证金的处理，重点是掌握建设缺陷责任期及质量保证金的相关规定。

习　题

一、单选题（每题的备选项中，只有1个为正确选项）

1. 下列关于工程项目竣工决算的说法中，正确的是（　　）。

A. 竣工决算应包括从筹建到竣工投产全过程的实际支出费用

B. 中央级大、中型基本建设项目竣工财务决算直接由财政部审核与审批

C. 国家确定的重点小型项目竣工财务决算直接由财政部审核与审批

D. 地方级基本建设项目竣工财务决算经主管部门审核后报财政部审批

2. 根据《建设工程质量管理条件》的有关规定，电气管线、给排水管道、设备安装和装修工程的保修期为（　　）。

A. 5年　　B. 2年　　C. 双方协商　　D. 合同规定

3. 在房屋的保修期，由于不可抗拒原因造成的房屋损坏，损失由（　　）负责。

A. 施工单位　　B. 使用者　　C. 建设单位　　D. 互相协商

4. 建设项目竣工财务决算说明书和（　　）是竣工决算的核心部分。

A. 竣工工程平面示意图　　B. 建设项目主要技术经济指标分析

C. 竣工财务决算报表　　D. 工程造价比较分析

5. 商标权属于（　　）。

A. 固定资产　　B. 无形资产　　C. 流动资产　　D. 递延资产

6. 建筑工程的保修期从（　　）开始算起。

A. 工程完工　　B. 合同规定

C. 工程竣工验收合格之日　　D. 其他约定

7. 新增固定资产价值的计算是以（　　）为对象。

A. 独立发挥生产能力的单项工程

B. 单位工程

C. 分项工程

D. 分部工程

8. 在保修期限内，下列缺陷或事故，应由承包人承担保修费用的是（　　）。

A. 发包人指定的分包人造成的质量缺陷

B. 由承包人采购的建筑构配件不符合质量要求

C. 使用人使用不当造成的损坏

D. 不可抗力造成的质量缺陷

9. 缺陷责任期最长不应超过（　　）。

A. 1年　　B. 2年　　C. 3年　　D. 4年

二、多选题（每题的备选项中，有2个或2个以上符合题意，至少有1个错项）

1. 竣工决算由（　　）部分组成。

A. 竣工财务决算说明书　　B. 竣工工程平面示意图

C. 财务决算报表　　D. 工程竣工造价比较分析

E. 工程概况表

2. 下列费用属于新增固定资产价值的有（　　）。

A. 安装工程费　　B. 建筑工程费

C. 工器具购置费　　D. 建设期利息

E. 勘察费

3. 下建设项目建成后形成的新增资产按性质可划分为（　　）。

A. 可变资产　　B. 无形资产

C. 固定资产　　D. 流动资产

E. 递延资产

4. 建设项目竣工决算的主要作用有（　　）。

A. 正确反映建设工程的计划支出

B. 正确反映建设工程的实际造价

C. 正确反映建设工程的实际投资效果

D. 建设单位确定各类新增资产价值的依据

E. 建设单位总结经验，提高未来建设工程投资效益的重要资料

5. 以下属于流动资产的是（　　）。

A. 著作权　　B. 开办费

C. 短期投资　　D. 商标权

E. 存款

6. 关于缺陷责任和保修责任的说法，正确的是（　　）。

A. 在全部工程竣工验收前，已经发包人的前提验收的单位工程，其缺陷责任期的起算日期按实际竣工验收日期起计算

B. 在缺陷责任期，包括根据合同规定延长的期限终止后14d内，由监理人向承包人出具经发包人签认的缺陷责任期终止证书，并退还剩余的质量保证金

C. 缺陷责任期内，承包人对已经接收使用的工程负责日常维护工作

D. 由于承包人原因造成某项工程设备无法按原定目标使用而需要再次修复的，发包人有权要求承包人相应延长缺陷责任期，最长不得超过12个月

E. 发包人在接到承包人返还保证金申请后，应于14d内会同承包人按照合同约定的内容进行核实

7. 关于工程保修期，下列说法正确的是（　　）。

A. 电气管线、给排水管道、设备安装和装修工程为5年

B. 屋面防水工程、有防水要求的卫生间、房间和外墙面的防渗漏为5年

C. 供热与供冷系统为2个采暖期和供热期

D. 电气管线、给排水管道、设备安装和装修工程为2年

E. 屋面防水工程、有防水要求的卫生间、房间和外墙面的防渗漏为2年

三、简答题

1. 简述新增固定资产计算时应注意的情况。
2. 简述新增无形资产的确定方法。
3. 简述建设项目缺陷责任期与工程保修期的概念与区别。
4. 简述工程质量保修责任的相关规定。

四、案例分析

1. 某建筑公司承建阳光集团工程的施工任务，该工程于2015年5月15日开工建设，于2016年7月20日竣工验收交付使用，工程保修期为正常使用条件下，建设工程的最低保修期。2019年8月，用户发现给水管道漏水。经调查，给水管道漏水的主要原因是施工单位施工过程中，使用的给水管材不合格，给水管道出现堵塞错位渗漏水。

问题：

（1）在正常使用条件下，给水管道工程保修期为多久？该给水管道漏水时，是否已过保修期？

（2）施工单位是否对该质量问题负责，为什么？

（3）建设单位是否对该质量问题负责，为什么？

2. 某沿海城市的某建设企业正在建设一工业厂房工程。该工程包括以下甲、乙两个生产车间和四个辅助生产车间，以及部分附属办公、生活建筑工程。在建设期内，各单项工程竣工结算数据见表8-7。工程建设其他投资完成情况如下：支付建设用地费1 200万元；建设单位管理费用400万元（其中300万元的固定资产）；勘察设计费用340万元；专利费用70万元；非专利技术费用30万元；获得商标权90万元；生产职工培训费用50万元；报废工程损失20万元；生产线试运转支出20万元；试生产品销售款5万元。

表8-7　建设工程竣工决算统计表　　万元

项目名称	建筑工程投资	安装工程投资	需要安装设备	不需要安装设备	生产器具（未达固资标准）
甲生产车间	1 800	380	1 600	300	130
乙生产车间	1 500	350	1 200	210	100
辅助生产车间	2 000	230	800	160	90
其他建筑物	700	40		20	
小计	6 000	1 000	3 600	720	3 200

根据根据上述资料思考如下问题。

（1）建设项目的竣工决算的概念？建设项目的竣工决算的内容？

（2）新增固定资产的概念？新增固定资产价值的确定？

（3）由于该项目所在地为沿海城市，如果发生自然灾害如台风过境等使厂房部分毁损，那么所发生得维修费用应该如何处理？我国对于房屋最低保修的期限是如何规定的？

附录 复利系数表

i=1%的复利系数表

计息期	一次支付		等额多次支付			
	终值系数	现值系数	等额终值系数	等额现值系数	偿债基金系数	资金回收系数
n	F/P, i, n	P/F, i, n	F/A, i, n	P/A, i, n	A/F, i, n	A/P, i, n
1	1. 010 0	0. 990 1	1. 000 0	0. 990 1	1. 000 0	1. 010 0
2	1. 020 1	0. 980 3	2. 010 0	1. 970 4	0. 497 5	0. 507 5
3	1. 030 3	0. 970 6	3. 030 1	2. 941 0	0. 330 0	0. 340 0
4	1. 040 6	0. 961 0	4. 060 4	3. 902 0	0. 246 3	0. 256 3
5	1. 051 0	0. 951 5	5. 101 0	4. 853 4	0. 196 0	0. 206 0
6	1. 061 5	0. 942 0	6. 152 0	5. 795 5	0. 162 5	0. 172 5
7	1. 072 1	0. 932 7	7. 213 5	6. 728 2	0. 138 6	0. 148 6
8	1. 082 9	0. 923 5	8. 285 7	7. 651 7	0. 120 7	0. 130 7
9	1. 093 7	0. 914 3	9. 368 5	8. 566 0	0. 106 7	0. 116 7
10	1. 104 6	0. 905 3	10. 462 2	9. 471 3	0. 095 6	0. 105 6
11	1. 115 7	0. 896 3	11. 566 8	10. 367 6	0. 086 5	0. 096 5
12	1. 126 8	0. 887 4	12. 682 5	11. 255 1	0. 078 8	0. 088 8
13	1. 138 1	0. 878 7	13. 809 3	12. 133 7	0. 072 4	0. 082 4
14	1. 149 5	0. 870 0	14. 947 4	13. 003 7	0. 066 9	0. 076 9
15	1. 161 0	0. 861 3	16. 096 9	13. 865 1	0. 062 1	0. 072 1
16	1. 172 6	0. 852 8	17. 257 9	14. 717 9	0. 057 9	0. 067 9
17	1. 184 3	0. 844 4	18. 430 4	15. 562 3	0. 054 3	0. 064 3
18	1. 196 1	0. 836 0	19. 614 7	16. 398 3	0. 051 0	0. 061 0
19	1. 208 1	0. 827 7	20. 810 9	17. 226 0	0. 048 1	0. 058 1
20	1. 220 2	0. 819 5	22. 019 0	18. 045 6	0. 045 4	0. 055 4
21	1. 232 4	0. 811 4	23. 239 2	18. 857 0	0. 043 0	0. 053 0
22	1. 244 7	0. 803 4	24. 471 6	19. 660 4	0. 040 9	0. 050 9
23	1. 257 2	0. 795 4	25. 716 3	20. 455 8	0. 038 9	0. 048 9
24	1. 269 7	0. 787 6	26. 973 5	21. 243 4	0. 037 1	0. 047 1
25	1. 282 4	0. 779 8	28. 243 2	22. 023 2	0. 035 4	0. 045 4
26	1. 295 3	0. 772 0	29. 525 6	22. 795 2	0. 033 9	0. 043 9
27	1. 308 2	0. 764 4	30. 820 9	23. 559 6	0. 032 4	0. 042 4
28	1. 321 3	0. 756 8	32. 129 1	24. 316 4	0. 031 1	0. 041 1
29	1. 334 5	0. 749 3	33. 450 4	25. 065 8	0. 029 9	0. 039 9
30	1. 347 8	0. 741 9	34. 784 9	25. 807 7	0. 028 7	0. 038 7
31	1. 361 3	0. 734 6	36. 132 7	26. 542 3	0. 027 7	0. 037 7
32	1. 374 9	0. 727 3	37. 494 1	27. 269 6	0. 026 7	0. 036 7
33	1. 388 7	0. 720 1	38. 869 0	27. 989 7	0. 025 7	0. 035 7
34	1. 402 6	0. 713 0	40. 257 7	28. 702 7	0. 024 8	0. 034 8
35	1. 416 6	0. 705 9	41. 660 3	29. 408 6	0. 024 0	0. 034 0

$i=2\%$的复利系数表

计息期	一次支付		等额多次支付			
	终值系数	现值系数	等额终值系数	等额现值系数	偿债基金系数	资金回收系数
n	$F/P, i, n$	$P/F, i, n$	$F/A, i, n$	$P/A, i, n$	$A/F, i, n$	$A/P, i, n$
1	1.020 0	0.980 4	1.000 0	0.980 4	1.000 0	1.020 0
2	1.040 4	0.961 2	2.020 0	1.941 6	0.495 0	0.515 0
3	1.061 2	0.942 3	3.060 4	2.883 9	0.326 8	0.346 8
4	1.082 4	0.923 8	4.121 6	3.807 7	0.242 6	0.262 6
5	1.104 1	0.905 7	5.204 0	4.713 5	0.192 2	0.212 2
6	1.126 2	0.888 0	6.308 1	5.601 4	0.158 5	0.178 5
7	1.148 7	0.870 6	7.434 3	6.472 0	0.134 5	0.154 5
8	1.171 7	0.853 5	8.583 0	7.325 5	0.116 5	0.136 5
9	1.195 1	0.836 8	9.754 6	8.162 2	0.102 5	0.122 5
10	1.219 0	0.820 3	10.949 7	8.982 6	0.091 3	0.111 3
11	1.243 4	0.804 3	12.168 7	9.786 8	0.082 2	0.102 2
12	1.268 2	0.788 5	13.412 1	10.575 3	0.074 6	0.094 6
13	1.293 6	0.773 0	14.680 3	11.348 4	0.068 1	0.088 1
14	1.319 5	0.757 9	15.973 9	12.106 2	0.062 6	0.082 6
15	1.345 9	0.743 0	17.293 4	12.849 3	0.057 8	0.077 8
16	1.372 8	0.728 4	18.639 3	13.577 7	0.053 7	0.073 7
17	1.400 2	0.714 2	20.012 1	14.291 9	0.050 0	0.070 0
18	1.428 2	0.700 2	21.412 3	14.992 0	0.046 7	0.066 7
19	1.456 8	0.686 4	22.840 6	15.678 5	0.043 8	0.063 8
20	1.485 9	0.673 0	24.297 4	16.351 4	0.041 2	0.061 2
21	1.515 7	0.659 8	25.783 3	17.011 2	0.038 8	0.058 8
22	1.546 0	0.646 8	27.299 0	17.658 0	0.036 6	0.056 6
23	1.576 9	0.634 2	28.845 0	18.292 2	0.034 7	0.054 7
24	1.608 4	0.621 7	30.421 9	18.913 9	0.032 9	0.052 9
25	1.640 6	0.609 5	32.030 3	19.523 5	0.031 2	0.051 2
26	1.673 4	0.597 6	33.670 9	20.121 0	0.029 7	0.049 7
27	1.706 9	0.585 9	35.344 3	20.706 9	0.028 3	0.048 3
28	1.741 0	0.574 4	37.051 2	21.281 3	0.027 0	0.047 0
29	1.775 8	0.563 1	38.792 2	21.844 4	0.025 8	0.045 8
30	1.811 4	0.552 1	40.568 1	22.396 5	0.024 6	0.044 6
31	1.847 6	0.541 2	42.379 4	22.937 7	0.023 6	0.043 6
32	1.884 5	0.530 6	44.227 0	23.468 3	0.022 6	0.042 6
33	1.922 2	0.520 2	46.111 6	23.988 6	0.021 7	0.041 7
34	1.960 7	0.510 0	48.033 8	24.498 6	0.020 8	0.040 8
35	1.999 9	0.500 0	49.994 5	24.998 6	0.020 0	0.040 0

$i=3\%$的复利系数表

计息期	一次支付		等额多次支付			
	终值系数	现值系数	等额终值系数	等额现值系数	偿债基金系数	资金回收系数
n	*F/P, i, n*	*P/F, i, n*	*F/A, i, n*	*P/A, i, n*	*A/F, i, n*	*A/P, i, n*
1	1.030 0	0.970 9	1.000 0	0.970 9	1.000 0	1.030 0
2	1.060 9	0.942 6	2.030 0	1.913 5	0.492 6	0.522 6
3	1.092 7	0.915 1	3.090 9	2.828 6	0.323 5	0.353 5
4	1.125 5	0.888 5	4.183 6	3.717 1	0.239 0	0.269 0
5	1.159 3	0.862 6	5.309 1	4.579 7	0.188 4	0.218 4
6	1.194 1	0.837 5	6.468 4	5.417 2	0.154 6	0.184 6
7	1.229 9	0.813 1	7.662 5	6.230 3	0.130 5	0.160 5
8	1.266 8	0.789 4	8.892 3	7.019 7	0.112 5	0.142 5
9	1.304 8	0.766 4	10.159 1	7.786 1	0.098 4	0.128 4
10	1.343 9	0.744 1	11.463 9	8.530 2	0.087 2	0.117 2
11	1.384 2	0.722 4	12.807 8	9.252 6	0.078 1	0.108 1
12	1.425 8	0.701 4	14.192 0	9.954 0	0.070 5	0.100 5
13	1.468 5	0.681 0	15.617 8	10.635 0	0.064 0	0.094 0
14	1.512 6	0.661 1	17.086 3	11.296 1	0.058 5	0.088 5
15	1.558 0	0.641 9	18.598 9	11.937 9	0.053 8	0.083 8
16	1.604 7	0.623 2	20.156 9	12.561 1	0.049 6	0.079 6
17	1.652 8	0.605 0	21.761 6	13.166 1	0.046 0	0.076 0
18	1.702 4	0.587 4	23.414 4	13.753 5	0.042 7	0.072 7
19	1.753 5	0.570 3	25.116 9	14.323 8	0.039 8	0.069 8
20	1.806 1	0.553 7	26.870 4	14.877 5	0.037 2	0.067 2
21	1.860 3	0.537 5	28.676 5	15.415 0	0.034 9	0.064 9
22	1.916 1	0.521 9	30.536 8	15.936 9	0.032 7	0.062 7
23	1.973 6	0.506 7	32.452 9	16.443 6	0.030 8	0.060 8
24	2.032 8	0.491 9	34.426 5	16.935 5	0.029 0	0.059 0
25	2.093 8	0.477 6	36.459 3	17.413 1	0.027 4	0.057 4
26	2.156 6	0.463 7	38.553 0	17.876 8	0.025 9	0.055 9
27	2.221 3	0.450 2	40.709 6	18.327 0	0.024 6	0.054 6
28	2.287 9	0.437 1	42.930 9	18.764 1	0.023 3	0.053 3
29	2.356 6	0.424 3	45.218 9	19.188 5	0.022 1	0.052 1
30	2.427 3	0.412 0	47.575 4	19.600 4	0.021 0	0.051 0
31	2.500 1	0.400 0	50.002 7	20.000 4	0.020 0	0.050 0
32	2.575 1	0.388 3	52.502 8	20.388 8	0.019 0	0.049 0
33	2.652 3	0.377 0	55.077 8	20.765 8	0.018 2	0.048 2
34	2.731 9	0.366 0	57.730 2	21.131 8	0.017 3	0.047 3
35	2.813 9	0.355 4	60.462 1	21.487 2	0.016 5	0.046 5

i=4%的复利系数表

计息期	一次支付		等额多次支付			
	终值系数	现值系数	等额终值系数	等额现值系数	偿债基金系数	资金回收系数
n	$F/P, i, n$	$P/F, i, n$	$F/A, i, n$	$P/A, i, n$	$A/F, i, n$	$A/P, i, n$
1	1.040 0	0.961 5	1.000 0	0.961 5	1.000 0	1.040 0
2	1.081 6	0.924 6	2.040 0	1.886 1	0.490 2	0.530 2
3	1.124 9	0.889 0	3.121 6	2.775 1	0.320 3	0.360 3
4	1.169 9	0.854 8	4.246 5	3.629 9	0.235 5	0.275 5
5	1.216 7	0.821 9	5.416 3	4.451 8	0.184 6	0.224 6
6	1.265 3	0.790 3	6.633 0	5.242 1	0.150 8	0.190 8
7	1.315 9	0.759 9	7.898 3	6.002 1	0.126 6	0.166 6
8	1.368 6	0.730 7	9.214 2	6.732 7	0.108 5	0.148 5
9	1.423 3	0.702 6	10.582 8	7.435 3	0.094 5	0.134 5
10	1.480 2	0.675 6	12.006 1	8.110 9	0.083 3	0.123 3
11	1.539 5	0.649 6	13.486 4	8.760 5	0.074 1	0.114 1
12	1.601 0	0.624 6	15.025 8	9.385 1	0.066 6	0.106 6
13	1.665 1	0.600 6	16.626 8	9.985 6	0.060 1	0.100 1
14	1.731 7	0.577 5	18.291 9	10.563 1	0.054 7	0.094 7
15	1.800 9	0.555 3	20.023 6	11.118 4	0.049 9	0.089 9
16	1.873 0	0.533 9	21.824 5	11.652 3	0.045 8	0.085 8
17	1.947 9	0.513 4	23.697 5	12.165 7	0.042 2	0.082 2
18	2.025 8	0.493 6	25.645 4	12.659 3	0.039 0	0.079 0
19	2.106 8	0.474 6	27.671 2	13.133 9	0.036 1	0.076 1
20	2.191 1	0.456 4	29.778 1	13.590 3	0.033 6	0.073 6
21	2.278 8	0.438 8	31.969 2	14.029 2	0.031 3	0.071 3
22	2.369 9	0.422 0	34.248 0	14.451 1	0.029 2	0.069 2
23	2.464 7	0.405 7	36.617 9	14.856 8	0.027 3	0.067 3
24	2.563 3	0.390 1	39.082 6	15.247 0	0.025 6	0.065 6
25	2.665 8	0.375 1	41.645 9	15.622 1	0.024 0	0.064 0
26	2.772 5	0.360 7	44.311 7	15.982 8	0.022 6	0.062 6
27	2.883 4	0.346 8	47.084 2	16.329 6	0.021 2	0.061 2
28	2.998 7	0.333 5	49.967 6	16.663 1	0.020 0	0.060 0
29	3.118 7	0.320 7	52.966 3	16.983 7	0.018 9	0.058 9
30	3.243 4	0.308 3	56.084 9	17.292 0	0.017 8	0.057 8
31	3.373 1	0.296 5	59.328 3	17.588 5	0.016 9	0.056 9
32	3.508 1	0.285 1	62.701 5	17.873 6	0.015 9	0.055 9
33	3.648 4	0.274 1	66.209 5	18.147 6	0.015 1	0.055 1
34	3.794 3	0.263 6	69.857 9	18.411 2	0.014 3	0.054 3
35	3.946 1	0.253 4	73.652 2	18.664 6	0.013 6	0.053 6

i=5%的复利系数表

计息期	一次支付		等额多次支付			
	终值系数	现值系数	等额终值系数	等额现值系数	偿债基金系数	资金回收系数
n	*F/P*, *i*, *n*	*P/F*, *i*, *n*	*F/A*, *i*, *n*	*P/A*, *i*, *n*	*A/F*, *i*, *n*	*A/P*, *i*, *n*
1	1.050 0	0.952 4	1.000 0	0.952 4	1.000 0	1.050 0
2	1.102 5	0.907 0	2.050 0	1.859 4	0.487 8	0.537 8
3	1.157 6	0.863 8	3.152 5	2.723 2	0.317 2	0.367 2
4	1.215 5	0.822 7	4.310 1	3.546 0	0.232 0	0.282 0
5	1.276 3	0.783 5	5.525 6	4.329 5	0.181 0	0.231 0
6	1.340 1	0.746 2	6.801 9	5.075 7	0.147 0	0.197 0
7	1.407 1	0.710 7	8.142 0	5.786 4	0.122 8	0.172 8
8	1.477 5	0.676 8	9.549 1	6.463 2	0.104 7	0.154 7
9	1.551 3	0.644 6	11.026 6	7.107 8	0.090 7	0.140 7
10	1.628 9	0.613 9	12.577 9	7.721 7	0.079 5	0.129 5
11	1.710 3	0.584 7	14.206 8	8.306 4	0.070 4	0.120 4
12	1.795 9	0.556 8	15.917 1	8.863 3	0.062 8	0.112 8
13	1.885 6	0.530 3	17.713 0	9.393 6	0.056 5	0.106 5
14	1.979 9	0.505 1	19.598 6	9.898 6	0.051 0	0.101 0
15	2.078 9	0.481 0	21.578 6	10.379 7	0.046 3	0.096 3
16	2.182 9	0.458 1	23.657 5	10.837 8	0.042 3	0.092 3
17	2.292 0	0.436 3	25.840 4	11.274 1	0.038 7	0.088 7
18	2.406 6	0.415 5	28.132 4	11.689 6	0.035 5	0.085 5
19	2.527 0	0.395 7	30.539 0	12.085 3	0.032 7	0.082 7
20	2.653 3	0.376 9	33.066 0	12.462 2	0.030 2	0.080 2
21	2.786 0	0.358 9	35.719 3	12.821 2	0.028 0	0.078 0
22	2.925 3	0.341 8	38.505 2	13.163 0	0.026 0	0.0760
23	3.071 5	0.325 6	41.430 5	13.488 6	0.024 1	0.074 1
24	3.225 1	0.310 1	44.502 0	13.798 6	0.022 5	0.072 5
25	3.386 4	0.295 3	47.727 1	14.093 9	0.021 0	0.071 0
26	3.555 7	0.281 2	51.113 5	14.375 2	0.019 6	0.069 6
27	3.733 5	0.267 8	54.669 1	14.643 0	0.018 3	0.068 3
28	3.920 1	0.255 1	58.402 6	14.898 1	0.017 1	0.067 1
29	4.116 1	0.242 9	62.322 7	15.141 1	0.016 0	0.066 0
30	4.321 9	0.231 4	66.438 8	15.372 5	0.015 1	0.065 1
31	4.538 0	0.220 4	70.760 8	15.592 8	0.014 1	0.064 1
32	4.764 9	0.209 9	75.298 8	15.802 7	0.013 3	0.063 3
33	5.003 2	0.199 9	80.063 8	16.002 5	0.012 5	0.062 5
34	5.253 3	0.190 4	85.067 0	16.192 9	0.011 8	0.061 8
35	5.516 0	0.181 3	90.320 3	16.374 2	0.011 1	0.061 1

i=6%的复利系数表

计息期	一次支付		等额多次支付			
	终值系数	现值系数	等额终值系数	等额现值系数	偿债基金系数	资金回收系数
n	*F/P, i, n*	*P/F, i, n*	*F/A, i, n*	*P/A, i, n*	*A/F, i, n*	*A/P, i, n*
1	1.060 0	0.943 4	1.000 0	0.943 4	1.000 0	1.060 0
2	1.123 6	0.890 0	2.060 0	1.833 4	0.485 4	0.545 4
3	1.191 0	0.839 6	3.183 6	2.673 0	0.314 1	0.374 1
4	1.262 5	0.792 1	4.374 6	3.465 1	0.228 6	0.288 6
5	1.338 2	0.747 3	5.637 1	4.212 4	0.177 4	0.237 4
6	1.418 5	0.705 0	6.975 3	4.917 3	0.143 4	0.203 4
7	1.503 6	0.665 1	8.393 8	5.582 4	0.119 1	0.179 1
8	1.593 8	0.627 4	9.897 5	6.209 8	0.101 0	0.161 0
9	1.689 5	0.591 9	11.491 3	6.801 7	0.087 0	0.147 0
10	1.790 8	0.558 4	13.180 8	7.360 1	0.075 9	0.135 9
11	1.898 3	0.526 8	14.971 6	7.886 9	0.066 8	0.126 8
12	2.012 2	0.497 0	16.869 9	8.383 8	0.059 3	0.119 3
13	2.132 9	0.468 8	18.882 1	8.852 7	0.053 0	0.113 0
14	2.260 9	0.442 3	21.015 1	9.295 0	0.047 6	0.107 6
15	2.396 6	0.417 3	23.276 0	9.712 2	0.043 0	0.103 0
16	2.540 4	0.393 6	25.672 5	10.105 9	0.039 0	0.099 0
17	2.692 8	0.371 4	28.212 9	10.477 3	0.035 4	0.095 4
18	2.854 3	0.350 3	30.905 7	10.827 6	0.032 4	0.092 4
19	3.025 6	0.330 5	33.760 0	11.158 1	0.029 6	0.089 6
20	3.207 1	0.311 8	36.785 6	11.469 9	0.027 2	0.087 2
21	3.399 6	0.294 2	39.992 7	11.764 1	0.025 0	0.085 0
22	3.603 5	0.277 5	43.392 3	12.041 6	0.023 0	0.083 0
23	3.819 7	0.261 8	46.995 8	12.303 4	0.021 3	0.081 3
24	4.048 9	0.247 0	50.815 6	12.550 4	0.019 7	0.079 7
25	4.291 9	0.233 0	54.864 5	12.783 4	0.018 2	0.078 2
26	4.549 4	0.219 8	59.156 4	13.003 2	0.016 9	0.076 9
27	4.822 3	0.207 4	63.705 8	13.210 5	0.015 7	0.075 7
28	5.111 7	0.195 6	68.528 1	13.406 2	0.014 6	0.074 6
29	5.418 4	0.184 6	73.639 8	13.590 7	0.013 6	0.073 6
30	5.743 5	0.174 1	79.058 2	13.764 8	0.012 6	0.072 6
31	6.088 1	0.164 3	84.801 7	13.929 1	0.011 8	0.071 8
32	6.453 4	0.155 0	90.889 8	14.084 0	0.011 0	0.071 0
33	6.840 6	0.146 2	97.343 2	14.230 2	0.010 3	0.070 3
34	7.251 0	0.137 9	104.183 8	14.368 1	0.009 6	0.069 6
35	7.686 1	0.130 1	111.434 8	14.498 2	0.009 0	0.069 0

i=7%的复利系数表

计息期	一次支付		等额多次支付			
	终值系数	现值系数	等额终值系数	等额现值系数	偿债基金系数	资金回收系数
n	F/P, i, n	P/F, i, n	F/A, i, n	P/A, i, n	A/F, i, n	A/P, i, n
1	1.070 0	0.934 6	1.000 0	0.934 6	1.000 0	1.070 0
2	1.144 9	0.873 4	2.070 0	1.808 0	0.483 1	0.553 1
3	1.225 0	0.816 3	3.214 9	2.624 3	0.311 1	0.381 1
4	1.310 8	0.762 9	4.439 9	3.387 2	0.225 2	0.295 2
5	1.402 6	0.713 0	5.750 7	4.100 2	0.173 9	0.243 9
6	1.500 7	0.666 3	7.153 3	4.766 5	0.139 8	0.209 8
7	1.605 8	0.622 7	8.654 0	5.389 3	0.115 6	0.185 6
8	1.718 2	0.582 0	10.259 8	5.971 3	0.097 5	0.167 5
9	1.838 5	0.543 9	11.978 0	6.515 2	0.083 5	0.153 5
10	1.967 2	0.508 3	13.816 4	7.023 6	0.072 4	0.142 4
11	2.104 9	0.475 1	15.783 6	7.498 7	0.063 4	0.133 4
12	2.252 2	0.444 0	17.888 5	7.942 7	0.055 9	0.125 9
13	2.409 8	0.415 0	20.140 6	8.357 7	0.049 7	0.119 7
14	2.578 5	0.387 8	22.550 5	8.745 5	0.044 3	0.114 3
15	2.759 0	0.362 4	25.129 0	9.107 9	0.039 8	0.109 8
16	2.952 2	0.338 7	27.888 1	9.446 6	0.035 9	0.105 9
17	3.158 8	0.316 6	30.840 2	9.763 2	0.032 4	0.102 4
18	3.379 9	0.295 9	33.999 0	10.059 1	0.029 4	0.099 4
19	3.616 5	0.276 5	37.379 0	10.335 6	0.026 8	0.096 8
20	3.869 7	0.258 4	40.995 5	10.594 0	0.024 4	0.094 4
21	4.140 6	0.241 5	44.865 2	10.835 5	0.022 3	0.092 3
22	4.430 4	0.225 7	49.005 7	11.061 2	0.020 4	0.090 4
23	4.740 5	0.210 9	53.436 1	11.272 2	0.018 7	0.088 7
24	5.072 4	0.197 1	58.176 7	11.469 3	0.017 2	0.087 2
25	5.427 4	0.184 2	63.249 0	11.653 6	0.015 8	0.085 8
26	5.807 4	0.172 2	68.676 5	11.825 8	0.014 6	0.084 6
27	6.213 9	0.160 9	74.483 8	11.986 7	0.013 4	0.083 4
28	6.648 8	0.150 4	80.697 7	12.137 1	0.012 4	0.082 4
29	7.114 3	0.140 6	87.346 5	12.277 7	0.011 4	0.081 4
30	7.612 3	0.131 4	94.460 8	12.409 0	0.010 6	0.080 6
31	8.145 1	0.122 8	102.073 0	12.531 8	0.009 8	0.079 8
32	8.715 3	0.114 7	110.218 2	12.646 6	0.009 1	0.079 1
33	9.325 3	0.107 2	118.933 4	12.753 8	0.008 4	0.078 4
34	9.978 1	0.100 2	128.258 8	12.854 0	0.007 8	0.077 8
35	10.676 6	0.093 7	138.236 9	12.947 7	0.007 2	0.077 2

i=8%的复利系数表

计息期	一次支付		等额多次支付			
	终值系数	现值系数	等额终值系数	等额现值系数	偿债基金系数	资金回收系数
n	*F/P*, *i*, *n*	*P/F*, *i*, *n*	*F/A*, *i*, *n*	*P/A*, *i*, *n*	*A/F*, *i*, *n*	*A/P*, *i*, *n*
1	1.080 0	0.925 9	1.000 0	0.925 9	1.000 0	1.080 0
2	1.166 4	0.857 3	2.080 0	1.783 3	0.480 8	0.560 8
3	1.259 7	0.793 8	3.246 4	2.577 1	0.308 0	0.388 0
4	1.360 5	0.735 0	4.506 1	3.312 1	0.221 9	0.301 9
5	1.469 3	0.680 6	5.866 6	3.992 7	0.170 5	0.250 5
6	1.586 9	0.630 2	7.335 9	4.622 9	0.136 3	0.216 3
7	1.713 8	0.583 5	8.922 8	5.206 4	0.112 1	0.192 1
8	1.850 9	0.540 3	10.636 6	5.746 6	0.094 0	0.174 0
9	1.999 0	0.500 2	12.487 6	6.246 9	0.080 1	0.160 1
10	2.158 9	0.463 2	14.486 6	6.710 1	0.069 0	0.149 0
11	2.331 6	0.428 9	16.645 5	7.139 0	0.060 1	0.140 1
12	2.518 2	0.397 1	18.977 1	7.536 1	0.052 7	0.132 7
13	2.719 6	0.367 7	21.495 3	7.903 8	0.046 5	0.126 5
14	2.937 2	0.340 5	24.214 9	8.244 2	0.041 3	0.121 3
15	3.172 2	0.315 2	27.152 1	8.559 5	0.036 8	0.116 8
16	3.425 9	0.291 9	30.324 3	8.851 4	0.033 0	0.113 0
17	3.700 0	0.270 3	33.750 2	9.121 6	0.029 6	0.109 6
18	3.996 0	0.250 2	37.450 2	9.371 9	0.026 7	0.106 7
19	4.315 7	0.231 7	41.446 3	9.603 6	0.024 1	0.104 1
20	4.661 0	0.214 5	45.762 0	9.818 1	0.021 9	0.101 9
21	5.033 8	0.198 7	50.422 9	10.016 8	0.019 8	0.099 8
22	5.436 5	0.183 9	55.456 8	10.200 7	0.018 0	0.098 0
23	5.871 5	0.170 3	60.893 3	10.371 1	0.016 4	0.096 4
24	6.341 2	0.157 7	66.764 8	10.528 8	0.015 0	0.095 0
25	6.848 5	0.146 0	73.105 9	10.674 8	0.013 7	0.093 7
26	7.396 4	0.135 2	79.954 4	10.810 0	0.012 5	0.092 5
27	7.988 1	0.125 2	87.350 8	10.935 2	0.011 4	0.091 4
28	8.627 1	0.115 9	95.338 8	11.051 1	0.010 5	0.090 5
29	9.317 3	0.107 3	103.965 9	11.158 4	0.009 6	0.089 6
30	10.062 7	0.099 4	113.283 2	11.257 8	0.008 8	0.088 8
31	10.867 7	0.092 0	123.345 9	11.349 8	0.008 1	0.088 1
32	11.737 1	0.085 2	134.213 5	11.435 0	0.007 5	0.087 5
33	12.676 0	0.078 9	145.950 6	11.513 9	0.006 9	0.086 9
34	13.690 1	0.073 0	158.626 7	11.586 9	0.006 3	0.086 3
35	14.785 3	0.067 6	172.316 8	11.654 6	0.005 8	0.085 8

i=9%的复利系数表

计息期	一次支付		等额多次支付			
	终值系数	现值系数	等额终值系数	等额现值系数	偿债基金系数	资金回收系数
n	*F/P, i, n*	*P/F, i, n*	*F/A, i, n*	*P/A, i, n*	*A/F, i, n*	*A/P, i, n*
1	1.090 0	0.917 4	1.000 0	0.917 4	1.000 0	1.090 0
2	1.188 1	0.841 7	2.090 0	1.759 1	0.478 5	0.568 5
3	1.295 0	0.772 2	3.278 1	2.531 3	0.305 1	0.395 1
4	1.411 6	0.708 4	4.573 1	3.239 7	0.218 7	0.308 7
5	1.538 6	0.649 9	5.984 7	3.889 7	0.167 1	0.257 1
6	1.677 1	0.596 3	7.523 3	4.485 9	0.132 9	0.222 9
7	1.828 0	0.547 0	9.200 4	5.033 0	0.108 7	0.198 7
8	1.992 6	0.501 9	11.028 5	5.534 8	0.090 7	0.180 7
9	2.171 9	0.460 4	13.021 0	5.995 2	0.076 8	0.166 8
10	2.367 4	0.422 4	15.192 9	6.417 7	0.065 8	0.155 8
11	2.580 4	0.387 5	17.560 3	6.805 2	0.056 9	0.146 9
12	2.812 7	0.355 5	20.140 7	7.160 7	0.049 7	0.139 7
13	3.065 8	0.326 2	22.953 4	7.486 9	0.043 6	0.133 6
14	3.341 7	0.299 2	26.019 2	7.786 2	0.038 4	0.128 4
15	3.642 5	0.274 5	29.360 9	8.060 7	0.034 1	0.124 1
16	3.970 3	0.251 9	33.003 4	8.312 6	0.030 3	0.120 3
17	4.327 6	0.231 1	36.973 7	8.543 6	0.027 0	0.117 0
18	4.717 1	0.212 0	41.301 3	8.755 6	0.024 2	0.114 2
19	5.141 7	0.194 5	46.018 5	8.950 1	0.021 7	0.111 7
20	5.604 4	0.178 4	51.160 1	9.128 5	0.019 5	0.109 5
21	6.108 8	0.163 7	56.764 5	9.292 2	0.017 6	0.107 6
22	6.658 6	0.150 2	62.873 3	9.442 4	0.015 9	0.105 9
23	7.257 9	0.137 8	69.531 9	9.580 2	0.014 4	0.104 4
24	7.911 1	0.126 4	76.789 8	9.706 6	0.013 0	0.103 0
25	8.623 1	0.116 0	84.700 9	9.822 6	0.011 8	0.101 8
26	9.399 2	0.106 4	93.324 0	9.929 0	0.010 7	0.100 7
27	10.245 1	0.097 6	102.723 1	10.026 6	0.009 7	0.099 7
28	11.167 1	0.089 5	112.968 2	10.116 1	0.008 9	0.098 9
29	12.172 2	0.082 2	124.135 4	10.198 3	0.008 1	0.098 1
30	13.267 7	0.075 4	136.307 5	10.273 7	0.007 3	0.097 3
31	14.461 8	0.069 1	149.575 2	10.342 8	0.006 7	0.096 7
32	15.763 3	0.063 4	164.037 0	10.406 2	0.006 1	0.096 1
33	17.182 0	0.058 2	179.800 3	10.464 4	0.005 6	0.095 6
34	18.728 4	0.053 4	196.982 3	10.517 8	0.005 1	0.095 1
35	20.414 0	0.049 0	215.710 8	10.566 8	0.004 6	0.094 6

i=10%的复利系数表

计息期	一次支付		等额多次支付			
	终值系数	现值系数	等额终值系数	等额现值系数	偿债基金系数	资金回收系数
n	F/P, i, n	P/F, i, n	F/A, i, n	P/A, i, n	A/F, i, n	A/P, i, n
1	1.100 0	0.909 1	1.000 0	0.909 1	1.000 0	1.100 0
2	1.210 0	0.826 4	2.100 0	1.735 5	0.476 2	0.576 2
3	1.331 0	0.751 3	3.310 0	2.486 9	0.302 1	0.402 1
4	1.464 1	0.683 0	4.641 0	3.169 9	0.215 5	0.315 5
5	1.610 5	0.620 9	6.105 1	3.790 8	0.163 8	0.263 8
6	1.771 6	0.564 5	7.715 6	4.355 3	0.129 6	0.229 6
7	1.948 7	0.513 2	9.487 2	4.868 4	0.105 4	0.205 4
8	2.143 6	0.466 5	11.435 9	5.334 9	0.087 4	0.187 4
9	2.357 9	0.424 1	13.579 5	5.759 0	0.073 6	0.173 6
10	2.593 7	0.385 5	15.937 4	6.144 6	0.062 7	0.162 7
11	2.853 1	0.350 5	18.531 2	6.495 1	0.054 0	0.154 0
12	3.138 4	0.318 6	21.384 3	6.813 7	0.046 8	0.146 8
13	3.452 3	0.289 7	24.522 7	7.103 4	0.040 8	0.140 8
14	3.797 5	0.263 3	27.975 0	7.366 7	0.035 7	0.135 7
15	4.177 2	0.239 4	31.772 5	7.606 1	0.031 5	0.131 5
16	4.595 0	0.217 6	35.949 7	7.823 7	0.027 8	0.127 8
17	5.054 5	0.197 8	40.544 7	8.021 6	0.024 7	0.124 7
18	5.559 9	0.179 9	45.599 2	8.201 4	0.021 9	0.121 9
19	6.115 9	0.163 5	51.159 1	8.364 9	0.019 5	0.119 5
20	6.727 5	0.148 6	57.275 0	8.513 6	0.017 5	0.117 5
21	7.400 2	0.135 1	64.002 5	8.648 7	0.015 6	0.115 6
22	8.140 3	0.122 8	71.402 7	8.771 5	0.014 0	0.114 0
23	8.954 3	0.111 7	79.543 0	8.883 2	0.012 6	0.112 6
24	9.849 7	0.101 5	88.497 3	8.984 7	0.011 3	0.111 3
25	10.834 7	0.092 3	98.347 1	9.077 0	0.010 2	0.110 2
26	11.918 2	0.083 9	109.181 8	9.160 9	0.009 2	0.109 2
27	13.110 0	0.076 3	121.099 9	9.237 2	0.008 3	0.108 3
28	14.421 0	0.069 3	134.209 9	9.306 6	0.007 5	0.107 5
29	15.863 1	0.063 0	148.630 9	9.369 6	0.006 7	0.106 7
30	17.449 4	0.057 3	164.494 0	9.426 9	0.006 1	0.106 1
31	19.194 3	0.052 1	181.943 4	9.479 0	0.005 5	0.105 5
32	21.113 8	0.047 4	201.137 8	9.526 4	0.005 0	0.105 0
33	23.225 2	0.043 1	222.251 5	9.569 4	0.004 5	0.104 5
34	25.547 7	0.039 1	245.476 7	9.608 6	0.004 1	0.104 1
35	28.102 4	0.035 6	271.024 4	9.644 2	0.003 7	0.103 7

i=11%的复利系数表

计息期	一次支付		等额多次支付			
	终值系数	现值系数	等额终值系数	等额现值系数	偿债基金系数	资金回收系数
n	*F/P, i, n*	*P/F, i, n*	*F/A, i, n*	*P/A, i, n*	*A/F, i, n*	*A/P, i, n*
1	1.110 0	0.900 9	1.000 0	0.900 9	1.000 0	1.110 0
2	1.232 1	0.811 6	2.110 0	1.712 5	0.473 9	0.583 9
3	1.367 6	0.731 2	3.342 1	2.443 7	0.299 2	0.409 2
4	1.518 1	0.658 7	4.709 7	3.102 4	0.212 3	0.322 3
5	1.685 1	0.593 5	6.227 8	3.695 9	0.160 6	0.270 6
6	1.870 4	0.534 6	7.912 9	4.230 5	0.126 4	0.236 4
7	2.076 2	0.481 7	9.783 3	4.712 2	0.102 2	0.212 2
8	2.304 5	0.433 9	11.859 4	5.146 1	0.084 3	0.194 3
9	2.558 0	0.390 9	14.164 0	5.537 0	0.070 6	0.180 6
10	2.839 4	0.352 2	16.722 0	5.889 2	0.059 8	0.169 8
11	3.151 8	0.317 3	19.561 4	6.206 5	0.051 1	0.161 1
12	3.498 5	0.285 8	22.713 2	6.492 4	0.044 0	0.154 0
13	3.883 3	0.257 5	26.211 6	6.749 9	0.038 2	0.148 2
14	4.310 4	0.232 0	30.094 9	6.981 9	0.033 2	0.143 2
15	4.784 6	0.209 0	34.405 4	7.190 9	0.029 1	0.139 1
16	5.310 9	0.188 3	39.189 9	7.379 2	0.025 5	0.135 5
17	5.895 1	0.169 6	44.500 8	7.548 8	0.022 5	0.132 5
18	6.543 6	0.152 8	50.395 9	7.701 6	0.019 8	0.129 8
19	7.263 3	0.137 7	56.939 5	7.839 3	0.017 6	0.127 6
20	8.062 3	0.124 0	64.202 8	7.963 3	0.015 6	0.125 6
21	8.949 2	0.111 7	72.265 1	8.075 1	0.013 8	0.123 8
22	9.933 6	0.100 7	81.214 3	8.175 7	0.012 3	0.122 3
23	11.026 3	0.090 7	91.147 9	8.266 4	0.011 0	0.121 0
24	12.239 2	0.081 7	102.174 2	8.348 1	0.009 8	0.119 8
25	13.585 5	0.073 6	114.413 3	8.421 7	0.008 7	0.118 7
26	15.079 9	0.066 3	127.998 8	8.488 1	0.007 8	0.117 8
27	16.738 6	0.059 7	143.078 6	8.547 8	0.007 0	0.117 0
28	18.579 9	0.053 8	159.817 3	8.601 6	0.006 3	0.116 3
29	20.623 7	0.048 5	178.397 2	8.650 1	0.005 6	0.115 6
30	22.892 3	0.043 7	199.020 9	8.693 8	0.005 0	0.115 0
31	25.410 4	0.039 4	221.913 2	8.733 1	0.004 5	0.114 5
32	28.205 6	0.035 5	247.323 6	8.768 6	0.004 0	0.114 0
33	31.308 2	0.031 9	275.529 2	8.800 5	0.003 6	0.113 6
34	34.752 1	0.028 8	306.837 4	8.829 3	0.003 3	0.113 3
35	38.574 9	0.025 9	341.589 6	8.855 2	0.002 9	0.112 9

i=12%的复利系数表

计息期	一次支付		等额多次支付			
	终值系数	现值系数	等额终值系数	等额现值系数	偿债基金系数	资金回收系数
n	*F/P, i, n*	*P/F, i, n*	*F/A, i, n*	*P/A, i, n*	*A/F, i, n*	*A/P, i, n*
1	1.120 0	0.892 9	1.000 0	0.892 9	1.000 0	1.120 0
2	1.254 4	0.797 2	2.120 0	1.690 1	0.471 7	0.591 7
3	1.404 9	0.711 8	3.374 4	2.401 8	0.296 3	0.416 3
4	1.573 5	0.635 5	4.779 3	3.037 3	0.209 2	0.329 2
5	1.762 3	0.567 4	6.352 8	3.604 8	0.157 4	0.277 4
6	1.973 8	0.506 6	8.115 2	4.111 4	0.123 2	0.243 2
7	2.210 7	0.452 3	10.089 0	4.563 8	0.099 1	0.219 1
8	2.476 0	0.403 9	12.299 7	4.967 6	0.081 3	0.201 3
9	2.773 1	0.360 6	14.775 7	5.328 2	0.067 7	0.187 7
10	3.105 8	0.322 0	17.548 7	5.650 2	0.057 0	0.177 0
11	3.478 5	0.287 5	20.654 6	5.937 7	0.048 4	0.168 4
12	3.896 0	0.256 7	24.133 1	6.194 4	0.041 4	0.161 4
13	4.363 5	0.229 2	28.029 1	6.423 5	0.035 7	0.155 7
14	4.887 1	0.204 6	32.392 6	6.628 2	0.030 9	0.150 9
15	5.473 6	0.182 7	37.279 7	6.810 9	0.026 8	0.146 8
16	6.130 4	0.163 1	42.753 3	6.974 0	0.023 4	0.143 4
17	6.866 0	0.145 6	48.883 7	7.119 6	0.020 5	0.140 5
18	7.690 0	0.130 0	55.749 7	7.249 7	0.017 9	0.137 9
19	8.612 8	0.116 1	63.439 7	7.365 8	0.015 8	0.135 8
20	9.646 3	0.103 7	72.052 4	7.469 4	0.013 9	0.133 9
21	10.803 8	0.092 6	81.698 7	7.562 0	0.012 2	0.132 2
22	12.100 3	0.082 6	92.502 6	7.644 6	0.010 8	0.130 8
23	13.552 3	0.073 8	104.602 9	7.718 4	0.009 6	0.129 6
24	15.178 6	0.065 9	118.155 2	7.784 3	0.008 5	0.128 5
25	17.000 1	0.058 8	133.333 9	7.843 1	0.007 5	0.127 5
26	19.040 1	0.052 5	150.333 9	7.895 7	0.006 7	0.126 7
27	21.324 9	0.046 9	169.374 0	7.942 6	0.005 9	0.125 9
28	23.883 9	0.041 9	190.698 9	7.984 4	0.005 2	0.125 2
29	26.749 9	0.037 4	214.582 8	8.021 8	0.004 7	0.124 7
30	29.959 9	0.033 4	241.332 7	8.055 2	0.004 1	0.124 1
31	33.555 1	0.029 8	271.292 6	8.085 0	0.003 7	0.123 7
32	37.581 7	0.026 6	304.847 7	8.111 6	0.003 3	0.123 3
33	42.091 5	0.023 8	342.429 4	8.135 4	0.002 9	0.122 9
34	47.142 5	0.021 2	384.521 0	8.156 6	0.002 6	0.122 6
35	52.799 6	0.018 9	431.663 5	8.175 5	0.002 3	0.122 3

$i=13\%$的复利系数表

计息期	一次支付		等额多次支付			
	终值系数	现值系数	等额终值系数	等额现值系数	偿债基金系数	资金回收系数
n	$F/P, i, n$	$P/F, i, n$	$F/A, i, n$	$P/A, i, n$	$A/F, i, n$	$A/P, i, n$
1	1.130 0	0.885 0	1.000 0	0.885 0	1.000 0	1.130 0
2	1.276 9	0.783 1	2.130 0	1.668 1	0.469 5	0.599 5
3	1.442 9	0.693 1	3.406 9	2.361 2	0.293 5	0.423 5
4	1.630 5	0.613 3	4.849 8	2.974 5	0.206 2	0.336 2
5	1.842 4	0.542 8	6.480 3	3.517 2	0.154 3	0.284 3
6	2.082 0	0.480 3	8.322 7	3.997 5	0.120 2	0.250 2
7	2.352 6	0.425 1	10.404 7	4.422 6	0.096 1	0.226 1
8	2.658 4	0.376 2	12.757 3	4.798 8	0.078 4	0.208 4
9	3.004 0	0.332 9	15.415 7	5.131 7	0.064 9	0.194 9
10	3.394 6	0.294 6	18.419 7	5.426 2	0.054 3	0.184 3
11	3.835 9	0.260 7	21.814 3	5.686 9	0.045 8	0.175 8
12	4.334 5	0.230 7	25.650 2	5.917 6	0.039 0	0.169 0
13	4.898 0	0.204 2	29.984 7	6.121 8	0.033 4	0.163 4
14	5.534 8	0.180 7	34.882 7	6.302 5	0.028 7	0.158 7
15	6.254 3	0.159 9	40.417 5	6.462 4	0.024 7	0.154 7
16	7.067 3	0.141 5	46.671 7	6.603 9	0.021 4	0.151 4
17	7.986 1	0.125 2	53.739 1	6.729 1	0.018 6	0.148 6
18	9.024 3	0.110 8	61.725 1	6.839 9	0.016 2	0.146 2
19	10.197 4	0.098 1	70.749 4	6.938 0	0.014 1	0.144 1
20	11.523 1	0.086 8	80.946 8	7.024 8	0.012 4	0.142 4
21	13.021 1	0.076 8	92.469 9	7.101 6	0.010 8	0.140 8
22	14.713 8	0.068 0	105.491 0	7.169 5	0.009 5	0.139 5
23	16.626 6	0.060 1	120.204 8	7.229 7	0.008 3	0.138 3
24	18.788 1	0.053 2	136.831 5	7.282 9	0.007 3	0.137 3
25	21.230 5	0.047 1	155.619 6	7.330 0	0.006 4	0.136 4
26	23.990 5	0.041 7	176.850 1	7.371 7	0.005 7	0.135 7
27	27.109 3	0.036 9	200.840 6	7.408 6	0.005 0	0.135 0
28	30.633 5	0.032 6	227.949 9	7.441 2	0.004 4	0.134 4
29	34.615 8	0.028 9	258.583 4	7.470 1	0.003 9	0.133 9
30	39.115 9	0.025 6	293.199 2	7.495 7	0.003 4	0.133 4
31	44.201 0	0.022 6	332.315 1	7.518 3	0.003 0	0.133 0
32	49.947 1	0.020 0	376.516 1	7.538 3	0.002 7	0.132 7
33	56.440 2	0.017 7	426.463 2	7.556 0	0.002 3	0.132 3
34	63.777 4	0.015 7	482.903 4	7.571 7	0.002 1	0.132 1
35	72.068 5	0.013 9	546.680 8	7.585 6	0.001 8	0.131 8

i=14%的复利系数表

计息期	一次支付		等额多次支付			
	终值系数	现值系数	等额终值系数	等额现值系数	偿债基金系数	资金回收系数
n	$F/P, i, n$	$P/F, i, n$	$F/A, i, n$	$P/A, i, n$	$A/F, i, n$	$A/P, i, n$
1	1.140 0	0.877 2	1.000 0	0.877 2	1.000 0	1.140 0
2	1.299 6	0.769 5	2.140 0	1.646 7	0.467 3	0.607 3
3	1.481 5	0.675 0	3.439 6	2.321 6	0.290 7	0.430 7
4	1.689 0	0.592 1	4.921 1	2.913 7	0.203 2	0.343 2
5	1.925 4	0.519 4	6.610 1	3.433 1	0.151 3	0.291 3
6	2.195 0	0.455 6	8.535 5	3.888 7	0.117 2	0.257 2
7	2.502 3	0.399 6	10.730 5	4.288 3	0.093 2	0.233 2
8	2.852 6	0.350 6	13.232 8	4.638 9	0.075 6	0.215 6
9	3.251 9	0.307 5	16.085 3	4.946 4	0.062 2	0.202 2
10	3.707 2	0.269 7	19.337 3	5.216 1	0.051 7	0.191 7
11	4.226 2	0.236 6	23.044 5	5.452 7	0.043 4	0.183 4
12	4.817 9	0.207 6	27.270 7	5.660 3	0.036 7	0.176 7
13	5.492 4	0.182 1	32.088 7	5.842 4	0.031 2	0.171 2
14	6.261 3	0.159 7	37.581 1	6.002 1	0.026 6	0.166 6
15	7.137 9	0.140 1	43.842 4	6.142 2	0.022 8	0.162 8
16	8.137 2	0.122 9	50.980 4	6.265 1	0.019 6	0.159 6
17	9.276 5	0.107 8	59.117 6	6.372 9	0.016 9	0.156 9
18	10.575 2	0.094 6	68.394 1	6.467 4	0.014 6	0.154 6
19	12.055 7	0.082 9	78.969 2	6.550 4	0.012 7	0.152 7
20	13.743 5	0.072 8	91.024 9	6.623 1	0.011 0	0.151 0
21	15.667 6	0.063 8	104.768 4	6.687 0	0.009 5	0.149 5
22	17.861 0	0.056 0	120.436 0	6.742 9	0.008 3	0.148 3
23	20.361 6	0.049 1	138.297 0	6.792 1	0.007 2	0.147 2
24	23.212 2	0.043 1	158.658 6	6.835 1	0.006 3	0.146 3
25	26.461 9	0.037 8	181.870 8	6.872 9	0.005 5	0.145 5
26	30.166 6	0.033 1	208.332 7	6.906 1	0.004 8	0.144 8
27	34.389 9	0.029 1	238.499 3	6.935 2	0.004 2	0.144 2
28	39.204 5	0.025 5	272.889 2	6.960 7	0.003 7	0.143 7
29	44.693 1	0.022 4	312.093 7	6.983 0	0.003 2	0.143 2
30	50.950 2	0.019 6	356.786 8	7.002 7	0.002 8	0.142 8
31	58.083 2	0.017 2	407.737 0	7.019 9	0.002 5	0.142 5
32	66.214 8	0.015 1	465.820 2	7.035 0	0.002 1	0.142 1
33	75.484 9	0.013 2	532.035 0	7.048 2	0.001 9	0.141 9
34	86.052 8	0.011 6	607.519 9	7.059 9	0.001 6	0.141 6
35	98.100 2	0.010 2	693.572 7	7.070 0	0.001 4	0.141 4

$i=15\%$的复利系数表

计息期	一次支付		等额多次支付			
	终值系数	现值系数	等额终值系数	等额现值系数	偿债基金系数	资金回收系数
n	$F/P,\ i,\ n$	$P/F,\ i,\ n$	$F/A,\ i,\ n$	$P/A,\ i,\ n$	$A/F,\ i,\ n$	$A/P,\ i,\ n$
1	1.150 0	0.869 6	1.000 0	0.869 6	1.000 0	1.150 0
2	1.322 5	0.756 1	2.150 0	1.625 7	0.465 1	0.615 1
3	1.520 9	0.657 5	3.472 5	2.283 2	0.288 0	0.438 0
4	1.749 0	0.571 8	4.993 4	2.855 0	0.200 3	0.350 3
5	2.011 4	0.497 2	6.742 4	3.352 2	0.148 3	0.298 3
6	2.313 1	0.432 3	8.753 7	3.784 5	0.114 2	0.264 2
7	2.660 0	0.375 9	11.066 8	4.160 4	0.090 4	0.240 4
8	3.059 0	0.326 9	13.726 8	4.487 3	0.072 9	0.222 9
9	3.517 9	0.284 3	16.785 8	4.771 6	0.059 6	0.209 6
10	4.045 6	0.247 2	20.303 7	5.018 8	0.049 3	0.199 3
11	4.652 4	0.214 9	24.349 3	5.233 7	0.041 1	0.191 1
12	5.350 3	0.186 9	29.001 7	5.420 6	0.034 5	0.184 5
13	6.152 8	0.162 5	34.351 9	5.583 1	0.029 1	0.179 1
14	7.075 7	0.141 3	40.504 7	5.724 5	0.024 7	0.174 7
15	8.137 1	0.122 9	47.580 4	5.847 4	0.021 0	0.171 0
16	9.357 6	0.106 9	55.717 5	5.954 2	0.017 9	0.167 9
17	10.761 3	0.092 9	65.075 1	6.047 2	0.015 4	0.165 4
18	12.375 5	0.080 8	75.836 4	6.128 0	0.013 2	0.163 2
19	14.231 8	0.070 3	88.211 8	6.198 2	0.011 3	0.161 3
20	16.366 5	0.061 1	102.443 6	6.259 3	0.009 8	0.159 8
21	18.821 5	0.053 1	118.810 1	6.312 5	0.008 4	0.158 4
22	21.644 7	0.046 2	137.631 6	6.358 7	0.007 3	0.157 3
23	24.891 5	0.040 2	159.276 4	6.398 8	0.006 3	0.156 3
24	28.625 2	0.034 9	184.167 8	6.433 8	0.005 4	0.155 4
25	32.919 0	0.030 4	212.793 0	6.464 1	0.004 7	0.154 7
26	37.856 8	0.026 4	245.712 0	6.490 6	0.004 1	0.154 1
27	43.535 3	0.023 0	283.568 8	6.513 5	0.003 5	0.153 5
28	50.065 6	0.020 0	327.104 1	6.533 5	0.003 1	0.153 1
29	57.575 5	0.017 4	377.169 7	6.550 9	0.002 7	0.152 7
30	66.211 8	0.015 1	434.745 1	6.566 0	0.002 3	0.152 3
31	76.143 5	0.013 1	500.956 9	6.579 1	0.002 0	0.152 0
32	87.565 1	0.011 4	577.100 5	6.590 5	0.001 7	0.151 7
33	100.699 8	0.009 9	664.665 5	6.600 5	0.001 5	0.151 5
34	115.804 8	0.008 6	765.365 4	6.609 1	0.001 3	0.151 3
35	133.175 5	0.007 5	881.170 2	6.616 6	0.001 1	0.151 1

i=16%的复利系数表

计息期	一次支付		等额多次支付			
	终值系数	现值系数	等额终值系数	等额现值系数	偿债基金系数	资金回收系数
n	F/P, i, n	P/F, i, n	F/A, i, n	P/A, i, n	A/F, i, n	A/P, i, n
1	1.160 0	0.862 1	1.000 0	0.862 1	1.000 0	1.160 0
2	1.345 6	0.743 2	2.160 0	1.605 2	0.463 0	0.623 0
3	1.560 9	0.640 7	3.505 6	2.245 9	0.285 3	0.445 3
4	1.810 6	0.552 3	5.066 5	2.798 2	0.197 4	0.357 4
5	2.100 3	0.476 1	6.877 1	3.274 3	0.145 4	0.305 4
6	2.436 4	0.410 4	8.977 5	3.684 7	0.111 4	0.271 4
7	2.826 2	0.353 8	11.413 9	4.038 6	0.087 6	0.247 6
8	3.278 4	0.305 0	14.240 1	4.343 6	0.070 2	0.230 2
9	3.803 0	0.263 0	17.518 5	4.606 5	0.057 1	0.217 1
10	4.411 4	0.226 7	21.321 5	4.833 2	0.046 9	0.206 9
11	5.117 3	0.195 4	25.732 9	5.028 6	0.038 9	0.198 9
12	5.936 0	0.168 5	30.850 2	5.197 1	0.032 4	0.192 4
13	6.885 8	0.145 2	36.786 2	5.342 3	0.027 2	0.187 2
14	7.987 5	0.125 2	43.672 0	5.467 5	0.022 9	0.182 9
15	9.265 5	0.107 9	51.659 5	5.575 5	0.019 4	0.179 4
16	10.748 0	0.093 0	60.925 0	5.668 5	0.016 4	0.176 4
17	12.467 7	0.080 2	71.673 0	5.748 7	0.014 0	0.174 0
18	14.462 5	0.069 1	84.140 7	5.817 8	0.011 9	0.171 9
19	16.776 5	0.059 6	98.603 2	5.877 5	0.010 1	0.170 1
20	19.460 8	0.051 4	115.379 7	5.928 8	0.008 7	0.168 7
21	22.574 5	0.044 3	134.840 5	5.973 1	0.007 4	0.167 4
22	26.186 4	0.038 2	157.415 0	6.011 3	0.006 4	0.166 4
23	30.376 2	0.032 9	183.601 4	6.044 2	0.005 4	0.165 4
24	35.236 4	0.028 4	213.977 6	6.072 6	0.004 7	0.164 7
25	40.874 2	0.024 5	249.214 0	6.097 1	0.004 0	0.164 0
26	47.414 1	0.021 1	290.088 3	6.118 2	0.003 4	0.163 4
27	55.000 4	0.018 2	337.502 4	6.136 4	0.003 0	0.163 0
28	63.800 4	0.015 7	392.502 8	6.152 0	0.002 5	0.162 5
29	74.008 5	0.013 5	456.303 2	6.165 6	0.002 2	0.162 2
30	85.849 9	0.011 6	530.311 7	6.177 2	0.001 9	0.161 9
31	99.585 9	0.010 0	616.161 6	6.187 2	0.001 6	0.161 6
32	115.519 6	0.008 7	715.747 5	6.195 9	0.001 4	0.161 4
33	134.002 7	0.007 5	831.267 1	6.203 4	0.001 2	0.161 2
34	155.443 2	0.006 4	965.269 8	6.209 8	0.001 0	0.161 0
35	180.314 1	0.005 5	1 120.713 0	6.215 3	0.000 9	0.160 9

i=17%的复利系数表

计息期	一次支付		等额多次支付			
	终值系数	现值系数	等额终值系数	等额现值系数	偿债基金系数	资金回收系数
n	F/P, i, n	P/F, i, n	F/A, i, n	P/A, i, n	A/F, i, n	A/P, i, n
1	1.170 0	0.854 7	1.000 0	0.854 7	1.000 0	1.170 0
2	1.368 9	0.730 5	2.170 0	1.585 2	0.460 8	0.630 8
3	1.601 6	0.624 4	3.538 9	2.209 6	0.282 6	0.452 6
4	1.873 9	0.533 7	5.140 5	2.743 2	0.194 5	0.364 5
5	2.192 4	0.456 1	7.014 4	3.199 3	0.142 6	0.312 6
6	2.565 2	0.389 8	9.206 8	3.589 2	0.108 6	0.278 6
7	3.001 2	0.333 2	11.772 0	3.922 4	0.084 9	0.254 9
8	3.511 5	0.284 8	14.773 3	4.207 2	0.067 7	0.237 7
9	4.108 4	0.243 4	18.284 7	4.450 6	0.054 7	0.224 7
10	4.806 8	0.208 0	22.393 1	4.658 6	0.044 7	0.214 7
11	5.624 0	0.177 8	27.199 9	4.836 4	0.036 8	0.206 8
12	6.580 1	0.152 0	32.823 9	4.988 4	0.030 5	0.200 5
13	7.698 7	0.129 9	39.404 0	5.118 3	0.025 4	0.195 4
14	9.007 5	0.111 0	47.102 7	5.229 3	0.021 2	0.191 2
15	10.538 7	0.094 9	56.110 1	5.324 2	0.017 8	0.187 8
16	12.330 3	0.081 1	66.648 8	5.405 3	0.015 0	0.185 0
17	14.426 5	0.069 3	78.979 2	5.474 6	0.012 7	0.182 7
18	16.879 0	0.059 2	93.405 6	5.533 9	0.010 7	0.180 7
19	19.748 4	0.050 6	110.284 6	5.584 5	0.009 1	0.179 1
20	23.105 6	0.043 3	130.032 9	5.627 8	0.007 7	0.177 7
21	27.033 6	0.037 0	153.138 5	5.664 8	0.006 5	0.176 5
22	31.629 3	0.031 6	180.172 1	5.696 4	0.005 6	0.175 6
23	37.006 2	0.027 0	211.801 3	5.723 4	0.004 7	0.174 7
24	43.297 3	0.023 1	248.807 6	5.746 5	0.004 0	0.174 0
25	50.657 8	0.019 7	292.104 9	5.766 2	0.003 4	0.173 4
26	59.269 7	0.016 9	342.762 7	5.783 1	0.002 9	0.172 9
27	69.345 5	0.014 4	402.032 3	5.797 5	0.002 5	0.172 5
28	81.134 2	0.012 3	471.377 8	5.809 9	0.002 1	0.172 1
29	94.927 1	0.010 5	552.512 1	5.820 4	0.001 8	0.171 8
30	111.064 7	0.009 0	647.439 1	5.829 4	0.001 5	0.171 5
31	129.945 6	0.007 7	758.503 8	5.837 1	0.001 3	0.171 3
32	152.036 4	0.006 6	888.449 4	5.843 7	0.001 1	0.171 1
33	177.882 6	0.005 6	1 040.485 8	5.849 3	0.001 0	0.171 0
34	208.122 6	0.004 8	1 218.368 4	5.854 1	0.000 8	0.170 8
35	243.503 5	0.004 1	1 426.491 0	5.858 2	0.000 7	0.170 7

i=18%的复利系数表

计息期	一次支付		等额多次支付			
	终值系数	现值系数	等额终值系数	等额现值系数	偿债基金系数	资金回收系数
n	$F/P, i, n$	$P/F, i, n$	$F/A, i, n$	$P/A, i, n$	$A/F, i, n$	$A/P, i, n$
1	1.180 0	0.847 5	1.000 0	0.847 5	1.000 0	1.180 0
2	1.392 4	0.718 2	2.180 0	1.565 6	0.458 7	0.638 7
3	1.643 0	0.608 6	3.572 4	2.174 3	0.279 9	0.459 9
4	1.938 8	0.515 8	5.215 4	2.690 1	0.191 7	0.371 7
5	2.287 8	0.437 1	7.154 2	3.127 2	0.139 8	0.319 8
6	2.699 6	0.370 4	9.442 0	3.497 6	0.105 9	0.285 9
7	3.185 5	0.313 9	12.141 5	3.811 5	0.082 4	0.262 4
8	3.758 9	0.266 0	15.327 0	4.077 6	0.065 2	0.245 2
9	4.435 5	0.225 5	19.085 9	4.303 0	0.052 4	0.232 4
10	5.233 8	0.191 1	23.521 3	4.494 1	0.042 5	0.222 5
11	6.175 9	0.161 9	28.755 1	4.656 0	0.034 8	0.214 8
12	7.287 6	0.137 2	34.931 1	4.793 2	0.028 6	0.208 6
13	8.599 4	0.116 3	42.218 7	4.909 5	0.023 7	0.203 7
14	10.147 2	0.098 5	50.818 0	5.008 1	0.019 7	0.199 7
15	11.973 7	0.083 5	60.965 3	5.091 6	0.016 4	0.196 4
16	14.129 0	0.070 8	72.939 0	5.162 4	0.013 7	0.193 7
17	16.672 2	0.060 0	87.068 0	5.222 3	0.011 5	0.191 5
18	19.673 3	0.050 8	103.740 3	5.273 2	0.009 6	0.189 6
19	23.214 4	0.043 1	123.413 5	5.316 2	0.008 1	0.188 1
20	27.393 0	0.036 5	146.628 0	5.352 7	0.006 8	0.186 8
21	32.323 8	0.030 9	174.021 0	5.383 7	0.005 7	0.185 7
22	38.142 1	0.026 2	206.344 8	5.409 9	0.004 8	0.184 8
23	45.007 6	0.022 2	244.486 8	5.432 1	0.004 1	0.184 1
24	53.109 0	0.018 8	289.494 5	5.450 9	0.003 5	0.183 5
25	62.668 6	0.016 0	342.603 5	5.466 9	0.002 9	0.182 9
26	73.949 0	0.013 5	405.272 1	5.480 4	0.002 5	0.182 5
27	87.259 8	0.011 5	479.221 1	5.491 9	0.002 1	0.182 1
28	102.966 6	0.009 7	566.480 9	5.501 6	0.001 8	0.181 8
29	121.500 5	0.008 2	669.447 5	5.509 8	0.001 5	0.181 5
30	143.370 6	0.007 0	790.948 0	5.516 8	0.001 3	0.181 3
31	169.177 4	0.005 9	934.318 6	5.522 7	0.001 1	0.181 1
32	199.629 3	0.005 0	1 103.496 0	5.527 7	0.000 9	0.180 9
33	235.562 5	0.004 2	1 303.125 3	5.532 0	0.000 8	0.180 8
34	277.963 8	0.003 6	1 538.687 8	5.535 6	0.000 6	0.180 6
35	327.997 3	0.003 0	1 816.651 6	5.538 6	0.000 6	0.180 6

$i=19\%$的复利系数表

计息期	一次支付		等额多次支付			
	终值系数	现值系数	等额终值系数	等额现值系数	偿债基金系数	资金回收系数
n	$F/P, i, n$	$P/F, i, n$	$F/A, i, n$	$P/A, i, n$	$A/F, i, n$	$A/P, i, n$
1	1. 190 0	0. 840 3	1. 000 0	0. 840 3	1. 000 0	1. 190 0
2	1. 416 1	0. 706 2	2. 190 0	1. 546 5	0. 456 6	0. 646 6
3	1. 685 2	0. 593 4	3. 606 1	2. 139 9	0. 277 3	0. 467 3
4	2. 005 3	0. 498 7	5. 291 3	2. 638 6	0. 189 0	0. 379 0
5	2. 386 4	0. 419 0	7. 296 6	3. 057 6	0. 137 1	0. 327 1
6	2. 839 8	0. 352 1	9. 683 0	3. 409 8	0. 103 3	0. 293 3
7	3. 379 3	0. 295 9	12. 522 7	3. 705 7	0. 079 9	0. 269 9
8	4. 021 4	0. 248 7	15. 902 0	3. 954 4	0. 062 9	0. 252 9
9	4. 785 4	0. 209 0	19. 923 4	4. 163 3	0. 050 2	0. 240 2
10	5. 694 7	0. 175 6	24. 708 9	4. 338 9	0. 040 5	0. 230 5
11	6. 776 7	0. 147 6	30. 403 5	4. 486 5	0. 032 9	0. 222 9
12	8. 064 2	0. 124 0	37. 180 2	4. 610 5	0. 026 9	0. 216 9
13	9. 596 4	0. 104 2	45. 244 5	4. 714 7	0. 022 1	0. 212 1
14	11. 419 8	0. 087 6	54. 840 9	4. 802 3	0. 018 2	0. 208 2
15	13. 589 5	0. 073 6	66. 260 7	4. 875 9	0. 015 1	0. 205 1
16	16. 171 5	0. 061 8	79. 850 2	4. 937 7	0. 012 5	0. 202 5
17	19. 244 1	0. 052 0	96. 021 8	4. 989 7	0. 010 4	0. 200 4
18	22. 900 5	0. 043 7	115. 265 9	5. 033 3	0. 008 7	0. 198 7
19	27. 251 6	0. 036 7	138. 166 4	5. 070 0	0. 007 2	0. 197 2
20	32. 429 4	0. 030 8	165. 418 0	5. 100 9	0. 006 0	0. 196 0
21	38. 591 0	0. 025 9	197. 847 4	5. 126 8	0. 005 1	0. 195 1
22	45. 923 3	0. 021 8	236. 438 5	5. 148 6	0. 004 2	0. 194 2
23	54. 648 7	0. 018 3	282. 361 8	5. 166 8	0. 003 5	0. 193 5
24	65. 032 0	0. 015 4	337. 010 5	5. 182 2	0. 003 0	0. 193 0
25	77. 388 1	0. 012 9	402. 042 5	5. 195 1	0. 002 5	0. 192 5
26	92. 091 8	0. 010 9	479. 430 6	5. 206 0	0. 002 1	0. 192 1
27	109. 589 3	0. 009 1	571. 522 4	5. 215 1	0. 001 7	0. 191 7
28	130. 411 2	0. 007 7	681. 111 6	5. 222 8	0. 001 5	0. 191 5
29	155. 189 3	0. 006 4	811. 522 8	5. 229 2	0. 001 2	0. 191 2
30	184. 675 3	0. 005 4	966. 712 2	5. 234 7	0. 001 0	0. 191 0
31	219. 763 6	0. 004 6	1 151. 387 5	5. 239 2	0. 000 9	0. 190 9
32	261. 518 7	0. 003 8	1 371. 151 1	5. 243 0	0. 000 7	0. 190 7
33	311. 207 3	0. 003 2	1 632. 669 8	5. 246 2	0. 000 6	0. 190 6
34	370. 336 6	0. 002 7	1 943. 877 1	5. 248 9	0. 000 5	0. 190 5
35	440. 700 6	0. 002 3	2 314. 213 7	5. 251 2	0. 000 4	0. 190 4

$i=20\%$的复利系数表

计息期	一次支付		等额多次支付			
	终值系数	现值系数	等额终值系数	等额现值系数	偿债基金系数	资金回收系数
n	$F/P, i, n$	$P/F, i, n$	$F/A, i, n$	$P/A, i, n$	$A/F, i, n$	$A/P, i, n$
1	1.200 0	0.833 3	1.000 0	0.833 3	1.000 0	1.200 0
2	1.440 0	0.694 4	2.200 0	1.527 8	0.454 5	0.654 5
3	1.728 0	0.578 7	3.640 0	2.106 5	0.274 7	0.474 7
4	2.073 6	0.482 3	5.368 0	2.588 7	0.186 3	0.386 3
5	2.488 3	0.401 9	7.441 6	2.990 6	0.134 4	0.334 4
6	2.986 0	0.334 9	9.929 9	3.325 5	0.100 7	0.300 7
7	3.583 2	0.279 1	12.915 9	3.604 6	0.077 4	0.277 4
8	4.299 8	0.232 6	16.499 1	3.837 2	0.060 6	0.260 6
9	5.159 8	0.193 8	20.798 9	4.031 0	0.048 1	0.248 1
10	6.191 7	0.161 5	25.958 7	4.192 5	0.038 5	0.238 5
11	7.430 1	0.134 6	32.150 4	4.327 1	0.031 1	0.231 1
12	8.916 1	0.112 2	39.580 5	4.439 2	0.025 3	0.225 3
13	10.699 3	0.093 5	48.496 6	4.532 7	0.020 6	0.220 6
14	12.839 2	0.077 9	59.195 9	4.610 6	0.016 9	0.216 9
15	15.407 0	0.064 9	72.035 1	4.675 5	0.013 9	0.213 9
16	18.488 4	0.054 1	87.442 1	4.729 6	0.011 4	0.211 4
17	22.186 1	0.045 1	105.930 6	4.774 6	0.009 4	0.209 4
18	26.623 3	0.037 6	128.116 7	4.812 2	0.007 8	0.207 8
19	31.948 0	0.031 3	154.740 0	4.843 5	0.006 5	0.206 5
20	38.337 6	0.026 1	186.688 0	4.869 6	0.005 4	0.205 4
21	46.005 1	0.021 7	225.025 6	4.891 3	0.004 4	0.204 4
22	55.206 1	0.018 1	271.030 7	4.909 4	0.003 7	0.203 7
23	66.247 4	0.015 1	326.236 9	4.924 5	0.003 1	0.203 1
24	79.496 8	0.012 6	392.484 2	4.937 1	0.002 5	0.202 5
25	95.396 2	0.010 5	471.981 1	4.947 6	0.002 1	0.202 1
26	114.475 5	0.008 7	567.377 3	4.956 3	0.001 8	0.201 8
27	137.370 6	0.007 3	681.852 8	4.963 6	0.001 5	0.201 5
28	164.844 7	0.006 1	819.223 3	4.969 7	0.001 2	0.201 2
29	197.813 6	0.005 1	984.068 0	4.974 7	0.001 0	0.201 0
30	237.376 3	0.004 2	1 181.881 6	4.978 9	0.000 8	0.200 8
31	284.851 6	0.003 5	1 419.257 9	4.982 4	0.000 7	0.200 7
32	341.821 9	0.002 9	1 704.109 5	4.985 4	0.000 6	0.200 6
33	410.186 3	0.002 4	2 045.931 4	4.987 8	0.000 5	0.200 5
34	492.223 5	0.002 0	2 456.117 6	4.989 8	0.000 4	0.200 4
35	590.668 2	0.001 7	2 948.341 1	4.991 5	0.000 3	0.200 3

$i=25\%$的复利系数表

计息期	一次支付		等额多次支付			
	终值系数	现值系数	等额终值系数	等额现值系数	偿债基金系数	资金回收系数
n	$F/P, i, n$	$P/F, i, n$	$F/A, i, n$	$P/A, i, n$	$A/F, i, n$	$A/P, i, n$
1	1.250 0	0.800 0	1.000 0	0.800 0	1.000 0	1.250 0
2	1.562 5	0.640 0	2.250 0	1.440 0	0.444 4	0.694 4
3	1.953 1	0.512 0	3.812 5	1.952 0	0.262 3	0.512 3
4	2.441 4	0.409 6	5.765 6	2.361 6	0.173 4	0.423 4
5	3.051 8	0.327 7	8.207 0	2.689 3	0.121 8	0.371 8
6	3.814 7	0.262 1	11.258 8	2.951 4	0.088 8	0.338 8
7	4.768 4	0.209 7	15.073 5	3.161 1	0.066 3	0.316 3
8	5.960 5	0.167 8	19.841 9	3.328 9	0.050 4	0.300 4
9	7.450 6	0.134 2	25.802 3	3.463 1	0.038 8	0.288 8
10	9.313 2	0.107 4	33.252 9	3.570 5	0.030 1	0.280 1
11	11.641 5	0.085 9	42.566 1	3.656 4	0.023 5	0.273 5
12	14.551 9	0.068 7	54.207 7	3.725 1	0.018 4	0.268 4
13	18.189 9	0.055 0	68.759 6	3.780 1	0.014 5	0.264 5
14	22.737 4	0.044 0	86.949 5	3.824 1	0.011 5	0.261 5
15	28.421 7	0.035 2	109.686 8	3.859 3	0.009 1	0.259 1
16	35.527 1	0.028 1	138.108 5	3.887 4	0.007 2	0.257 2
17	44.408 9	0.022 5	173.635 7	3.909 9	0.005 8	0.255 8
18	55.511 2	0.018 0	218.044 6	3.927 9	0.004 6	0.254 6
19	69.388 9	0.014 4	273.555 8	3.942 4	0.003 7	0.253 7
20	86.736 2	0.011 5	342.944 7	3.953 9	0.002 9	0.252 9
21	108.420 2	0.009 2	429.680 9	3.963 1	0.002 3	0.252 3
22	135.525 3	0.007 4	538.101 1	3.970 5	0.001 9	0.251 9
23	169.406 6	0.005 9	673.626 4	3.976 4	0.001 5	0.251 5
24	211.758 2	0.004 7	843.032 9	3.981 1	0.001 2	0.251 2
25	264.697 8	0.003 8	1 054.791 2	3.984 9	0.000 9	0.250 9
26	330.872 2	0.003 0	1 319.489 0	3.987 9	0.000 8	0.250 8
27	413.590 3	0.002 4	1 650.361 2	3.990 3	0.000 6	0.250 6
28	516.987 9	0.001 9	2 063.951 5	3.992 3	0.000 5	0.250 5
29	646.234 9	0.001 5	2 580.939 4	3.993 8	0.000 4	0.250 4
30	807.793 6	0.001 2	3 227.174 3	3.995 0	0.000 3	0.250 3
31	1 009.742 0	0.001 0	4 034.967 8	3.996 0	0.000 2	0.250 2
32	1 262.177 4	0.000 8	5 044.709 8	3.996 8	0.000 2	0.250 2
33	1 577.721 8	0.000 6	6 306.887 2	3.997 5	0.000 2	0.250 2
34	1 972.152 3	0.000 5	7 884.609 1	3.998 0	0.000 1	0.250 1
35	2 465.190 3	0.000 4	9 856.761 3	3.998 4	0.000 1	0.250 1

$i=30\%$的复利系数表

计息期	一次支付		等额多次支付			
	终值系数	现值系数	等额终值系数	等额现值系数	偿债基金系数	资金回收系数
n	F/P, i, n	P/F, i, n	F/A, i, n	P/A, i, n	A/F, i, n	A/P, i, n
1	1.300 0	0.769 2	1.000 0	0.769 2	1.000 0	1.300 0
2	1.690 0	0.591 7	2.300 0	1.360 9	0.434 8	0.734 8
3	2.197 0	0.455 2	3.990 0	1.816 1	0.250 6	0.550 6
4	2.856 1	0.350 1	6.187 0	2.166 2	0.161 6	0.461 6
5	3.712 9	0.269 3	9.043 1	2.435 6	0.110 6	0.410 6
6	4.826 8	0.207 2	12.756 0	2.642 7	0.078 4	0.378 4
7	6.274 9	0.159 4	17.582 8	2.802 1	0.056 9	0.356 9
8	8.157 3	0.122 6	23.857 7	2.924 7	0.041 9	0.341 9
9	10.604 5	0.094 3	32.015 0	3.019 0	0.031 2	0.331 2
10	13.785 8	0.072 5	42.619 5	3.091 5	0.023 5	0.323 5
11	17.921 6	0.055 8	56.405 3	3.147 3	0.017 7	0.317 7
12	23.298 1	0.042 9	74.327 0	3.190 3	0.013 5	0.313 5
13	30.287 5	0.033 0	97.625 0	3.223 3	0.010 2	0.310 2
14	39.373 8	0.025 4	127.912 5	3.248 7	0.007 8	0.307 8
15	51.185 9	0.019 5	167.286 3	3.268 2	0.006 0	0.306 0
16	66.541 7	0.015 0	218.472 2	3.283 2	0.004 6	0.304 6
17	86.504 2	0.011 6	285.013 9	3.294 8	0.003 5	0.303 5
18	112.455 4	0.008 9	371.518 0	3.303 7	0.002 7	0.302 7
19	146.192 0	0.006 8	483.973 4	3.310 5	0.002 1	0.302 1
20	190.049 6	0.005 3	630.165 5	3.315 8	0.001 6	0.301 6
21	247.064 5	0.004 0	820.215 1	3.319 8	0.001 2	0.301 2
22	321.183 9	0.003 1	1 067.279 6	3.323 0	0.000 9	0.300 9
23	417.539 1	0.002 4	1 388.463 5	3.325 4	0.000 7	0.300 7
24	542.800 8	0.001 8	1 806.002 6	3.327 2	0.000 6	0.300 6
25	705.641 0	0.001 4	2 348.803 3	3.328 6	0.000 4	0.300 4
26	917.333 3	0.001 1	3 054.444 3	3.329 7	0.000 3	0.300 3
27	1 192.533 3	0.000 8	3 971.777 6	3.330 5	0.000 3	0.300 3
28	1 550.293 3	0.000 6	5 164.310 9	3.331 2	0.000 2	0.300 2
29	2 015.381 3	0.000 5	6 714.604 2	3.331 7	0.000 1	0.300 1
30	2 619.995 6	0.000 4	8 729.985 5	3.332 1	0.000 1	0.300 1
31	3 405.994 3	0.000 3	11 349.981 1	3.332 4	0.000 1	0.300 1
32	4 427.792 6	0.000 2	14 755.975 5	3.332 6	0.000 1	0.300 1
33	5 756.130 4	0.000 2	19 183.768 1	3.332 8	0.000 1	0.300 1
34	7 482.969 6	0.000 1	24 939.898 5	3.332 9	—	0.300 0
35	9 727.860 4	0.000 1	32 422.868 1	3.333 0	—	0.300 0

参 考 文 献

[1] 中国建设监理协会．建设工程投资控制［M］．北京：中国建筑工业出版社，2017.

[2] 全国造价工程师执业资格考试培训教材编审委员会．工程造价管理基础理论与相关法规［M］．北京：中国计划出版社，2017.

[3] 全国造价工程师执业资格考试培训教材编审委员会．工程造价计价与控制［M］．北京：中国计划出版社，2017.

[4] 全国造价工程师执业资格考试培训教材编审委员会．工程造价案例分析［M］．北京：中国计划出版社，2017.

[5] 一级建造师执业资格考试用书编写委员会．建设工程经济［M］．北京：中国建筑工业出版社，2017.

[6] 一级建造师执业资格考试用书编写委员会．建设工程项目管理［M］．北京：中国建筑工业出版社，2017.

[7] 中华人民共和国住房和城乡建设部，中华人民共和国国家质量监督检验检疫总局．GB 50500—2013 建设工程工程量清单计价规范［S］．北京：中国计划出版社，2013.

[8] 刘力，钱雅丽．建设工程合同管理与索赔［M］．北京：机械工业出版社，2004.

[9] 宋春岩．建设工程招投标与合同管理［M］．3 版．北京：北京大学出版社，2012.

[10] 马永军．工程造价控制［M］．北京：机械工业出版社，2009.

[11] 李相然．工程经济学［M］．北京：中国电力出版社，2008.

[12] 刘镇．工程造价控制［M］．北京：中国建材工业出版社，2010.

[13] 建筑考试培训研究中心．建设工程质量、投资、进度控制［M］．北京：中国铁道出版社，2010.

[14] 张英．建设工程计价与投资控制［M］．北京：机械工业出版社，2010.